SÃO VICENTE DE PAULO

Marie-Joëlle Guillaume

SÃO VICENTE DE PAULO

uma biografia

Tradutor
CLÓVIS MARQUES

1ª edição

EDITORA RECORD
RIO DE JANEIRO • SÃO PAULO
2017

CIP-BRASIL. CATALOGAÇÃO NA PUBLICAÇÃO
SINDICATO NACIONAL DOS EDITORES DE LIVROS, RJ

G975s Guillaume, Marie-Joëlle
São Vicente de Paulo: uma biografia / Marie-Joëlle Guillaume; tradução Clóvis Marques. – 1ª ed. – Rio de Janeiro: Record, 2017.

Tradução de: Vincent de Paul
Apêndice
Inclui bibliografia e índice
Anexos
ISBN 978-85-01-08901-4

1. Vicente de Paulo, São, 1581-1660. 2. Santos cristãos - Biografia. I. Título.

16-38155

CDD: 922.22
CDU: 929:27-36

Copyright © Éditions Perrin, 2015

Título original em francês: Vincent de Paul: Un Saint au Grand Siècle

Todos os direitos reservados. Proibida a reprodução, armazenamento ou transmissão de partes deste livro, através de quaisquer meios, sem prévia autorização por escrito.

Texto revisado segundo o novo Acordo Ortográfico da Língua Portuguesa.

Direitos exclusivos de publicação em língua portuguesa para o Brasil adquiridos pela
EDITORA RECORD LTDA.
Rua Argentina, 171 – 20921-380 – Rio de Janeiro, RJ – Tel.: (21) 2585-2000, que se reserva a propriedade literária desta tradução.

Impresso no Brasil

ISBN 978-85-01-08901-4

Seja um leitor preferencial Record.
Cadastre-se em www.record.com.br
e receba informações sobre nossos lançamentos e nossas promoções.

EDITORA AFILIADA

Atendimento e venda direta ao leitor:
mdireto@record.com.br ou (21) 2585-2002.

Sumário

Nota sobre as fontes   7

Introdução   9

PRIMEIRA PARTE
Vicente de Paulo
antes de senhor Vicente
(1581-1617)

1. Uma infância nas cores da época   17
2. Um aprendizado sacerdotal na virada religiosa do século   37
3. Do cativeiro na Barbaria à passagem por Roma. Um período contestado da vida   55
4. De Roma a Paris. Experiências e encontros numa Paris entre dois reinados   83
5. Na casa dos Gondi. De Montmirail a Folleville, uma vocação se revela   105

SEGUNDA PARTE
O impulso criador
(1617-1633)

6. De Châtillon-les-Dombes à segunda estada com os Gondi. Lance de gênio das Caridades e início das Missões   127
7. Capelão-geral das galés do rei   151
8. Francisco de Sales e as grandes amizades da Reforma católica   173

9. Senhorita Le Gras	195
10. Do início da congregação à entrada para São Lázaro	217

TERCEIRA PARTE
Missão em todas as frentes
Vicente maestro da caridade
(1633-1660)

11. 1633, visão geral	241
12. Senhor Vicente e a renovação eclesiástica. A Conferência das Terças-Feiras	263
13. Damas e Filhas da Caridade. A grande aventura	283
14. A partir de 1638. A obra das Crianças Abandonadas	305
15. Na fornalha da Guerra dos Trinta Anos	321

QUARTA PARTE
O papel nacional e internacional
de Vicente de Paulo
(1643-1660)

16. A França e Vicente de Paulo por volta de 1643	349
17. Vicente e o Conselho de Consciência. A questão do jansenismo	373
18. Senhor Vicente em meio à Fronda	397
19. A Missão sem fronteiras. Itália, ilhas Britânicas, Polônia, Madagascar, Barbaria	421
20. *Ultima acta, ultima verba*	445

Epílogo	473
Anexos	483
Bibliografia	493
Índice	501
Agradecimentos	515

Nota sobre as fontes

A bibliografia sobre São Vicente de Paulo é de extraordinária abundância. Nosso intuito foi privilegiar o acesso direto às fontes, e por isso este livro se debruça antes de mais nada na *Correspondência* de Vicente de Paulo, editada pelo lazarista Pierre Coste no século XX (ver Bibliografia). Optamos por fazer numerosas citações do próprio Vicente de Paulo, pois nada seria melhor para compreendê-lo em seu contexto.

Antes da Revolução — ou seja, antes do desaparecimento de milhares de cartas no saque de São Lázaro[1] —, duas grandes biografias tiveram acesso ao conjunto da documentação: Louis Abelly (1604-1691), bispo de Rodez, amigo próximo de Vicente de Paulo, que na execução de seu trabalho teve ajuda dos irmãos Ducournau e Robineau, assim como de um lazarista, o padre Fournier; e Pierre Collet (1693-1770), lazarista e erudito, de acordo com os padrões do século XVIII. Não obstante seu viés edificante, Abelly é uma fonte historicamente confiável, além de testemunha ocular. Collet, cujo texto é marcado por forte oposição ao jansenismo, trabalha contando com o dossiê dos processos de beatificação e canonização. As duas fontes nos ajudaram muito. Além do afresco monumental de Ulysse Maynard (1814-1893), cônego de Poitiers, que marcou a historiografia vicentiana mas

---

1 A Congregação da Missão foi fundada por Vicente de Paulo no bairro parisiense de Saint-Lazare, e assim é referida em francês sua sede, na Rue de Sèvres. [N. do T.]

que por vezes nos pareceu enfeitar a realidade, baseamos nossa pesquisa sobretudo na biografia extremamente escrupulosa e detalhada de Pierre Coste (1873-1935), publicada na década de 1920 e muito respeitada. O minucioso trabalho do lazarista espanhol José-María Roman, que integrou muitas descobertas mais recentes na própria biografia sobre Vicente de Paulo (1981), também nos foi de grande utilidade. Por fim, pudemos valer-nos da leitura de artigos inéditos do padre Bernard Koch, que há dezenas de anos trabalha nos arquivos da Missão em Paris.

O vasto trabalho de digitalização — tanto dos documentos originais como do conjunto da bibliografia vicentiana —, realizado pela Congregação da Missão desde a década de 1990 em benefício dos pesquisadores, deu-nos acesso a muitos elementos até então inacessíveis. Esses documentos permitiram esclarecer muitos detalhes.

Ao dar ênfase a Vicente de Paulo *em seu século*, esta biografia apoia-se também nos textos dos contemporâneos de Vicente e, naturalmente, nos trabalhos mais recentes dos historiadores do período do primeiro século XVII.

Introdução

Com a queda do rei Henrique IV, apunhalado por Ravaillac em 14 de maio de 1610, o jovem camponês gascão, que a Corte e a cidade logo passariam a chamar de senhor Vicente — e que viria a ser conhecido como "o grande santo do grande século"[1] —, já não é mais um rapaz nem tampouco exatamente um gascão. Nascido em 1581 em Pouy, no atual departamento de Landes, Vicente de Paulo tem 29 anos na ocasião da morte de Henrique IV, e há dois vive em Paris. A infância, a adolescência e o início da vida adulta já ficaram para trás. Embora talvez ainda não o saiba, seu universo mudou definitivamente. Mas ele ainda não encontrou seu caminho. Jovem padre mais assíduo que fervoroso, está às vésperas de uma terrível crise de fé. Quanto à capacidade de ação e de contato que virá a disseminar como fogo de pólvora os ardores de sua caridade, está em compasso de espera: o jovem pobre e provinciano ainda não encontrou a plêiade mundana que lhe ofertará recursos e entusiasmo. Paralelamente às obras pias da peculiar rainha Margot, mal começa a identificar as personalidades de vanguarda dessa "escola francesa de espiritualidade", brilhantemente descrita três séculos depois por Henri Bremond.[2]

---

1 Pierre Coste, *Le Grand Saint du grand siècle, Monsieur Vincent*, Paris, 1932, vol 3.
2 Henri Bremond, *Histoire littéraire du sentiment religieux en France, Les mystiques français du Grand Siècle,* trechos escolhidos por Jean Duchesne, apresentação de Emile Poulat, Paris, Presses de la Renaissance, 2008.

Essa relação original com seu tempo é o primeiro fato que chama a atenção do historiador atento ao destino de Vicente de Paulo no seu século. Numa época em que se vivia de forma breve porque se morria cedo, na qual guerras, pestes e surtos de fome, rapidamente levando a melhor sobre os corpos, conduziam as almas bem-nascidas a ações de impacto desde a adolescência, Vicente de Paulo de modo algum terá marcado o reinado do bearnês. Seu nome, inclusive, está de tal maneira ligado aos altos e baixos do reinado de Luís XIII e da regência de Ana da Áustria que quase poderíamos esquecer que ele já tinha 17 anos em 1598, quando foram assinados o Édito de Nantes e a paz de Vervins. O que não é de se estranhar. Numa sociedade extremamente hierarquizada, na qual os nobres logo se destacam nos campos de batalha, os camponeses, gascões ou não, só podem se afirmar com o passar do tempo — salvo empurrão aleatório do destino.

Além disso, quando Vicente de Paulo ceder aos improvisos da graça, na década de 1610, tomará como regra seguir apenas as lógicas de Deus, e não as do mundo. O que significa que não acelera o movimento de sua vida. No quarto livro de sua *Correspondência* editada por Pierre Coste,[3] com oito tomos, ele já tem 70 anos! É bem verdade que muitas cartas foram perdidas, pois dispomos hoje de apenas cerca de 3 mil delas,[4] embora se estimem em mais de 30 mil as missivas trocadas por Vicente e seus correspondentes de todos os tipos: padres da Congregação da Missão; Filhas da Caridade, destacando-se entre elas Louise de Marillac; além de personalidades marcantes das três ordens do reino, bispos, duquesas, figuras do mundo da toga, vereadores das cidades em guerra... Mas não seria descabido identificar no caráter tardio dessa efervescência epistolar a fecundidade original de um homem convocado a dar o melhor de si no seu momento, e não antes.

"É preciso saber florescer onde Deus nos semeou." Essa frase de Francisco de Sales — que Vicente de Paulo viria a conhecer em 1618, para nunca mais

---

3 Pierre Coste, *Correspondance, entretiens, documents*, Paris, 1920-1925.
4 Durante o saque de São Lázaro pelos amotinados, em 13 de julho de 1789, bibliotecas e arquivos foram atirados pelas janelas, juntamente com o mobiliário. Os lazaristas só conseguiram recuperar pedaços de documentos, e, entre eles, apenas as obras encadernadas.

INTRODUÇÃO

esquecer — oferece uma chave para a compreensão das misteriosas interações de Vicente com seu século. Desse "primeiro século XVII"[5] cheio de ruído, furor e luz, cujas querelas religiosas e políticas temos hoje em dia tanta dificuldade de compreender, pela oposição que apresentam entre violência brutal e santidade; desse século que, segundo a observação de Claude Dulong, "infringia alegremente as leis divinas e humanas, mas não suportava ser separado da Igreja",[6] podemos captar melhor a essência graças a Vicente de Paulo, pois foi seu filho de maneira profunda, nas influências e dissabores da juventude como também nos encontros decisivos de sua vida. Filho desse "grande século das almas" (Daniel-Rops), Vicente também o é por sua própria obra de caridade, pois é em relação às correntes de fervor e engajamento de seus contemporâneos que essa obra adquire todo o seu sentido.

Mas Vicente também foi o reverso desse século de contrastes, como as duas faces de uma moeda. A história conhece as grandes figuras do Estado, da arte e da guerra. Contemporâneo de Richelieu, Corneille, Descartes, Rubens, Poussin, Philippe da Champaigne, desse mesmo Palacete de Rambouillet do qual se irradiava, sob o comando da marquesa, "a diplomacia do espírito" (Marc Fumaroli), Vicente também foi contemporâneo das injustiças e horrores da Guerra dos Trinta Anos e da Fronda. Encarnando a outra face do século, ele foi a voz dos sem poder e o incansável amparo dos pobres, nos campos em que o trigo verdejante apodrece sob as botas dos soldados. Foi aquele por meio de quem os personagens dos desenhos de Callot[7] entraram para a história.

"É preciso saber florescer onde Deus nos semeou." Vicente é como que semeado uma segunda vez quando entra, em 1613, para o castelo de Montmirail-en-Brie, da família Gondi. Mas pelo resto da vida repetiria

---

5 Como Vicente de Paulo morreu em 1660, ano anterior à morte de Mazarin e ao início do reinado pessoal de Luís XIV, sua ação está inteiramente contida no período que os historiadores denominam "primeiro século XVII", que é o período de Luís XIII e Richelieu, e, mais adiante, a regência de Ana da Áustria: 1610-1651.

6 Claude Dulong, *Anne d'Autriche, mère de Louis XIV*, Paris, Hachette, 1980.

7 Jacques Callot, gravador loreno famoso em sua época, realizou estampas notáveis sobre as Desgraças da guerra, devastadoras de corpos e almas.

que cuidou dos porcos em Chalosse, que é filho de um pobre lavrador e que andar de carruagem a pretexto de estar doente é "uma vergonha" para um homem da sua condição. Humilde foi semeado, humilde florescerá. O paradoxo é que essa humildade, por se originar numa visão da condição humana centrada na pessoa do Cristo e na imitação de seu Evangelho, vai--lhe abrir todas as portas, a começar pelas portas das almas dos grandes.

Depois do paradoxo do tempo, é interessante observar o dos vínculos de Vicente de Paulo com a corte e a alta nobreza do reino. Esses "grandes", inclinados a tudo se permitir por causa do berço, mantêm relações quase políticas com sua consciência, oferecendo-lhes os confessores jesuítas ajuda nas negociações íntimas e até nos tratados de paz. Mas chegado o momento de uma conversão radical, as relações de força se invertem, a consciência torna-se soberana. O resultado às vezes é grandioso.

Já a partir de sua vivência com os Gondi e mais ainda na época da regência de Ana da Áustria, Vicente de Paulo frequenta as personalidades ilustres do reino sob o ângulo do bem que pode proporcionar. É com sua consciência que ele se familiariza, são suas capacidades de doação que solicita, suas fraquezas que vem a descobrir. Ele não pode deixar-se enganar pelas aparências da glória. Quanto aos ricos e poderosos, eles respeitam o senhor Vicente como o homem que lhes lembra sua condição de eternidade, mais forte que qualquer grandeza institucional. Num século que tem fé — embora nem sempre ela se concretize em obras —, a humilde obediência a Deus do camponês gascão tem um autêntico poder de persuasão.

Terá sido talvez por isso que Vicente participou de todos os combates de sua época. O que aqui nos interessa nele é a maneira tão pertinente como soube inscrever-se numa resposta global às necessidades de seu tempo — espirituais e temporais, indissoluvelmente. Fala-se de maneira habitual de sua caridade para com os pobres, os abandonados, os proscritos, e com toda razão. Mas, como frisou Henri Bremond, "não foram os pobres que o deram a Deus, mas Deus, pelo contrário, que o deu aos pobres".[8] Nos

---

8 Bremond, op. cit., p. 209.

INTRODUÇÃO

confins do campo ou junto aos doentes do Hôtel-Dieu, entre os detentos ou ao lado das crianças abandonadas, Vicente convoca seus missionários e as Filhas da Caridade a responder às expectativas da alma, tanto quanto às do corpo. Mais ainda: desde o início da Congregação da Missão, Vicente abraça a grande preocupação da Reforma católica: formar padres, ardentes e autênticos, para substituir os vigários titulares de benefícios cuja ignorância ou preguiça deixa os fiéis entregues ao abandono. A Missão tem dois objetivos, interligados como os pratos de uma balança: evangelizar e cuidar do povo do campo, instruir e propiciar o crescimento espiritual dos padres capazes de conduzir essa bela aventura.

"Sou um homem", escreveu o poeta latino Terêncio, "e considero que nada do que é humano me é estranho." A guerra e a paz durante os ministérios de Richelieu e Mazarin, as nomeações episcopais apanhadas entre o martelo das ambições terrestres e a bigorna dos deveres de devoção, as missões distantes nascidas dos elãs de fervor da primeira metade do século, mais tarde a irrupção do jansenismo e os dilaceramentos por ele acarretados, a mobilização de mulheres de alto coturno, em todos os níveis da sociedade, para fazer frente às desgraças da época, a invenção de novas estruturas da caridade — tudo isso, que apaixonou o século, recebeu de Vicente de Paulo uma resposta original.

Em termos atuais, Vicente de Paulo poderia ser o santo padroeiro dos diretores de recursos humanos! Com efeito, examinando bem suas cartas, a segurança na avaliação das pessoas e a capacidade de gestão impressionam. É no coração da guerra, ante a devastação dos exércitos, que mais brilhantemente se manifestam os dons de governo desse homem de oração. São Lázaro é então uma espécie de coração pulsante do reino.

Quando Vicente de Paulo vem a morrer, a 27 de setembro de 1660, no quartinho do qual já não se ausentava no segundo andar de São Lázaro, vergado ao peso das doenças físicas e do desgaste da idade, jamais deixara de fazer soprar novos ares nos empreendimentos da Missão. Das terras da Barbaria à Itália ou às ilhas do norte da Europa, da Polônia a Madagascar, de todos os recantos da França mandam-lhe notícias, solicitações, agradecimentos, e ele redistribui as notícias, os subsídios, estimulando os seus a seguir incansavelmente o elã de sua vocação. Seus secretários, o frade Bertrand Ducournau e seu adjunto, Louis Robineau, continuam a tomar por escrito seus ditados.

Esse destino extraordinário e os poderosos vínculos que ele sustém com seu século são de enorme valor para nós. Biografias de Vicente de Paulo existem diversas. Nosso objetivo aqui não é redigir mais uma "vida de santo". É simplesmente tornar mais conhecida — a partir de fontes já repertoriadas mas consideradas sob novo olhar, e também a partir de fontes inéditas[9] — uma grande figura de nossa história às voltas com a condição humana de seu tempo.

---

9 Ver *supra* a Nota sobre as fontes.

PRIMEIRA PARTE

Vicente de Paulo
antes de Senhor Vicente
1581-1617

1

Uma infância nas cores da época
1581-1596

A aldeia onde Vicente nasceu chamava-se Pouy,[1] e era um traço saliente na paisagem. Pois "pouy", em gascão, significa "cume". Na fronteira entre a região pobre de Landes e as terras ricas da Chalosse, que se estendem para além do Adour, a aldeia de Pouy erguia-se a uma légua apenas de Dax.[2] Nela se levava a vida segundo os costumes landeses, em casas de paredes de madeira agrupadas em bairros ao redor do *airial*, um vasto gramado de relva silvestre, ensombreado aqui e ali por carvalhos, castanheiros, árvores frutíferas. Homens e animais percorriam o *airial*. Os camponeses discutiam, negociavam e trocavam notícias em torno dos campos. A rude solidariedade que movia esse pedaço de terra gascã no último quarto do século XVI devia parecer com a vida de muitas outras aldeias da França, tanto mais apegadas a seus costumes e hábitos de ajuda recíproca na medida em que as Guerras Religiosas abalavam seriamente o cotidiano. Ao lado da igreja, da casa comum e do moinho, o *airial* simbolizava os vínculos sólidos dessas comunidades camponesas. Mais de meio século depois, Vicente

---

1 Por portaria real de 1828, a aldeia passaria a ter o nome de Saint-Vincent-de-Paul, que preserva ainda hoje.
2 Com a grafia Acqs à época de Vicente de Paulo.

ainda não esqueceu sua bravura ao fazer para as Filhas da Caridade o elogio da simplicidade e da dedicação ao trabalho das "filhas dos campos" de sua infância. Em conferência a 25 de janeiro de 1643, exortando as irmãs a imitar a humildade de Santa Genoveva, que continuou sendo "filha da aldeia" em meio a seus grandes feitos, ele enumera com ternura as múltiplas qualidades das "boas aldeãs [...] em virtude do conhecimento que tenho a respeito, por experiência, sendo por natureza filho de um pobre lavrador, e tendo vivido no campo até a idade de 15 anos. [...] Quando voltam do trabalho para casa para fazer uma magra refeição, cansadas e esgotadas, molhadas e sujas, mesmo recém-chegadas, e se o tempo for propício ao trabalho, ou se o pai ou a mãe ordenarem que voltem imediatamente, elas retornam, sem pensar no próprio cansaço, nem na sujeira; nem sequer olham como estão arrumadas".[3]

A humildade de sua condição, a sobriedade da alimentação e da vida cotidiana viriam a ser compartilhadas por Vicente. Na mesma conferência, ele dá testemunho disso: "Na região de onde venho, minhas caras irmãs, nos alimentamos com um pequeno grão chamado painço, que é levado a cozinhar numa panela, na hora da refeição, sendo vertido num vaso, e os da casa vêm fazer sua refeição, indo depois para o trabalho".[4] Nessa civilização agropastoril, em que as aldeias viviam quase como numa autarquia, a vida se equilibrava por um ritmo e um sistema experimentado por Vicente desde seus primeiros anos de vida.[5] A criação de carneiros permite adubar as terras pouco férteis que caracterizam as charnecas da região das Landes na época. Uma vez adubadas, essas terras são cultivadas para produzir centeio e painço. O porco oferece à mesa da família a charcutaria indispensável, enquanto os legumes da horta fornecem a sopa, vertida no já mencionado "vaso", no meio da longa mesa central da casa. O

---

3 Coste, *Correspondance*, op. cit., IX, p. 81 e 91.
4 Ibidem, IX, p. 84.
5 O ecomuseu de Marquèze, no Parque Regional das Landes da Gasconha, apresenta uma interessante reconstituição do hábitat e da economia agropastoril nos séculos anteriores à transformação das Landes: www.parc-landes-de-gascogne.fr.

UMA INFÂNCIA NAS CORES DA ÉPOCA

lugar de destaque do porco na economia doméstica evidentemente marcou o jovem Vicente, que mais tarde viria a se definir de preferência como "guardador de porcos" — e mesmo um "pobre guardador de porcos" ou um "miserável guardador de porcos" — quando desejoso de frisar bem a humildade de suas origens, ante a atenção de personagens importantes.[6] Sem dúvida a imagem do guardador de porcos, tradicionalmente ligada à extrema modéstia da condição social, com certeza atendia melhor ao seu desejo de rebaixamento que a menção que também faz mais raramente às ovelhas e vacas do rebanho de seu pai.

Vicente nasce na casa de Jean de Paul e Bertrande de Moras, numa terça-feira depois da Páscoa, de acordo com seu primeiro biógrafo, Abelly, em abril segundo o principal interessado,[7] no ano de 1581 — do que podemos estar certos desde os trabalhos de Pierre Coste. Um breve comentário sobre essa questão da data de nascimento. Por mais de dois séculos e meio acreditou-se, com base em seu primeiro biógrafo, que Vicente de Paulo nascera em 1576. Na ignorância de seu estado civil exato — os arquivos da época apresentam muitas falhas, em decorrência das Guerras Religiosas —, essa data era deduzida das exigências canônicas de idade mínima para as ordenações sacerdotais, estabelecidas no Concílio de Trento.

A dedução não carecia de lógica, pois ao ser publicada em 1664 — quatro anos depois da morte de Vicente de Paulo e um século depois da conclusão do Concílio de Trento — a biografia de Vicente de Paulo por Louis Abelly, bispo de Rodez, os decretos do concílio já impregnaram as mentalidades e os costumes eclesiásticos, inclusive em seus aspectos disciplinares.[8] Seja como for, Abelly induzia seus leitores em erro de perspectiva, pois a Assembleia do Clero da França só viria a adotar os decretos do Concílio de Trento em 1615, e sua aplicação foi lenta. Na virada do século XVI para o

---

6 Coste, *Correspondance*, op. cit., VIII, p. 320, carta n° 3153, destinada a Monsenhor François Fouquet, arcebispo de Narbonne; XII, p. 21, Entretiens aux Missionnaires n° 182 etc.
7 Ibidem, I, p. 593.
8 Pierre Blet, *Le Clergé du Grand Siècle en ses assemblées (1615-1715)*, Paris, Cerf, 1995.

XVII, não faltavam abusos e negligência. Nada provava, assim, que Vicente tivesse a idade exigida quando se tornou padre, e na verdade sabemos hoje que foi ordenado ainda muito jovem.

Cabe notar, contudo, que se o fundador da Missão nunca fez qualquer menção a esse desrespeito às regras, tampouco tentou dissimular sua data de nascimento, pois foi graças a uma boa dúzia de alusões exatas a sua idade, encontradas na correspondência de Vicente ou em suas conversas, que Pierre Coste pôde trazer a questão à tona.[9] Como esse ano de nascimento foi confirmado posteriormente, sabemos hoje onde estamos pisando, exceto no que diz respeito ao dia, pois em 1581, diferentemente de 1576, "uma terça-feira depois da Páscoa" corresponde a 4, 11, 18 ou 25 de abril.[10] Temos certeza por Abelly de que Vicente foi batizado na igreja de Pouy.

Ele era o terceiro menino de uma família que viria a contar quatro meninos e duas meninas. Os mais velhos chamavam-se Jean e Bernard; depois de Vicente veio Dominique, apelidado de Gayon, e mais tarde duas Marie. Em carta à mãe, em 17 de fevereiro de 1610, Vicente de Paulo preocupa-se afetuosamente com seus caçulas — Gayon, que sequer sabia se já havia casado, e as irmãs, que fundaram família, mas a cujo respeito quer saber mais notícias. Tudo leva a crer que as relações entre os irmãos eram sólidas e cordiais na época da infância comum. O tom adotado por Vicente em relação à mãe dá mostra de um respeito amoroso e zeloso que, por extensão, revela em Bertrande de Moras uma figura materna afetuosa e digna.

Quem eram exatamente Jean de Paul e sua esposa Bertrande? Vejamos a questão da partícula "de" no nome de família, que adotamos por comodidade, assim como os historiadores modernos em geral. Ela não tem nenhum significado particular, pois na Gasconha a ortografia dos nomes

---

9 Ver, em particular, Coste, *Correspondance*, op. cit., I, p. 593.
10 Ver Bernard Koch, *Tableau chronologique de [la] vie [de saint Vincent de Paul] dans son époque*, 25 de janeiro de 2008, Archives de la congrégation de la Mission, Paris.

não era estável, sendo comum que uma partícula ligasse o prenome de cada indivíduo ao nome de família.[11] Vicente assinou a vida inteira "Vincent Depaul" ou simplesmente "Depaul", até se contentar às vezes com as iniciais V.D. na época da Missão. Os Depaul são uma velha família de Pouy, assim como os Moras ou de Moras ou Demorar. Embora a hipótese de uma origem espanhola da família de Vicente tenha tido seu momento de glória no século XIX — com base, por sinal, em argumentos plausíveis —, a exploração mais recente dos arquivos de Dax e região parece ter dirimido a ambiguidade. No fim do século XV, a presença dos Depaul já é atestada num registro de dízimos. As raízes landesas são confirmadas ao longo de todo o século seguinte, com várias ocorrências do nome Depaul nos registros de Pouy, além da indicação, em 1545, de um Jean Depaul, sargento real em Poyanne, e em 1564, de um outro Jean Depaul, prebendário na catedral de Dax. Por fim, segundo os arquivos do hospital de Dax, um certo Etienne de Paul era, em 1577, prior de Poymartet em Gourbera, perto de Buglose, duas aldeias limítrofes de Pouy.

Sejam padres, sargentos ou exerçam outras funções, os Depaul inventariados pertencem todos à categoria rural dos "capcazaliers", típica da região. Os *capcazaliers*, descendentes dos proprietários que haviam constituído as comunidades aldeãs no declínio do regime feudal, eram proprietários de uma terra livre, não nobre mas aparentada à nobreza pela isenção de certos impostos e pela outorga de alguns direitos, relativos em especial à lenha para aquecimento.

O que nos leva a matizar as persistentes afirmações de Vicente de Paulo sobre seu pai, "pobre lavrador". É bem verdade que este provavelmente não cuidava da aparência, a ponto de provocar no filho, em contato com Dax e posteriormente como escolar nessa cidade, uma ou duas reações de vergonha, das quais viria a se arrepender pública e enfaticamente no

---

11 Esta informação e o essencial dos desdobramentos que se seguem foram colhidos no estudo de Charles Blanc "La parenté de Monsieur Vincent", *Bulletin de la Société de Borda*, 1960. Aqui, p. 117 [3].

SÃO VICENTE DE PAULO

fim da vida: "E lembro que, ainda pequeno, quando meu pai me levava à cidade, como andava malvestido e mancava um pouco, eu tinha vergonha de acompanhá-lo e de reconhecer que era meu pai. Ó, miserável! Como eu fui desobediente!"[12]

Mas o fato é que Jean Depaul pertencia a uma família de *capcazaliers* e tinha algumas terras, ovelhas, bovinos e suínos. Sua casa era uma casa de senhor, embora tal realidade hoje em dia não salte propriamente aos olhos do visitante em Saint-Vincent-de-Paul. O antigo hábitat landês distingue as casas de senhor, de agricultor (*métayer*) e de jornaleiro (*brassier*). E era sobretudo o número de espaços entre vigas que traduzia a diferença de classe e status. A casa de Ranquines (ou "casa do manco"), destruída por volta de 1680 e duas vezes reconstruída, ressurgiu com um vão a menos.[13] Amputada da série de construções à direita, entre elas o estábulo, Ranquines parece de fato, dentre o restante, uma reconstituição fiel da casa onde Vicente passou a infância, mas é uma pena que não tenha mais três vãos, e sim apenas dois, o que falseia a apreciação da sua condição social. Essa era uma casa de um pequeno proprietário, isto é, de um camponês relativamente abastado.

Bertrande de Moras (ou du Morar) pertence por sua vez a uma família meio rural, meio ligada ao mundo da toga. Seus irmãos e sobrinhos eram advogados nas Cortes de Dax e na assembleia municipal de Bordeaux; já o pai, intitula-se "sieur de Lacour"[14] e "cavier de Peyrous", em Orthevielle, cerca de 20 quilômetros ao sul de Dax. Os "caviers" (forma derivada da palavra *cavalier*, cavaleiro) eram pequenos senhores que por sua função de responsáveis pela ordem e segurança tinham o direito de ter um cavalo. Sua propriedade, ou "caverie", era uma terra livre e até mesmo nobre, já que conferia nobreza ao *cavier*, em caráter pessoal, enquanto fosse dono da

---

12 Coste, *Correspondance, op. cit.*, XII, p. 432, *Entretiens aux Missionnaires*, 19 de dezembro de 1659, *De l'obéissance*; ver também Coste, *Le Grand Saint...*, op. cit., t. 1, p. 30.
13 Ver M. Serpette, *Le Berceau de Saint Vincent de Paul, Documents inédits*, Le Berceau, 1906, p. 16-17. Sobre os vãos entre as vigas, ver artigo inédito de Bernard Koch.
14 Senhor de Lacour. [*N. do T.*]

terra. A expressão *caverie* também se aplicava ao solar de torres quadradas — de madeira, barro e palha nas regiões arenosas, de pedra nas demais — que ia de par com a existência da propriedade.

A família de Morar residia em Dax, mas tinha uma propriedade rural em Pouy e com frequência se deslocava para a *caverie* de Peyrous. Essa *caverie*, que pertencia portanto aos avós maternos de Vicente, ainda existe, a cerca de 2 quilômetros de Orthevielle. Não muito grande, ela foi restaurada por um proprietário privado. Seu caráter de solar de pedra revela-se na projeção das duas torres quadradas dispostas de cada lado do corpo principal da construção. Essas torres, com telhado quase plano de telhas, não se elevam muito acima do primeiro andar da casa. No verão de 2013, contudo, era possível avistar seus contornos acima de um conjunto de árvores além de um campo de girassóis, passando pela rodovia 33 depois de Peyrehorade, na direção de Saint-Vincent-de-Tyrosse.

Embora as respectivas condições sociais, apesar de próximas, fossem muito diferentes, podemos imaginar perfeitamente de que maneira vínculos terão se estabelecido entre as famílias de Paul e de Moras.

Como tantas aldeias das Landes da Gasconha nos séculos XVI e XVII, Pouy dispunha de meios para administrar-se em verdadeira autonomia. Sede de um importante baronato landês,[15] que tinha direito de justiça sobre suas terras e portanto oficiais e sargentos, a comunidade rural nem por isso deixava de ser administrada pela assembleia dos habitantes, que para tal finalidade designava livremente um síndico e três magistrados. Os regulamentos por eles estabelecidos eram aplicados pela comunidade, aprovados pelo senhor e homologados pelo presidial[16] de Dax e a assembleia de Bordeaux. Assim, os camponeses de Pouy e cercanias não só tinham o pavio curto, como qualquer gascão que se respeite, como também tinham o espírito jurídico, gosto que os aproximava na vida cotidiana.

---

15 Ver *Blanc*, op. cit., p. 117 [3].
16 Antigo tribunal francês que julgava sem apelação. [*N. do T.*]

A vida inteira, Vicente de Paulo manifestaria incríveis aptidões jurídicas.[17] Tinha a quem puxar, tanto pelo espírito de sua aldeia quanto pela cultura dominante de sua família materna, muito embora sua longa permanência na casa do sr. De Comet, de que trataremos adiante, certamente tenha desempenhado um papel na facilidade vocabular de que viria a dar mostra muito cedo em matéria processual.

É chegado o momento de dizer algo sobre o pequeno pastor que Vicente foi na primeira juventude. Pouco sabemos a seu respeito. Abelly, fonte praticamente única desses anos obscuros, colheu depoimentos de parentes, especialmente ao visitar Pouy em 1639, quando o senhor Vicente já era famoso. A hagiografia convencional da época exalta os traços de devoção provavelmente comuns a muitos filhos de famílias camponesas criados numa fé viva: espontânea instalação pelo menininho de uma imagem da Virgem na cavidade do tronco de um carvalho no *airial*, diante da qual se mantinha em oração; peregrinações ao santuário de Buglose — então em ruínas, mas sempre estimado pela população —, gestos de caridade com os pobres... Mas por trás dos relatos edificantes, podemos adivinhar uma criança de excepcional vivacidade de espírito, maturidade precoce, coração aberto à inquietação do mundo.

A igreja de São Pedro de Orthevielle, paróquia dos avós de Vicente, preserva a memória de uma característica tradicionalmente atribuída ao jovem Vicente: relata-se que, a caminho do moinho, ele de bom grado abria o saco de farinha de que estava incumbido para distribuir alguns punhados aos pobres com os quais cruzava, e seu pai, "homem de bem", abençoava *a posteriori* essa generosidade talvez intempestiva. Outras vezes, o rapazinho oferecia uma parte do pão de sua própria mochila, e até mesmo, certo dia, todas as suas economias. Vamos então abrir a porta da igreja de Orthevielle — cuja estrutura externa pouco mudou desde o fim

---

17 Como evidenciado no estudo inédito de Bernard Koch, *Saint Vincent expert en droit et en procédures* (Archives de la congrégation de la Mission, Paris, 30 de setembro de 2009), ao qual remeteremos novamente adiante.

UMA INFÂNCIA NAS CORES DA ÉPOCA

do século XVI. Entremos no nártex, acendendo as luzes: encontramos uma estátua do senhor Vicente em atitude muito rara,[18] pois ele não está representado de maneira simples, como tantas vezes, com um pobre, mas estendendo um pão a uma criança.

Ao sair da igreja, do terraço que domina a aldeia, vemos ao longe os "barthes"[19] dos Gaves Reunis.[20] Essas pradarias pantanosas às margens do rio Adour e seu afluente constituíam a perder de vista o horizonte dos pastores levando o rebanho ao pasto. Podemos imaginar Vicente passando perto da igreja e descendo a encosta para levar as ovelhas da família à beira do rio. Uma anedota, origem de divertido quiproquó, permite supor que o fazia com frequência. Monsenhor Persin de Montgaillard, bispo de Saint-Pons, querendo exemplificar a humildade de Vicente de Paulo, contava que um dia, como mencionasse em sua presença seu castelo natal de Montgaillard, ele respondeu: "Eu o conheço bem; guardava os animais na juventude e os levava para aqueles lados."[21]

Como o castelo do bispo se encontra no atual departamento de Tarn-et-Garonne, Vicente involuntariamente se confunde. Mas com o quê? Segundo Pierre Coste, tratar-se-ia da aldeia de Montgaillard em Chalosse, a mais de 50 quilômetros de Pouy. Um longo caminho para pernas infantis, pressupondo várias noites fora de casa! O padre Coste provavelmente não teve oportunidade de ver, ao lado da igreja de Orthevielle, a *caverie* Montgaillard com suas torres quadradas, uma das treze *caveries* da região de Orthe. Tinha o aspecto belo o bastante para que Vicente, ignorando as dimensões imponentes do castelo do bispo, tomasse uma pelo outro.

Até os 15 anos de idade, Vicente leva portanto uma vida campestre. Dias de lentidão, à escuta da natureza. Dias difíceis também, pois nessa

---

18 Em nota de 14 de abril de 2009, Bernard Koch declara conhecer apenas duas outras estátuas desse tipo: uma, numa capela do lado esquerdo de Notre-Dame de Bourg-en-Bresse; a outra, de pedra branca, que se encontrava na capela de uma igreja de Paris, tendo no entanto desaparecido.
19 Do gascão *barta*: matagal num pântano. [*N. do T.*]
20 Confluência dos rios Pau, Oloron e Adour no departamento de Landes. [*N. do T.*]
21 Ver Pierre Collet, *La Vie de saint Vincent de Paul*, Nancy, 1748, t. II, p. 195.

época o campo não era ainda pacificado. Cabe lembrar aqui em poucas palavras o que foram, no século XVI, a violência dos confrontos religiosos e mais adiante a atrocidade das guerras civis. Pois a memória está presente, muito próxima.

Ao iniciar sua biografia de Vicente de Paulo, Abelly menciona "os dois flagelos da guerra civil e da heresia" que haviam transformado o reino da França num "teatro de horrores" quando de seu nascimento. "O sacerdócio estava desonrado, e mesmo de tal maneira desprezado em alguns lugares, que se considerava, de certa forma, uma infâmia, para pessoas de condição minimamente honesta aos olhos do mundo, entrar para as ordens santas, a menos que tivessem algum benefício considerável para cobrir essa vergonha".[22]

No início do século XXI, o historiador Bernard Hours nos convida a relativizar as coisas. Quando se refere ao modo como as pessoas creem e praticam no alvorecer dos tempos modernos, ele destaca que "a maneira como os historiadores entoaram durante demasiado tempo as mesmas ladainhas sobre os abusos do clero certamente é suspeita de excesso de zelo e de insuficiência crítica. [...] Poderíamos dizer que foi o desejo de reforma que gerou o discurso sobre os abusos, e não os abusos que obrigaram a contemplar a reforma. A realidade desses abusos — por incontestável que seja — não é o verdadeiro problema, e sim o ideal religioso que se elabora nessa época".[23] "Essa época" é a virada do século XV para o século XVI, e também do século XVI inteiro.

Na verdade, desde o início da Reforma protestante na França, isto é, antes de 1535, o ataque volta-se também e sobretudo para o dogma. A questão que obceca Lutero é a salvação. Quem será salvo, e como? "*Fide sola, scriptura sola*": ao proclamar a primazia exclusiva da Escritura e da fé, a Reforma tende a negar ao mesmo tempo a necessidade das obras e a

---

22 Louis Abelly, *La Vie du vénérable serviteur de Dieu, Vincent de Paul*, Paris, F. Lambert, 1664, t. I, p. 3.

23 Bernard Hours, *L'Eglise et la vie religieuse de la France moderne, xvie-xviiie siècle*, Paris, PUF, 2000, p. 32. Sobre os desdobramentos seguintes, ver também p. 81 sq.

legitimidade da mediação da Igreja nesse sentido. A questão é grave, a época é dura, a obsessão da morte que ronda atiça a sede de verdade sobre o além. A violência, verbal e física, acompanha o movimento desde o início. As "95 teses" de 1517 não se limitam a acusar Roma de tráfico de indulgências, contestando-lhe também o poder de distribuir penas em nome de Deus. O ataque aos sacramentos, nos anos que se seguem, vai de encontro com à destruição de muitas estátuas da Virgem e dos santos, pois se pretende ver em tudo isso uma espécie de abuso de encarnação, uma concessão à mentalidade mágica. Quando do primeiro Caso dos Cartazes, na noite de 17 para 18 de outubro de 1534, em Tours, Amboise e Blois, a missa católica e o dogma da transubstanciação são denunciados como sacrílegos e heréticos com incrível violência. O segundo Caso dos Cartazes, a 13 de janeiro de 1535, em Paris, joga lenha na fogueira, acarretando a repressão real, execuções e o exílio de Calvino na Suíça.

A segunda fase ainda não é a das Guerras Religiosas, mas de uma corrida aos extremos, tanto nas ideias como nas atitudes. Em 1536, Calvino publica em Basileia o livro-chave da Reforma na Europa, *A instituição cristã*. A partir de 1550, no calor das polêmicas, ele segue até o fim a lógica de suas ideias, desenvolvendo a teoria da "justificação" e da "dupla predestinação": Deus confere a salvação gratuitamente, e as obras nada têm a ver com isso, são apenas fruto natural da fé. Entretanto — e eis aqui o ponto terrível —, Deus manda uns para a vida eterna, outros para a danação. Ante essa visão que nega a liberdade humana e amputa a misericórdia, a reação do lado católico é violenta. O poder real assume as rédeas. Já em 1540, a portaria de Fontainebleau submetia o "crime de heresia" à autoridade dos juízes reais e começava o "tempo dos mártires" nas fileiras dos reformados. Nos vinte anos aproximadamente que antecedem a primeira Guerra Religiosa, católicos e protestantes intensificam sua oposição num clima de fim dos tempos. Finalmente, ao se aproximar o início das hostilidades, ocorre em 1560 uma verdadeira explosão iconoclasta: igrejas depredadas, vasos sagrados profanados etc.

As oito Guerras Religiosas que se sucedem de 1562 a 1598 não são fruto apenas desse ódio recíproco cultivado contra o pano de fundo da eterna salvação. Houve ainda outra coisa: o surgimento do que hoje chamaríamos de um "bloqueio político-religioso". Por um lado, os Guise católicos e lorenos; por outro, os Bourbon-Condé protestantes e navarros, arrastando com eles uma nobreza dividida, em luta feroz pela partilha do poder. É por meio deles que começa a guerra: quando o Édito de Saint-Germain legaliza a organização das igrejas reformadas, o duque de Guise, tenente-general do reino, responde com o massacre da pequena cidade de Vassy, a 1º de março de 1562. Em resposta, Luís I de Bourbon, príncipe de Condé, lança a convocação às armas de todas as igrejas reformadas do reino. Vem em seguida a ingerência externa, a começar pela Espanha católica. Filipe II, filho e sucessor de Carlos V, apresenta-se como campeão da causa católica e da aplicação do Concílio de Trento, mas persegue antes de mais nada um objetivo político: diante da França minada pelo protestantismo, a dominação dos Habsburgo deve ser exercida sobre o conjunto de uma Europa em sua maioria católica. Mas sem exagero, todavia, pois se o protestantismo se apropriasse totalmente da França, a luta frontal que resultaria portanto entre o reino e o império solaparia por sua vez o poder de Filipe II. Daí o apoio do rei da Espanha às forças católicas da França, apoio este que terá seu ponto culminante nos conflitos da Liga.

Do massacre dos protestantes no episódio de São Bartolomeu em Paris, na noite de 24 de agosto de 1572, à criação da Liga Católica dois anos depois, para protestar contra a reabilitação das vítimas; do acordo da Liga com a Espanha de Filipe II, em 1585, à marcha conjunta sobre Paris do rei da França Henrique III e de Henrique de Navarra (futuro Henrique IV) para triunfar sobre os Guise e seus partidários; do assassinato de Henrique III por um dominicano exaltado a 1º de agosto de 1589 às tergiversações religiosas de Henrique IV em função do avanço de suas tropas, as lutas políticas misturam-se inextricavelmente aos confrontos religiosos. Para entender o alcance das atrocidades dos dois campos, precisamos integrar esse parâmetro, muito embora, do lado católico, o abalo sagrado provocado pelas terríveis profanações de igrejas também explique o resvalar para a loucura.

UMA INFÂNCIA NAS CORES DA ÉPOCA

As Landes da Gasconha pagaram seu tributo à onda de violência: a Navarra é vizinha. A partir de 1569, Jeanne d'Albret, mãe do futuro Henrique IV, devasta o sudoeste com seus exércitos calvinistas, enquanto o chefe católico Blaise de Monluc, depois de causar cruéis estragos na Guiana, marcha sobre Mont-de-Marsan, massacrando sua guarnição. Os protestantes retomam Mont-de-Marsan e a saqueiam, assim como Saint-Sever, Aire e todas as aldeias e abadias da região. Pouy é incendiada, do mesmo modo que o mosteiro/casa de caridade de Poymartet. Durante a infância de Vicente de Paulo, os bandos dos dois campos dão prosseguimento à sua devastação.

Mas quando chega para os pais de Vicente o momento de pensar no seu futuro, a pacificação já se perfila. Tendo subido ao trono em 1589, mas enfrentando a oposição encarniçada da Liga, Henrique IV só dispunha então de uma legitimidade contestada e de um poder sujeito aos riscos das armas. Entretanto, a 25 de julho de 1593, ele abjura solenemente o protestantismo em Saint-Denis. Sagrado em Chartres, em fevereiro de 1594, com o óleo das sagrações de Reims, ele receberia a absolvição do papa Clemente VIII, em 1595. Uma nova era tem início, selada três anos depois pelo Édito de Nantes.

Acontece que é por volta de 1593 que Vicente torna-se um escolar em Dax. Jean de Paul e sua mulher perceberam em seu pequeno pastor, além de uma devoção sincera, dons de inteligência fora do comum. Esse menino, pensa o pai, é diferente dos irmãos e irmãs; é preciso que estude. Ao darmos crédito ao relato de Abelly, o bem-sucedido exemplo de um prior da vizinhança desempenha um papel nessa decisão (trata-se talvez de Etienne de Paul). Seja como for, o autor não tem a menor dúvida sobre a natureza e os motivos da decisão tomada: "Assim é que esse bom homem, em sua simplicidade, achava que seu filho Vicente, depois de se tornar capaz pelo estudo, poderia um dia alcançar algum benefício, e, servindo à Igreja, ajudar sua família e fazer bem a seus outros filhos."[24]

---

24 Abelly, op. cit., t. I, p. 8.

O leitor moderno é sensível ao lado calculista da medida paterna. Mas além do fato de que, no campo, tratando-se de uma criança de origens modestas, a promoção social habitualmente passava na época pelo clero, a lembrança das Guerras Religiosas nos leva a relativizar nosso julgamento. Nessa época ainda incerta, e da parte de um homem que vira o pior, preparar o filho para "servir à Igreja" não carecia de uma certa audácia. Também podemos ver aí a expressão de uma fé robusta.

Em Dax, os *cordeliers* mantêm um internato ao lado do colégio. Vicente é matriculado nos dois. A pensão de 60 libras anuais representa um sacrifício para o lavrador de Pouy. Mas Jean de Paul pensa no futuro. Vicente é iniciado no latim, porém seus primeiros biógrafos não nos informam sobre o resto do ensino. Também subsiste uma dúvida sobre o tempo que ele passa no colégio. Acaso teria entrado apenas com 15 anos de vida? Nesse caso, teria feito apenas dois anos de estudos, do total de quatro. Ou será então que, por Dax se situar próximo a Pouy e nas férias ele voltar para o campo, Vicente inclui seu tempo no colégio nos "15 anos no campo" da sua juventude? Nesse caso, é possível que tenha entrado para o colégio já em 1593, ou mesmo 1592. Seu segundo grande biógrafo, Collet, parece pensar dessa maneira ao declarar, sem precisar data, que Vicente tinha aproximadamente 12 anos quando o pai decidiu fazê-lo estudar.[25]

Senhor Vicente quer fazer crer que não é mais inteligente que um "colegial" ou um "pobre colegial",[26] ao tentar chamar a atenção, em suas *Conversas com os Missionários*, para a modéstia de sua bagagem intelectual. Pequena astúcia de pregador, que sabe perfeitamente que seus argumentos pairam acima de um pátio do colégio? Certamente, pois ele prolongou sua formação muito além do colégio de Dax. Desejo de humildade? Certamente também. Tenha ele completado quatro anos de estudos colegiais ou apenas o segundo e o terceiro, o fato é que, por volta de 1595, sobrevém um acontecimento crucial: o sr. De Comet, juiz de Pouy e advogado no

---

25 Collet, op. cit., t. I, p. 8.
26 Coste, *Correspondance*, op. cit., XII, p. 135 e p. 293.

UMA INFÂNCIA NAS CORES DA ÉPOCA

presidial de Dax, o toma sob sua proteção. Tira-o do internato dos *cordeliers* e o transfere para sua casa como preceptor de seus filhos, livrando Jean de Paul desse modo da necessidade de prover às despesas impostas pelos estudos do filho.

Proteção aparentemente inesperada. Na verdade, para os estudos dos filhos, o advogado de Dax podia encontrar entre os companheiros de colégio de Vicente candidatos a preceptores de famílias mais importantes, filhos de procuradores, comerciantes abastados e até de fidalgos. Os primeiros biógrafos afirmam que o sr. De Comet tomou essa iniciativa por recomendação de um dos padres franciscanos, provavelmente consciente ao mesmo tempo das qualidades do aluno e da relativa pobreza do pai. Mas devemos considerar um outro motivo, raramente lembrado: a solidariedade de família, no sentido amplo. Com efeito, a irmã do sr. De Comet, Catherine, era esposa de Louis de Saint-Martin, igualmente advogado em Dax, e a irmã de Louis de Saint-Martin, Jeanne, era esposa de Jean de Moras, tio materno de Vicente.[27] Ao tomá-lo sob sua proteção, o sr. De Comet, que certamente conhecia o adolescente, agia como um homem consciente de seus deveres em relação a um pobre parente talentoso e merecedor. E, por sinal, sua autoridade extraía desses veículos de família uma legitimidade específica que sem dúvida é a chave de uma justa compreensão da controversa questão da vocação de Vicente.

Para os biógrafos antigos e para Coste, as coisas são perfeitamente claras: Vicente não se mostrou apenas excelente pedagogo, apesar da pouca idade. Manifestou uma precocidade espiritual e uma profundidade convincentes para o sr. De Comet: esse rapaz nasceu para o estado eclesiástico. Vicente, por sua vez, não teria duvidado do chamado: "Nesses dois anos, o sr. De Comet observara com prazer os brilhantes progressos do jovem na devoção. Achava que Deus o chamava para a carreira eclesiástica e o estimulava nessa direção. Vicente, no entanto, estava convencido de que era sua vocação. Com autorização do capítulo de Dax, cuja direção estava

---

27 Ver Blanc, op. cit., p. 122 [8].

vacante, ele foi a Bidache, atualmente diocese de Baiona, e recebeu na igreja do colégio, a 20 de dezembro de 1596, das mãos de Salvat Diharse, bispo de Tarbes, a tonsura e as ordens menores."[28]

Veremos então que as coisas correm rápidas: a 20 de dezembro de 1596, Vicente de Paulo tem 15 anos e meio!... Quatro anos depois, será padre. A precocidade de alma e mente não explica tudo, como tampouco pode brincar com o direito canônico. Ora, como dissemos, desde os trabalhos de Pierre Coste na década de 1920, os historiadores do século XX conhecem a verdadeira data de nascimento de Vicente. Estão portanto em condições de identificar a anomalia. De tal maneira que, na contracorrente do próprio Coste, que aparentemente não duvida da vocação do rapaz, a maioria dos biógrafos modernos valeu-se da estranha precipitação de Vicente para sustentar a tese de uma decisão movida pela ambição pessoal: algo arrivista e mesmo "impaciente como um filho mais moço da Gasconha" (André Dodin), Vicente teria queimado etapas da ordenação porque tinha como único objetivo conseguir um lugar ao sol, sem se preocupar com os meios. Como prova disso, as irregularidades canônicas de suas ordenações: uma vocação autêntica não lhe teria permitido tais manobras, baseadas numa mentira. O interessado parece dar-lhes razão, *a posteriori*. Em várias oportunidades, parece lamentar uma decisão pouco refletida. Mencionemos o comentário frequentemente citado com que ele reage à suposta vocação de um sobrinho. Em carta de 1656, enviada ao cônego de Saint-Martin na Gasconha, senhor Vicente roga que se empenhe em dissuadir o menino do caminho do sacerdócio: "Para mim, se eu soubesse, quando tive a temeridade de entrar, algo que vim a saber depois, teria preferido lavrar a terra a me comprometer num estado tão temível."[29]

A frase é citada com frequência, mas não a que a antecede: "Sendo essa condição a mais sublime que existe na terra, e exatamente aquela que Nosso Senhor quis tomar e exercer." Como tampouco é citada a declara-

---

28 Coste, *Le Grand Saint...*, op. cit., t. 1, p. 32.
29 Coste, *Correspondance*, op. cit., V, p. 567-568, carta n° 2027.

UMA INFÂNCIA NAS CORES DA ÉPOCA

ção que se segue imediatamente à evocação de um "estado tão temível": "É o que testemunhei mais de cem vezes aos pobres do campo, quando, para estimulá-los a viver contentes e como homens de bem, disse-lhes que os considerava felizes em sua condição; e de fato, quanto mais velho fico, mais confirmo esse sentimento, pois descubro diariamente a distância em que me encontro da perfeição na qual deveria estar."

Para o leitor atento, cabe aqui relativizar o alcance do *mea culpa*. Como decidir? Os próximos capítulos fornecerão indícios. Por enquanto, voltemos ao sr. De Comet. Membro distante da família, porém natural transmissor da vontade paterna, o sr. De Comet é um homem correto. Não teria estimulado Vincent ao sacerdócio sem ter percebido nele, em seu longo convívio, as qualidades e o elã espiritual necessários a um bom desempenho de seu futuro papel. Mas ambos são filhos de sua época. Fosse no caso do casamento ou da ordenação, a vontade da família é que contava antes de mais nada, e a inclinação dos interessados pouco importava. Mais ainda: as pessoas de honra e virtude consideravam que a obediência aos interesses da família era seu maior dever. De cima a baixo, na escala social, a própria ideia de "vocação" estava subordinada às estratégias de clãs. Basta citar aqui um caso famoso situado num meio social muito diferente do que estudamos, mas com os mesmos reflexos.

Armand-Jean du Plessis, futuro cardeal de Richelieu, era destinado pela família à carreira das armas. Como seu irmão caçula, Alphonse, seria consagrado à Igreja, o bispado de Luçon caberia a ele. Armand-Jean entra assim para a célebre academia equestre de Pluvinel, aprende a dança, a esgrima e a arte de agradar ao mundo. Parece feliz. Mas eis que em 1603 seu irmão Alphonse, surpreendido por uma autêntica vocação, "renuncia à mitra e decide tornar-se cartuxo. Todo o programa Richelieu deve então ser modificado. [...] Armand terá de se preparar sem demora para tornar-se bispo. Tanto pior se não tem vocação; e sua opinião não é considerada. De resto, uma diocese é mais que um regimento."[30] Richelieu também é

---

30 François Bluche, *Richelieu*, Paris, Perrin, 2003, p. 41.

jovem demais, e seria sagrado bispo em 1607, aos 22 anos, precisando ir a Roma regularizar a questão. No fim das contas, como bispo de Luçon, ele levaria sua missão a sério, até se tornar no auge da vida, ao lado de Louis XIII, o estadista que conhecemos. Sua fé é real e sincera.[31]

Acontece que o jovem Richelieu, não obstante sua inclinação inicial, não discutiu os deveres da obediência, neles não enxergando contradição com os pressupostos de sua fé. Comparação não é razão: no caso de Vicente, a inclinação original existe; Richelieu não é um santo, Vicente de Paulo veio a tornar-se um, e dos maiores, por sinal. Mais os determinismos familiares entre o jovem nobre e o jovem camponês não deixam de ter suas analogias. Na posição em que se encontra, o sr. De Comet visa antes de mais nada, para Vicente, a uma carreira eclesiástica útil para sua família, nisto seguindo a vontade de seu pai. Cabe-lhe ajudar o adolescente a adquirir os meios para tal, e ele não quer perder tempo. Talvez o pai de Vicente esteja doente: sabemos que ele viria a morrer em 1598. De qualquer maneira, a família Depaul de fato precisa que o rapaz tenha êxito, e ele parece disposto. O sr. De Comet apressa, assim, o movimento, sem se preocupar muito com regras canônicas, que no fim das contas poucos respeitavam em meio aos conflitos da época. E Vicente aceita! Essa corrida às ordenações só pode ter partido de seu protetor. Até mesmo cinco anos depois, este terá sido o caso. E com mais motivo ainda na idade muito precoce de Vicente. Supor nele um individualista apressado agindo por iniciativa própria é um anacronismo.

Não temos, por sinal, nenhum motivo para duvidar que Vicente tivesse nesse momento a convicção íntima de que fosse esse seu caminho. Não devemos esquecer que se trata de uma criança precoce. Quando uma criança

---

31 O belo trabalho de Arnaud Teyssier, *Richelieu*, publicado em agosto de 2014 pelas edições Perrin, não nos era conhecido durante a redação deste livro. Hesitamos em seguir seu autor quanto à ideia de uma vocação de Richelieu anterior a sua entrada para o sacerdócio, pois a nossos olhos a posição tradicional dos historiadores repousa em argumentos sólidos. Em compensação, parece-nos muito convincente a maneira como Arnaud Teyssier chama a atenção para o caráter central de sua condição de padre na visão do mundo, nos atos e nos textos do cardeal. A nosso ver, ela frisa o valor espiritual da obediência do jovem Richelieu.

UMA INFÂNCIA NAS CORES DA ÉPOCA

precoce não é uma criança revoltada, tende a interiorizar a obediência mais do que qualquer um, pois sua maturidade o leva a um mundo de adultos cujos argumentos entende sem estar em condições de discutir de igual para igual. Ávido por proceder corretamente, Vicente certamente confiou no sr. De Comet e no pai quanto à melhor decisão para o seu destino. Não viu nenhuma contradição entre um impulso sincero na direção de Deus e a desenvoltura da maratona sacerdotal em seu nome empreendida.

Sem dúvida não avaliou então o alcance do seu comprometimento. De qualquer maneira, certamente não como faria depois da sua conversão e na ascensão aos pináculos da caridade. Nesse ponto, as avaliações modernas acertam na mosca. Mas cabe pensar que a adesão apressada de Vicente ao projeto do pai e do protetor decorreu exclusivamente de um agudo senso do dever. Certos acontecimentos da década seguinte levam a crer que, em seguida, ele tenha entrado no jogo, começando a sonhar sonhos fantásticos — que haveriam de se quebrar como o vaso de leite. Mas em 1596, em seu avanço na direção do sacerdócio, o que nele se passa provavelmente é melhor definido pela bem-comportada obediência, unida ao entusiasmo espontâneo do coração.

2

Um aprendizado sacerdotal na virada religiosa do século 1596-1605

Eis portanto Vicente de Paulo tonsurado em Bidache a 20 de dezembro de 1596 pelo bispo de Tarbes, Salvat Diharse. No mesmo dia, ele recebe as ordens menores.[1] A escolha do bispo de Tarbes deu motivo a questionamentos. Por que não o de Dax? E por que Bidache? Os adeptos da tese de um Vicente arrivista e apressado enxergaram aí a indicação de um desejo de passar despercebido. Mas essa hipótese não resiste ao conhecimento exato dos lugares e dos fatos. Eis a carta de tonsura:

[Nós,] Salvat Diharse, bispo de Tarbes pela graça de Deus e da Santa Sé Apostólica, fazemos saber a todos que no dia indicado abaixo, no jejum dos Quatro Tempos após a festa de Santa Lúcia [13 de dezembro], durante a celebração geral das Santas Ordens na igreja colegial de Bidache, diocese de Dax, com autorização dos senhores Cônegos e do Capítulo da catedral de Dax, estando vacante a sé episcopal, conferimos a tonsura clerical a nosso amado Vicente de Paulo, filho legítimo e natural do R. de Paul e de Bertrande du Moras, da paróquia de Pouy, diocese de Dax,

---

1 Coste, *Correspondance*, op. cit., XIII, p. 1-3.

procriado em casamento legítimo, e com idade e instrução suficientes, e o inscrevemos na milícia clerical, por intermédio das cartas dimissórias. Em virtude do que mandamos fazer e despachar para a referida igreja as presentes, munidas de nosso pequeno selo, pelo comissário do escrivão do referido capítulo, no vigésimo dia de dezembro do ano do Senhor mil quinhentos e noventa e seis.

S. DIHARSE, bispo de Tarbes. Por ordem do referido senhor bispo de Tarbes, DEPAGADOY, comissário escrivão.[2]

Notemos que se trata de uma ordenação geral, logo, pública e solene. Também se informa que a sé de Dax estava vacante. Na verdade, seus titulares nesses anos, François e mais tarde seu irmão Gilles de Noailles, decidiram tornar-se diplomatas no Levante, em vez de assumir o bispado. Acontece que Bidache estava subordinada ao bispado de Dax e dispunha de uma igreja colegial muito procurada, da qual dependia por sua vez a abadia vizinha de Arthous. É verdade que, em 1596, a abadia de Arthous estava em ruínas, em decorrência das Guerras Religiosas, mas Salvat Diharse, o bispo de Tarbes, era seu superior. Havia, portanto, vínculos naturais em virtude dos quais o bispo de Tarbes era levado a celebrar ordenações gerais na igreja colegial de Bidache, a pedido dos cônegos de Dax.

Analisemos então o mapa da região: vemos que Bidache fica apenas uma dúzia de quilômetros ao sul do Orthevielle, onde Vicente com frequência se hospedava na casa dos avós. Vamos até lá. Dando para o rio Bidouze, as imponentes ruínas do castelo dos duques de Gramont dominam o burgo de Bidache. Ora, não só Salvat Diharse, amigo próximo dos Gramont, devia ao fato de o terem recomendado ao rei Henrique III sua designação como bispo de Tarbes, como a maioria dos oficiais com que contava a ilustre

---

2 Esta carta e as seguintes constam, em latim, do *Dossier de la Mission* publicado por Coste no tomo XIII de sua obra. A cópia autenticada desta carta de tonsura foi transmitida a 22 de janeiro de 1712, por ocasião do processo de beatificação. A tradução francesa dos oito documentos de ordenação, que segue seu texto em latim na edição digital atualizada de Coste, é de Bernard Koch.

UM APRENDIZADO SACERDOTAL NA VIRADA RELIGIOSA DO SÉCULO 39

família de Gramont saíra das *caveries* do viscondado vizinho de Orthe.[3] Vicente, portanto, estava autenticamente entre conhecidos. Certamente esse é o motivo pelo qual o monsenhor assinou sem pestanejar a carta de tonsura afirmando que "[seu] amado Vicente de Paulo" (era a expressão habitualmente usada) vinha a ter "idade e instrução suficientes"...

Agora Vicente vai então estudar teologia. Pierre Coste frisa que a reflexão prontamente o incita a sonhar alto: "Sob a orientação de mestres eruditos e experientes de alguma universidade famosa, seus progressos seriam mais rápidos; ele também sabia que obteria com os graus o direito de aspirar a certas dignidades eclesiásticas, e que, facilitando-lhe ao mesmo tempo a posse de um benefício, eles o deixariam mais rapidamente ao abrigo das necessidades da vida."[4]

Ele e os seus! Pois o cálculo é antes de mais nada e sempre o cálculo do pai, cuja tensão a serviço do objetivo que fixou para si mesmo é comovente. Graças a Abelly, sabemos que Jean de Paul, para permitir que o filho fosse estudar na universidade, vendeu um par de bois, o que representava mais um sacrifício importante. Um ano depois, a 7 de fevereiro de 1598, ele redige seu testamento, reunindo as últimas forças — viria a morrer naquele mesmo ano — para sustentar até o fim o destino desse filho no qual deposita tanta esperança. Pois depois de fazer a partilha de seus bens entre todos os filhos, Jean de Paul declara que quer que Vicente seja "ajudado e sustentado nos estudos segundo o alcance dos bens que deixa".[5]

Em 1597, que universidade escolher? Perto de Dax existem duas, a de Bordeaux e a de Toulouse, mas só a Universidade de Toulouse tem uma faculdade de Teologia. Será, portanto, Toulouse, mas não apenas. Tanto Abelly quanto Collet indicam que Vicente passou breve período na Espanha, na Universidade de Saragoça. Não sabemos em que momento. A Universidade de Toulouse, ao outorgar a Vicente de Paulo, em 12 de

---

3 Ver Blanc, op. cit., p. 123-124 [9-10].
4 Coste, *Le Grand Saint...*, op. cit., t. 1, p. 33.
5 Abelly, op. cit., t. I, p. 12.

outubro de 1604, o diploma de bacharel em teologia, reconheceu que sete anos de estudos haviam sido completados. Desse modo, ou bem Vicente só começou a estudar em Toulouse em 1598, o que lhe deixa a possibilidade de ter passado um ano ou pelo menos alguns meses em Saragoça, ou então efetuou um corte em seus anos no sul da França para ir à Espanha.

Mas será que foi realmente? Pierre Coste tem suas dúvidas, por falta de provas materiais. Em compensação, Abelly, no século XVII, e Collet, no XVIII, tendo tido acesso à documentação primitiva, atestam a realidade do episódio. Além do mais, o próprio Vicente de Paulo fez alusões evidenciando conhecimento pessoal da Espanha. Algumas são interessantes, não só porque nos fornecem elementos sobre os métodos de formação universitária que conheceu, mas também por revelarem a fonte de alguns de seus princípios pedagógicos. Assim, escrevendo em 1641 a Bernard Codoing, padre da Missão, superior em Annecy e responsável pelo seminário da cidade, é na experiência espanhola que Vicente se escora para recusar o hábito fácil de se contentar com o ditado de anotações próprias: "Devo dizer-lhe, todavia, senhor, que duvido ser oportuno entregar escritos a seus seminaristas para que os estudem. Para tanto, não faltam livros extensos e resumidos. Nos colégios da Espanha não se escreve em sala de aula. O principal é repetir bem o que foi ensinado; e o melhor método que experimentei nesse sentido é tomar um casuísta, explicar-lhes um capítulo ou dois ao mesmo tempo de cor e fazê-lo transmitir a cada um deles de cor a outra lição; o que, tendo sido feito várias vezes, passa a ser inculcado e permanece para sempre, explicando-se as dificuldades propostas."[6]

Algumas cartas adiante, Bernard Codoing tornou-se padre da Missão em Roma. Tendendo a seguir apenas a própria cabeça, ele não obedeceu. Vicente insistiu. Que não venham invocar-lhe o exemplo dos jesuítas e da Universidade de Paris: "Eles declaram publicamente ensinar as ciências e precisam de reputação." Mas no seminário precisa-se antes de mais nada

---

6 Coste, *Correspondance*, op. cit., II, p. 212, carta nº 562, a Bernard Codoing, superior em Annecy [dezembro de 1641].

de devoção, prédica e catecismo. E ele acrescenta: "Que diremos das universidades da Espanha, onde não se sabe o que é ditar em classe e onde se pode apenas explicar, e apesar disso cada um reconhece que são mais profundos teólogos que em outros países?"[7]

Vemos que a experiência espanhola, apesar de breve, marcou fortemente Vicente. Será talvez um indício para pensar que ela ocorreu no início de seus estudos superiores. Outro aspecto milita nesse sentido: se foi de fato em Saragoça que Vicente iniciou seus estudos de teologia em 1597, a morte de seu pai no ano seguinte o obrigou a voltar a Pouy. Sem recursos para retornar à Espanha, ele provavelmente se matriculou na Universidade de Toulouse, não mais a deixando.

Devemos agora acompanhar paralelamente a sequência de ordenações de Vicente e seus estudos universitários em Toulouse. Comecemos pelas ordenações. Em 19 de setembro de 1598 ele recebe o subdiaconato, depois o diaconato, em 19 de dezembro, sempre das mãos de monsenhor Salvat Diharse, mas em sua catedral de Tarbes. Nas cartas dimissórias que antecedem a ordenação de Vicente ao subdiaconato, encontramos vários detalhes interessantes. Cabe lembrar que, no direito canônico, as cartas dimissórias são os documentos que autorizam a proceder às ordenações. Uma vez obtida a autorização, a ordenação pode ser conferida ao candidato pelo bispo de sua escolha. Datadas de 10 de setembro de 1598, as cartas dimissórias para o subdiaconato de Vicente de Paulo o adjetivam "capaz, suficiente, reconhecido de idade legítima e de fato dotado de um título [canônico]".[8]

Notemos desde logo que a idade de Vicente, declarada "suficiente" por monsenhor de Tarbes, tornou-se "legítima": tudo se encadeia a partir da primeira autoridade. Mas que "título" é esse que vem a ser mencionado ao lado da idade legítima, sendo Vicente declarado "de fato dotado" dele?

---

7 Coste, *Correspondance*, op. cit., II, p. 235, carta n° 575, a Bernard Codoing, padre da Missão em Roma, 17 de março de 1642.
8 Ibidem, XIII, p. 4.

Pois bem, trata-se de um benefício eclesiástico! Com efeito, não era necessário esperar ser ordenado padre para dispor de um benefício. O Concílio de Trento insistia na necessidade de meios de subsistência já a partir da ordenação ao subdiaconato. Ora, na ausência de um patrimônio pessoal, só a obtenção de um benefício permitia dispor de rendimentos suficientes para viver. Podemos supor que, no caso, essa exigência do concílio tenha ido ao encontro das aspirações da família Depaul. É 1598 o ano da morte do pai de Vicente. Embora ele tudo fizesse em seu testamento para garantir ao filho um certo conforto material, este conforto é apenas relativo: o lavrador de Pouy deixa uma família em que vários filhos ainda são muito novos e o futuro padre tem diante de si longos anos de estudo.

Mas que benefício eclesiástico é esse?[9] Seja por Abelly ou Collet, ficamos sabendo que o sr. De Comet solicitou para Vicente nesse período a paróquia de Tilh, 25 quilômetros a sudeste de Dax, e que, numa primeira etapa, conseguiu obtê-la. Mas nossos dois historiadores situam a solicitação e a obtenção da paróquia no momento em que Vicente acaba de ser ordenado padre. Acontece que ele só se torna padre em 1600. Não dá para saber, assim, qual poderia ser o título de 1598, do qual não falam, exceto se estiverem equivocados ao associar a paróquia de Tilh à ascensão de Vicente ao sacerdócio. Parece que seria mesmo esse o caso. Abelly afirma, com efeito, que a paróquia de Tilh é atribuída a Vicente porque "a sé episcopal estava vacante". Acontece que em 1600 a sé episcopal de Dax não está mais vacante, sendo afinal ocupada por seu titular legítimo, Monsenhor Jean-Jacques du Sault (ou Dusault). E por sinal existem outros argumentos que corroboram a tese de uma obtenção da paróquia de Tilh por Vicente, já em 1598. No contexto de uma análise mais rigorosa da natureza e da sucessão dos diversos documentos de arquivo relacionados

---

9 Ver Bernard Koch, *Saint Vincent de Paul, Dossier des ordinations, avec l'analyse des documents d'archives*, 22 de janeiro de 2003, Archives de la Congrégation de la Mission, Paris. O padre Koch colocou esse dossiê inédito à nossa disposição. Suas conclusões sobre a data de obtenção da paróquia de Tilh nos convenceram.

à história da diocese de Dax, Bernard Koch[10] expôs os dados da questão. Eles são interessantes para entender o contexto religioso da época.

Quando Vicente de Paulo é ordenado padre, a 23 de setembro de 1600, a sé episcopal de Dax é ocupada há alguns meses pelo Monsenhor Jean-Jacques du Sault (Dusault). De uma família de procuradores perante o parlamento de Bordeaux, ex-aluno dos jesuítas, tendo entrado muito cedo para as ordens, Jean-Jacques du Sault era decano de Saint-Seurin ao ser nomeado bispo de Dax pelo rei Henrique IV à morte de Gilles de Noailles. A 25 de maio de 1598, essa nomeação seria confirmada por Roma, mas o bispo era autorizado a continuar mais dois anos no decanato de Saint-Seurin, período no qual administraria sua diocese a distância. Havia um bom motivo para isso: Jean-Jacques du Sault pertencia à categoria ainda nova dos reformadores do clero, da qual encontraremos em breve algumas figuras. Tendo empreendido a reforma de seu decanato, ele desejava muito levar a cabo a iniciativa. E com efeito, iria até o fim do empreendimento, pois mesmo depois de ser sagrado em Paris, em 1599, permaneceria ainda mais alguns meses em Bordeaux. Em compensação, logo ao chegar a Dax nos primeiros meses de 1600, monsenhor Du Sault abraça plenamente a nova tarefa: a 18 de abril, publica decretos sinodais com o intuito de restabelecer a ordem numa diocese que permanecera por muito tempo sem presença episcopal. Sua primeira exigência é a obrigação de residência dos párocos em sua paróquia, "sob pena de privação dos frutos e outras sanções de direito". Não dá para imaginar um bispo assim nomeando para a paróquia de Tilh um jovem padre que sabia preparar-se para continuar seus estudos em Toulouse. O fato necessariamente ocorreu antes.

Concluamos o episódio. Um "concorrente" surge diante de Vicente de Paulo, contestando-lhe a atribuição e o benefício de Tilh. Esse concorrente obteve a paróquia em Roma. Vicente não se obstina e desiste de suas pretensões. Abelly e Collet enxergam nessa atitude o efeito de um

---

10 Koch cita longamente, para corroborar vários desdobramentos, o livro do abade Degert, *Histoire des évêques de Dax*, Dax, 1899.

senso precoce da abnegação, ao mesmo tempo observando que o jovem padre queria dar prosseguimento aos estudos e, portanto, não teria como conciliar tudo. Contudo, como é o sr. De Comet que comanda o caso na qualidade de "pai de família", o argumento da abnegação não se sustenta. Tudo leva a crer, por um lado, que o concorrente contestara a atribuição da paróquia a Vicente *antes* dos decretos sinodais de monsenhor Du Sault — pois caso contrário a contestação teria sido inútil — e, por outro, que a renúncia fácil de Vicente resulta do fato de que, em virtude desses mesmos decretos, seu protetor e ele sabiam que a causa estava perdida por antecipação se quisesse dar prosseguimento aos estudos. Em contrapartida, não se exclui a hipótese de que, nesse momento, Vicente tivesse sentido que ainda não estava à altura da vida sacerdotal. Pois ao contrário do que ocorreu no caso das ordenações anteriores, ele deixa transcorrer um ano entre suas cartas dimissórias pelo sacerdócio e a cerimônia de ordenação.

Vejamos agora essa ordenação ao sacerdócio, de 23 de setembro de 1600. É o acontecimento que provocou os primeiros comentários ácidos do século XX a respeito da personalidade de Vicente na juventude, a começar pelos de Antoine Redier, autor de uma biografia que foi sucesso de vendas e sobre a qual voltaremos a falar.[11] O tom de Redier é categórico: "Embora haja um arcebispo em Toulouse, onde ele mora, e um bispo em Dax, sua diocese de origem, a 23 de setembro de 1600, ele parte mais uma vez aproveitando as férias para receber o sacerdócio, aos 19 anos, das mãos de um prelado cego e moribundo, François de Bourdeille, bispo de Périgueux, que o ordena na capela privada de seu castelo de Saint-Julien."[12] Aos olhos de Antoine Redier, que encenou na página anterior de seu livro um Vicente quase esbaforido, correndo entre ordens menores e diaconatos durante as férias de um pensionato do qual é "trepidante preceptor", o objetivo do jovem, naturalmente, é esconder-se! E por sinal, acrescenta, "[em] 1658, dois anos antes da morte de São Vicente, sua família ainda não sabia que

---

11 Antoine Redier, *La Vraie Vie de Saint Vincent de Paul*, Paris, Grasset, 1927.
12 Ibidem, p. 16.

UM APRENDIZADO SACERDOTAL NA VIRADA RELIGIOSA DO SÉCULO   45

ele havia entrado dessa maneira meio apressada para o serviço da Igreja". Na verdade, os parentes do senhor Vicente ignoravam muitas coisas de um passado já distante, e não necessariamente coisas inconfessáveis: foi ao encontrar em seu quarto, depois de sua morte, as cartas de atestado de estudos[13] que seus colegas da Missão ficaram sabendo que ele saíra da Universidade de Toulouse com o diploma de bacharel em teologia.

Em compensação, Antoine Redier não faz alusão às cartas dimissórias para o sacerdócio que Vicente recebeu um ano antes de Guillaume de Massiot, vigário-geral de Dax, em nome de Jean-Jacques Dusault, ainda afastado de sua diocese. Teria ele tomado conhecimento dessas cartas, datadas de 13 de setembro de 1599 e divulgadas pelo padre Coste antes da publicação de *La Vraie Vie de saint Vincent de Paul* [A verdadeira vida de Vicente de Paulo]? Não temos como saber, pois Redier não cita nenhum documento para corroborar esse episódio. Ora, a existência das cartas dimissórias prova que tudo estava em ordem. Vicente não tinha motivos para se esconder.[14]

E por sinal nada nos autoriza a ver em monsenhor De Bourdeille esse velho doente ordenando às escondidas um jovem apressado que Redier apresenta a seus leitores. É bem verdade que ele viria a morrer um mês depois, mas isso nada prova. Mesmo aos 83 anos, ele não deixara de exercer suas funções. A ordenação tampouco ocorreu num oratório privado, longe dos olhares, mas de maneira solene e diante de todo um grupo: "[Nós,] François de Bourdeille, [...] celebrando a Missa e a ordenação geral na Igreja de São Juliano do nosso castelo episcopal..."[15]

Mas a verdade é que não conhecemos os motivos da escolha de Vicente de Paulo pelo bispo de Périgueux. Teria sido recomendação de monsenhor Diharse, que não contemplava nenhuma ordenação geral na sua diocese de Tarbes em data conveniente para o estudante de Tou-

---

13 Ver Collet, op. cit., p. 10-11.
14 Coste, *Correspondance*, op. cit., XIII, p. 11.
15 Ibidem, p. 12.

louse? Seriam as relações estabelecidas com monsenhor De Bourdeille por meio de famílias de alunos do pensionato de Buzet? Mistério. O que se sabe, porém, é que o bispo de Dax, desde a promulgação de seus decretos sinodais a 18 de abril de 1600, enfrenta uma tal resistência de seus cônegos que precisa lutar durante mais de três anos para impor sua autoridade. O capítulo de Dax, a começar pelo vigário-geral Guillaume de Massiot, acostumara-se a administrar a diocese à sua maneira há cerca de quinze anos, aceitando muito mal qualquer limitação ao seu poder. Ao longo dos três anos de processo e acrimônia entre o bispo e o capítulo, não haveria ordenações.

Para o estudante de Toulouse, é certo que haveria a solução cômoda de ser ordenado na cidade de seus estudos. Mas devemos reconhecer que, não obstante as cartas dimissórias, Vicente não podia esperar que o bispo de Toulouse o ordenasse padre com menos de 20 anos. O cardeal De Joyeuse, arcebispo de Toulouse entre 1584 e 1605, revela-se de um zelo capaz de mover montanhas, e não de contornar regulamentos. Ardoroso reformador dos abusos da época, ele é uma figura de proa do engajamento episcopal a serviço de uma visão exigente do padre. Na linha do italiano Carlos Borromeu, modelo episcopal do período posterior ao Concílio de Trento, o cardeal De Joyeuse "realiza as visitas pastorais provavelmente mais meticulosas dessa época, funda um seminário apesar das dificuldades [...], cuida para que seus párocos garantam a prédica e o catecismo; afeito ao culto eucarístico, ele introduz no reino a moda italiana de instalar o tabernáculo no altar".[16] Apesar se não estar em condições de ordenar Vicente no lugar de seus estudos superiores, o cardeal oferecia aos habitantes de sua diocese um exemplo de fervor que não deve ter passado despercebido ao nosso herói em sete anos de vivência em Toulouse.

O que se ensinava na universidade? Nem Abelly nem Collet se mostram muito loquazes a respeito, e Pierre Coste, em *Le Grand Saint du grand siècle*,

---

16 Hours, op. cit., p. 140.

descreve sobretudo o clima estudantil, que não era dos mais tranquilos.[17] A Universidade de Toulouse, na qual as cátedras eram conquistadas por concurso, era frequentada por milhares de estudantes vindos de toda a França e mesmo do exterior. A faculdade de teologia tinha sete cadeiras: três de fundação real e quatro outras entre os carmelitas, dominicanos, agostinianos e bernardos. Certos cursos eram frequentados por centenas de ouvintes. E os estudantes, para se alojar, tinham de se amontoar em diversos colégios de conforto e regulamento mais ou menos estritos. Pierre Coste cita com admiração o colégio de Foix, mas esclarece que, embora dispusesse de 25 bolsas e uma delas coubesse por direito a um aluno da diocese de Dax, Vicente não pôde ser beneficiado.

Agrupados por províncias de origem, os estudantes tinham frequentes disputas que degeneravam em combates à mão armada. Por mais que as autoridades universitárias e o Parlamento de Toulouse interviessem, "os jovens turbulentos" reincidiam com vontade e ferocidade. Os exemplos mencionados por Pierre Coste de "desordens" estudantis em Toulouse e sua repressão na virada do século são instrutivos: homicídios, penas de prisão, deportações, novos homicídios... É verdade que os alunos mais "indisciplinados" [sic] eram da faculdade de direito, e não de teologia; mas ainda assim o clima social não era muito propício para um jovem a caminho do sacerdócio.

É assim que o pensionato de Buzet adquire seu sentido. Logo ao chegar a Toulouse, Vicente deu-se conta de que as economias da família não seriam suficientes para sua subsistência. Foi aparentemente nas primeiras férias que aceitou a regência desse pensionato, situado em Buzet-sur-Tarn, a cerca de 30 quilômetros de Toulouse. Graças a uma carta de Vicente a sua mãe, hoje perdida, mas que seus primeiros biógrafos tiveram em mãos, sabemos que o exercício dessa regência lhe foi oferecido, e que ele a levou a cabo. Em compensação, não sabemos por quem nem por qual concurso

---

17 Coste, Correspondance, op. cit., II, p. 235, carta nº 575, a Bernard Codoing, padre da Missão em Roma, 17 de março de 1642.

de circunstâncias ele a obteve. Sabemos também que o pensionato recebia filhos de fidalgos e que Vicente não demorou a deixar muito satisfeitas as famílias. De tal maneira que, não só a clientela aumentou, com alunos de Toulouse expressamente enviados a Buzet, como o jovem regente logo estaria em condições de voltar a Toulouse levando seus pensionistas, "com o consentimento e a aprovação dos pais: de tal modo que ele teve meios, instruindo essa pequena juventude, de continuar seus estudos de teologia".[18]

Para nossa avaliação de Vicente nesse período, o exercício brilhante dessa regência apresenta vários aspectos interessantes. Para começar, ele ilustra uma característica que constantemente iremos observar: o encanto irradiado por sua pessoa. Muito antes de aparecer como santo, Vicente de Paulo tem a arte de despertar estima e adesão. Cabe notar também que para ele essa regência é a segunda experiência de pedagogia aplicada, depois do período como preceptor dos filhos de Comet em Dax. Não surpreende, assim, que o senhor Vicente confira tanta importância, nos períodos mais fecundos de seus impulsos criadores, à formação sob todos os seus aspectos. Existe nele um reflexo de educador que se manifestou muito cedo.

Devemos a esta altura focar a atenção num outro ponto: a regência de um pensionato, em Buzet e depois em Toulouse, destacava Vicente do meio dos estudantes turbulentos daqueles anos. Mais jovem que muitos colegas, ele era paradoxalmente projetado com maior rapidez do que eles na vida adulta, por suas responsabilidades educativas. Sabemos por Abelly e Collet que entre os alunos de Vicente no pensionato de Buzet havia dois sobrinhos-netos de Jean de La Valette, o grande mestre da Ordem de São João de Jerusalém que ficou famoso em 1565, durante o cerco de Malta, por ter rechaçado a frota turca com um exército muito inferior numericamente. Como Jean de La Valette fazia parte da casa dos duques de Epernon, o depositário do título ducal na época do pensionato de Buzet era parente próximo dos dois alunos de Vicente. Ora, Collet indica que nesse momento o duque de Epernon "desenvolveu por [Vicente de Paulo] particular estima.

---

18 Abelly, op. cit., t. 1, p. 12.

Não se limitou somente a isso, e, como fosse Todo-Poderoso na Corte, quis alguns anos depois proporcionar um bispado ao S. padre, cuja reputação aumentava a cada dia. Foi o que o sr. de S. Martin, cônego da Igreja de Acqs, antigo amigo íntimo de Vicente, e que a ele sobreviveu, declarou depois de sua morte".[19]

Voltaremos a esse caso do bispado, cuja menção pelo cônego de Saint-Martin corrobora e esclarece alusões feitas pelo próprio Vicente. Este, com efeito, parece ter acreditado em tal perspectiva mirabolante, uma vez tendo no bolso seu diploma de teologia, em fins de 1604. É como se, ao longo dos anos em Toulouse, ele começasse a sentir nascerem-lhe asas, ao ver assim reconhecidos seus talentos, a ponto de esquecer os limites financeiros de sua condição.

Em 1600, essa perspectiva ainda está longe. Recém-ordenado padre, quer a tradição que seja em Buzet, numa capela dedicada à Santa Virgem, numa colina em meio ao bosque, que Vicente de Paulo celebre sua primeira missa, para poucos convidados e, segundo nos dizem, com fervor. Algum tempo depois, nas férias provavelmente, ele parte para Roma. Não conhecemos os motivos dessa viagem, nem sua data precisa. Terá necessariamente ocorrido antes de 1605, ano da morte do papa Clemente VIII, pois em várias ocasiões, em suas *Conversas com as Filhas da Caridade* e seus missionários, senhor Vicente — que muito admira esse papa, reputando-o um santo e elogiando-o por sua consideração pela obediência às regras na vida religiosa — frisa que o viu com seus próprios olhos. Temos assim, numa das *Conversas com as Filhas da Caridade,* a 19 de setembro de 1649: "Foi o que levou um papa a dizer, e eu mesmo vi esse papa, que era Clemente VIII: 'Que me tragam um religioso que observou suas regras, e não preciso de milagres para canonizá-lo; se me derem testemunho de que ele as observou, é o que basta, eu o porei no catálogo dos santos.'" [20]

---

19 Collet, op. cit., t. 1, p. 10.
20 Coste, *Correspondance*, op. cit., IX, p. 468, Entretien n° 41, *Sur l'amour de Dieu.*

50 SÃO VICENTE DE PAULO

Outro elemento leva a datar mais precisamente a viagem do ano de 1601. Com efeito, numa carta escrita em 1631 a François du Coudray, Vicente fala de sua descoberta de Roma trinta anos antes.[21] Sempre muito pudico a respeito de sua vida espiritual, ele faz aqui uma confissão comovente a seu amigo: "Ei-lo então que chega por fim a Roma, onde está o chefe visível da Igreja militante, onde se encontram os corpos de São Pedro e de São Paulo e tantos outros mártires e santos personagens, que em outras ocasiões deram o sangue e empregaram toda a sua vida por Jesus Cristo. Ó, senhor, como é grande a sua sorte por pisar a terra onde caminharam tantos grandes e santos personagens! Esse pensamento comoveu-me de tal maneira quando estive em Roma há trinta anos que, embora estivesse coberto de pecados, não deixei de me enternecer, chegando inclusive às lágrimas, ao que me parece."[22]

"Coberto de pecados"? Na data em que escreve essas linhas, Vicente passou por uma profunda conversão, e só consegue falar de si mesmo com severidade. Mas não é esse o ponto que deve atrair nossa atenção, e sim a emoção que de tal maneira marcou o jovem padre e que toma conta do seu coração e da sua pena, trinta anos depois, tão fresca quanto no primeiro dia. O que nos deve estimular a não fazer julgamentos apressados sobre sua vida interior. Ela é um segredo seu, mas seria leviano tomar sua ingênua ambição da época como pretexto para transformar o jovem Vicente num eclesiástico de coração seco.

Algumas palavras sobre seus estudos, antes de encerrar esse período de sua vida. Ao nos fornecer as referências e atestados de estudos de Vicente, Collet acrescenta que, assim que obteve o diploma de bacharel em teologia a 12 de outubro de 1604, ele foi autorizado a comentar o *Segundo Livro das Sentenças* de Pierre Lombard, comentário que dava acesso ao título de doutor. Essa menção do *Livro das Sentenças* mostra que a formação

---

21 Por uma questão de meses, também poderia ser o fim do ano de 1600, ano santo para a Igreja e, logo, ano de peregrinação.
22 Coste, I, p. 114-115, carta n° 72, de 20 de julho de 1631.

UM APRENDIZADO SACERDOTAL NA VIRADA RELIGIOSA DO SÉCULO   51

proporcionada pela faculdade de teologia de Toulouse era escolástica, tendo os *Quatro Livros das Sentenças* de Pierre Lombard constituído o manual de base teológica nas universidades nos séculos XIII a XV. O conjunto apresentava a completa exposição da doutrina cristã: no Livro I, a Trindade; no Livro II, a criação, a graça e o pecado; no Livro III, a cristologia, as virtudes, os mandamentos e os dons; no Livro IV, os sacramentos e os fins últimos.

Ainda de acordo com Collet, Vicente de fato comentou o *Segundo Livro*. O que deve ter ocorrido no inverno e na primavera de 1604-1605, antes da viagem a Bordeaux que haveria de impulsioná-lo a misteriosas aventuras. Não deixa de ser interessante imaginar o homem que teria como ponto de honra dizer-se ignorante, dando mostra de robusto espírito prático, manuseando e ensinando assim, aos 23 anos, os conceitos que fizeram o sucesso de São Tomás de Aquino e São Boaventura... Registramos aqui que, ao comentar o *Segundo Livro das Sentenças*, Vicente mergulhava na grande dramaturgia da liberdade humana e da graça com toda a acuidade de sua jovem inteligência. E não demoraria para sentir sua reverberação no próprio coração de sua existência.

Mas antes de tratar dessa reverberação, deixemos por um momento nosso diplomado em teologia para visitar as margens do Sena.

A Paris de Henrique IV, nessa virada do século, está mudando de clima. A pacificação política e religiosa proporcionada pelo bearnês, para uma geração de católicos maltratada pelas Guerras Religiosas, abre a possibilidade de dar livre curso à sua vontade de reforma interna e irrigação espiritual da sociedade. Em seu belo livro sobre a literatura religiosa no século XVII,[23] monsenhor Jean Calvet, historiador da literatura, descreve o salão da sra. Acarie em 1602. Henri Bremond, por sua vez, frisa "os traços distintivos dessa mulher extraordinária que foi, ao que [lhe] parece, a maior força religiosa de sua época".[24] A sra. Acarie certamente não é o

---

23 Jean Calvet, *La Littérature religieuse de François de Sales à Fénelon (Histoire de la littérature française*, publicada sob a direção de J. Calvet, t. V), 1ª ed., Paris, J. de Gigord, 1938, Del Duca editor, 1956, para nossas referências neste livro.
24 Bremond, op. cit., p. 135.

único exemplo da onda de fervor observada em Paris na virada do século, mas ela representa um ponto de convergência. Seu salão, que teve vida muito breve porém intensa, nos é revelado como uma correspondência, na vida espiritual, do que o palacete de Rambouillet viria a ser alguns anos depois, e durante muito tempo, na esfera da elegância intelectual e dos costumes. Em ambos os casos, o sentido e o gosto de uma arte de viver que conjuga grandes esperanças interiores à aceitação sorridente da vida em sociedade. Ambas são verdadeiras *Filoteias*, a exemplo da correspondente à qual Francisco de Sales se dirigiria em 1609, na *Introdução à vida devota*. Elas não recusam o mundo: tratam de embelezá-lo, num dos casos, ou transfigurá-lo, no outro. Pois enquanto Catherine, marquesa de Rambouillet, acompanha com graça e beleza as expressões humanas da glória, é a graça divina, ardendo numa alma excepcional, que ocupa todo o lugar na sra. Acarie.

Nascida Barbe Avrillot a 1º de fevereiro de 1566, aquela que viria a se tornar a sra. Acarie — e mais tarde madre Maria da Encarnação, no Carmelo, onde entra em 1613, ao morrer seu marido — é filha de Marie Lhuillier. Voltaremos a encontrar esse nome de família entre as Damas da Caridade mais ativas em torno do senhor Vicente. Pois as redes familiares que viriam a treiná-lo ou apoiá-lo mais tarde já estão entre os que convivem com "a bela Acarie". Esposa de um antigo membro da Liga cujas iniciativas lhe dão diversas preocupações, mãe de seis filhos, Barbe Acarie também é prima de Pierre de Bérulle, e tem 27 anos em 1602. Bérulle, por sua vez, é neto do chanceler Séguier. Sob Luís XIII, haveria um outro chanceler Séguier, bem conhecido da história e cuja esposa também seria uma grande Dama da Caridade. Os Marillac, os Brulart de Sillery, a marquesa de Maignelay — tia do futuro cardeal de Retz, protagonista e memorialista da Fronda — também fazem parte do "círculo".

Em 1602, Francisco de Sales está em Paris. Na época coadjutor do bispo de Genebra residindo em Annecy e enviado em missão junto ao rei Henrique IV pelo papa Clemente VIII, ele aproveita sua estada à beira do Sena para frequentar assiduamente o ambiente devoto — Bremond falaria do espírito e da prática desse meio com uma expressão que fez época: "o humanismo devoto". Assim é que com frequência monsenhor De Sales é encontrado no palacete da sra. Acarie. Em 1602, é recebido nele como guia e mestre. Ali reencontra o sr. Duval (ou Du Val), doutor da Sorbonne dotado de um pensamento rigoroso e forte, além de muitas outras personalidades. Ao redor da sra. Acarie, fala-se do amor de Deus. "A invasão mística",[25] a começar pela dos homens do Norte, traduz-se em especial na leitura e na meditação entusiástica dos capuchinhos Ange de Pembroke e sobretudo Benoît de Canfeld (a *Regra da perfeição*). Mas a mística do Sul não fica a dever. O Carmelo reformado por Teresa d'Avila atrai essas almas voltadas para as alturas. É por insistência da sra. Acarie que Bérulle decide em 1604 ir buscar na Espanha algumas carmelitas ilustres para implantar o Carmelo na França. Nos vinte anos seguintes, os carmelos brotariam como cogumelos. O convento do Faubourg Saint-Jacques é o local de provimento de mulheres mais em voga na Corte e na cidade.

É também em 1604 que Monsenhor Henri de Gondi torna-se coadjutor de seu tio Pierre de Gondi, bispo de Paris, ao qual viria a suceder quando de sua morte, em 1616. São incontáveis "os estabelecimentos religiosos criados ou desenvolvidos durante [esse] episcopado: carmelitas do Faubourg Saint-Jacques, sob a direção de Bérulle; ursulinas e cistercienses, no mesmo *faubourg*; jacobinos, agostinianos reformados, Hospital dos Irmãos da Caridade, no Faubourg Saint-Germain; capuchinhos, perto da Porte Saint-Honoré; Hospital Saint-Louis, Visitação Sainte-Marie, na Rue Saint-Antoine, as Mínimas da Place Royale, os religiosos de Notre--Dame de la Merci, as religiosas da Anunciação, chamadas de Moças Azuis, o colégio dos Hibernois e sobretudo a Congregação dos Padres do Oratório, proposta pelo P. De Bérulle e generosamente dotada pelo prelado, por sua irmã, a marquesa de Maignelais, e seu irmão, Philippe--Emmanuel de Gondi".[26]

---

25 Bremond, op. cit.
26 Régis Chantelauze, *Saint Vincent de Paul et les Gondi*, Paris, Plon, 1882.

Falaremos mais adiante da fundação do Oratório em 1611 e de suas ligações com Vicente de Paulo. Acabamos de deixá-lo em Toulouse, jovem teólogo de ambições eclesiásticas, talvez a ponto de serem brilhantemente concretizadas. É lá que temos de ir em seu encontro.

3

Do cativeiro na Barbaria
à passagem por Roma
Um período contestado da vida
1605-1608

Vicente ainda está em Toulouse em junho de 1605. Mas, já no mês seguinte, e até julho de 1607, desaparece. Tudo que seus biógrafos foram capazes de dizer a seu respeito nesse período resume-se a duas cartas enviadas por ele ao sr. De Comet, uma datada de Avignon, a 24 de julho de 1607, e outra, de Roma, sete meses depois, a 28 de fevereiro de 1608. O destinatário não é aquele cujo empenho em conduzir seu protegido num caminho de prosperidade pudemos acompanhar. É ao seu irmão — identificado como sr. De Comet, o Jovem — que essas cartas são enviadas. O sr. De Comet mais velho morreu antes do verão de 1605, e a primeira carta de Vicente faz referência a esse acontecimento. O sr. De Comet, o Jovem, passou a se encarregar do apoio a Vicente. Reaparecendo subitamente depois de dois anos de silêncio, é natural que este dê notícias a seu mentor. Mas ele teria entrado numa aventura que, por sua vez, não é normal nem insignificante: Vicente relata, com efeito, um cativeiro na Barbaria.

Embora não seja normal, o caso é frequente. Desde o início do século XVI e até o quinquênio de 1575-1580, a luta pelo controle do

Mediterrâneo opusera os otomanos à cristandade latina numa guerra de esquadras. Mas no último quarto do século XVI o cenário marítimo mudou. Os grandes confrontos não estão mais na ordem do dia, cada um dos protagonistas voltando-se para outras preocupações — o turco, para suas fronteiras orientais, e os espanhóis, para o Atlântico e a revolta dos Países Baixos.[1] Tendo "saído da grande História", na expressão de Fernand Braudel, o Mediterrâneo nem por isso está pacificado. Nos primeiros anos do século XVII, os combates se transferiram para a guerra de fuga, a guerra dos corsários, mais móvel e menos espetacular que a guerra de esquadras.

Nesse contexto geral, a França mantém sua posição especial do Mediterrâneo oriental. Em 1597 e em 1604, François Savary de Brèves, embaixador da França na Sublime Porta, obtém de Constantinopla novas Capitulações: o tratado de 1604, assinado por Henrique IV e o sultão Ahmet I, reforça os privilégios comerciais dos franceses no Levante frente aos concorrentes ingleses e venezianos. Mais ainda: pela primeira vez, a proteção que desde Francisco I o rei da França pretende exercer sobre Jerusalém e a Terra Santa é inscrita nos acordos de Capitulações. Entretanto, a perseguição no Mediterrâneo, opondo galés cristãs e barbarescas, não entra em detalhes. Qualquer navio que signifique a possibilidade de butim pode ser presa dos corsários, não se sentindo as regências da África do Norte obrigadas a obedecer às ordens da distante Porta. O Mediterrâneo é teatro de aventuras violentas. A obra de Bartolomé e Lucile Benassar sobre o destino específico dos renegados,[2] embora abranja um período mais amplo, não deixa de focalizar vários desses percursos de vida caóticos nos primeiros anos do século XVII. O sucesso dos combates navais e os ataques dos corsários dependem da escravidão, opte-se pela solução dos forçados em cativeiro (privilegiada pelas galés cristãs) ou

---

1 Michel Fontenay, "*Les missions des galères de Malte (1530-1698)*", in *Guerre et commerce en Méditerranée, IXe-XXe siècles*, Michel Vergé-Franceschi (dir.), Paris, Ed. Henri Veynier, col. "Kronos", 1991.

2 Bartolomé e Lucile Benassar, *Les Chrétiens d'Allah*, Paris, Perrin, col. "Tempus", 2006.

DO CATIVEIRO NA BARBARIA À PASSAGEM POR ROMA   57

pela venda e compra de cativos.[3] Em 1605, o comércio de cativos cristãos pelos "turcos" é algo corrente na Barbaria,[4] palavra que designa "o subcontinente formado, grosso modo, pelo Marrocos, a Argélia, a Tunísia e a Tripolitânia atuais",[5] segundo esclarece Guy Turbet-Delof, especialista do Magreb, na introdução de sua obra dedicada à *África barbaresca na literatura francesa dos séculos XVI e XVII*. Mas será que Vicente de fato foi à Barbaria?

A primeira carta ao sr. De Comet foi objeto no século XX de rigoroso escrutínio. Ninguém contesta sua autenticidade: é fato que foi escrita e assinada por Vicente de Paulo. Mas a realidade do cativeiro foi questionada e depois demolida num debate acirrado nas décadas de 1920 e 1930. Resultou daí uma suspeita pertinaz: Vicente mentiu em sua carta de Avignon, e nunca esteve na Barbaria. Essa "última página do conto das mil e uma noites"[6] teria sido escrita apenas para dissimular um período de vida inconfessável. Contudo, três quartos de século se passaram desde o debate da década de 1930. Novos argumentos foram trocados. Mas o debate, hoje aplacado, ainda permanece em dúvida. Uns e outros se mostram contrários ou favoráveis à realidade do cativeiro, mas todos estão de acordo quanto à impossibilidade de decidir. No site eletrônico do Berço de São Vicente de Paulo, no qual constam as datas-chave da biografia de Vicente, encontramos um buraco entre 1600 e 1610...

Não compartilhamos dessa incerteza. Tendo examinado a fundo a questão, achamos, pelo contrário, que a verdade se revela. Vamos então expor seus elementos como se partíssemos do zero, começando por dar a

---

3 Salvatore Bono, *Les Corsaires en Méditerranée*, Paris, Éditions Paris-Méditerranée, 1998, traduzido do italiano por Ahmed Somaï.

4 Bartolomé e Lucile Benassar usam a palavra "turco" entre aspas para se referir a qualquer súdito muçulmano do Império Otomano, como era costume na época, viva ele em Constantinopla ou esteja subordinado às regências de Argel, Túnis ou Trípoli.

5 Guy Turbet-Delof, *L'Afrique barbaresque dans la littérature française aux XVIe et XVIIe siècles*, Genebra, Librairie Droz, 1973, p. 28-29.

6 André Dodin, *Saint Vincent de Paul et la charité*, Paris, Le Seuil, col. "Maîtres spirituels", 1960.

palavra a Vicente. O texto das cartas ao sr. De Comet consta em anexo a este livro.[7] Sugerimos que o leitor o consulte antes de abordar o resumo comentado que se segue, antes de qualquer debate, na lógica de Vicente.

Vejamos a princípio o contexto dessas cartas. Ao escrever a primeira, Vicente acaba de chegar a Avignon com o renegado arrependido. Obteve as boas graças do vice-legado do papa, Pierre-François Montorio, ele próprio a ponto de retornar a Roma, ao cabo de um mandato de três anos. Mais uma vez, Vicente está às vésperas de obter um bom benefício de um alto personagem, mas o vice-legado apresenta uma condição: que o jovem padre apresente a cópia de suas cartas de ordenação e de seu diploma de bacharel em teologia. Apesar de mencionado apenas no fim, o motivo imediato da carta de Avignon, portanto, é conseguir que o sr. De Comet faça o necessário. Na verdade, este fará chegar os documentos solicitados, pois Vicente acusa sua recepção na carta de Roma. Mas nenhum dos dois atentou para o fato de que a cópia das cartas de ordenação e dos atestados de estudos devia ter a assinatura e o selo do bispo de Dax para ser válida. Donde o objetivo da segunda carta: obter a cópia válida no mais breve prazo possível, pois dessa vez Vicente está em Roma e o vice-legado já demonstra impaciência. Vicente precisa inclusive de um documento adicional, um atestado de moralidade, a cujo respeito aparentemente não duvida por um instante sequer que lhe será favorável.

Um segundo objetivo aparece com insistência nas duas cartas de Vicente: o acerto de sua situação financeira. Seu cativeiro ocorrera num momento em que ele estivera muito endividado. No fim da carta de Avignon, ele se declara consciente do escândalo e desejoso de reembolsar seus credores. Entretanto, encontrando-se no exterior e preocupado em não ficar em situação difícil, pede na prática mais um prazo para pagar.[8] E, por sinal, escreve ao mesmo tempo sobre a questão ao tabelião de Arnaudin. Escreve

---

7 Ver p. 483.
8 Em seu estudo intitulado *Saint Vincent expert en droit et en procédures (op. cit.)*, o P. Bernard Koch dedica um capítulo aos elementos jurídicos das cartas ao sr. De Comet. Ele identifica na iniciativa de Vicente diversos elementos de um pedido de *adiamento*.

DO CATIVEIRO NA BARBARIA À PASSAGEM POR ROMA   59

também à sua mãe. Mais tarde, em sua carta de Roma, ele reitera a vontade de saldar a dívida e esclarece que está enviando uma carta ao tio, o sr. Dusin, para pedir ajuda nesse sentido. Vicente faz menção às duas outras cartas enviadas ao sr. De Comet, que foram perdidas. Mandara-as para o endereço do "sr. de La Lande",[9] endereçadas ao procurador do rei, provavelmente também com o objetivo de esclarecer sua situação.

Esses esclarecimentos permitem contextualizar o relato do cativeiro. O principal objetivo do sobrevivente é restabelecer sua situação. As modalidades de seu relato estão subordinadas a esse objetivo. Ele não quer dizer tudo, vai direto ao essencial: os fatos que o marcaram e os que podem impressionar o sr. De Comet.

Observemos agora os pontos que se destacam na carta de Avignon. Vimos Vicente pela última vez em Toulouse, no mês de junho. As primeiras linhas de sua carta referem-se, não sem certo orgulho, a um sucesso mundano. Em 1605, o pensionato vai muito bem, talvez até bem demais: algumas linhas adiante, Vicente justificará a herança pela necessidade de saldar dívidas. O tom de evidência no qual fala a respeito ao sr. De Comet, o Jovem — advogado, como era seu irmão mais velho, na corte presidial de Dax e, como ele, juiz de Pouy —, leva a pensar que não se tratava de negócios duvidosos, mas provavelmente de dívidas contraídas em busca de uma boa situação pessoal, na lógica da alusão que se segue: "e uma grande despesa que senti ser do meu interesse fazer para encaminhar uma questão que minha temeridade não me permite especificar". Ainda dois anos depois, Vicente só tem coragem de falar de maneira velada dessa promessa de bispado na qual acreditou. Mas a ideia que tem até então da Providência certamente o leva a identificar na herança imprevista que lhe cabe ao voltar de Bordeaux[10] uma indicação de que está alcançando seu objetivo.

---

9 Coste identifica esse personagem como Bertrand de Lalande, conselheiro do rei e tenente-general do presidial de Dax.
10 O castelo dos duques de Epernon é o castelo de Cadillac, a 35 quilômetros de Bordeaux.

Nessa questão da herança, que não é contestada pelos negadores do cativeiro, vários elementos são interessantes. A velha senhora mora em Toulouse, não tem vínculo de parentesco com Vicente, mas sua opinião acerca do jovem regente é de tal ordem que ela deixa um testamento em seu benefício. O que mais uma vez demonstra a capacidade do rapaz de gerar simpatia. A herança se apresenta de uma forma complicada, ligada ao cumprimento de uma decisão judicial. Ora, a "boa senhora" não parece duvidar de que o jovem regente de pensionato tenha suficiente habilidade para fazer valer seus direitos. E não se equivoca, pois Vicente tem bons amigos, com os quais se aconselha numa primeira etapa, e é de acordo com a opinião de seu procurador que decide em seguida processar o galanteador de Marselha, para obrigá-lo a se entregar. No estudo acima mencionado, Koch observa que a expressão "meu procurador" mostra em Vicente um homem estabelecido na vida e conhecedor do mundo dos negócios.

Mas o fato é que ele está muito endividado. Donde resulta o episódio do cavalo alugado, vendido sem maiores problemas de consciência para cobrir as despesas de viagem, e que fez correr muita tinta entre os comentadores modernos. Com efeito, se o episódio denota em Vicente uma mente rápida e de recursos, também manifesta uma falta de respeito pelos bens alheios que destoa num regente tão apreciado. Além do fato de que é necessário estar muito seguro de si para correr o risco de, na volta, ter de pagar o preço do cavalo com custas, perdas e danos ao proprietário que o alugava, e que o esperou em vão durante dias. Mas é o que Vicente tem em mente, pois vende o cavalo alugado em Toulouse, "esperando pagar por ele na volta". Podemos considerar, como desculpa, que ele contempla a possibilidade, graças à herança, de conseguir um benefício eclesiástico mirabolante, mas exclusivamente com a condição de andar depressa. O que no entanto não justifica sua desenvoltura, antes confirmando no jovem padre essa pontinha de embriaguez diante do sucesso que julgamos identificar em seus anos em Toulouse.

DO CATIVEIRO NA BARBARIA À PASSAGEM POR ROMA   **61**

Em Marselha, Vicente conduz muito bem a questão e obtém sucesso na transação.[11] Começa então a aventura marítima. O relato é embelezado pelo estilo, mas fornece detalhes precisos. Os referentes à chegada à Barbaria determinam o que vem depois: "tomaram o caminho da Barbaria, covil e espelunca de ladrões, sem permissão do Grande Turco, e lá chegando nos expuseram à venda, com relato de nossa captura, que diziam ter sido feita numa embarcação espanhola, pois sem essa mentira teríamos sido libertados pelo cônsul que o rei lá mantém para liberar o comércio aos franceses".

Estamos na situação mencionada no início deste capítulo. Os corsários de Túnis quase não estão preocupados em obedecer às ordens do sultão de Constantinopla, a partir do momento em que este se opõe a seus interesses imediatos. Os acordos da França com o sultão impossibilitariam a venda lucrativa dos cativos caso se soubesse que os corsários haviam atacado um navio francês. Eles fazem, assim, um relato que o declara espanhol. A consequência disso, naturalmente, é que Vicente não vem a constar de uma lista de cativos franceses. E provavelmente ele também terá sido destituído de seu nome real.

Dirigindo-se a um jurista, Vicente menciona o relato e o procedimento que se segue. Ele é despido, assim como seus companheiros, e os cativos são postos à venda pela cidade, como numa feira de animais. A essa altura, o relato coincide com o depoimento de todos os cativos, a começar pelo de Cervantes, cativo em Argel cinquenta anos antes. Guy Turbet-Delof nota que as comparações mais comuns são "como ovelhas", "como porcos" e mesmo "como cavalos" ou "bois".[12] Mas a abundância de detalhes degradantes permite supor que Vicente ficou muito marcado pelo episódio.

A partir daí, ele passa por quatro senhores sucessivos. Detém-se sobretudo no "velho, médico espagírico, prodigioso extrator de quintessências, homem muito humano e amável" em cuja casa ficou durante um ano. Os

---

11 Bernard Koch ressalta que, ao contrário do que afirma a nota de Coste, o que consta do manuscrito é "content" [satisfeito], e não "comptant" [em dinheiro], expressão consagrada nas transações para indicar que não haverá recurso.

12 Guy Turbet-Delof, *L'Afrique barbaresque,* op. cit., p. 113.

trabalhos do médico e cientista, que lhe confiava seus fornos de alquimia, despertaram sua curiosidade intelectual. A escravidão deu-lhe — e ele o afirma — mais prazer que sofrimento, chegando a lastimar não ter sido escravizado na casa desse velho antes da morte do sr. De Comet, o Velho, pois em tal caso ele poderia ter-se beneficiado do remédio contra as pedras no rim. Encontramos em todo esse trecho da carta a expressão calorosa de uma relação de mestre para discípulo, confirmando ao mesmo tempo as condições perfeitamente suportáveis da escravidão e o interesse que o jovem padre desenvolveu pelos conhecimentos do alquimista. Mas uma outra questão se perfila. Vicente não esconde que o velho tentou convertê-lo ao Islã, prometendo em troca "muitas riquezas e todo o seu saber".

Não é uma questão qualquer. Trata-se da tentação do deserto: "Todos os reinos da terra..." Nos destinos dos renegados descritos por Bartolomé e Lucile Benassar, as causas de repúdio não são unívocas. Escravos cristãos capturados já na infância e criados na religião muçulmana, escravos circuncidados à força ou levados à apostasia em consequência de maus-tratos, mudança de religião por parte de cristãos pouco formados que não entendem a diferença, conversões sinceras: a diversidade dessas experiências está em sintonia com a frequente diversidade de renegados, que seguiram esse caminho por ter perdido a esperança de um dia voltar à pátria-amada. Por fim, a tentação de poder, riqueza e de uma condição social livre das hierarquias da cristandade muitas vezes desempenha um papel decisivo. Se renegasse, Vicente haveria de se encontrar num dos dois últimos casos, pois a reputação do velho cientista é de tal ordem que o grande sultão mandaria sequestrá-lo para Constantinopla, onde seria obrigado a pôr sua medicina a seu serviço. De fato, é logo depois de anunciar a tentadora proposta do velho que Vicente afirma: "Deus sempre operou em mim uma crença de libertação pelas orações assíduas que lhe dirigia e à Santa Virgem Maria, por cuja intercessão unicamente creio firmemente ter sido libertado."

O que ele está querendo dizer? Que foi tentado, mas orou e jamais imaginou que Deus pudesse abandoná-lo. Quanto à libertação, não quer enxergar aí outra causa eficiente senão a Virgem Maria. Encontramos

DO CATIVEIRO NA BARBARIA À PASSAGEM POR ROMA   63

nessa frase a expressão de uma confiança que impressiona por sua firmeza. Durante o cativeiro, Vicente provavelmente jamais confessou que era padre. Nada, em sua carta, permite pensar que tenha se apresentado aos diversos senhores senão como um simples escravo cristão. Mas, ainda assim, foi a oração que o preservou do desânimo ou da sedução da glória, e ele faz questão de dizê-lo ao sr. De Comet, pelo qual parece sentir tanto afeto quanto pelo irmão: o remédio contra as pedras no rim, o presente da pedra da Turquia, as considerações — algo laboriosas — sobre a morte do sr. De Comet, o Velho, dão testemunho disso.

Vicente assinala que o médico alquimista não chegou a Constantinopla: morreu de tristeza a caminho. Passara seu escravo a um dos sobrinhos, mas este logo tratou de revendê-lo a um renegado "de Nice, na Savoia",[13] por ter ouvido falar de uma passagem por Túnis do sr. Savary de Brèves, para libertar os escravos cristãos. O renegado vive numa gleba ("temat") nas imediações de Túnis. Desfruta aparentemente de certo conforto, pois explora terras em nome do Grande Senhor e tem três esposas, uma delas greco-cristã e outra muçulmana. O escravo vai cavar nos campos do renegado. É um tipo de escravidão considerado penoso. Mas o jovem não parece ter sofrido muito nessa situação. Cabe dizer que, mais uma vez, ele soube gerar simpatia. Dessa vez, de duas mulheres que não estão propriamente à beira de fazer o próprio testamento e visivelmente gostam da companhia do escravo do marido. O inverso também ocorre — certamente com as melhores intenções, pois caso contrário o tom do narrador não teria sido tão direto. Mas, de qualquer forma, podemos sentir certo orgulho do jovem padre pela admiração que desperta. E por sinal é a pedido da muçulmana que ele começa a "entoar louvores a [s]eu Deus". Certamente terá sido ele o mais abalado por essa revelação, embora insista na admiração da mulher, que por sinal nesse episódio aparece mais profundamente convertida que o marido. O renegado de Nice estaria na categoria dos renegados saudosos

---

13 Cabe lembrar que, até 1860, a região de Nice estava vinculada à Savoia, sob o nome de "terras da Provença" e depois de "condado de Nice".

64 SÃO VICENTE DE PAULO

da pátria-amada? Sentiria remorso por sua apostasia? A rapidez com que optou por voltar, e depois entrar para um convento em Roma logo após a reconciliação com a Igreja, tende a mostrar que o fruto estava maduro.

Vicente não se estende sobre a viagem de volta. Indica apenas que foram necessários dez meses para prepará-la, e parece ter-se impacientado com isso. A partida finalmente se deu num pequeno barco: eles atravessam o Mediterrâneo, não se sabe muito bem como, aportam em Aigues-Mortes a 28 de junho, chegam pouco tempo depois a Avignon e ocorre então a abjuração solene do renegado.

Voltamos a encontrar aqui o contexto mencionado no início: Avignon, julho de 1607. Resta notar a causa essencial da amizade do vice-legado por Vicente: os segredos de alquimia a ele transmitidos pelo jovem padre, e que ocupam em sua vida um lugar desproporcional. Vicente não se ofende com essa atitude estranha, a nossos olhos, da parte de um prelado, e a menciona ao sr. De Comet com uma naturalidade que dá a entender que tampouco este terá ficado chocado.[14] Em sua carta de Roma, o jovem padre chega inclusive a dar detalhes sobre a transmissão ao vice-legado Montorio da ciência do velho tunisino, dos ensaios do espelho de Arquimedes a trapaças de charlatão. Dessa vez, o tom em que fala das pilantragens do velho é de fato de admiração, mas o vice-legado nada rejeita quando se trata de brilhar na Corte. Em troca, ele promete a Vicente um justo benefício na França.

Aí estão os elementos de prova. Em agosto de 1658 é que essas cartas vêm a ser descobertas entre os documentos da família Saint-Martin. O cônego de Saint-Martin, feliz com essa volta ao passado, as copia e faz as cópias chegarem às mãos de Vicente. Acontece que ele as queima depois de ler, e ao mesmo tempo que agradece ao cônego, pede-lhe os originais, com o objetivo de dar-lhes o mesmo fim. Um ardil do frade Ducournau,

---

14 No fim do século XVII e início do XVIII, em compensação, tudo que diga respeito à alquimia cheira a enxofre: as experiências de Vicente na Barbaria seriam expostas pelo advogado do diabo durante seu processo de beatificação.

DO CATIVEIRO NA BARBARIA À PASSAGEM POR ROMA   65

que não envia os originais a Vicente, mas a seus assistentes, as salvaria para a posteridade. Mas a história não acabou.

Em 1658, só restam a Vicente dois anos de vida, e ele dedica suas últimas forças à Missão. O esquecimento de si mesmo parece a chave de seu comportamento. Mas a 18 de março de 1660, sem resposta para sua solicitação — e não poderia ser de outra maneira, já que os originais estão bem seguros em São Lázaro, nas mãos de seus assistentes —, ele envia ao cônego de Saint-Martin, em Dax, estas linhas terríveis: "Senhor, eu lhe imploro, por todas as graças que a Deus aprouve conceder-lhe, que me faça a de me enviar essa miserável carta que menciona a Turquia; refiro-me àquela que o sr. d'Agès encontrou entre os documentos do sr. seu pai. Rogo-lhe novamente, pelas entranhas de Jesus Cristo Nosso Senhor, que me conceda o mais breve possível a graça que lhe peço."[15]

Essa curta súplica é uma bomba. Não que tenha surtido efeito: Vicente de Paulo morreria sem ter recuperado o original de sua carta. Mas sua insistência, associada às reações dos próximos e de seus primeiros biógrafos, teria uma repercussão devastadora no século XX.

Em agosto de 1658, os assistentes de Vicente e seu secretário, o frade Ducournau, caem das nuvens. Jamais seu superior-geral mencionara sua escravidão na Barbaria. Talvez eles desconfiassem de alguma coisa. Quando o frade Ducournau escreve ao cônego de Saint-Martin, da parte dos srs. Portail, Dehorgny e Alméras, para solicitar os originais das cartas, inclui, com efeito, esta frase ambígua: "Nenhum de nós jamais soubera com certeza que ele tivesse estado na Barbaria, nem muito menos que houvesse convertido seu senhor."[16] Se não se sabia "com certeza", significa que talvez se soubesse sem certeza.

Seja como for, o frade Ducournau faz eco ao sentimento comum: uma grande admiração por um homem que, tendo vivenciado a dura condição

---

15 Coste, *Correspondance*, op. cit., VIII, p. 271, carta n° 3101.
16 Coste, *Le Grand Saint...*, op. cit., t. 1, p. 56-57, cita extensos trechos dessa carta de agosto de 1658.

de escravo, conseguido fazer-se apreciar por vários "turcos" e convertido um renegado, teve a força de caráter de se calar a respeito. À admiração mistura-se uma curiosidade espicaçada pelo perfume da descoberta. O frade Ducournau faz-se porta-voz dos Senhores de São Lázaro: "Eles queriam saber como ele se separou do legado de Avignon que o levou a Roma, o que fez nessa corte, para onde foi ao deixar a Itália, quando veio a Paris e por que, em que ano e lugar foi ordenado padre." Pois eles nada sabem! Senhor Vicente só lhes fala do que o diminui. Se o cônego se dispusesse a esclarecê-los... O cônego de Saint-Martin aparentemente não o faria. Mas quando o frade Ducournau se conscientiza, a 18 de março de 1660, do tom suplicante do senhor Vicente, não tem nenhuma dúvida: semelhante insistência só pode ser fruto de sua humildade, que é tão grande. Como foi acertado preservar as cartas! Elas ampliarão sua glória. Abelly e Collet não teriam outra opinião.

Nós, porém, já não podemos dizer o mesmo. Analisamos essas cartas acima: nada encontramos nelas que seja necessário ocultar por humildade. É verdade que o jovem padre passou por provações, a começar pelos ferimentos sofridos na captura, que o atormentariam pelo resto da vida. Claro que foi escravizado. Mas a análise de suas aventuras nada tem de particularmente edificante. E, por sinal, Vicente não se escondeu perante o sr. De Comet: escreve com simplicidade, sem tentar parecer melhor do que é. Mas dessa constatação decorre que, se em 1660 o senhor Vicente dá testemunho de uma humildade profundamente vivenciada, sua súplica ao sr. de Saint-Martin não pode ser interpretada tomando-a por referência. Devemos buscar uma melhor explicação.

E ela terá tanto mais de ser encontrada de outra forma na medida em que Abelly, biógrafo de referência por ser o primeiro e o mais concretamente informado, faz questão de ver um santo em Vicente desde a infância. Acontece que, para isso, tomou lá suas liberdades com o episódio da Barbaria. Ao publicar a carta de Avignon, absteve-se de citar as passagens que não lhe pareciam convenientes a um santo em germinação, como aquela em que Vicente vincula a promessa de seu benefício à satisfação das curiosidades

DO CATIVEIRO NA BARBARIA À PASSAGEM POR ROMA

de alquimia do vice-legado, ou aquele em que fala abertamente de suas dívidas. E Coste apanhou Abelly com a boca na botija![17]

Acabamos de mencionar o padre Coste. É com ele que a dúvida começa, muito embora, por escrúpulos, não a exponha publicamente. Ao longo de seu imenso trabalho de pesquisa e publicação na década de 1920, Coste ficou desconcertado com a descoberta da verdadeira data de nascimento de Vicente de Paulo. Com ou sem razão, diversas contorções do texto de Abelly levam-no a pensar que houve uma dissimulação voluntária dessa data à morte de Vicente. E eis que o mesmo Abelly atribui à humildade do senhor Vicente uma atitude que evidentemente nada tem a ver com ela. A súplica de 1660 acaso esconderia algo inconfessável?

Examinemos essa súplica. Nela constatamos vários fatos perturbadores. Para começar, curiosamente, o autor não pede mais *as duas* cartas ao sr. De Comet, mas apenas "essa miserável carta que menciona a Turquia". "Miserável"! Por mais violenta que tenha parecido a expressão a certos negadores do cativeiro, tendo nelas enxergado uma confissão indireta das piores depravações, qualquer leitor assíduo da *Correspondência* sabe que ela aparece com frequência nos julgamentos de senhor Vicente sobre si mesmo. E, aliás, a palavra muitas vezes é tomada no sentido de "que inspira piedade". Mas às vezes traduz uma indignada censura de si mesmo. E evidentemente é esse o caso aqui. Acontece que tal censura parece voltada expressamente para a menção da Turquia. Algo se esconde por trás desse relato do cativeiro, algo suficientemente grave para que o senhor Vicente implore "pelas entranhas de Jesus Cristo Nosso Senhor". "As entranhas de Nosso Senhor" é a expressão da misericórdia, ligada ao mistério da Cruz. É uma expressão muito forte, que por sinal Vicente quase nunca utiliza![18]

---

17 Numa nota de sua edição da carta de Avignon, ele registra a omissão do trecho.

18 Só pudemos encontrá-la, ao longo dos doze volumes de *Correspondência e Conversas*, em três ou quatro ocorrências, especialmente numa carta ao papa e no complicado caso da Abadia de Saint-Méen (1646), no qual senhor Vicente a emprega para exigir a libertação de um de seus missionários, o sr. de Beaumont, injustamente preso. Ver Coste, *Correspondance*, op. cit., III, p. 46, carta n° 855, a Claude de Marbeuf, 8 de setembro de 1646.

É no já mencionado livro do romancista Antoine Redier, *A verdadeira vida do santo Vicente de Paulo*, publicado em 1927, que se expressa publicamente a primeira suspeita de mentira. Ensaio brilhante e apaixonado, esse livro escrito com extrema severidade teve grande repercussão, desconcertando-nos tanto com sua mistura de conhecimentos exatos e sínteses históricas categóricas, quanto com o comovente afeto pela figura do santo cuja vida relata e sua paralela propensão à remodelá-lo em função da ideia que dele tem. A tese de Redier é simples, pois se trata de um livro de tese: Vicente de Paulo é grande, mas através de sua pequenez. Os biógrafos antigos mentem, romanceiam, transformam-no num santo de vitral, ao passo que ele é rude e áspero. E por sinal, mesmo quando ele é santo, nem tudo é santo nele. Basta ver sua juventude, marcada por mentiras antes de sua conversão... Pois bem, aí estamos.

Sem se preocupar com anacronismos, Antoine Redier, como vimos, interpreta a rápida ascensão de Vicente ao sacerdócio como resultado de maquinações de um rapaz disposto a tudo para chegar lá. Não evidencia muita estima pelo jovem Vicente que assim apresenta, e a leitura das cartas ao sr. De Comet não melhora as coisas. A súplica angustiada de 1660 o leva a dar mais um passo. Antes de reproduzir o texto da carta de Avignon, ele adverte: "Vocês verão que sua glória nada tinha a ganhar com a revelação de semelhante documento; que o empenho de se diminuir a nossos olhos e aos seus próprios antes teria recomendado a São Vicente dá-lo a conhecer; e que, se quis ocultá-lo, terá sido certamente por motivos graves, que só a ele diziam respeito."[19] Mas Redier nem dá tempo para que o leitor decida. Poucas linhas adiante, sentencia: "Sem esse documento, por ele mesmo qualificado de miserável, nada saberíamos, nem por ele nem por outros, fosse da França, de Roma, da Barbaria ou de Avignon, que nos proporcionasse ainda que a suspeita de uma confirmação do que ele relata ao sr. De Comet, em termos a cujo respeito o mínimo que se pode dizer é que, neles, o falso com toda a evidência se mistura ao verdadeiro."

---

19 Redier, *La Vraie Vie...*, op. cit., p. 23.

DO CATIVEIRO NA BARBARIA À PASSAGEM POR ROMA

"Com toda evidência"? Essa evidência não salta aos olhos do leitor, pois em seguida o autor não comenta as cartas, limitando-se a deixar pairar a dúvida. Acontece que Antoine Redier conhece perfeitamente o padre Coste, e mais adiante reconheceria ter escrito seu livro praticamente tendo-o ao lado.[20] As respectivas dúvidas dos dois se entrealimentam. Na verdade, devemos constatar que a nascente polêmica se enraíza numa interpretação do que chamamos de "maratona sacerdotal". Na medida em que se julga ter descoberto no "jovem Vicente" um arrivista sem escrúpulos, é possível imaginar qualquer coisa ao vê-lo desaparecer alguns anos mais tarde durante dois anos. E, por sinal, a imagem é tão forte que os negadores do cativeiro sempre falam do "jovem Vicente" em 1605-1607, como se estivessem diante do relato de um pivete maltrapilho e não de um homem feito, que assumiu responsabilidades educativas durante sete anos.

Mas nada ainda sustentava a hipótese de uma carta fantasista destinada a ocultar alguma outra coisa quando dois artigos de Pierre Grandchamp, chefe do escritório da Residência Geral da França em Túnis, publicados em 1928 e 1929, jogam lenha na fogueira. Esses artigos aparecem como introdução ao tomo VI e ao tomo VII de *La France en Tunisie au XVIIe siècle* [A França na Tunísia no século XVII], importante trabalho de nomenclatura e análise dos decretos baixados no consulado da França em Túnis, realizado pelo mesmo Pierre Grandchamp. Dessa vez, trata-se de um ataque em regra. No primeiro artigo, após reproduzir o texto das cartas, Pierre Grandchamp introduz assim sua argumentação: "Em nossa opinião, as informações [que esses documentos] contêm bastam para negar com suficiente certeza a escravidão e a viagem à Barbaria."[21] Segue-se a

---

20 Antoine Redier, "Péchés de jeunesse de Monsieur Vincent", *Revue hebdomadaire*, 12 a 19 de agosto de 1939, 48º ano, Plon, p. 189-192.

21 Pierre Grandchamp, "La prétendue captivité de Saint Vincent de Paul à Tunis (1605-1607)", in *La France en Tunisie au XVIIe siècle (1651-1660)*, t. 6, Túnis, 1928. O artigo de 1929, intitulado "Novas observações", retoma o texto de uma detalhada nota de aprovação apresentada sem identificação de autor (que segundo outras fontes seria o padre Coste) e de algumas objeções, dentre as quais as de André Bellesort, às quais responde na linha do artigo anterior.

enumeração de mais de vinte argumentos, que examinaremos adiante. Eles constituem o ponto focal da acusação em seu aspecto objetivo — histórico e geográfico. Todos os negadores do cativeiro recorreriam a eles. O aspecto subjetivo, isto é, o silêncio do senhor Vicente ao longo da vida a respeito desse suposto episódio de sua juventude, é a outra vertente da acusação. Viremos a examiná-la em seguida.

A controvérsia das décadas de 1920-1930 envelheceu muito, e assim não vamos entrar nos detalhes, nem na bibliografia excessivamente abundante do tema. Limitemo-nos a mencionar os principais autores, que são, por um lado, Antoine Redier, Pierre Grandchamp e mais adiante o padre Debongnie, historiador da Igreja. André Dodin, lazarista, viria juntar-se a eles mais tarde. No outro campo, principalmente Raymond Gleizes e Joseph Guichard, lazaristas. Por volta de 1970, Guy Turbet-Delof, professor universitário de Bordeaux e especialista no Magreb, juntaria-se aos partidários do cativeiro com novos elementos. Notemos que, se o debate da década de 1930 se inflama, é por opor duas concepções da santidade.[22] Para os que defendem a verdade do episódio barbaresco, Vicente era um santo já desde a juventude, e eles só enxergam maravilhas em seu relato, atribuindo a reação de 1660 à humildade. Para seus adversários, a santidade nasce de uma ruptura radical, a carta de Avignon é uma mentira que serviu de cortina a uma juventude transtornada e a súplica de 1660 tem o objetivo de eliminar essa mentira. O leitor haverá de compreender que, para nós, semelhante debate é como um rio passando ao lado do leito. Vicente não era santo em 1607, seja o seu relato verdadeiro ou não. Mas se seu relato é verdadeiro ou não independe dos preconceitos antagônicos a respeito de sua santidade.

Voltemos a Grandchamp. Em 1939, Antoine Redier expôs no mencionado artigo da *Revue hebdomadaire* os motivos que levaram o funcionário

---

22 Um dos biógrafos modernos de São Vicente de Paulo, o lazarista espanhol José-Maria Roman, expôs muito bem esses termos do debate: ver *Saint Vincent de Paul. Biographie*, 1981, p. 42.

do consulado da França a se debruçar sobre o cativeiro de Vicente de Paulo. Um lazarista de passagem em Túnis pedira-lhe expressamente que buscasse elementos suscetíveis de sustentar a tese da história inventada. Era um desejo do padre Coste, inquieto ao mesmo tempo pelos motivos expostos anteriormente e porque um colega comentara rindo, a propósito do relato de Vicente: "É uma pilhéria!"

Grandchamp vale-se de todos os meios ao seu alcance. Eis aqui, resumidos, os argumentos de seu primeiro artigo. Ele os enumera segundo a cronologia do relato de Vicente, e aqui nós os classificamos também por gênero. Para começar, os argumentos negativos, que se escoram na ausência de declarações ou provas: nada se encontra nos arquivos de Languedoc sobre essa captura por três bergantins turcos; Vicente de Paulo nada diz da situação de seus companheiros, preocupação geralmente encontrada nos relatos de cativos; nada diz a respeito da atitude das mulheres do renegado nos dez meses que antecedem a partida; nada se encontra nos arquivos de Túnis sobre a fuga, embora as fugas de escravos tivessem muita repercussão; os companheiros de cativeiro de Vicente de Paulo não tentaram fazer contato com ele quando ficou famoso. Outra série de argumentos visa a mostrar que o relato de Vicente comete erros tanto históricos quanto geográficos: os piratas não costumavam libertar os que se rendiam sem combater; os piratas jamais disporiam de suficiente provisão de água doce para os cerca de oito dias que Vicente de Paulo atribui a suas "ladroeiras", mais o tempo necessário para vir de Túnis e para lá voltar; é contrário aos costumes muçulmanos que as mulheres falem livremente a escravos cristãos; Vicente de Paulo refere-se à propriedade do renegado como um "temat", palavra desconhecida; fala de montanhas próximas de Túnis, que não existem; à chegada da embarcação, ele parece ignorar que Túnis fica à beira de um lago, e o mesmo quando fala do pescador que o conduz ao mar; e além do mais, um pescador não seria suficientemente rico para ter um escravo; a escolha do itinerário de volta, Túnis-Aigues-Mortes, é altamente fantasista, longo demais para ser feito num pequeno esquife, e principalmente com as galés barbarescas ainda no mar por essa data; em sua súplica de 1660, Vicente de Paulo fala da Turquia ao se referir a Túnis, não sabendo, portanto, onde fica Túnis.

Somem-se ainda as inverossimilhanças evidentes no relato: ao chegar a Túnis, por que Vicente de Paulo não tentou falar com o cônsul da França? Em um ano, como teria sido capaz de aprender árabe o suficiente para conversar sobre temas eruditos com seu médico alquimista? Ele afirma que o cientista morreu "no caminho", mas a Constantinopla se chega pelo mar. O sobrinho do erudito médico não teve tempo de receber a notícia da morte do tio antes de proceder à terceira venda em agosto. O sr. De Brèves chegou a Túnis a 17 de junho de 1606 e viajou de novo a 24 de agosto. Como o sobrinho poderia ter vendido seu escravo no mês de agosto, a pretexto de que o embaixador da França "estava chegando"? Por fim, a mulher grega, cristã, não apresenta a menor utilidade para Vicente, embora tenha a mesma religião, e é a turca que tira o marido da apostasia e liberta Vicente!

Dois argumentos adicionais, não extraídos do próprio relato, também serviriam para desmenti-lo: o fato de Vicente de Paulo ter empreendido missões na Barbaria e levado a duquesa d'Aiguillon a comprar os consulados de Argel e Túnis[23] prova que ele não sabia nada dos muçulmanos nem de sua mentalidade; por fim, o sr. De Comet não respondeu à primeira carta, pois Vicente é obrigado a escrever uma segunda, e isto porque sabia o que esperar quanto à imaginação dos meridionais.

Esse rápido resumo pode passar uma impressão caricata, mas o próprio Grandchamp avança muito rápido. Em seu segundo artigo, em 1929, ele acrescenta a questão da identidade do renegado. Collet o identificara como um certo Guillaume Gautier, que havia abjurado em Avignon a 29 de junho de 1607. Grandchamp observa que isso não se sustenta, pois Vicente e o renegado só chegaram a Aigues-Mortes no dia 28: havia um tempo necessário para fazer o trajeto e se preparar para a cerimônia. A objeção perderia sua razão de ser alguns anos depois, graças às pesquisas

---

23 A Congregação da Missão começaria a atuar na Barbaria em 1645 (cf. *infra*).

do padre Joseph Guichard: como esse Guillaume Gautier só abjurou em 1608, não pode ser o renegado de Vicente. Este não deixou traços, mas houve desaparecimento de arquivos. *A priori*, portanto, nada invalida a veracidade do relato.

O acúmulo de "provas" por parte de Grandchamp tem o efeito de uma bordoada: o padre Debongnie, historiador da Igreja, o aceita sem qualquer exame crítico. Mesmo esquecido em seus detalhes, esse acúmulo ainda hoje alimenta o clichê da "inverossimilhança do relato do cativeiro". No entanto, o leitor terá percebido que os argumentos enumerados não têm o mesmo valor, podendo alguns até serem eliminados logo de entrada como falsos: é o caso da suposta ausência de resposta do sr. De Comet, ou da acusação de ignorância a Vicente de Paulo por confundir Túnis com a Turquia, ao passo que toda a costa barbaresca era equiparada à Turquia na linguagem do século XVII. Acrescentemos que senhor Vicente se correspondia com seus missionários em Túnis desde 1645.

Além disso, impossível deixar de notar que a argumentação joga com as palavras, tentando encontrar de qualquer maneira o menor escorregão por trás de cada expressão de Vicente. Não será possível que tivesse dito "ele morreu no caminho" como dizemos "ele morreu a caminho", independentemente do fato de o velho cientista poder perfeitamente ter sido conduzido no início por via terrestre? Seria o caso de ficar esmiuçando a expressão "o sr. De Brèves [...] estava chegando", para considerar impossível a data de venda? Guichard[24] mostrou que, em boa gramática, a conjugação francesa "venait" [estava chegando] não se aplicava ao tempo transcorrido antes da chegada do embaixador, mas ao objeto da sua vinda! Apesar do viés hagiográfico que compromete sua obra, o mesmo Joseph Guichard foi capaz de mostrar — depois de consultar o islamólogo Louis Massignon — que o "temat" de Vicente de fato existia, como uma forma da palavra árabe *To'met*, que designa um feudo não hereditário.

---

24 Joseph Guichard, *Saint Vincent de Paul esclave à Tunis*, Paris, Desclée de Brouwer, 1937, p. 208.

74 SÃO VICENTE DE PAULO

E por aí vai. Túnis fica à beira de um lago, mas nada impedia o pescador de buscar o mar, onde o peixe é melhor! A impossibilidade de Vicente ter aprendido o árabe em um ano não tem o menor sentido. Todos os relatos de cativos, a começar pela célebre *Relation* [Relação] de Emanuel d'Aranda, editada em Bruxelas em 1656, indicam que as trocas na Barbaria são feitas em "franco", "língua comum entre os escravos e os turcos, e também entre os escravos de uma nação e de outra, como uma mistura de italiano, espanhol, francês e português".[25] D'Aranda, igualmente, mas também Bartolomé e Lucile Benassar falam da familiaridade das mulheres muçulmanas com os escravos cristãos.

Em sua obra sobre a África barbaresca na literatura francesa dos séculos XVI e XVII, Guy Turbet-Delof estranha que "um especialista experiente como Pierre Grandchamp [...] tenha julgado apanhar [Vicente de Paulo] em flagrante delito de mentira", quando este afirma que os que se entregavam sem combater eram deixados em liberdade pelos piratas: "Chamava-se manter um navio como refém. Essa prática era tão habitual no direito consuetudinário dos homens do mar que as companhias de seguros marítimos, as primeiras prejudicadas, tentavam remediar a situação oferecendo recompensas aos capitães que preferissem a honra de um combate a essas transações amistosas."[26]

Turbet-Delof, aliás, publicou um artigo em 1972 para refutar os argumentos de Pierre Grandchamp ponto por ponto.[27] Segundo ele, nenhum deles é convincente. Os argumentos negativos nada provam: "É uma curiosa deformação profissional reduzir a realidade histórica aos traços escritos que dela ficaram." Os supostos erros geográficos de Vicente não são erros: "Quanto às montanhas — palavra que pode designar simples colinas —, basta examinar o mapa das imediações de Túnis: os *djebels*

---

25 Emanuel d'Aranda, *Les Captifs d'Alger*, texto fixado por Latifa Z'Rari, Paris, Ed. Jean-Paul Rocher, 1997, p. 37.

26 Turbet-Delof, *L'Afrique barbaresque*, op. cit., p. 184.

27 Guy Turbet-Delof, "Saint Vincent de Paul a-t-il été esclave à Tunis?", *Revue d'histoire de l'Eglise de France*, t. LVII, nº 161, julho-dezembro de 1972.

DO CATIVEIRO NA BARBARIA À PASSAGEM POR ROMA 75

Bou Kournine, Bou Korbous, Sidi Salem e El-Baouala, para citar apenas alguns, encontram-se num raio que varia de 12 a 30 quilômetros ao redor da capital." O itinerário e a possibilidade de êxito da fuga tampouco constituem problema para o professor universitário familiarizado com relatos de cativos. Pelo contrário, observa ele, se esse itinerário de fato foi escolhido (o vento nem sempre dá essa liberdade), "é porque o foi tão criteriosamente quanto possível. Costear o litoral da Sicília, da Sardenha e da Córsega era atirar-se irremediavelmente nas presas do lobo. O padre Dan, que, tendo partido de La Calle a 3 de outubro de 1635 às 5 horas, chegou a Marselha no dia 9 antes do meio-dia, deixou [essas ilhas] o mais distante possível a estibordo". Por outro lado, "não eram necessários mais que três dias, com vento bom, para ir de Marselha a Argel, ou vice-versa".

Pausemos aqui o exame; o leitor curioso poderá reportar-se ao texto completo do artigo. Mas eis a outra vertente da controvérsia: o silêncio de senhor Vicente sobre esse episódio ao longo da vida. Esse silêncio, que alimentou a dúvida de Coste, é o mais forte argumento contra a realidade do cativeiro. Como Vicente foi capaz de manter total mutismo, do cargo de capelão-geral das galés ao de superior-geral dos missionários enviados à Barbaria?

A objeção é forte, mas não é irrefutável. Para começar, seria arriscado afirmar que ele jamais falou com alguém a respeito. Não falou com os padres da Missão nem com as Filhas da Caridade, que seja. Mas pode ter falado com Bérulle em 1609, ou em 1613 com Philippe-Emmanuel de Gondi, general das galés. Essas datas ainda são próximas dos acontecimentos, e sobretudo se situam antes da virada decisiva de sua vida espiritual. Acontece que temos aqui um elemento decisivo. Embora os acontecimentos relatados na "carta do cativeiro" nada tenham de condenável, Vicente não devia orgulhar-se muito, depois dessa virada espiritual, da maneira bastante tranquila como vivenciara a escravidão. A partir do momento em que uma conversão o arrancou a uma honesta tibieza para lançá-lo na paixão da caridade, como não teria se arrependido por não ter dado testemunho de heroísmo na Barbaria, e, mais ainda, não ter assumido abertamente sua condição de padre? Desse remorso enterrado no mais profundo de sua relação com Deus ele não devia ter vontade de falar — exceto a seus confessores, que por natureza nada podiam comentar a respeito.

E por sinal, do episódio romano de 1608 ele tampouco jamais viria a falar, limitando-se à lembrança mais pura da peregrinação de 1601. Podemos ir mais longe: nem mesmo de seus estudos e diplomas conquistados em Toulouse ou da gestão do pensionato de Buzet ele jamais diria algo. É como se, a partir de sua escolha espiritual fundamental da década de 1610, ele desejasse riscar seu passado, exceto a infância de pastor, que combinava com seu desejo de se fazer pobre entre os pobres.

Queiramos ou não, ele tinha esse direito.

Pouco tempo antes de morrer em 1935, numa nota manuscrita, o padre Coste transmitia com toda sinceridade suas últimas conclusões: "Acredito no argumento do silêncio, pois Vicente de Paulo teve mil vezes a oportunidade de falar de seu cativeiro e tinha interesse de falar. Dito isso, não se trata mais de um argumento negativo, porém positivo."[28] "Interesse de falar"? Quando Vicente fala a seus missionários ou às Filhas da Caridade, os exemplos que cita sempre são escolhidos para a edificação. Nesse sentido, que poderia ele extrair da sua estada na Barbaria? Quando seus missionários se virem defrontados com a situação espinhosa dos escravos cristãos, quando vários deles perderem a vida nesse empenho, que interesse teria tido Vicente em mencionar suas experiências de alquimia? Que teria podido dizer de sua ação na Barbaria como padre? Quanto à conversão do renegado, ainda que ele tivesse tido nela uma participação mais importante que julgou útil escrever, a lucidez se aliava à humildade no sentido de não chamar a atenção para esse papel.

Não podemos portanto deixar de concluir que não há qualquer motivo para não acreditar em Vicente. Mas ainda falta ao leitor um elemento de avaliação, que nos foi proporcionado pelo estudo do padre Koch sobre

---

28 Citado em especial pelo P. Debongnie, "Vincent de Paul a-t-il menti?", *Revue d'histoire ecclésiastique*, t. XXXIV, 1938.

Saint Vincent expert en droit et en procédures [São Vicente, especialista em direito e procedimentos]: as cartas de Avignon e Roma, que tinham como um de seus objetivos conseguir uma moratória para suas dívidas, foram *rubricadas* por Vicente. Coste não o informou em sua edição da *Correspondência*, mas ele nunca informa as rubricas, paralelamente à assinatura. Acontece que Vicente não rubrica suas cartas particulares, apenas os atos de caráter oficial.

Como escreve aqui a seu protetor, com a familiaridade que os une, ele não se exime de conferir verve à narrativa. Mas o fato é que, com a existência dessa rubrica, a carta de Avignon ganha outro preso. "[Essa carta] não é uma carta comum", observa Bernard Koch, "mas um ato oficial, equivalendo a um ato de tabelião ou a um ato judiciário. A verdade é que [Vicente] o faz sozinho, e não diante de um tabelião, pois está no exterior,[29] mas o faz com as devidas formalidades, e [...] também o envia ao tabelião [d'Arnaudin]." O que exclui, desta vez formalmente, a hipótese de uma invenção. Não se brinca com juízes e tabeliões, sobretudo não Vicente, que conhece bem o mundo jurídico.

Desejando verificar pessoalmente a existência dessa rubrica, solicitamos uma consulta dos originais das cartas ao sr. De Comet. São documentos comoventes. A caligrafia é caprichosa, regular, ao passo que as cartas de senhor Vicente, quando as escreve pessoalmente, muitas vezes terão mais tarde aspecto atormentado. A rubrica de fato se encontra, ao lado de "Depaul": dois arabescos, que mais tarde virão a tornar-se três, num desenho quase idêntico.

Mas ainda assim permanece um mistério. Por que Vicente de Paulo tanto insiste, em 1660, em impedir que a carta do cativeiro seja conhecida? No ponto de humildade a que chegou, que bela oportunidade de se afirmar "miserável", revelando a todos que, no início do sacerdócio, faltava-lhe um certo fervor! Talvez ele tenha pensado nessa possibilidade. Paradoxalmente, era uma tentação, e ele resistiu. Pois só teria atendido à humildade ao preço

---

29 Cabe lembrar que Avignon era na época um enclave pontifício no território francês.

78 SÃO VICENTE DE PAULO

de um risco para algo infinitamente mais importante. Sim, não era pouco o que estava em jogo, mas não era o que se imaginou.

Pensamos na *Carta roubada* de Edgar Poe. Pois o leitor que tiver a curiosidade de mergulhar na polêmica das décadas de 1920-1930 poderá constatar: *ninguém* se lembra de levar em conta o contexto histórico do 1658-1660. *Ninguém* se pergunta se não haveria, nesse contexto, um motivo grave que tornasse indesejável a revelação da carta de juventude de senhor Vicente. Todos os protagonistas, contra ou a favor da realidade do cativeiro, analisaram a súplica de 1660 "fora de contexto".

Num outro artigo de Guy Turbet-Delof, publicado em 1967 na *Revue de l'Occident musulman et de la Méditerranée* [Diário do ocidente muçulmano e do Mediterrâneo],[30] vamos encontrar a indispensável contextualização histórica. Turbet-Delof parte do contexto de 1657, em dois planos diferentes: a situação crítica em que se encontram então as missões da Barbaria; a publicação de um livro-acontecimento, a *Relation de la captivité du sieur Emanuel d'Aranda* [Relação do cativeiro do senhor Emanuel d'Aranda], que pelo estilo e o tom vai de encontro a uma visão trágica. Apresentaremos no momento oportuno as missões na Barbaria. Mas aqui vão algumas palavras para entender o contexto. Enviados já a partir de 1645 às costas barbarescas para "dar assistência aos pobres cativos cristãos", os missionários do senhor Vicente foram levados pelas necessidades de seu ministério a exercer a autoridade consular nas embaixadas da França em Argel e Túnis, compradas em 1646 e 1648 pela duquesa d'Aiguillon. Um frade coadjutor assume os encargos de cônsul, tendo ao lado o padre responsável pela Missão. A situação muito deteriorada dos escravos cristãos nas prisões de Argel e Túnis leva os missionários a cuidar também da compra de cativos. Nas duas regências, as relações com o bei são marcadas por altos e baixos, mas no fim da década de 1650 tornam-se tempestuosas,

---

30 Guy Turbet-Delof, "Saint Vincent de Paul et la Barbarie en 1657-1658", *Revue de l'Occident musulman et de la Méditerranée*, 1967, n° 3, p. 153-165. Esse artigo saiu portanto alguns anos antes de sua refutação dos argumentos de Pierre Grandchamp.

DO CATIVEIRO NA BARBARIA À PASSAGEM POR ROMA   79

especialmente por causa da atitude de comerciantes franceses indelicados, tendo as autoridades muçulmanas passado a impor represálias contra os missionários. Por outro lado, o frade Jean Barreau, cônsul da França em Argel, mostra-se generoso mas carece de prudência, oferecendo-se como fiador de pessoas pouco confiáveis ou se endividando além do razoável para libertar cativos. Ele passa o tempo todo nas prisões do bei, submetido a golpes e maus-tratos.

Em junho de 1657, ele está de novo preso. O bei exige que pague um alto valor em indenização pela bancarrota de um certo Rappiot, comerciante marselhês. O cônsul nada teve a ver com a história. Luís XIV, que no ano anterior protestou junto ao paxá de Argel por essas injustiças sofridas "por culpa de outra pessoa",[31] prefere dessa vez ignorar a afronta. Aos habituais espancamentos, os carcereiros de Barreau acrescentaram um suplício refinado: enfiar-lhe lascas de cana-de-açúcar entre a carne e as unhas. Sob o impacto da dor, Barreau promete imprudentemente saldar a dívida. Tomando conhecimento de sua situação, muitos escravos gratos por sua ajuda reúnem espontaneamente dinheiro recebido para seu próprio resgate com a finalidade de libertá-lo. O que serve apenas para deslocar o problema. Muito preocupado, Vicente quer reembolsar os pobres escravos o mais rápido possível para em seguida livrar o cônsul de suas dívidas e trazê-lo de volta à França. Mas uma consulta junto às Damas da Caridade em Paris não resulta em grande coisa. O desânimo começa a rondar. Há dois anos já se fala de uma revenda dos consulados. Para melhorar os ânimos, o senhor Vicente manda imprimir e distribuir no outono um texto intitulado *Relato dos maus-tratos infligidos ao cônsul da França em Argel, e das necessidades dos pobres escravos*. Nele, a situação, dolorosa, é ainda mais dramatizada para causar comoção.

Acontece que esse mesmo ano de 1657 é o da publicação em Paris, com grande repercussão, da *Relação do cativeiro do senhor Emanuel d'Aranda*,

---

31 Coste, *Correspondance*, op. cit., V, p. 648, apêndice II, carta de Luís XIV ao paxá de Argel, Paris, 7 de maio de 1656 (rubricado De Loménie), Arch. nat. S 6707.

capturado dezessete anos antes, a 22 de agosto de 1640, ao largo do litoral da Bretanha, e libertado depois de dois anos de cativeiro em Argel. Turbet-Delof ressalta que o quadro pintado por d'Aranda é o exato oposto não só dos temas e conteúdos do *Relato dos maus-tratos...* como, de maneira geral, dos temas barbarescos da Reforma católica, "tais como o P. Dan [...] muitos trinitários, muitos mercedários, muitos capuchinhos os haviam exposto". Enquanto estes enfatizavam as dores sofridas, o perigo de apostasia, a dureza dos turcos, d'Aranda pinta uma imagem distanciada e até sorridente dos turcos, dos renegados e do cativeiro. De nossa parte, notaremos que o ex-cativo chega ao ponto de escrever: "Não há melhor universidade que o banho de Argel para ensinar o mundo a viver."[32]

Nos primeiros meses de 1658, o senhor Vicente manda reimprimir o *Relato dos maus-tratos...* e lança uma coleta nas paróquias de Paris. Mas confidencia em tom algo cansado a seu colaborador e amigo Firmin Get, superior da Missão em Marselha, sua convicção de que esse novo peditório "fará mais barulho que resultados".[33] Impaciente, Jean Barreau recrimina Firmin Get, acarretando dessa vez a imprudência do padre Jean Le Vacher, que, de Túnis, compromete-se financeiramente pelo cônsul. Insatisfeito e preocupado, Vicente censura vivamente essa desobediência em cascata, que deixa a companhia em estado deplorável.[34] E eis que no mês de agosto o cônego de Saint-Martin envia triunfalmente ao senhor Vicente, idoso, doente, preocupado com a sorte dos seus e contrariado pelo livro de d'Aranda, a cópia de suas cartas ao sr. De Comet. Permitir que fossem publicadas, observa Turbet-Delof, seria contradizer o *Relato*, e também parecer apoiar a visão complacente e sob certos aspectos até escandalosa que d'Aranda apresentava do cativeiro. "[Vicente de Paulo] acaso poderia de bom grado infligir a si mesmo e ao mesmo tempo infligir à opinião pública semelhante desmentido?" Os pontos de vista se chocavam. Podia-se

---

32 Emanuel d'Aranda, op. cit., p. 152.
33 Coste, *Correspondance*, op. cit., VII, p. 98, carta nº 2546 de 8 de março de 1658.
34 Ibidem, VII, p. 105, carta nº 2553, a Firmin Get, superior em Marselha, de Paris, 15 de março de 1658.

DO CATIVEIRO NA BARBARIA À PASSAGEM POR ROMA

ser de um campo ou de outro, o meio-termo não era possível. Escorado em seu conhecimento do terreno e de centenas de relatos de cativos que analisou, Turbet-Delof considera que, não obstante esses posicionamentos categóricos, "ninguém estava mentindo. Tratava-se de uma realidade móvel, suscetível de ser avaliada de maneiras diversas em função das situações, dos pontos de vista e do acaso". Mas o fato é que, em 1658, do ponto de vista da Missão, a situação na Barbaria é uma trama de padecimentos.

A situação de tal maneira está bloqueada que, paralelamente às iniciativas de Vicente, surgiu o projeto de uma expedição militar francesa, comandada pelo cavaleiro Paul, para libertar de uma só vez todos os cativos da Barbaria. Tendo tomado conhecimento da existência desse projeto em fevereiro de 1658, Vicente o apoia de modo discreto, e então concretamente a partir de junho e julho.[35] A revelação em agosto de suas cartas ao sr. De Comet torna-se portanto ainda mais perigosa do que poderia se imaginar. Ver então que nada acontece durante um ano e meio, após a solicitação dos originais, só pode aumentar a preocupação de Vicente. Pois entre 1658 e 1660, a expedição militar é constantemente adiada em decorrência de rivalidades políticas e obstáculos financeiros, ao passo que a situação na Barbaria se degrada. Impotente para resolver de maneira definitiva a questão dos consulados, ao se aproximar a morte, com o risco de que a Missão fosse obrigada a abrir mão de sua presença na Barbaria, o agoniado Vicente ainda por cima tem sobre a cabeça a espada de Dâmocles de uma desmobilização moral grave — por culpa sua.

A súplica de 18 de março de 1660 deve ser entendida nesse contexto.

Podemos encerrar este capítulo com ideias mais claras sobre a pessoa e a vida de Vicente entre 1605 e 1608. É bem verdade que nos faltam elementos para reconstituir o todo. Das nove cartas enviadas por ele ao voltar do cativeiro, uma delas à mãe, restam-nos apenas as duas correspondências ao sr. De Comet. Mas pelo menos elas nos permitem saber o essencial. Seja como for, em retrospectiva, a apaixonada polêmica do século XX

---

35 Ver *infra*, quarta parte, cap. 19.

parece singularmente deslocada. Não fazia o menor sentido arrombar a juventude de Vicente com ferramentas pesadas, para encontrar apenas o que já se decidira colocar lá dentro, e ainda por cima desembocando num vazio histórico.

A chave poderia ser buscada em *Senhor Vicente*.

4

De Roma a Paris
Experiências e encontros
numa Paris entre dois reinados
1608-1613

Vicente deixa Avignon em direção a Roma em novembro de 1607. Ao longo do ano de 1608, informa que dá prosseguimento a seus estudos, sem dar detalhes. Sustentado pelo vice-legado, certamente encontra na casa dele ou em sua companhia altas autoridades da Igreja. A Roma de Paulo V (Camillo Borghese) é então uma cidade brilhante. Embora pratique um nepotismo imoderado, como vários de seus sucessores, Paulo V não deixa de apresentar, também como eles, qualidades humanas e espirituais: "Esses papas do século XVII foram em sua maioria homens de grande valor intelectual, de hábitos dignos e real devoção. Alguns deram mostra de grande austeridade de vida (Inocêncio XI). Outros (Paulo V, Urbano VIII) souberam conciliar uma vida correta, fausto e pompa. Todos tinham grande experiência dos negócios da Igreja."[1] Sabemos que Paulo V, mecenas esclarecido, mandou ampliar a Biblioteca

---

1 Michel Feuillas, in *Dictionnaire du Grand Siècle*, François Bluche (dir.), Paris, Fayard, 2005, p. 1143.

do Vaticano e concluiu em 1612 a Basílica de São Pedro. Era um homem de governo, por vezes rígido, como evidenciaram seus conflitos com a República de Veneza.

Durante o ano que passou em Roma, a viva inteligência de Vicente toma lições da política vaticana. Habituado desde a infância camponesa a levar em conta o longo tempo, o rapaz pode observar o sentido especial da duração romana, entre tempo e eternidade. Quando do estabelecimento da Congregação da Missão, e mais tarde nos dilaceramentos jansenistas, ele dará mostra de uma mistura de deferência e obstinação que denota fino conhecimento da lógica pontifícia.

Não é a única experiência de que ele tira proveito nessa estada em Roma. Pela primeira vez o jovem padre trava conhecimento direto, carnal, com o exercício da caridade para com os pobres. Certamente frequenta a confraria paroquial de São Lourenço em Dâmaso, vizinha do Palácio Montorio. Seu regulamento, como demonstrou o estudo de um lazarista, assemelha-se aos que o senhor Vicente viria a redigir para suas Caridades.[2] Mas a principal semelhança é outra. Graças ao renegado de Nice convertido, que entrou para os frades de São João de Deus, Vicente descobre a dimensão espiritual do atendimento aos doentes hospitalizados, observando as regras de funcionamento do hospital mantido pelos frades na ilha do Tibre, ou ilha Tiberina. O hospital *Fate bene fratelli* [Façam o bem, irmãos], ainda hoje existente, desenvolveu desde sua fundação pelo português João de Deus (1495-1550) uma prática muito humana de atendimento aos doentes. Ao promulgar o regulamento da primeira Caridade, em Châtillon-les-Dombes, em 1617, Vicente faria referência ao exemplo romano: "A mencionada confraria vai se chamar *Confraria da Caridade*, imitando o Hospital da Caridade de Roma; e as pessoas de que será principalmente formada, *servidoras dos pobres ou da Caridade*."[3]

---

2 Ver A. Armandi, "Une étrange coïncidence: saint Vincent de Paul à Rome et les conférences dites de Saint Vincent de Paul", *Mission et Charité*, 1963, n° 10. Citado por J.-M. Roman em sua biografia de São Vicente de Paulo.

3 Coste, *Correspondance*, op. cit., XIII, p. 423.

DE ROMA A PARIS

Cabe mencionar também em Roma, nessa época, o hospital dos padres de Camille de Lellis, próximo em seu espírito do *Fate bene fratelli*. Vicente muitas vezes empregaria a expressão "Nossos senhores, os pobres". Em duas oportunidades, ante as Filhas da Caridade, ele associa essa expressão aos camilianos, muito embora em 1657 tenha esquecido o nome da congregação: "Também é necessário tratar os doentes pobres como vos ensina essa mesma bondade, ou seja, com suavidade, compaixão e amor; pois eles são os vossos mestres e os meus também. Existe uma certa Companhia, de cujo nome não lembro, que chama os pobres de *nossos senhores* e *nossos mestres*, e eles têm razão. Oh, são mesmo grandes senhores no céu! Caberá a eles abrir sua porta, como está dito no Evangelho."[4]

A Vicente, portanto, não faltam ocupações em Roma, à espera do seu benefício. Antes do fim do ano de 1608, contudo, ele deixa a Cidade Eterna e vai para Paris, sem ainda ter resolvido a questão. Segundo Abelly e Collet, o motivo da partida é uma questão política: ele teria sido incumbido de uma missão verbal confidencial junto ao rei Henrique IV. A existência e a natureza dessa missão nunca foram esclarecidas. Abelly sugere que ela foi confiada a Vicente pelo cardeal d'Ossat, mas este morreu em 1604. Segundo Collet, vários ministros franceses na época cuidavam junto ao papa dos negócios do rei: François Savary de Brèves, que voltara do Levante meses antes; Denis de Marquemont, auditor de Rote e futuro arcebispo de Lyon; e por fim Charles de Gonzague, duque de Nevers, emissário junto ao papa como embaixador de obediência. Mas o biógrafo não esclarece qual deles teria incumbido Vicente de Paulo de uma mensagem, e permanece também o mistério sobre seu conteúdo. Certos historiadores aventaram a hipótese de que tivesse a ver com a confirmação romana da nomeação por Henrique IV, em 1607, de seu filho bastardo Henrique de Verneuil para a sé episcopal de Metz.

E por sinal nada transpirou da conversa, se é que ocorreu, entre o bearnês e o jovem padre gascão.

---

4 Coste, *Correspondance*, op. cit., X, p. 332, n° 85, conferência de 11 de novembro de 1657 *Sur le service des malades et le soin de sa propre santé.*

Em Paris, nos primeiros dias de 1609, Vicente hospeda-se no Faubourg Saint-Germain. É o bairro dos gascões. Compartilha do alojamento de um "compatriota" que passa por Paris, Bertrand Du Lou, juiz de Sore, nas Landes, e aparentado à família nobre de Plaisir, perto de Villepreux. Essa coabitação não teria apenas vantagens. No imediato, a instalação em Saint--Germain põe Vicente em contato com os oficiais da ex-rainha Margarida, apelidada de Margot, cujo opulento palácio se estende pelo cais Malaquais. Um deles, Charles Dufresne (ou Du Fresne), senhor de Villeneuve, secretário da rainha Margot, teria sido, segundo Abelly e Collet, o introdutor de Vincent junto à primeira esposa de Henrique IV.[5] Bernard Koch, por sua vez, indica que o bispo de Dax, monsenhor Du Sault, primeiro capelão da rainha Margarida, representava o intermediário ideal para o jovem padre de sua diocese.[6] Pouco tempo depois de chegar a Paris, todos estão de acordo com a nomeação de Vicente como *aumônier*[7] (ou esmoler), da rainha Margot. Pelo sentido da palavra *aumônier* no século XVII, isso significa que ele se integra ao corpo de capelães incumbidos de distribuir as esmolas da ex-soberana.

Estranha figura, essa Margarida de Valois. Nascida em 1553, filha do rei Henrique II e de Catarina de Medici, a superdotada Margarida interessava--se igualmente por ciências, letras, canto, música, dança e bordava como Penélope. Aos 20 anos, segundo Brantôme, era bela como "uma deusa do céu" [*sic*]. Infelizmente, em 1572, para sua grande contrariedade, sua mãe a obriga a casar com Henrique de Navarra, o futuro Henrique IV, na época de confissão reformada. Sem o consentimento de Roma, à qual teria sido necessário solicitar uma dispensa, em virtude da diferença de religião, as "núpcias vermelhas" são celebradas em Paris, a 18 de agosto, dias antes do São

---

5 Collet, op. cit., t. 1, p. 30.

6 "Primeiro capelão" representava ao mesmo tempo um título e a faculdade de nomear uma série de capelães para distribuir as doações da ex-rainha aos destinatários. Essa atividade, que certamente só se impunha ao bispo de Dax em breves passagens por Paris, permitia-lhe no entanto manter um vínculo com os gascões instalados na capital.

7 Capelão. De *aumône*, esmola. [*N. do T.*]

DE ROMA A PARIS

Bartolomeu. Ambos igualmente dissipados, os cônjuges, que não têm filhos, vivem separados a partir de 1582. Tendo subido ao trono e preocupado em dar um delfim à França, Henrique IV conseguirá anular o casamento junto ao papa Clemente VIII, em 1599. Depois de voltar a Paris em 1605, Margot manda construir um magnífico palácio à beira do Sena. Ela não mudou: "Ali, recebia poetas, escritores, monges e amantes."[8] Entre os poetas, François Maynard, Théophile de Viau, Mathurin Régnier, Malherbe, o que bem diz da qualidade e do ecletismo de seu espírito. "Ela era chamada de Urânia. Era a rainha das Letras. Montaigne lhe dedicara a *Apologia* de Raymond Sebond; o cardeal Du Perron, uma edição de suas obras completas; Brantôme, o conjunto de seus escritos; Honoré d'Urfé, suas *Epístolas morais*."[9] Contradição em forma de mulher — ou herdeira brilhante dos paradoxos do Renascimento —, Margarida não deixa de ser boa e devota em meio à sua vida dissoluta. Com uma ponta de exaltação: em sua Capela dos Louvores, onde assiste a três missas toda manhã, ela mantém monges agostinianos para cantar o ofício dia e noite. O Hospital da Caridade, montado diante do seu palácio da Rue de Seine pela rainha Maria de Medici, é generosamente beneficiado por suas esmolas. Acontece que esse hospital é dirigido pelos frades de São João de Deus, cinco dos quais vieram de Roma para fundar o estabelecimento de Paris. Todos os dias, Vicente, igualmente prolongando sua experiência romana, visita os doentes pobres do Hospital da Caridade. Como os demais capelães da rainha presentes na capital, ele também celebra a missa, participa da vida da corte no que é determinado por seu papel e assiste às reuniões eruditas. Monsenhor Calvet vê nessa experiência a fonte do "infalível senso da língua" que identifica no estilo de Vicente de Paulo. Na corte da rainha Margot, "ele ouve e pratica a pura língua francesa, que se libera dos entraves do humanismo e se afirma em sua vigorosa juventude. Permaneceria fiel a vida inteira a essa língua firme e densa".[10]

---

8 Christian Desplat, in *Dictionnaire historique du Grand Siècle*, p. 970.

9 Jean Calvet, *Saint Vincent de Paul*, Paris, Albin Michel, 1948, p. 45.

10 Ibidem, p. 46.

88 SÃO VICENTE DE PAULO

Vicente não se deixa atordoar. Se leva a sério seu papel de capelão, também se abre para uma dimensão mais profunda do sacerdócio. Charles Dufresne, a quem logo se liga por uma grande amizade e que estaria a seu lado entre os Gondi em 1615, viria mais tarde a descrevê-lo como, "já nessa época [...] muito humilde, caridoso e prudente", procurando fazer o bem e "ouvindo tranquilamente os outros, sem jamais interrompê-los".[11] Parece-nos que Vicente está retendo a respiração. Provavelmente seu universo espiritual começa a ser abalado, pois já ao chegar a Paris ele foi recebido por Bérulle.

Este, em 1609, já está no auge de sua influência. Nascido em 1575 no castelo de Serilly, perto de Troyes, Pierre de Bérulle "nunca foi jovem [...] sério antes do colégio",[12] a darmos crédito a Henri Bremond. Sério talvez, interior e místico desde muito cedo, com certeza. Ele é muito próximo de sua prima Barbe Acarie, praticamente desde sempre, pois a sra. Bérulle, sua mãe, recebeu a sra. Acarie e seus filhos em sua casa durante o exílio forçado que puniu Pierre Acarie depois do fim da Liga. Vimos que em 1602, Bérulle, ainda jovem padre, já era uma das almas do "círculo" no salão da prima. Em 1609, depois da introdução do Carmelo na França, um outro empreendimento de grande envergadura se perfila pra ele: a fundação do Oratório. Formado pelos cartuxos e os jesuítas, leitor dos grandes espirituais, Bérulle quer devolver ao padre sua dignidade, atirando-o no coração de uma casa de ardente vida espiritual. Para tanto, um caminho real: a contemplação do Verbo encarnado.

Contemplar Jesus, para Bérulle, é contemplá-lo em sua vida no coração da Trindade e sua Ressurreição, tanto quanto em sua vida terrestre e sua Paixão. É também contemplar a Mãe de Deus, que introduz no mistério. Muitas vezes Vicente insistiria de maneira comovente na necessidade de aderir aos diversos tempos da vida terrestre do Cristo para viver a vida de amor da Santa Trindade. Daria testemunho de uma inabalável fidelidade à Virgem Maria. Pelo menos nesses dois pontos verifica-se entre Bérulle e

---

11 Abelly, op. cit., t. 1, p. 21.
12 Bremond, op. cit., p. 180.

ele um parentesco espiritual, senão uma filiação. Veremos Bérulle ao lado de Vicente: durante oito anos, ele seria seu diretor espiritual e o mentor de seus engajamentos concretos.

Mas é chegado o momento de mencionar o incidente grave que marca o início da vida de Vicente em Paris. O episódio, muito conhecido, acarretaria uma mudança em sua maneira de ser, de tal forma que um certo padre Debongnie, um dos negadores do cativeiro na Barbaria, enxerga nele a reviravolta de sua "conversão".[13] Visão excessivamente simples, ligada ao preconceito sobre os pecados de juventude. Mas o incidente ocorrido no ano de 1609 inegavelmente assinala uma virada.[14] Certa manhã, Vicente acorda sentindo-se mal, com febre alta, talvez o tipo de febre que viria a acometê-lo durante toda a vida, por ele chamado de sua "febrícula", e cujos sintomas levaram a pensar em malária. Tiritando, ele fica na cama, enquanto o juiz Bertrand Du Lou vai cuidar da vida, esquecendo de fechar à chave um armário onde deixou uma bolsa com quatrocentos escudos. Vicente pediu um remédio, que lhe foi trazido pelo entregador do farmacêutico. Em busca de um copo, o rapaz abre o armário, vê a bolsa e, como a ocasião faz o ladrão, apanha-a sem nada dizer. Sonolento, ou então encontrando-se em outro compartimento — a história não o diz —, Vicente nada desconfiou. Mas à noite o juiz de Sore, descobrindo o roubo, encoleriza-se violentamente e intima Vicente a se explicar. Este pode apenas protestar sua inocência.

Bertrand Du Lou não acredita. Não só o expulsa da habitação comum como dá com a língua nos dentes nos meios em que o jovem padre começa a ser conhecido, para acabar com sua reputação. Certo dia, vai inclusive à residência de Bérulle, onde Vicente se encontra, para chamá-lo alto e bom som de ladrão e hipócrita. Chega a ponto de mandar-lhe uma advertência. Vicente abriu mão de se defender com argumentos, limitando-se a dizer: "Deus sabe a verdade." Seis meses depois, o ex-entregador, detido

---

13 P. Debongnie, "La conversion de saint Vincent de Paul", *Revue d'histoire ecclésiastique*, t. XXXII, 1936, p. 313-339.

14 Abelly, t. 1, p. 21-22; Collet, t. 1, p. 27-28; Coste, *Le Grand Saint...*, p. 62-63.

por outro roubo em Bordeaux, onde nasceu, é preso. Cheio de remorsos e conhecendo o juiz de Sore, confessa-lhe então o furto de Paris, prometendo devolver o dinheiro. Transtornado, o juiz, que decididamente parece agir com exagero em tudo, escreve a Vicente uma carta aflita, na qual, falando de sua admiração, declara-se disposto a ir a Paris com a corda no pescoço para implorar seu perdão.

Os fatos já são por si reveladores. Quarenta e sete anos depois, o senhor Vicente faz a seus missionários um relato que ainda por cima fornece a chave íntima do episódio. Numa conferência em São Lázaro, exortando--os a aceitar repreensões, justificadas ou não, ele acrescenta: "Existe uma pessoa na Companhia que, acusada de haver roubado seu companheiro e por tal razão denunciada na casa, embora a coisa não fosse verdadeira, nem por isso quis jamais justificar-se, pensando consigo mesma, ao se ver assim falsamente acusada: 'Vais te justificar? Eis do que és acusado, que não é verdadeiro. Oh, não!', diz essa pessoa, elevando-se a Deus, 'devo suportá-lo com paciência'. E assim o fez. Que aconteceu então? Senhores, eis o que aconteceu. Seis meses depois, estando aquele que roubou a cem léguas daqui, reconheceu seu pecado, escreveu a respeito e pediu perdão. Como veem, Deus às vezes quer testar as pessoas, e para tanto permite que encontros assim aconteçam."[15]

Em 1609, Vicente, sempre em busca de um benefício eclesiástico, de fato é introduzido em vários meios socialmente propícios. Mas admite a eventualidade de perder tudo esperando "com paciência" que Deus abra os caminhos. Ele ainda não passou pela grande reviravolta, mas, como observa lindamente Jean Calvet, uma parte sua já está como que "à espera".

O clima na Paris da época tem tudo para estimular a expectativa de absoluto. Devemos aqui completar o quadro pintado ao redor da sra. Acarie alguns anos antes. Em 1609, a França não imagina que o reinado do "bom rei Henrique" esteja a ponto de terminar brutalmente: Henrique IV seria assassinado a 14 de maio de 1610. Vibra um certo fervor nas mentalidades.

---

15 Coste, *Correspondance*, op. cit., XI, p. 337.

Com seu decreto de 1603, o rei definitivamente estabeleceu os jesuítas na França, e seus colégios se multiplicam, associando formação em humanidades e entusiasmo religioso. Um elã leva longe os navegadores, que exportam para além-mares uma França aventurosa e forte. Champlain acaba de fundar o Quebec na Nova França. Em Honfleur, de onde seu navio *Le Don de Dieu* lançou-se ao mar a 13 de abril de 1608, a capela de Nossa Senhora das Graças vibra com *ex-voto* de exploradores e comerciantes felizes por terem escapado aos perigos, prontos para novas viagens. O comércio de peles se desenvolve, todos se maravilham com a descoberta de povos ainda misteriosos. Em 1609, toda Paris se apaixona por *L'Histoire de la Nouvelle France* [A história da Nova França], do advogado Marc Lescarbot, que passou dois anos na Acadia e pinta um retrato pitoresco dos micmac. As mentalidades são romanescas, o imprevisto e as terras desconhecidas são apreciados, e a Nova França e seus "selvagens" incitam à superação.

Em 1609, já há dois anos Honoré d'Urfé vem publicando *L'Astrée*, romance interminável cuja intriga se situa em Forez. Essa publicação, que se estenderia por vinte anos, faz desde o início prodigioso sucesso em toda a Europa, com Paris carregando o estandarte. Os pastores de *L'Astrée* são heroicos, o amor em seu meio é um delírio de promessas e a vida sonhada vale mais que a vida propriamente dita, emblemática dessa época barroca que tudo encara com paixão, imaginação e excentricidade. Paralelamente, a língua se purifica e refina com Malherbe, poeta oficial da Corte.

Contra esse cenário, a exigência espiritual também opera maravilhas. Henri Bremond chamou nossa atenção para as grandes abadessas da Reforma católica, que parecem ter combinado entre elas para transformar, numa sutil mistura de pulso firme e fervor, mosteiros correndo risco de periclitar. "De 1570 a 1670, a França assistiu ao nascimento, reinado e morte de uma legião de magníficas abadessas que, em menos de trinta anos, restabeleceram em todas as latitudes do reino o prestígio quase arruinado da Ordem de São Bento."[16] Bremond cita cerca de quinze delas,

---

16 Bremond, op. cit., cap. VI, "Les grandes abbesses", p. 152 *sq.*

entre as quais Marie de Beauvillier, abadessa de Montmartre, e Marguerite d'Arbouze, reformadora do Val-de-Grâce. Na primeira década do século XVII, assiste-se ao triunfo da juventude, pois todas essas abadessas são moças muito jovens, quase crianças.

Mas é outra abadessa, ausente dessa lista, que marca a história religiosa em 1609: Angélique Arnauld, na abadia cisterciense de Port-Royal-des--Champs, no vale de Chevreuse. Feita abadessa aos 12 anos de idade, madre Angélique (nascida Jacqueline Arnauld) é então uma moça de 18 anos. Temperamento forte, alma de cristal, recém-convertida às exigências espirituais da sua condição, ela está longe das paixões do jansenismo que viriam a se manifestar trinta anos depois. A 25 de setembro de 1609, ela fornece à história religiosa da França o "dia da Portinhola". Com o apoio de seu diretor espiritual, Angélique restabeleceu a clausura em seu mosteiro. Mas seus pais querem continuar a visitá-la como antes — a abadia é um bem da família —, e o pai, Antoine Arnauld, não toleraria ser desobedecido. Os pais se apresentam e tentam forçar a situação, mas não são autorizados a entrar. Madre Angélica relataria mais tarde o acontecido ao sobrinho Antoine Le Maistre, que assim reproduz o episódio: "Ela disse-me que contou às suas meninas: 'Realmente é muito interessante: eles me fizeram religiosa aos 9 anos, quando não queria sê-lo, e minha idade me tornava pouco capaz de desejá-lo; e hoje, que quero sê-lo, eles querem que eu seja amaldiçoada, por deixar de observar minha Regra. Mas não o farei [...]. Jesus Cristo é meu pai, e minha mãe, e meu irmão.'"[17] E, de fato, Antoine Arnauld — e não sua filha — é que seria levado a ceder, entre fúria e incompreensão.

Encontramos mais suavidade em Francisco de Sales. É verdade que, no seu caso, trata-se de pregar a vida em Deus no coração do mundo. No fim de 1609, sua *Introdução à vida devota* tem a segunda edição em um ano, e a vida de algumas grandes damas torna-se assim ensolarada. Catherine

---

17 Conversas entre madre Angélique e Antoine Le Maistre, *in* Angélique Arnauld, *Mémoires pour servir à l'histoire de Port-Royal*, t. II (Utrecht, 1742-1744).

de Rambouillet acaba de abrir, ainda que modestamente, o palacete da Rue Saint-Thomas-du-Louvre, que a partir de 1618 vai deslumbrar com inteligência e arte a vida social da época dos mosqueteiros. A marquesa inspira-se alegremente nos preceitos de vida do senhor de Genebra. Toda a elite social do século XVII passará por um forte tensão moral, às vezes trágica, entre o consentimento de uma vida de sociedade em representação permanente e a recusa radical do mundo, entre a tentação de uma iminência na qual o absoluto seria tragado e a de uma transcendência que esquecesse a encarnação. Francisco de Sales não se inscreve nesse impossível dilema. Ele abre um caminho que, na harmonia e na suavidade, concilia o sentido do mistério do mundo e a aceitação de seus limites.

O ar de Paris, as conversas ouvidas, os problemas que se apresentam à consciência da época não podem deixar Vicente indiferente. E, a propósito, é nesse momento que, no círculo de Bérulle, ele conhece André Duval, eminente doutor da Sorbonne, teólogo e pregador muito procurado, que está para desempenhar um papel importante na Reforma católica, e que voltaremos a encontrar mais demoradamente. Todo o círculo do jovem padre deveria portanto levá-lo a confirmar a mudança espiritual esboçada diante da acusação do juiz de Sore. Mas não é o que ressalta da carta por ele enviada à mãe em Pouy, a 17 de fevereiro de 1610. Cronologicamente, é a primeira carta salva do saque de São Lázaro depois de suas cartas ao sr. De Comet. O início representa uma espécie de relatório de etapa. O estilo é dos mais rebuscados. Em suma, feliz pela boa saúde da mãe e desejoso de ir o mais breve possível ao seu encontro, Vicente está contrariado por ser retido em Paris. O motivo é a preparação de seu futuro material. "As garantias que o senhor de Saint-Martin me deu sobre o seu estado de saúde me deixaram tão feliz que a estada que ainda preciso percorrer nesta cidade para recuperar a oportunidade do meu progresso (que me foi retirada pelos meus desastres) me aborrece, por não poder prestar-lhe os serviços que lhe devo; mas muito espero na graça de Deus que abençoe meu esforço e prontamente me dê meios de obter uma boa pensão, para empregar o resto dos meus dias junto à senhora. Expliquei minha situação ao senhor Saint-Martin, que me assegurou que pretende suceder à bondade e ao afeto que aprouve ao sr. De Comet nos dedicar."[18] Depois de pedir notícias dos irmãos e irmãs, Vicente acrescenta: "Gostaria também que meu irmão proporcionasse os estudos a algum dos meus sobrinhos. Meus infortúnios e o pouco serviço que tenho prestado à família acaso lhe terão privado dessa vontade; mas que ele tenha em mente que o infortúnio presente pressupõe uma felicidade futura."

Aparentemente, nosso herói só espera do prolongamento de sua estada em Paris uma oportunidade para encontrar meios de uma boa aposentadoria junto à mãe. Nenhuma intenção pastoral declarada, apenas a preocupação de um bom filho — expressa duas vezes — de finalmente prestar à família os serviços que ela espera. É curioso: poderíamos imaginar que estamos sendo levados alguns anos atrás, à época dos projetos de Jean de Paul. O jovem padre que frequenta ao mesmo tempo a corte de Margarida e os círculos bérullianos certamente não parece encantado com a própria situação, mas tampouco muito atraído espiritualmente para o alto.

A referência aos seus "desastres" talvez explique essa relativa inércia. Entre as solicitações da Paris daquela época, Vicente tem consciência de estar numa posição difícil. Mas quais são esses desastres? A desventura do cativeiro ocorreu há mais de três anos. Alguma humilhação em Roma? Vicente voltou à França sem o benefício eclesiástico que esperava do vice--legado. Haveria ocorrido algum desentendimento? A personalidade de Montorio parece controvertida, ele teria deixado Avignon em maus termos com os habitantes.[19] Na verdade, quando Vicente escreve, a acusação do juiz de Sore certamente ainda não foi retirada. Estaria aí a explicação dessa pouca convicção, entre desencanto e tímida esperança de um futuro bom. Pois na data de sua carta, Vicente já está em tratativas para a Abadia São Leonardo de Chaumes. Considerando seu estado de ânimo, o caminho incrivelmente espinhoso que representa para ele essa abadia

---

18 Coste, *Correspondance*, op. cit., I, p. 18, carta nº 3.
19 J. Guichard, op. cit., p. 111-112.

da diocese de Saintes entre 1610 e 1616 poderia fazer figura, *a posteriori*, de provação purificadora...

Em 1583, Gabriel de Lamet, protestante, vereador de La Rochelle, fora estranhamente nomeado abade comendatário da abadia cisterciense de São Leonardo de Chaumes por Henrique III, abadia esta arruinada pelos protestantes e que perdera todos os seus monges, mas cujas terras e os pântanos salgados continuavam sendo explorados.[20] Um monge de La Grâce-Dieu, perto de La Rochelle, e mais adiante, em 1609, um monge de Cîteaux haviam servido de fachada católica perante Roma, até que, nesse mesmo ano de 1609, monsenhor Hurault de L'Hôpital, arcebispo de Aix-en-Provence e conselheiro do rei em seu conselho de Estado, recebe a Comenda de São Leonardo. Não sabemos como se estabeleceu contato entre Vicente e o monsenhor Hurault, mas a 10 de maio de 1610 é assinada entre eles uma convenção, seguida de um contrato, dias depois, na sexta-feira, 14 de maio.

A sexta-feira 14 de maio de 1610 é uma data histórica, pois trata-se do dia em que a França fica "órfã".[21] Apunhalado em sua carruagem na Rue de la Ferronnerie, Henrique IV morreu ao chegar ao palácio. Sua morte deixava em suspenso a guerra que empreenderia contra a Espanha e o Império. O rei Luís XIII, com 8 anos e meio, iniciava seu reinado sob a regência da mãe, Maria de Medici. Não sabemos como Vicente sentiu a morte do soberano. A vontade pacificadora de Henrique IV não podia deixar de sensibilizá-lo. A coincidência da tragédia com um acontecimento importante de sua própria vida certamente também marcou seu espírito. Pois ali perto da Rue de la Ferronnerie, monsenhor Hurault de L'Hôpital arrenda nesse dia a Abadia de São Leonardo a um certo Arnaud Doziet, comerciante em Paris, estabelecido na Rue de Seine, do qual Vicente é fiador e parte solidária.

---

20 Sobre a história da abadia na virada do século e os percalços de Vicente de Paulo, ver F. Combaluzier, *L'Abbaye de Saint-Léonard de Chaumes et Saint Vincent de Paul*, Anais da Congregação da Missão e da Companhia das Filhas da Caridade (1941), e sobretudo, mais recentemente, os arquivos completos e atualizados pelo padre Bernard Koch.
21 Jean-Christian Petitfils, *Louis XIII*, Paris, Perrin, 2008, cap. 2.

Os dois incumbem-se de supervisionar as culturas e os pântanos salgados, recebendo as rendas previstas no regulamento da comenda. Outras obrigações, não previstas, são acrescidas ao contrato: reconstrução em curto prazo da capela da abadia e fornecimento da ornamentação necessária, estabelecimento e manutenção de dois religiosos de Cîteaux para o serviço divino, atribuição de uma pensão a monsenhor Hurault, cujo valor triplicaria durante a redação do ato perante o tabelião etc.

Três dias depois, monsenhor Hurault renuncia ao cargo de abade de São Leonardo em favor de Vicente.[22] O ato de renúncia apresenta detalhes biográficos interessantes: nele, Vicente é identificado como "conselheiro e capelão da rainha Margarida, duquesa de Valois"; o domicílio irrevogável que lhe servirá de referência é "a casa do senhor Jean de La Thane, mestre de moedas de Paris, situada na Rue de la Monnaye, paróquia de Saint-Germain-de-l'Auxerrois". O nome de Jean de La Thane prova que, não obstante a calúnia do juiz de Sore, Vicente de Paulo é declarado "residente em Paris, na Rue de Seine, na casa na qual aparece como insígnia a imagem de São Nicolau". Essa casa, que seria demolida no século XIX, provavelmente se situava entre as atuais construções do Instituto e as primeiras residências da Rue de Seine.[23]

O ato de renúncia em favor de Vicente prevê que ele receba bulas de provisão em São Lázaro e uma carta patente do rei. Reduz a pensão de monsenhor Hurault a proporções razoáveis, e este abate para Vicente os próprios gastos com bulas, viagens e processos. Pois havia processos em andamento... Em seguida, tudo acontece normalmente: aprovação pelo rei, outorga das bulas pelo papa e assinatura das cartas de promulgação da bula papal, a 20 de setembro de 1610, por monsenhor Du Sault (o bispo de Dax não abandona seu rebanho!). A 16 de outubro, dia da tomada de posse da abadia, Vicente está em La Rochelle para obter esses documentos.

---

22 Coste, *Correspondance*, op. cit., XIII, p. 9-10.
23 R. P. Chalumeau, *Guide de saint Vincent de Paul à travers Paris*, Paris, Cefag, 1977.

DE ROMA A PARIS

Está tudo em ordem. Só que... a ata da visita à abadia mostra que ela é um campo de ruínas, um inacreditável canteiro de obras devorando somas absurdas. Só que... ao vender a abadia a monsenhor Hurault de L'Hôpital, Gabriel de Lamet guardou os documentos em sua posse. Só que... a 4 de setembro, antes da legítima tomada de posse da abadia por Vicente, um certo André de La Serre, declarando vir da Abadia de La Grâce-Dieu, apresentou cartas de nomeação em seu favor assinadas por um certo Claude Masson... Vicente pôs os pés num ninho de vespas. A 28 de outubro de 1610, antes de voltar a Paris, ele assina uma procuração a um certo Pierre Gaigneur para que cuide das questões da abadia e de eventuais processos. Um pouco tarde, ele acaba de compreender por que monsenhor Hurault de L'Hôpital revendeu São Leonardo menos de um ano após a aquisição. Cinco dias depois da assinatura da procuração, André de La Serre abre no tribunal de La Rochelle uma primeira petição contra Vicente, para receber uma parte de sua renda. Começam os processos.

Até 29 de outubro de 1616, data em que por sua vez abre mão da abadia, Vicente arrastaria São Leonardo como um fardo, endividando-se para fazer frente aos custos e processos. E por sinal viria a se defender bastante bem, tendo o direito a seu lado e a inteligência necessária para fazê-lo valer. Mas não devemos minimizar o teste moral que esse prazo representa. Durante sete anos, a obsessão de tal benefício eclesiástico, que para ele representava a chegada ao porto e que acabou desembocando apenas num lento naufrágio, mina sua autoconfiança — e talvez também sua confiança em Deus. É entre 1610 e 1616 que seus biógrafos situam o período em que Vicente se depara com uma forte tentação contra a fé. É possível que toda a confusão de São Leonardo, sem chegar a ser a causa, tenha em parte sido o instrumento disso.

Numa *Conversa com os missionários*,[24] o senhor Vicente refere-se à tentação contra a fé de outra pessoa mais ou menos na mesma época; um

---

24 Coste, *Correspondance*, op. cit., XI, p. 32, *Entretiens aux Missionnaires*, trecho da conversa nº 20, *Récit d'une tentation contre la Foi*.

famoso teólogo amigo seu, que conheceu na corte da rainha Margot e ajudou com seus conselhos a superar o teste: "Conheci um famoso doutor, que durante muito tempo havia defendido a fé católica contra os heréticos, na qualidade de cônego, que lhe fora atribuída numa diocese. Como a falecida rainha Margarida o tivesse chamado junto a si por sua ciência e sua devoção, ele foi obrigado a deixar suas funções; e, como não pregava nem catequizava mais, viu-se assaltado, no repouso em que se encontrava, por uma dura tentação contra a fé [...]. Esse doutor, portanto, vendo-se nesse infeliz estado, dirigiu-se a mim."

O desgraçado doutor é levado a violentas blasfêmias contra o Cristo, experimenta tamanho desespero a ponto de querer atirar-se pela janela e não é capaz de dizer o *Pater* sem ser acometido de horríveis imagens. É dispensado de recitar o ofício e celebrar a missa, mas continua prisioneiro de suas tentações, por demais esgotado para ter sequer força de repudiá--las. Vicente então aconselha o amigo a se limitar a um gesto: no auge da tentação, voltar a mão ou simplesmente um dedo na direção de Roma ou de uma igreja próxima, para indicar que acredita em tudo aquilo em que a Igreja romana acredita. O teólogo morre pouco tempo depois, na clareza da fé reencontrada e de coração pacificado.

O relato do senhor Vicente acaba aí, sem referência ao próprio caso. Em compensação, Abelly, afirmando basear-se no testemunho de uma pessoa digna de fé que não conhecia esse relato, estabelece uma ligação direta entre a tentação do famoso doutor e a tentação pessoal de Vicente. Collet e Coste fariam o mesmo, corroborando o paralelismo das duas experiências à ideia de um vínculo entre elas. Esse vínculo é estabelecido da seguinte maneira: ante a confiança manifestada pelo doutor, Vicente não se limita a dar ao amigo um conselho salutar, mas passa a cuidar pessoalmente dele. Como o erudito não se cura, pelo contrário tendo prosseguimento e se agravando suas tentações, Vicente, assustado com a ideia de vê-lo morrer nesse estado, roga a Deus que transfira para sua própria alma a terrível provação do doutor. Enquanto o erudito é livrado do mal, Vicente vê as trevas da dúvida se abaterem sobre ele. Desmorona tudo aquilo em que acreditava desde a infância. Ao se aproximar dos 30 anos de idade, a fé já não passa para ele de uma casca vazia. Ele sente sua vida ruir.

Sabemos por seus biógrafos como ele saiu do túnel. Mantendo em plena noite espiritual a convicção de que tudo aquilo não passa de uma provação que chegará ao fim — o que nos faz pensar em suas orações na Barbaria —, ele prescreve para si mesmo dois remédios. Primeiro, escreve num papel o texto do *Credo* e o leva ao coração, combinando com Deus que, toda vez que levar a mão ao peito, significará que abre mão da tentação. O segundo remédio é o amor aos pobres: ele redobra a atenção aos doentes do Hospital da Caridade, ao qual comparece diariamente. Mas só isso não basta, pois a tentação voltaria com toda força em sua primeira estada com os Gondi. Ele só poderá livrar-se dela ao tomar a decisão irrevogável de dedicar a vida aos pobres, "para honrar ainda mais o Filho de Deus e seguir de maneira mais constante o exemplo que ele nos deixou".[25]

Na ausência de confidências diretas de Vicente de Paulo sobre a origem dessa grave crise em sua vida, o historiador deve manter-se prudente na interpretação. Cabe esclarecer, no entanto, que se pareceu natural a Abelly e seus sucessores estabelecer um vínculo de causa e efeito entre a tentação do doutor e a de Vicente, é porque essa correlação ilustra um mistério central da fé católica, a comunhão dos santos: na e pela Paixão do Cristo, que toca todos os homens, existe entre as pessoas uma rede de vínculos e trocas que não se limita à Igreja visível, unindo santos e pecadores, doentes e saudáveis, mortos e vivos numa solidariedade espiritual que pode chegar ao autossacrifício pelo bem do próximo.

No período difícil que atravessa, Vicente passa alguns meses na residência de Bérulle ou pelo menos lá se hospeda com frequência. Ele nunca pretendeu ser incorporado ao Oratório. Em compensação, busca nele uma respiração espiritual, pois lá se dirige "para ficar de certa forma abrigado dos compromissos do mundo e melhor conhecer os desígnios

---

25 Collet, op. cit., t. l, p. 34.

de Deus sobre ele".[26] Lá conhece Adrien Bourdoise, que mais tarde fundaria uma comunidade de padres ligada a Saint-Nicolas-du-Chardonnet. E também frequenta os primeiros membros do Oratório vindouro: Jean Bence e Jacques Gasteaud, doutores da Sorbonne; Paul Métezeau; François Bourgoing, pároco de Clichy; Pierre Caron, pároco de Beaumont.[27]

A fundação do Oratório, instalado no Hôtel du Petit-Bourbon,[28] ocorre a 11 de novembro de 1611. Seu nome tem origem na Itália. No século XVI, Filipe Néri (1515-1595), nascido em Florença, mas que foi romano durante a maior parte da vida, reunia em seu pequeno oratório o grupo de origem de sua sociedade de padres seculares, donde a denominação. De uma devoção nutrida nas fontes dos Padres do Deserto, por sinal de grande atividade e de uma alegria contagiosa, Filipe Néri — que seria canonizado em 1622 pelo papa Gregório XV — queria trabalhar na aplicação concreta e feliz do Concílio de Trento. Daí surge a ideia de promover a vida em comum dos padres, sem votos mas unidos pela caridade fraterna, dedicados à prédica e ao ensino. Bérulle não tem o temperamento de Filipe Néri. É mais austero. As intuições de Néri, porém, também são suas. A Sociedade Francesa do Oratório, ou Oratório de Jesus, independente do Oratório italiano, compartilha de sua inspiração: santificar o clero.

Acontece que Bourgoing, pároco de Clichy, deseja entregar-se completamente ao Oratório. Bérulle, por sua vez, certamente tem consciência de que Vicente precisa exercer responsabilidades para superar suas dificuldades íntimas. A passagem de bastão ocorre sem demora: a 13 de outubro de 1611, o padre Bourgoing abdica de sua paróquia em favor de Vicente. A 2 de maio de 1612, Vicente toma posse. Pela primeira vez desde que foi feito padre, doze anos antes, ele tem almas a seu encargo.

Antes de partir, ele doa ao Hospital da Caridade, a 20 de outubro de 1611, 15 mil libras recebidas de Jean de La Thane.[29] A ata informa que o

---

26 Abelly, op. cit., t. 1, p. 24-25.
27 Coste, *Le Grand Saint...*, op. cit., p. 73.
28 *Hôtel*, em francês, pode designar um palacete, uma construção ampla e suntuosa. [*N. do T.*]
29 Coste, *Correspondance*, op. cit., XIII, p. 15.

DE ROMA A PARIS

faz "de bom grado, por livre e espontânea vontade, pela devoção e afeto que tem pelo Hospital de São João Batista, da Ordem do Bem-aventurado João de Deus [...] e para proporcionar mais recursos ao prior e religioso do referido hospital para tratar e aliviar os doentes pobres que diariamente chegam para se refugiar e obter alívio no referido lugar...".

O gesto não poderia ser mais simbólico. Não sabemos se esse dinheiro é uma doação pessoal de sua parte ou a simples transmissão de uma doação de Jean de La Thane, pois os termos da ata não são claros nesse sentido. Mas o que não deixa dúvidas é essa atração do coração pelos pobres, expressa na breve exposição de motivos; essa precisão da atenção que se volta para eles. Vicente avança em seu caminho.

Caminho este que agora passa por Clichy. Pierre Coste lembra que a Clichy de 1612 era muito maior que o território da comuna moderna.[30] Ao norte, estendia-se até as margens do Sena; a leste, alcançava as paróquias de Saint-Ouen e Saint-Pierre-de-Montmartre; ao sul, as da Madeleine, de Ville--l'Evesque e Saint-Roch; a oeste, a de Villiers. Sua população? Cerca de seiscentas pessoas, em sua maioria camponeses, todos católicos, com hábitos de grande simplicidade. A senhoria de Clichy é então controlada em cosse-nhoria por Alexandre Hennequin, filho de Pierre Hennequin, assassinado com Henrique III em 1589. Coincidência interessante assinalada pelo padre Koch: Alexandre foi criado, depois da morte do pai, sob a cotutela de um primo por aliança, Michel ou Louis de Marillac — os documentos hesitam —, ou seja, o tio ou o pai de Louise de Marillac, futura fundadora das Filhas da Caridade, ao lado de Vicente. Como os Marillac se hospedam com frequência em Clichy, Vicente e Louise podem ter-se encontrado em 1612-1613. Outro Hennequin, Nicolas, senhor de Faÿ e Villecien, perto de Joigny, cunhado dos Marillac e também visitante habitual de Clichy, viria mais tarde a dar a Vicente, na pessoa de sua filha Isabelle, uma de suas melhores colaboradoras.

Na tarde de 2 de maio de 1612, Vicente toma posse da Igreja de Saint--Sauveur-Saint-Médard de Clichy, mostrando a Thomas Gallot, tabelião

---

30 Coste, *Le Grand Saint...*, op. cit., t. 1, p. 73-74.

da Cúria Episcopal de Paris, suas cartas de nomeação. O ato o identifica como "mestre Vicente de Paulo, padre da diocese de Dax, bacharel na sagrada faculdade de teologia". É a única vez em que esse título de "mestre" antecederá seu nome.

Vicente leva seu trabalho a sério. A igreja é pobre, segundo Abelly. Fica "em ruínas" pela pena de Collet, o que parece um exagero, se pensarmos que François Bourgoing era pároco ali. Mas o fato é que, apoiado financeiramente por suas relações parisienses, Vicente consolida a igreja e empreende obras de reconstrução que só serão concluídas em 1630. Sobretudo, lança-se com visível elã aos sermões, ao catecismo, à administração dos sacramentos, às visitas aos doentes. Funda uma Confraria do Rosário. Certo dia, tendo-se ausentado em breve viagem, seu vigário escreve-lhe para que retorne prontamente: "Os senhores párocos desejam muito a sua volta. Todos os burgueses e os habitantes o desejam pelo menos igualmente. Venha portanto manter o seu rebanho no bom caminho no qual o colocou; pois ele tem grande desejo de sua presença."[31] A décadas de distância, Vicente evocaria com emoção seu ministério de Clichy Assim, em 1653, diante das Filhas da Caridade: "Eu fui pároco do campo (pobre pároco!). Tinha um povo tão bom e tão obediente no fazer o que lhe pedia que, quando lhe dizia que era necessário vir à confissão nos primeiros domingos do mês, eles nunca faltavam. Vinham e se confessavam, e eu via a cada dia o ganho que essas almas alcançavam. O que me dava tanto consolo, e eu ficava tão contente, que dizia a mim mesmo: 'Meu Deus, como és feliz por ter um povo tão bom!' E acrescentava: 'Acho que um papa não é tão feliz quanto um pároco no meio de um povo de tão bom coração.'"[32]

Um ano antes da morte, é o canto dos paroquianos que volta a sua lembrança. Sua qualidade musical será talvez aumentada no prisma denso do tempo decorrido, mas o fato é revelador de seus sentimentos em relação às

---

31 Collet, op. cit., t. 1, p. 37.
32 Coste, *Correspondance*, op. cit., IX, p. 643, *Entretiens aux Filles de la Charité*, n° 55, *Sur la pratique de demander permission*, 27 de julho de 1653.

ovelhas. Ele não esqueceu a própria dificuldade de "cantar devotamente": "Eu diria, para minha confusão, que, quando me via na minha casa paroquial, não sabia como fazer; ouvia aqueles camponeses entoando os salmos, com admiração, sem omitir uma única nota. E então pensava: 'Tu que és o pai espiritual deles, ignoras isto'; e me afligia."[33]

Mas a alegria desse ministério é interrompida por Bérulle, que pede a Vicente que se instale na família Gondi como preceptor. Diante de seu êxito pastoral, teria Bérulle considerado seu pupilo capaz de uma influência mais vasta, cujos meios pretende oferecer-lhe? Ou terá pensado antes de mais nada em atender ao general das galés e sua mulher, que lhe pediram um padre do Oratório para a educação dos filhos? Conhecendo a alma de pedagogo de Vicente, e também preocupado em não desfalcar sua pequena equipe de fundação, Bérulle terá tomado a decisão em nome desse duplo interesse. Vicente obedece sem discutir. Embora deixe Clichy em setembro de 1613, confiando a paróquia a seu primeiro vigário, Jean Souillard, ele continuará como pároco local até 27 de julho de 1626, fazendo frequentes visitas a Clichy quando os Gondi se deslocam para Paris.

Ao deixar o presbitério, Vicente confia a seu vigário uma dúzia de jovens clérigos que ali instalou com vistas ao sacerdócio. A intervalos regulares, encontramos traços de seus cuidados paroquiais. Assim, no verão de 1615, ele vem em socorro das vítimas das inundações na planície Gennevilliers, "para que cada um tenha seu pedaço de pão". Em 1623, obtém do arcebispo de Paris autorização para estabelecer uma Confraria da Caridade em sua igreja de Clichy. A 9 de outubro desse mesmo ano, batiza em Clichy um certo Claude Gilbert, que mais tarde seria vigário de Clichy e depois pároco de Montmartre. Do fim de setembro ou início de outubro de 1624, temos um seu sermão com vistas à visita pastoral do arcebispo de Paris, à qual assiste a 9 de outubro. Mesmo após o fim de seu ofício, ele continuaria preocupado com a paróquia. Abriu mão de seu posto como pároco há

---

33 Ibidem, XII, p. 339, *Entretiens aux Missionnaires*, n° 213, 26 de setembro de 1659, *Sur la récitation de l'office divin*.

dez anos, quando, em 1636 — o terrível "ano de Corbie" —, intercedeu em favor das "pessoas honestas de Clichy" cujos filhos foram recrutados à força para um regimento do rei.

Seus paroquianos saberiam retribuir. Em janeiro de 1649, durante um episódio dramático da Fronda, vários deles, reconhecendo-o, interferem para salvá-lo de um perigo extremo. Em seu coração, o senhor Vicente continuava sendo seu pároco.

5

Na casa dos Gondi
De Montmirail a Folleville,
uma vocação se revela
1613-1617

Quem são os Gondi? Uma família perfeitamente emblemática da influência italiana que se desenvolve na França a partir de Francisco I, tendo continuidade até o segundo terço do século seguinte. Influência ambivalente, carregada de qualidades artísticas mas politicamente vivenciada no reino da França no registro do amor-ódio: "O anti-italianismo virulento despertado no século XVI pelo círculo de Catarina de Medici é reativado no século XVII pela inveja e o ódio provocados por um Concini, e depois um Mazarin: 'Os italianos vêm para cá magros e indigentes para engordar', escreve em 1658 um burguês de Paris, bom intérprete da opinião popular."[1]

Os Gondi não são magros nem indigentes. Mas esses florentinos não saíram de um mundo da espada. Burgueses que enriqueceram no século XIII pelo comércio e pelo banco, dotados de brasões de condado no fim do século XV, frequentadores de algumas das grandes famílias florentinas,

---

1 Simone Bertière, *La Vie du cardinal de Retz*, Paris, Fallois, 1990, reed. Le Livre de poche, 2010, p. 22.

entre as quais os Medici, os Gondi jogam com as relações familiares para se elevar no poder e nas honras. Com Antoine II de Gondi efetua-se "o enxerto da família na alta nobreza francesa", pois, em 1516, Antoine desposa Marie-Catherine de Pierrevive, filha de um coletor de impostos cuja família instalou-se em Lyon. Graças a esse casamento, ele é nomeado "cônsul da nação florentina em Lyon", compra nas imediações uma propriedade que transforma numa magnífica residência à moda italiana e cujo nome adota, Du Perron. Sua esposa, dita "a bela Marion", dotada de gosto literário e de uma cultura refinada, receberia Catarina de Medici quando ela vem à França em 1533, sabendo conquistar sua confiança. Cerca de vinte anos depois, Antoine de Gondi é *maître d'hôtel* do rei Henrique II e sua esposa, governanta dos herdeiros reais. "Os Du Perron adquiriram na Rue Saint-Honoré, bem perto da residência real, logo depois do terreno de Quinze-Vingts, um palacete que leva seu nome".[2]

Entre os dez filhos de Antoine e Marie-Catherine, dois homens ilustrarão particularmente o nome da família: Albert, que será marechal da França, e Pierre, bispo de Paris em 1570. Como seu pai, Albert de Gondi faz um belo casamento, desposando em 1565 Claude-Catherine de Clermont, jovem viúva do barão de Retz. Ao condado de Retz na Bretanha ele acrescenta em 1567 o marquesado das Îles d'Or — as ilhas de Hyères —, doação da rainha Catarina de Medici. Um pouco mais tarde, ele compra o castelo de Noisy, perto de Versailles, cobrindo-o de esplendor, e posteriormente o marquesado e a função de governador de Belle-Île. Conselheiro próximo e servidor de Catarina de Medici, ele teria alguma responsabilidade no São Bartolomeu. Sua esposa, Claude-Catherine, muito mais jovem, brilhante e mesmo erudita, destaca--se na arte da conversação. Atribuem-lhe o gosto da intriga e das aventuras galantes. Amiga dos poetas da Plêiade, talentosa para a música e as letras, seu "salão verde" no palacete de Retz inspiraria no plano literário, algumas décadas depois, o "quarto azul" da marquesa de Rambouillet, cujo pai, Jean de Vivonne, marquês de Pisani, vem a ser primo da marechala de Retz.

---

2 Simone Bertière, *La Vie du cardinal...*, op. cit., p. 31.

Um irmão de Albert, Pierre de Gondi, bispo de Paris, desempenha por sua vez um papel importante nas questões políticas e religiosas do fim do século XVI. Fiel ao rei Henrique III e mais tarde rapidamente tratando de se aliar a Henrique IV, Pierre de Gondi tudo faz para tornar a vida dos parisienses menos dura em meio aos conflitos: chefia uma embaixada em Roma para convencer o papa da sinceridade da conversão de Henrique IV, batiza o delfim Luís etc. Homem de notáveis qualidades, reformador do clero antes da hora, é uma bela figura de bispo. Dois de seus sobrinhos viriam a sucedê-lo na sé episcopal de Paris: Henri, primeiro cardeal de Retz, e depois Jean-François, primeiro arcebispo de Paris, respectivamente segundo e quarto filhos do marechal Albert de Gondi. Nenhum dos dois terá a estatura intelectual e moral do tio. Em compensação, sua irmã Claude-Marguerite, nascida em 1570, viúva muito cedo do marquês de Maignelay, deixaria atrás de si uma trilha luminosa.

Philippe-Emmanuel de Gondi é irmão de Henri e de Jean-François, mas, sendo mais velho, tem o encargo de levar uma vida secular. É ele que vai receber Vicente de Paulo. Tem apenas 17 anos quando seu pai se demite em seu favor, a 25 de abril de 1598, do cargo de general das galés e tenente-general do rei para os mares do Levante. Em 1604, desposa Françoise-Marguerite de Silly. Conde de Joigny, marquês de Îles d'Or, barão de Dampierre e de Villepreux, Philippe-Emmanuel torna-se também, pelo casamento, barão de Montmirail. Françoise-Marguerite, filha mais velha de Antoine de Silly, conde de Rochepot e governador de Anjou, é dama de Folleville na Picardia por parte da mãe, Marie de Lannoy. Voltaremos a encontrar o nome da maior parte dessas terras quando das primeiras missões de Vicente.

Philippe-Emmanuel de Gondi é um homem da corte, pela elegância das maneiras e a alegria. Entretanto, herdeiro de uma raça de capitães, tem também sua violência, e às vezes até sua crueldade, no exercício de suas responsabilidades militares. A historiadora Madeleine Foisil descreveu os contrastes da mentalidade e dos costumes da época: ao mesmo tempo que um elã de fervor religioso purifica os corações, induzindo-os à mais alta caridade, a violência é "um fato de sociedade".[3] A nobreza, destinada a pagar "o imposto do sangue", é formada desde a infância no desprezo da dor física. Complôs, revoltas e duelos desenrolam-se num clima em que lealdade e pontos de honra servem de fachada a brutalidades sem nome. Do outro lado, "a contraviolência do Estado" — torturas, execuções capitais — também faz seus estragos. Na década de 1630, a repressão de Estado chegaria a um paroxismo assustador diante das revoltas camponesas.

Philippe-Emmanuel de Gondi é um homem do seu tempo, por seus acessos de fúria e seu orgulho. Mas desde a juventude também é perceptível nele o senso de devoção. Ao desposar Françoise-Marguerite de Silly, recebe de seu tio o cardeal Pierre de Gondi, no contrato de casamento, a 11 de junho de 1604, o condado de Joigny, por ele comprado em 1603, por ser seu sobrinho favorito.[4] Dez anos depois, o casal, cujos retratos gravados não carecem de certo encanto, continua a se amar fielmente — o que é raro na Corte — e procura levar uma autêntica vida cristã. É bem verdade que os melhores amigos de Philippe-Emmanuel são os duques de Guise e de Chevreuse, os srs. de Créqui e de Bassompierre, antes conhecidos pelas aventuras galantes do que pela devoção. Mas ao mesmo tempo que ceia alegremente com eles na Corte e aprecia o luxo a ponto de se encher de dívidas, não obstante sua imensa fortuna, Philippe-Emmanuel dá mostra de fervor e apoia o mundo devoto.

O general das galés conheceu Bérulle já no início do Oratório, por intermédio de sua mulher, visitante assídua do Carmelo e amiga da filha da sra. Acarie, madre Margarida do Santo Sacramento. As circunstâncias em que se conheceram seriam relatadas várias décadas depois por seu filho Jean--François-Paul de Gondi, o célebre cardeal de Retz das *Memórias*. "Ouvi meu falecido pai dizer várias vezes que [...], na época em que ainda estava

---

3 Madeleine Foisil, *La Vie quotidienne au temps de Louis XIII*, Paris, Hachette, 1992.
4 Ver Jean-Charles Niclas, *La Vente du comté de Joigny à Pierre de Gondi*, Paris, 1993 (estudo reproduzido em *L'Echo de Joigny* para o Comitê do Milênio, 16 de novembro de 1993). Mas o cardeal De Gondi apropriou-se da renda do condado a vida inteira. Morreria em 1616.

envolvido nas intrigas e nos prazeres da Corte, foi pressionado por minha falecida mãe a ir visitar madre Margarida; que resistiu durante muito tempo e que, tendo-se afinal resolvido por pura polidez, lá encontrou o falecido sr. cardeal De Bérulle, que ainda era apenas superior do Oratório, com o qual não tinha nenhum hábito..."[5] Philippe-Emmanuel não esperava, portanto, o que vem relatado em seguida no depoimento: madre Margarida prevê em conversa com ele que o padre De Bérulle será "o mais eficaz instrumento empregado por Deus para [sua] salvação". Logo veremos de que maneira. Por enquanto, o casal quer apenas criar os filhos no espírito de fervor que anima o mundo devoto.

Em 1613, Philippe-Emmanuel e Françoise-Marguerite de Gondi já têm dois filhos, de 7 e 3 anos. O mais velho, Pierre, nascido em 1606, está destinado a receber no devido momento o essencial do patrimônio familiar, assumindo seus encargos. O segundo, Henri, nascido em 1610, haveria de subir à sé episcopal de Paris, como seus tios. Um terceiro filho vem completar a família no outono de 1613: Jean-François-Paul nasce no mês de setembro no castelo de Montmirail-en-Brie, sendo seu ato de batismo datado do dia 20.[6] Seu nascimento coincide, com diferença de poucas semanas, com a chegada de Vicente de Paulo, que podemos situar em outubro ou novembro, já que ficou registrado na história que Françoise--Marguerite ainda estava de resguardo quando de sua chegada. Quanto ao futuro desse terceiro filho, embora os pais desejem fazê-lo cavaleiro de Malta, "nada está decidido a seu respeito: ele representa um recurso, em caso de acidente, para receber a herança no mundo ou na Igreja".

Urbe acolhedora na encruzilhada de Brie e Champagne, a cidade moderna de Montmirail cultiva a lembrança histórica da batalha que os "Marie Louise" e a Velha Guarda de Napoleão venceram contra os coligados, a 11 de fevereiro de 1814. Mas nem por isso valoriza menos a passagem e as numerosas estadas de Vicente de Paulo entre suas muralhas. Embora o castelo de Montmirail

---

5 Citado por Simone Bertière, *La Vie du cardinal...*, op. cit., p. 53.
6 Ibidem, p. 47.

tenha sido reformado pelo marquês de Louvois, que foi seu proprietário sob Luís XIV e nele recebeu o rei em cômodos ampliados e jardins à francesa concebidos por Le Nôtre, foi preservada a arquitetura geral da época de Luís XIII. Situado no coração da cidade, sua integração ao cenário sugere uma proximidade de relações com os habitantes. A igreja de Santo Estêvão, à qual chegamos hoje em dia passando por uma "Rue Saint-Vincent-de-Paul" que parece isolada do resto da cidade, está na verdade ligada à traseira do castelo, do qual era primitivamente a capela. Dos elementos do século XII não resta grande coisa. Mas ainda se pode admirar o coro do século XIII, que Vicente conheceu. Na virada do século XV, uma antepassada de Françoise-Marguerite mandou ampliar a igreja com uma capela de abóbada policrômica e ornamentos vegetais de estilo flamejante; o visitante ainda hoje pode contemplar as armas dos Silly no centro da abóbada.

Seguindo-se à intensidade de suas ocupações em Clichy, a chegada a Montmirail numa estação inconveniente deve ter sido uma provação para Vicente. Durante muito tempo prevaleceu um equívoco quanto à data de nascimento do primeiro filho dos Gondi. Os esclarecimentos genealógicos sobre a família feitos pela historiadora Simone Bertière mostram que ele tinha apenas 7 anos à chegada de Vicente. O pedagogo dispõe de tempo livre. Em Montmirail, ele é solicitado a pregar: o púlpito da Igreja de Santo Estêvão, outrora ornamentado com estátuas de madeira representando os apóstolos, data de 1613. Instalado para Vicente ou já construído à sua chegada, foi por ele utilizado. Provavelmente ele também começa a exercer seu ministério de padre junto à domesticidade da casa, como faria em todas as residências dos Gondi, pois acompanha a família em seus deslocamentos. "Philippe-Emmanuel e sua esposa divide[m] seu tempo entre Paris e suas propriedades rurais. Na capital, moram na Rue Neuve--des-Petits-Champs, no adro Saint-Eustache, onde são encontrados por volta de 1613-1615, ou então na Rue Pavée, no Marais, onde sua presença é atestada por documentos em 1625."[7] Quando os Gondi estão em Paris,

---

7 Citado por Simone Bertière, *La Vie du cardinal...*, op. cit.

NA CASA DOS GONDI

Vicente visita sua paróquia de Clichy. Quando a família está no campo — e Philippe-Emmanuel no mar —, ele ajuda os párocos no catecismo, na celebração da missa e no sacramento de penitência.

Rapidamente se estabelece um clima de confiança entre os Gondi e Vicente. Eles têm a mesma idade, o que só poderia aproximá-los: como Vicente, o general das galés nasceu em 1581, e sua esposa, em 1583. Mas existe entre eles uma diferença de ponto de vista. Não tanto aquela na qual logo pensamos, ou seja, a imensa diferença das respectivas condições sociais. Mas uma diferença de ponto de vista espiritual, que paradoxalmente viria a aproximá-los. Vicente entrou para a casa dos Gondi por obediência a Bérulle, no qual vê o diretor uma escolha de Deus para ele. Em consequência, os Gondi têm a seus olhos algo de sagrado. Ele se abriria certo dia a respeito com as Filhas da Caridade: "Vejam, minhas irmãs, vou falar-lhes aqui com familiaridade. Quando aprouve a Deus chamar-me para a casa da senhora generala das galés, eu encarava o general como Deus e a senhora generala como a Santa Virgem. Quando me ordenavam alguma coisa, eu obedecia como a Deus e à Santa Virgem [...]. Ouso ainda dizer que, se aprouve a Deus dar alguma bênção à Companhia da Missão, ouso dizer que foi em virtude da obediência que prestei ao senhor general e à senhora generala, e do espírito de submissão com o qual entrei para sua casa. Glória a Deus por isso, e para mim a comoção!"[8]

Françoise-Marguerite, por sua vez, vê no enviado de Bérulle o homem providencial de que sua alma precisa. Cabe registrar aqui o caráter dessa grande dama. Seu excesso de escrúpulos, seu medo do inferno, sua devoção tendente ao dolorismo e seu apego ansioso àquele que finalmente conseguiria fosse designado por Bérulle, por volta de 1614-1615, como seu diretor de consciência irritaram não poucos observadores modernos. Devemos convir que a devoção de Françoise-Marguerite carece de um pouco de alegria. Mas não há nada errado com essa piedosa jovem, apaixonada pelo marido,

---

8 Coste, *Correspondance*, op. cit., X, *Entretiens aux Filles de la Charité*, nº 88, conferência de 2 de dezembro de 1657, *Sur l'obéissance*.

muito apegada aos filhos, generosa com os camponeses que vivem em suas terras e sempre preocupada com a salvação eterna de seus empregados domésticos. Em compensação, a incondicional admiração por seu diretor espiritual e o hábito que adquiriu de cair doente assim que ele se afasta três passos da casa dos Gondi certamente são penosos para Vicente. Ele imporia a sua penitente um frade recoleto como segundo confessor, para afrouxar um pouco o cerco. Quando ele insistia, em suas conferências às Filhas da Caridade, na necessidade de não se apegar a nenhum confessor e praticar a "santa indiferença", podemos supor que se lembrava da generala das galés, com toda certeza menos discreta que a Santa Virgem. Mas podemos ser gratos à sra. De Gondi: sem esse apego, a França e a Igreja certamente não teriam testemunhado todo o alcance das obras de Vicente de Paulo.

No que diz respeito a Philippe-Emmanuel, a confiança também logo se manifestaria, em função de um acontecimento que poderia ter-se transformado num drama. A aristocracia da época tem o sangue quente e o ponto de honra muito reativo. Às vezes, o motivo é sério. Assim é que, para vingar um parente próximo, assassinado por um senhor da Corte, Philippe-Emmanuel está para enfrentá-lo em duelo. A Igreja proíbe duelos, mas Philippe-Emmanuel, com uma curiosa inconsequência, assiste piedosamente à missa antes de ir terçar armas. Vicente narrou o episódio sob disfarce transparente numa *Conversa com os missionários*. Damos-lhe a palavra: "Houve um capelão, senhores, que, sabendo de boa fonte que seu senhor pretendia bater-se em duelo, esse capelão, depois de ter celebrado a santa missa, e quando todos se haviam retirado, foi jogar-se aos pés de seu senhor, que estava ajoelhado, e lhe disse: 'senhor, permita-me dizer-lhe com toda humildade algumas palavras: sei que o senhor pretende bater-se em duelo; e lhe digo, da parte do meu Deus, que acabo de lhe mostrar e que o senhor acaba de adorar, que se não desistir dessa má ideia, ele irá exercer sua justiça sobre o senhor e toda a sua descendência.' Dito isso, o capelão retirou-se."[9] O general das

---

9 Coste, *Correspondance*, op. cit., XI, p. 27-28, *Entretiens aux Missionnaires*, n° 14, Résumé d'une conférence sur *L'emploi d'aumônier auprès des Grands*.

NA CASA DOS GONDI

galés também se retira — para suas terras — para acalmar a fervura de sua ira: abriu mão da vingança. A bravura evangélica de Vicente foi direto ao seu coração. A partir dali, ele também entrega a Vicente de Paulo a direção de sua consciência.

E no entanto, nesse mesmo período, Vicente se debate na tortura da dúvida. Tudo indica que o período de 1613 a 1615 assiste a uma volta em regra de sua tentação contra a fé. De fato, seus biógrafos notam que, apesar da brilhante sociedade que frequenta o palácio parisiense e as diferentes residências dos Gondi, Vicente apresenta-se entre eles "como numa cartuxa" (Abelly), além do mais lutando contra um temperamento "irascível e melancólico".[10] É bem verdade que Abelly apresenta essas oscilações de humor — e a tendência à irritação delas resultante — como um dado fisiológico, que Vicente viria mais tarde a tentar superar com a ajuda de Deus, procurando praticar a docilidade. No século XX, Gaston Parturier, professor de medicina, analisou alguns graves problemas de saúde de que Vicente de Paulo era acometido já nesse período como consequência de uma disfunção hepática,[11] o que nos leva aos "estados de ânimo sombrios" e às "fervuras da natureza" de que Vicente fala. Mas as únicas menções que chegaram a nós de um efeito negativo desses estados de ânimo sobre os que o cercam dizem respeito à primeira estada entre os Gondi: Françoise-Marguerite mostra-se preocupada. Como até então Vicente não nos deu a impressão de indispor as pessoas ao seu redor com as asperidades de seu caráter, não seria absurdo imaginar uma relação entre a atitude do período 1613-1615 e a crise espiritual por ele vivida.

Em 1615, um problema físico vem somar-se à inquietação metafísica: uma doença nas pernas, que o incomoda muito, leva-o a suspender em

---

10 Coste, *Le Grand Saint...*, op. cit., t. 1, p. 83; ver também Abelly, op. cit., t. 3, p. 177-178.
11 Ver Gaston Parturier, ex-residente dos hospitais públicos de Paris, professor da Faculdade Livre de Medicina de Lille, *La Vocation médicale de Saint Vincent de Paul*, Lyon, Ed. Cartier, 1948, p. 35-37. Embora os trabalhos desde então publicados tenham tornado obsoletos certos detalhes biográficos, o estudo nada perdeu de seu interesse no plano médico. O autor analisa a condição hepatobiliar de Vicente de Paulo, vendo em seus graves problemas nas pernas manifestações de arterite, por sua vez ligada ao que o século XVII chamava de febre terçã, ou seja, malária.

caráter imediato uma parte de suas atividades, provocando dores e supurações em sucessivas crises até o fim da vida. Collet atribui essa doença ao esgotamento decorrente do incessante trabalho de assistência caritativa de Vicente ao lado da sra. De Gondi, ao mesmo tempo observando que certos biógrafos viram no episódio uma consequência das "correntes a que foi preso em Túnis",[12] vindo a fadiga reavivar velhas feridas maltratadas. O estudo de Gaston Parturier citado anteriormente pode ajudar a resolver a questão. Cabe esclarecer que, em 1614-1615, embora se mobilize para ajudar a generala das galés, Vicente ainda não tem a intensa atividade caritativa que mais tarde viria a absorvê-lo. Em compensação, os problemas podem ter contribuído para minar sua resistência física. Pois estamos no momento em que os processos da Abadia de São Leonardo chegam ao auge. Já a 7 de dezembro de 1612, o reconhecimento por Vicente de uma dívida de 320 libras para com Jacques Gasteaud, doutor em teologia e padre do Oratório residente em La Rochelle, mostrava a dificuldade do jovem abade de enfrentar a situação.[13] Em 1614-1615, a solicitude do sr. e da sra. De Gondi, que se empenham em ajudá-lo a transpor os obstáculos, revela no fundo a intensidade e a dureza desse percurso.

Em fevereiro de 1614, os Gondi fazem um duplo gesto em direção a Vicente: emprestam-lhe dinheiro e lhe atribuem uma renda; além disso, obtêm dois benefícios eclesiásticos para ele. O primeiro gesto traduz-se num ato datado do sábado, 1º de fevereiro.[14] Nele se afirma que o sr. e sra. De Gondi tomaram emprestadas 1,8 mil libras a Anne Le Prestre, "mulher do nobre François Lhuillier, senhor d'Interville". Com base nesse empréstimo eles fornecem a Vicente de Paulo em caráter solidário "um empréstimo de 1,5 mil libras de renda sobre suas outras senhorias", que não são mencionadas no ato, no qual Philippe-Emmanuel só é designado, à parte os títulos ligados a suas responsabilidades de Estado, como conde

---

12 Collet, op. cit., t. 1, p. 46.
13 Coste, *Correspondance*, op. cit., XIII, p. 19.
14 Ver o documento analisado por Bernard Koch, Archives de la Mission, Paris.

de Joigny e barão de Plessis-Ecouis. Notemos que o general das galés, apesar de sua imensa fortuna, contrai um empréstimo para ajudar Vicente. Assim segue o trem de vida da alta nobreza, com as excessivas despesas causadas pelo amor ao luxo provocando um constante desequilíbrio financeiro. Mas esse gosto pelo luxo, ligado à estética da época, não exclui a generosidade: em 1620, os Gondi transformariam seu empréstimo de 1614 em pura e simples doação.

O segundo gesto dos Gondi em relação a Vicente em 1614-1615 está ligado ao primeiro, pois é na condição de barão de Plessis-Ecouis, perto de Rouen, que Philippe-Emmanuel faz com que Vicente seja nomeado pároco de Gamaches a 28 de fevereiro de 1614, e depois cônego tesoureiro no capítulo de Ecouis, a 27 de maio de 1615.[15] As duas localidades ficam perto de Andelys, no atual departamento de Eure. Vicente só assume suas funções em Ecouis por intermédio de um procurador, provavelmente por causa da súbita crise nas pernas. Meses depois, comparece para prestar juramento de fidelidade e convida os companheiros à mesa, segundo o costume local, para festejar sua "alegre chegada". Mas já no ano seguinte os companheiros viriam a criticá-lo por não cumprir sua obrigação de residência, com risco de "arruinar completamente a fundação". Os Gondi interviriam para pedir um prazo em seu favor. Não temos qualquer sinal da solução do conflito.

Enquanto Vicente se debate em meio a essas dificuldades, a França e a Igreja na França vivem momentos-chave, que não deixariam de ter relação com sua vida. O início da regência de Maria de Medici, marcado pelos insolentes privilégios concedidos aos Concini, também é marcado pelas primeiras revoltas dos grandes, furiosos com a diminuição programada de suas pensões. O trilho de sua vida é totalmente afetado por essa medida, como também, em consequência, seu prestígio junto às relações que protegem. Os príncipes, à frente deles Henri de Condé, não o aceitam. Durante a regência de Maria e ao longo de todo o reinado de Luís XIII,

---

15 Coste, *Correspondance*, op. cit., XIII, p. 20 *sq.*

viriam a suceder-se episódios de recurso às armas por parte dos nobres, contra o cenário de reivindicações financeiras não atendidas.

Os príncipes exigem a convocação dos estados gerais. E o conseguem após uma revolta armada, mediante o tratado de 15 de maio de 1614. Os estados são inaugurados na segunda-feira, 27 de outubro. Enquanto isso, a 27 de setembro, Luís XIII chegou à maioridade, o que, no caso dos reis da França, acontece com a idade de 13 anos. Para Luís, como para sua mãe, a reunião tem valor sobretudo consultivo: o objetivo é acabar com o mau humor. Mas os cadernos de queixas mostram que as três ordens querem participar da legislação. A nobreza quer eliminar o imposto da *paulette*, taxa anual que garante a hereditariedade das funções na burguesia e no mundo da toga. O terceiro estado propõe, em caso de eliminação da *paulette*, "uma subtração do mesmo montante nas pensões da gente da Corte, isto é, seu desaparecimento"![16] O conflito é acompanhado de outro embate, entre e o clero e o terceiro estado.

O conflito de 1614-1615 entre o clero e a maioria galicana do terceiro estado, revelador da ambivalência do vínculo entre Roma e a monarquia francesa, permite avaliar o que estava em questão na Reforma católica. A aliança entre os dois poderes é regida pela Concordata de Bolonha (1516), assinada no reinado de Francisco I pelo rei muito cristão e pelo papa. Essa Concordata confere ao rei da França um grande poder sobre a Igreja em seu reino: com a ressalva da necessidade de ratificação pelo papa, que só a recusa por motivos graves, o rei designa os titulares de todos os arcebispados, bispados e benefícios importantes. Por outro lado, "o bispo nomeado prestava juramento de fidelidade ao rei e prometia adverti-lo se algo estivesse sendo tramado contra sua pessoa ou a segurança do Estado [...]. Na forma de dízimos ou doações gratuitas, a Assembleia do Clero da França contribuía para as finanças reais".[17] Em troca, a Igreja exerce uma

---

16 Jean-Christian Petitfils, op. cit., p. 179.

17 Victor-Lucien Tapié, *La France de Louis XIII et Richelieu*, Paris, Flammarion, 1967, p. 29-30.

NA CASA DOS GONDI

influência importante, pois os bispos e principais beneficiários garantem os serviços públicos de ensino, assistência aos pobres e, a partir de 1539, gestão do estado civil.

Rematando o todo, as "liberdades da Igreja galicana". O conceito, que remonta à Idade Média, designa "as reivindicações de autonomia que a Igreja e a magistratura da França opunham à centralização romana".[18] Ilustra também a ideia, "aprovada por [o papa] Inocêncio III [...] 'de que o rei da França não reconhece superior no plano temporal'". Nos estados gerais de 1614-1615, a posição da Igreja acaba de ser atualizada pelo cardeal Bellarmin. Aos olhos de Roma, os poderes espiritual e temporal são distintos. Mas a Igreja fundada por Jesus Cristo, voltada para o destino eterno do homem, é superior ao Estado, simples instituição humana. Se o Estado vier a ameaçar os fins sobrenaturais, a Igreja deve intervir e eventualmente fazer com que um rei herético seja substituído. O papa também pode limitar a autoridade de um bispo, em nome da plenitude da jurisdição eclesiástica que recebeu de Jesus Cristo.

Tais afirmações provocam a indignação dos doutores e juristas galicanos. Em 1610, eles se insurgem contra a publicação na França da obra do cardeal Bellarmin, *Traité de la puissance du souverain pontife* [Tratado do poder do sumo pontífice]. Edmond Richer, doutor da Sorbonne, galicano tão famoso quanto agressivo, reage com uma obra panfletária perante a qual o papa se mostra contrariado. O dr. Duval terça armas intelectualmente com Richer. Solicitado pelo bispo de Paris e pelo presidente Séguier, Duval publica um livro, intitulado *Elenchus*, que causa muito alvoroço. Nele, prega um ultramontanismo fervoroso, porém razoável, que não exclui a reverência ao rei. Mas nem por isso os ânimos deixam de se exaltar.

Durante os estados gerais, delegados do clero e delegados galicanos do terceiro estado se enfrentam sobre essas bases. Diante do clero, que quer sobretudo ver reconhecidos como lei do Estado os decretos do Concílio de

---

18 Pierre Blet, artigo "Gallicanisme", in *Dictionnaire du Grand Siècle*, op. cit., p. 639-641. As citações que se seguem também são tiradas desse artigo.

118 SÃO VICENTE DE PAULO

Trento, o terceiro estado não só resiste com todas as forças como redige, em resposta, um artigo propondo proclamar "que, sendo o rei reconhecido soberano em seu Estado, e recebendo sua coroa exclusivamente de Deus, não existe potência na terra [...] que tenha algum direito sobre seu reino [...]. Que todos os súditos [...] terão esta lei como santa e verdadeira, conforme à palavra de Deus".[19] Como se vê, o poder civil tende por sua vez a extravasar das próprias fronteiras... O terceiro estado não teria ganho de causa, mas o clero tampouco conseguiria que os decretos do concílio fossem aceitos pelos estados gerais.

Em contrapartida, a Assembleia do Clero desse mesmo ano de 1615 os aceita. Gesto importante e não destituído da inteligência política: ao passo que, "para os bispos, as liberdades galicanas significam sobretudo que o exercício do poder pontifício é regulamentado pelos cânones recebidos no reino", a Assembleia do Clero se vale de sua liberdade galicana para submeter-se a Roma. A vontade reformista de um certo número de bispos poderá assim exercer-se à luz do dia. Não sem dificuldades, não sem lentidão. Mas não fosse o ato livre e corajoso da Assembleia do Clero em 1615, nem a Reforma católica em seu conjunto nem as iniciativas próprias a Vicente de Paulo teriam contado com a base de lançamento indispensável. A partir de 1618, o cardeal de La Rochefoucauld, nomeado grande capelão da França, viria a se escorar nessa aceitação para transformar profundamente a paisagem religiosa. O dr. André Duval seria o mais ardoroso e um dos mais eficientes de seus colaboradores.

Devemos agora evocar o ano de 1616, que marca para Vicente a saída do túnel. Vários documentos atestam sua vitalidade religiosa nesse período. Para começar, o sermão sobre o catecismo pronunciado em Joigny no fim de março ou no início de abril.[20] É de fato nessa data que Philippe-Emmanuel toma posse do condado, tendo acabado de morrer o seu tio, cardeal Pierre de Gondi. O padre Koch encontrou no original do sermão uma frase da

---

19 Citado por Blet, ibidem.
20 Coste, *Correspondance*, op. cit., XIII, p. 25.

introdução — riscada mas legível — que prova a concomitância do sermão de Vicente com a "alegre chegada" de Philippe-Emmanuel.

O sermão de Vicente é uma defesa da importância do catecismo desde a primeira infância. Lembra que o objetivo de toda prédica é "atrair as almas para o céu". Acontece que, "por não saber o que é necessário saber", corre-se o risco da danação. O século XVII insiste muito nesse ponto. Na linha do Concílio de Florença (1442), o magistério da Igreja interpreta então de maneira restritiva a frase de Cipriano de Cartago (século III) segundo a qual "fora da Igreja não há salvação". No século XXI, parece estranho imaginar que aqueles que não tiveram acesso à revelação cristã estejam por esse simples fato separados de Deus para sempre: eles não recusaram algo que sequer chegaram a conhecer. O Concílio Vaticano II e posteriormente o Catecismo da Igreja Católica (1992) frisam que só o Cristo salva, mas que o alcance da misericórdia divina é um mistério e que a Igreja, pela comunhão dos santos, não se reduz à sua realidade visível: "Como o Cristo morreu por todos e a vocação derradeira do homem é realmente única, a saber, divina, devemos considerar que o Espírito Santo oferece a todos, de uma maneira que Deus conhece, a possibilidade de se associar ao mistério pascal."[21] Em compensação, a mentalidade do século XVII é impregnada da ideia — escorada num trecho citado com frequência do Evangelho[22] — de que, depois da vinda do Cristo e da fundação de sua Igreja, é necessário viver no conhecimento e na aceitação da Santa Trindade para se salvar. A propósito, é aí que se enraíza a coragem das missões estrangeiras, levadas a cabo em meio aos piores sofrimentos para não deixar ninguém na beira da estrada.

Em sua homilia sobre o catecismo, Vicente critica "a ignorância crassa" de muitos cristãos, citando com fervor o bom exemplo de La Rochelle, em que oficia seu amigo Jacques Gasteaud. No mesmo ano, também temos

---

21 Constituição pastoral *Gaudium et Spes*, 22, § 5, p. 237, in *Concile œcuménique Vatican II, Constitutions, décrets, déclarations*, Paris, Editions du Centurion, 1967.
22 Mc, 16, v. 16.

120 SÃO VICENTE DE PAULO

pela sua pena duas versões de um sermão sobre a comunhão.[23] Nele, Vicente insiste na importância de receber dignamente esse "alimento da alma", dá o exemplo da Virgem Maria, "receptáculo" do Filho de Deus, e se maravilha, a partir de uma visão muito bérulliana do "nada" do homem: "Não passamos de vermes da terra, de um vapor, de um saco cheio de lixo e antro de mil maus pensamentos; e Nosso Senhor, pelo contrário, um ser eterno e infinito, o esplendor da glória e a fonte e origem de toda graça e beleza. E no entanto, ó bondade divina!, eis que este não pede os utensílios do banquete de Assuero, nem a disposição que ele impunha a suas mulheres, que era de seis meses antes que pudessem deitar com ele, mas pede apenas que lhe demos nosso coração, e não espera outro amor senão o que lhe pertence e o de nosso próximo."

Mas é necessário que o antro se livre de suas impurezas. Donde a necessidade de se confessar, e mesmo de ir buscar pecados escondidos muito longe no tempo da vida. Ficamos sabendo por uma troca de correspondência entre Vicente de Edme Mauljean, vigário-geral de Sens, datada de 20 de junho de 1616, que Vicente despertou a estima de seus superiores eclesiásticos no exercício de seus deveres de confessor. Assim, para não fazer com que as pobres pessoas fiquem esperando o perdão por ocasião das confissões gerais, Vicente pede autorização para absolver os pecados de extrema gravidade, que em geral requerem a absolvição episcopal. Monsenhor Mauljean não hesita: "Tenho tanta certeza de sua nobreza, prudência, capacidade e outros méritos que de bom grado concedo o que me pede. Deus lhe conceda a graça de se sair dignamente, como também espero!" Sete meses depois, essa autorização teria uma notável consumação, servindo uma inesperada confissão geral para livrar várias consciências ao mesmo tempo de suas impurezas: a de um velho camponês de Gannes, na Picardia, a de seu confessor e a da castelã que nessa oportunidade descobre sua missão.

Tudo começa da maneira mais simples. A sra. De Gondi e Vicente estão em Folleville, na atual fronteira entre os departamentos de Somme e Oise.

---

23 Coste, *Correspondance*, op. cit., XIII, p. 33.

NA CASA DOS GONDI · 121

Françoise-Marguerite está nas terras de seus antepassados, próxima dos camponeses que visita e ajuda. O castelo medieval, concebido como uma fortaleza junto às planícies calcárias de Somme, domina com sua massa o vale de Noye. Sua torre erguida como um dedo para o céu parece uma alegoria da justiça. Um vento gelado, talvez também turbilhões de neve — os invernos são muito rigorosos — varrem a planície e o promontório onde se desenha o castelo. Um galope. A tripulação se detém. Da aldeia de Gannes, a duas léguas do castelo, vêm buscar Vicente. Ele contou várias vezes o episódio, eis aqui seu relato de 1658: "Considerarão acaso humana a origem de nossas missões? Certo dia, fui chamado a ir confessar um pobre homem, perigosamente doente, que tinha fama de ser o maior homem de bem, ou pelo menos um dos maiores homens de bem de sua aldeia. Verificou-se contudo que estava coberto de pecados que jamais ousara declarar em confissão, assim como ele mesmo veio a declarar em alto e bom som, na presença da falecida senhora generala das galés, dizendo--lhe: 'Senhora, eu estaria amaldiçoado se não tivesse feito uma confissão geral, em virtude dos enormes pecados que não ousara confessar.' Esse homem morreu em seguida, e minha senhora, tendo reconhecido assim a necessidade das confissões gerais, desejou que eu fizesse no dia seguinte uma prédica sobre o tema."[24]

A sobriedade do relato não dá muito a medida do terremoto que esse acontecimento representou. Com a confissão do camponês corroído pela mentira, Vicente sente quase que fisicamente a alegria de arrancar uma alma do inferno. A alegria sobrenatural do velho, clamando seus pecados para toda a aldeia ao longo de três dias antes de morrer, abala profundamente Françoise-Marguerite: "Ah, senhor Vicente, quantas almas não se perdem!"[25]

O sermão de Folleville foi feito na quarta-feira, 25 de janeiro de 1617. É o dia da conversão de São Paulo, fulminado pelo amor, como acaba de acon-

---

24 Coste, *Correspondance*, op. cit., XII, p. 7-9, *Entretiens aux Missionnaires*, n° 180, 17 de maio de 1658, Sur l'observance des règles.
25 Ibidem, XI, p. 4, *Entretiens aux Missionnaires*, trecho da conversa Sur la mission donnée à Folleville en 1617.

tecer ao camponês. Não sabemos o que Vicente disse nessa homilia: o texto desapareceu em 1789 por uma janela de São Lázaro. Mas podemos entrar na igreja de Folleville, junto à "Rue Saint-Vincent". O púlpito continua lá, à direita da nave, o mesmo púlpito no qual ele subiu, consolidado em 1868 pelos lazaristas. No flamejante coro gótico, o vitral da crucificação data do século XV. Podemos imaginar que muitas vezes Vicente voltou-se para ele, exortando os pobres acotovelados na nave glacial. A luz azul do vitral atrai para o céu, mas o sofrimento está presente, pungente. A expressão do rosto dos dois ladrões é de uma verdade gritante: um ainda fechado, mas já envergonhado, o outro, invectivando... e Jesus, como sabemos, prometendo para breve o Paraíso a seu lado àquele que se acusar e pedir perdão. Voltando para a multidão, o olhar de Vicente passava pelo túmulo com os corpos deitados esculpidos em mármore de Carrara dos antepassados da sra. De Gondi, Raoul de Lannoy e sua esposa Jeanne de Poix. Ao lado, o túmulo de seu filho, François, e de sua esposa Marie d'Hangest, ajoelhados, de mãos postas, um atrás do outro. "Os que nos antecederam, marcados com o sinal da fé..."

Vicente diria simplesmente mais tarde: "Deus deu a bênção ao meu discurso", atribuindo o sucesso às orações da generala das galés. Por trás da lítotes, devemos imaginar o ardor dos arrependimentos. Pois nem Vicente nem o padre que o acompanhava foram suficientes para a tarefa. Eram tão numerosos os aldeões se confessando que foi necessário pedir ajuda: "A senhora mandou rogar aos reverendos padres jesuítas de Amiens que viessem prestar ajuda. Escreveu a respeito ao reverendo padre reitor, que veio pessoalmente; e tendo podido permanecer apenas muito pouco tempo, ele enviou, para trabalhar no seu lugar, o R. P. Fourché, também da sua Companhia, que nos ajudou a confessar, pregar e catequizar, e encontrou, pela misericórdia de Deus, com que se ocupar."[26]

Nos dias seguintes, prédicas e exortações nas aldeias circunvizinhas tiveram o mesmo êxito.[27] Seriam necessários ainda oito anos para que fosse

---

26 Coste, *Correspondance*, op. cit.
27 Abelly, op. cit., t. 1, p. 32-35; Collet, op. cit., t. 1, p. 46-48.

NA CASA DOS GONDI

fundada a Congregação da Missão. Mas ela lança suas raízes em Folleville, na emoção que provoca a queda das escamas dos olhos de Vicente. É o que lhe é pedido: evangelizar o "povo dos campos", pobre de corpo mas também pobre de alma. Durante toda a vida, ele mandaria celebrar o 25 de janeiro como nascimento da Missão.

Durante essa primeira missão, a sra. De Gondi confidencia a Vicente que um dia, confessando-se com seu pároco, ela percebeu que ele "murmurava algo entre os dentes" no lugar da absolvição, evidentemente sem conhecer seu texto. Ela então pediu a um religioso conhecido "que lhe entregasse por escrito a forma da absolvição", e a partir desse dia comparecera com seu papel para se confessar ao pároco. Relatando mais tarde o episódio a seus missionários, tendo-se assegurado de que os contemporâneos da história estavam todos mortos,[28] o senhor Vicente acrescenta: "E tendo-me dito isso, tomei cuidado e prestei especial atenção àqueles a quem me confessava, constatando que de fato era verdade e que alguns não sabiam as palavras da absolvição." Essa constatação, que leva Françoise-Marguerite e Vicente a promover as confissões gerais, também seria a base do segundo pilar da Missão: ao lado da assistência ao povo do campo, a instrução e o cuidado com o crescimento espiritual dos padres incumbidos de cuidar dele.

Podemos compreender que, depois de semelhante experiência, Vicente tem sede de transformar o empreendimento. A 29 de outubro de 1616, exausto e desanimado, ele renuncia à Abadia de São Leonardo de Chaumes. A graça recebida em Folleville três meses depois pode parecer-lhe uma resposta a esse desligamento. Seja como for, ela sugere a liberação de outros vínculos. Para se entregar totalmente aos pobres, ele terá de partir.

---

28 Coste, *Correspondance*, op. cit., XI, p. 170, Entretiens aux Missionnaires, nº 112, repetição da oração de 25 de janeiro de 1655, Sur les origines de la congrégation de la Mission.

SEGUNDA PARTE

O impulso criador
1617-1633

6

De Châtillon-les-Dombes à segunda estada com os Gondi Lance de gênio das Caridades e início das Missões 1617-1624

É arriscado abordar o episódio de Châtillon-les-Dombes, pois a lenda se apropriou dele. Para começar, no que diz respeito aos motivos da partida de Vicente. Supôs-se que ele deixava os Gondi porque as crianças eram difíceis demais de criar, o excessivo apego da generala o fazia incorrer em risco espiritual ou as perturbações no reino em 1617 transformavam aquela casa num lugar de agitação pouco compatível com seu novo ímpeto de caridade.

Mas a idade dos filhos em 1617 (11, 6 e 3 anos) invalida a primeira hipótese. É bem verdade que, depois de partir, Vicente declara a Philippe-Emmanuel que não se sente dotado do necessário talento para criar seus filhos, mas se trata de uma avaliação tendo em conta o futuro. Esclarecido quanto ao chamado de Deus, ele não aceita mais a ideia de dedicar a vida à educação de jovens senhores. Quanto a Françoise-Marguerite, comete-se uma injustiça com ela. Não só Vicente deve-lhe a experiência de Folleville,

128   SÃO VICENTE DE PAULO

tendo consciência disso, como ao voltar à casa dos Gondi a colaboração entre eles só aumentaria, para o bem maior. Quanto aos conturbados acontecimentos no reino — detenção e assassinato de Concini a 24 de abril de 1617, tomada de poder pessoal de Luís XIII e exílio de Maria de Medici em Blois —, se de fato afetam os Gondi como membros ativos do "partido devoto", não têm motivos para incomodar Vicente.

O que ele confidencia a Bérulle é simplesmente que se sente "interiormente compelido pelo Espírito de Deus a ir para alguma província distante, entregar-se inteiramente à instrução e ao serviço dos pobres do campo".[1] Ora — e temos aqui o segundo ponto —, a escolha de Châtillon--les-Dombes por parte de Bérulle não é casual, e não é a escolha de uma paróquia deserdada, tal como descrita pelos antigos biógrafos — a começar por Abelly na segunda edição de sua obra, em 1667.[2]

Nenhum espectador do belo filme de Maurice Cloche, *São Vicente de Paulo — O capelão das galeras* (1947), terá esquecido sua chegada, magnificamente interpretada por Pierre Fresnay, a uma aldeia onde algumas pedras atiradas são as únicas a romper o silêncio hostil, e cuja igreja em ruínas deixa o tabernáculo ao vento. Nisso, o filme segue os textos de todos os biógrafos anteriores, por sua vez inspirados desde Abelly numa investigação realizada em 1665 por Charles Démia, padre e doutor em direito, junto aos habitantes de Châtillon. Essa investigação pinta um quadro-negro à chegada De senhor Vicente.[3] Numa cidade onde os protestantes parecem muito numerosos, os católicos são raros e dissolutos, o clero, indigno, e a igreja e o presbitério estão malcuidados etc. Sabemos hoje que esse quadro

---

1 Collet, op. cit., t. 1, p. 53.
2 Na edição de 1664, à qual nos reportamos de maneira geral, Abelly, ainda não dispondo da investigação Démia, de que trataremos adiante, escorou-se no depoimento indireto do padre Desmoulins, do Oratório, prestado em 1621 em Dijon. O quadro pintado por este, muito diferente da investigação Démia, estava muito mais próximo do que revelam os documentos da década de 1610.
3 Coste, *Correspondance*, op. cit., XIII, p. 45, doc. n° 21, *Rapport de Charles Démia sur le séjour de saint Vincent à Châtillon-lès-Dombes*, 1665 (cópia da ata num dos volumes do processo de beatificação).

DE CHÂTILLON-LES-DOMBES À SEGUNDA ESTADA COM OS GONDI   129

não é exato, embora tenha sido pintado com toda boa-fé. Ele decorre da fragilidade dos depoimentos, 48 anos depois de uma estada que terá durado apenas cinco meses. As duas atas da investigação Démia são assinadas por somente seis habitantes; Châtillon tinha novecentos quando da passagem de Vicente. Cinco anos após sua morte, no clima de veneração que o cerca, esses habitantes só lembram-se realmente de uma coisa: a passagem de Vicente de Paulo mudou tudo. A partir daí, inventam.

Certamente conscientes da dificuldade que seria realizar em apenas cinco meses as mudanças radicais descritas quanto aos costumes e à fé na aldeia, eles se lembram de uma visita de Vicente a Châtillon, já na Quaresma de 1617. É de fato a data em que o antigo pároco abre mão da paróquia, mas Vicente só tomaria posse em 1º de agosto. Devemos reconhecer: sua temporada em que Châtillon-les-Dombes não foi uma passagem das trevas à luz. Os frutos são de outra natureza: uma explosão de caridade.

Uma avaliação histórica mais equilibrada pode ser feita há um quarto de século, graças à descoberta de documentos da época.[4] É interessante, por exemplo, estudar o relato da visita pastoral que monsenhor De Marquemont, arcebispo de Lyon, fez a Châtillon e a aldeias vizinhas de 5 a 12 de maio de 1614. E não é menos revelador ler a carta que o mesmo arcebispo envia a Bérulle, a 18 de outubro de 1616, para solicitar a ajuda de uma comunidade de oratorianos: o terreno, longe de ser ingrato, estava pronto para receber a semente que nele haveria de germinar.

Châtillon-les-Dombes — rebatizada de Châtillon-sur-Chalaronne na Revolução — situa-se na região de Bresse, inicialmente saboiana mas conquistada por Henrique IV a partir de 1594 e anexada à França pelo Tratado de Lyon (1601), juntamente com as regiões de Gex e Bugey. A devastação causada pelos exércitos ainda não foi completamente reparada em 1614. O relato da visita do monsenhor De Marquemont constata que a reconstrução das igrejas, a volta ao funcionamento dos sinos etc. ainda deixam

---

4 Os documentos citados adiante foram descobertos e repertoriados pelo padre Koch nos arquivos do departamento de Rhône.

a desejar em muitas aldeias. Em compensação, se a capela do Hospital de Châtillon foi muito danificada, a igreja está em bom estado, e nela os sinos voltaram a badalar desde 1607. Chegando em 5 de maio de 1614 à paróquia de Buenens-Châtillon, o arcebispo vem acompanhado pelo governador da cidade e dois oratorianos, os padres Métezeau e Bourgoing. São recebidos por uma procissão, tendo à frente o pároco. A visita ao Santo Sacramento, bem protegido, é seguida de uma cerimônia litúrgica para um vasto público. No dia seguinte, durante a missa pontifícia, o povo comparece em grande número para comungar e o arcebispo administra a confirmação durante três horas. Trata-se portanto de uma comunidade católica numerosa e viva. Quanto ao pároco Jean Séraud e aos "societários" que tem a seu lado, dizem diariamente a liturgia das horas em voz alta na igreja. Com essa observação e várias outras, o relato da visita pastoral contradiz o quadro dos padres preguiçosos e dissolutos há lustros, que seria pintado pela investigação de 1665.

A comparação com as paróquias próximas, cujas construções estão num estado que corresponde às imagens desoladoras do filme de Maurice Cloche, não pode deixar de levar o arcebispo a fazer de Châtillon uma paróquia-piloto. É o que sugere sua carta de 18 de outubro de 1616 a Bérulle: "O estabelecimento do Oratório em Châtillon, cidadezinha da minha diocese na província de Bresse, está a ponto de se fazer, quando lhe aprouver dar ali a bênção e enviar alguns dos seus para servir a Nosso Senhor, cuja previdência se manifesta particularmente nesse lugar desde as boas sementes de devoção que lá lançou o bom padre Bourgoing, o qual seria muito indicado para fazer estabelecimento no local, se o senhor assim achar e se as outras necessidades da sua congregação permitirem."

O padre Bourgoing, sucedido por Vicente como pároco de Clichy, foi portanto pregar em Châtillon. Em sua carta a Bérulle, monsenhor De Marquemont, feliz com o resultado, cita Bourgoing — "ou alguém da sua estatura" — como a pessoa indicada. Mas Bérulle tem outros projetos para o padre Bourgoing, que mandaria fundar o Oratório em Rouen. Quanto à instalação de toda uma comunidade em Châtillon, é tanto mais difícil

DE CHÂTILLON-LES-DOMBES À SEGUNDA ESTADA COM OS GONDI   131

para ele na medida em que está fundando o Oratório em Lyon antes do previsto: o padre Bence lá se encontra em dezembro de 1616. Nos meses subsequentes ao sermão de Folleville, o arcebispo de Lyon e o padre De Bérulle encontram-se, portanto, em tratativas. Acontece que, como "dirigido" de Bérulle, Vicente é a seus olhos *como* um oratoriano, de modo que Bérulle finalmente o enviaria sozinho para representar o oratório. Vicente despede-se dos Gondi no início do verão. Abelly, que aparentemente não soube da carta do arcebispo nem de seus desdobramentos, indica que Bérulle "não desaprovou" a decisão de Vicente. E era mesmo o mínimo: ela atendia suas expectativas!

Mas a história registra uma "fuga" de Vicente, pois ele se vai durante o mês de julho, alegando uma pequena viagem, sem nada dizer à sra. De Gondi de sua decisão. Algum tempo depois de sua chegada a Châtillon, ele escreve ao general das galés, que está na Provença, informando de passagem que nada disse de sua decisão à generala. Consternado, Philippe-Emmanuel escreve então à mulher: "Fiquei desalentado com uma carta que me foi escrita pelo sr. Vicente, e que lhe envio para que veja se ainda há algum remédio para a desgraça que para nós seria perdê-lo [...]. Rogo-lhe que por todos meios faça com que não o venhamos a perder [...]. Veja se a intervenção de minha irmã de Ragny, que não está longe dele, viria a propósito; mas creio que nada poderá ser mais eficaz que o sr. De Bérulle. Diga-lhe que, ainda que o sr. Vicente não tenha método para ensinar à juventude, que poderá ter um homem sob suas ordens; mas que de qualquer maneira desejo apaixonadamente que ele volte para minha casa, onde poderá viver como quiser, e eu, um dia, como homem de bem, se esse homem estiver comigo."[5]

Como se vê, o general das galés nada fica a dever à mulher em matéria de apego ao padre que transfigura sua casa, o que permite ler nas entrelinhas o caminho espiritual percorrido por Vicente. Quanto ao sr. De Bérulle, que constatamos fazer um jogo duplo, apesar das melhores intenções do

---

5 Abelly, op. cit., t. 1, p. 39.

mundo, vai-se limitar a transmitir a Vicente sem insistência as súplicas dos Gondi. Vicente, que não tomou sua decisão de maneira impensada, luta passo a passo por sua escolha. Mas não terá êxito. Françoise-Marguerite recorre a toda gama de argumentos suscetíveis de dobrar seu diretor de consciência, até a chantagem espiritual. Vicente responde encorajando-a a se submeter "ao bom prazer de Deus". A sra. De Gondi não queria outra coisa, mas é mais forte que ela: roga ao Céu e move a terra para que o bom prazer de Deus coincida com o seu. Faz com que a família escreva — inclusive seu cunhado, o cardeal de Retz, arcebispo de Paris —, e também os funcionários de sua casa etc. Amigo íntimo de Vicente desde a época da rainha Margot, e tendo se tornado secretário de Philippe-Emmanuel, Charles Dufresne é enviado em embaixada a Châtillon. Abalado, Vicente visita em Lyon o padre Bence, para se aconselhar. Este sugere que volte a Paris para examinar a situação com Bérulle de viva voz. Sabemos por duas cartas do mês de outubro que Vicente seguiria o conselho. Uma, enviada pelo general das galés, se regozija pela viagem anunciada e já considera a questão ganha: "Rogo-lhe [...] considere que parece que Deus deseja que, através do senhor, o pai e os filhos sejam pessoas de bem." Vicente, por sua vez, escreve a Dufresne que pretende vir a Paris dentro de dois meses e então tomará sua decisão.

Ao partir para Paris a 23 de dezembro de 1617, Vicente não tem a sensação de estar realmente deixando Châtillon, pois pretende defender sua causa. Não há portanto despedidas dolorosas, ao contrário da ideia que chegou a nós, mas simplesmente um até logo cheio de promessas. E, por sinal, a assembleia comunal de Châtillon-les-Dombes, realizada a 26 de dezembro, não faz qualquer alusão à partida de seu pároco. Mas o fato é que Vicente não voltaria a Châtillon, renunciando à paróquia já em janeiro de 1618, em favor de seu vigário, Louis Girard. Mais uma vez, como em Clichy, mal tendo começado, uma bela página de sua vida é bruscamente virada.

Devemos agora ler tal página. Vicente a escreve já nos primeiros dias de agosto de 1617. É em Lyon, no Oratório, aonde chegou em julho, que ele recebe o ato de sua nomeação, datado do dia 29. A 1º de agosto, toma posse da paróquia,[6] realizando os ritos em Saint-Martin de Buenens e depois em Saint-André de Châtillon. O vigário Souvageon está entre os signatários do ato, do qual constam "os senhores Jean Besson e Pierre Genoud, padres societários da mencionada Igreja de Saint-André de Châtillon, o honrado Jean, filho do falecido e honesto Jean Beynier, os honestos Jean e Jacques Beynier, irmãos, burgueses, todos da referida Châtillon, testemunhas". A menção aqui de vários membros da família Beynier é interessante, confirmando o que vem indicado nos registros de batismo de Châtillon vasculhados pelo padre Koch: todos os Beynier da cidade são católicos. Um dos Jean Beynier — em cuja casa Vicente se hospeda numa primeira etapa e no qual os antigos biógrafos, inclusive o padre Coste, julgaram identificar depois da investigação Démia um huguenote dissoluto — recebeu o batismo católico em 1589 e é em 1617 subprior da confraria do Rosário, que é muito ativa; o inventário dos ornamentos de sua capela efetuado a 27 de maio de 1617 disso dá testemunho, por sua riqueza. Em compensação, o cunhado do senhor Beynier, um certo Garron, e toda a sua família são protestantes.[7] Um dos filhos de Garron, hospedado na casa do tio Beynier, seria convertido por Vicente, como ele próprio lhe recorda em 1656: "Eis um dos seus filhos em Jesus Cristo, que recorre a sua bondade paterna, cujos efeitos sentiu outrora, quando, trazendo-o para a Igreja pela absolvição da heresia, que sua caridade lhe concedeu publicamente na Igreja de Châtillon-les-Dombes no ano de 1617, o senhor lhe ensinou os princípios e as mais belas máximas da religião católica, apostólica e romana, na qual, pela misericórdia de Deus, perseverei e espero continuar pelo resto da vida. Eu sou esse pequeno Jean Garron, sobrinho do senhor Beynier, de Châtillon, em cuja casa o senhor se hospedou durante sua estada na referida Châtillon."[8]

---

6 Coste, *Correspondance*, op. cit., XIII, p. 42-45, documentos n° 19 e 20.
7 Um recenseamento oficial realizado em 1621 em toda a região de Bresse, publicado por Pierre-Henri Chaix in *La Bresse protestante au XVIIe siècle*, Bourg-en-Bresse, 1977, e analisado pelo padre Koch, registra apenas dezessete famílias protestantes nessa época em Châtillon, outra correção importante às ideias preconcebidas.
8 Abelly, op. cit., t. 1, p. 49.

Outros membros da família Garron seriam convertidos por Vicente. Durante uma visita a Châtillon-sur-Chalaronne, pudemos consultar o registro de batismo dos anos 1617-1618. Em vários pontos, a assinatura "Depaul" ou "V. Depaul" está legível nos últimos meses de 1617. Em novembro, um batizado tem como madrinha uma certa Philiberte Garron, e um Jacques Garron também assina como testemunha.

Ao chegar, portanto, Vicente hospeda-se na casa de Jean Beynier. Não que o presbitério esteja em ruínas! Apenas não está disponível, alugado por seis anos a um cirurgião da cidade pelo antigo pároco Jean Séraud, que por sua vez se encontrava em Lyon como cônego de Saint-Nizier. Vicente recuperaria a paróquia na festa de São Martinho do inverno, a 11 de novembro, depois de um procedimento por ele firmado já a 19 de agosto. A casa de Jean Beynier ainda existe, na Praça des Halles, de frente para o lado sul da Igreja de Santo André, também paróquia de Vicente. Foi unida à casa vizinha, e a fachada do conjunto, denominado "Casa São Vicente", foi reconstruída. Mas no interior, a partir do primeiro andar, a bela escada do século XVI, de madeira, é a mesma que o novo pároco subia para chegar a seu quarto. Este, ampliado com espaço da casa vizinha, é atualmente uma capela. A casa Beynier, à beira do Chalaronne, perto da porta fortificada de Villars e do velho bairro de Piétanée, ergue-se no coração da Châtillon medieval. As casas com sacadas da Rua Commerson bem ao lado, os mercados do século XV com 32 pilares de carvalho — reconstruídos depois do grande incêndio de Châtillon em 1670 e onde ainda hoje se realiza nos sábados pela manhã uma feira —, as numerosas torres espalhadas pela cidade, como as do Castelo do Ano Mil, cujos vestígios podem ser vistos no alto da colina, tudo isso foi conhecido por Vicente. Ele chegava a um meio rural de corporações de ofício muito ativas: disso dá testemunho a decoração das capelas laterais da Igreja de Santo André, ostentando seus brasões e os símbolos de suas atividades. Mas os campos circundantes eram pobres.

Dias depois de sua chegada, Vicente recebe a ajuda de um padre de grande qualidade, Louis Girard. Eles estabelecem com os outros padres

DE CHÂTILLON-LES-DOMBES À SEGUNDA ESTADA COM OS GONDI   135

da paróquia o clima de vida fraterna caro ao Oratório e evangelizam com fervor. Mas sobretudo, já a partir de agosto, Vicente realiza o ato fundador que entraria para história: cria a primeira Confraria da Caridade. Em duas ocasiões ele relatou as circunstâncias.[9] O relato de 1646 é mais detalhado e vívido:

> Saibam assim que, estando perto de Lyon, numa pequena cidade a que a Providência me chamou para ser pároco, num domingo, quando me vestia para proferir a santa missa, vieram dizer-me que numa casa distante das outras, a um quarto de légua dali, todo mundo estava doente, sem que restasse nenhuma pessoa para assistir as outras, e todos numa necessidade indescritível. Aquilo tocou-me sensivelmente o coração. Não deixei de recomendá-los na homilia com afeto, e Deus, tocando no coração dos que me ouviam, fez com que ficassem todos comovidos de compaixão por aqueles pobres aflitos.
>
> Depois do jantar fez-se assembleia na casa de uma boa senhorita da cidade para ver que ajuda lhes poderia ser dada, e cada um se mostrou disposto a ir vê-los e consolar com palavras e ajudar nas suas possibilidades. Depois das vésperas, chamei um bom homem, burguês da cidade, e nos dispusemos juntos a ir para lá. Encontramos no caminho mulheres que iam a nossa frente, e, pouco mais adiante, outras que voltavam. E como era no verão, no tempo do grande calor, essas boas senhoras sentavam-se ao longo do caminho para repousar e se refrescar. Por fim, minhas filhas, eram tantas pessoas que parecia uma procissão.

Vicente não fornece a data, em geral considerada o domingo, 20 de agosto. Cabe notar que o pároco limita-se a reagir ao que dizem seus paroquianos; é deles que parte a iniciativa. Temos aqui mais um exemplo — depois de Folleville — do método de ação de Vicente: não "atropelar

---

9 Coste, *Correspondance*, op. cit., IX, p. 243-244, conferência de 13 de fevereiro de 1646, *Amour de la vocation et assistance des pauvres*, e ibidem, IX, p. 208-209, conferência de 22 de janeiro de 1645, *Sur l'observance du règlement*.

a Providência", atender aos apelos passo a passo, verificando se Deus acompanha a caminhada.

A 20 de agosto de 1617, Vicente visita os doentes, ouve-os em confissão, dá-lhes o Santo Sacramento... e provavelmente à noite, retirado em seu quarto, reflete sobre a maneira de manter o impulso de generosidade que o comoveu, tanto quanto a miséria que cabia aliviar. Provisões em excesso fornecidas no mesmo dia podem estragar sem uso, ao passo que a penúria também será grande nos dias seguintes. Em seu relato de 1645, ele explica: "Deus me deu este pensamento: 'Não poderíamos acaso reunir essas boas senhoras e exortá-las a se entregar a Deus para servir aos doentes pobres?' Depois do que, mostrei-lhes que era possível socorrer essas grandes necessidades com grande facilidade. E imediatamente elas se decidiram."

Já na quarta-feira, 23 de agosto, um primeiro regulamento é elaborado. Cabe numa página manuscrita, cuja cópia encontra-se na "Casa São Vicente". Depois de várias reuniões, levando em conta problemas concretos constatados pelas senhoras, Vicente elabora o regulamento definitivo, aprovado no arcebispado de Lyon a 24 de novembro. Por fim, em 8 de dezembro, dia da Imaculada Conceição, a Confraria da Caridade de Châtillon-les-Dombes é erguida canonicamente.[10] Na capela do antigo hospital — o lugar corresponde hoje ao lado direito da praça São Vicente de Paulo, em frente ao centro cultural —, Vicente entrega às senhoras o regulamento das Caridades. O documento original, com 24 páginas manuscritas, é conservado em Châtillon-sur-Chalaronne pelas Filhas da Caridade.

Esse texto, matriz de uma grande obra, é espantoso em sua mistura de audácia e simplicidade.[11] Os termos são fruto de uma verdadeira convergência de ideias, mas a "marca" de Vicente já pode ser plenamente identificada. A força de mobilização decorre da inesperada mistura de visão de grande alcance religioso e senso do concreto. Objetivo? "Assistir espiritual

---

10 Coste, *Correspondance,* op. cit., XIII, p. 437-440.
11 Ibidem, p. 423-437.

DE CHÂTILLON-LES-DOMBES À SEGUNDA ESTADA COM OS GONDI   **137**

e culturalmente [os doentes pobres]." A maneira para fazer esse propósito perdurar? Que essas senhoras tenham "alguma união e ligação espiritual juntas", estando portanto dispostas "a se juntar num corpo que possa ser transformado em uma confraria", com um regulamento submetido ao arcebispo. A referência explícita ao Hospital da Caridade de Roma como modelo vem logo depois: o nome escolhido será "Confraria da Caridade", e as senhoras serão "servidoras dos pobres". O santo patrono? "Nosso Senhor Jesus", em virtude de sua fala segundo a qual aquilo que se faz aos menores entre os seus, é a ele que se está fazendo. O número de servidoras dos pobres é limitado a vinte. Elas elegem um procurador, clérigo ou leigo de confiança, e escolhem "duas mulheres pobres, de vida honesta e devota, que serão chamadas guardas dos doentes pobres, pois seu dever será guardar os que estiverem sozinhos e incapazes de se mover".

Uma prioresa seria eleita, contando com a colaboração da tesoureira e de uma outra assistente. O regulamento frisa duas vezes que a confraria destina-se a cuidar dos "doentes realmente pobres, e não dos que tenham meios de se aliviar". As senhoras trabalharão um dia inteiro, alternadamente, indo pela manhã buscar as provisões junto à tesoureira ou sua assistente. Devem indagar se os doentes dispõem de uma camisola branca, providenciando-a em caso contrário. Informa-se no mesmo parágrafo que as senhoras também devem instruí-los a se confessar e a comungar, segundo a intenção da confraria. O trecho que regulamenta a atitude da servidora nas refeições oferecidas aos doentes tem sido citado com frequência, pois sua delicadeza é reveladora:

> [A servidora,] ao abordá-los, deve saudá-los alegre e caridosamente, acomodar a prateleira na cama, dispor por cima um guardanapo, uma taça, uma colher e pão, fazer com que os doentes lavem as mãos e dar as Graças, verter a sopa numa tigela e pôr a carne num prato, acomodando tudo isso na referida prateleira, e então convidar o doente caridosamente a comer, pelo amor de Jesus e de sua santa Mãe, sempre com amor, como se cuidasse do próprio filho, ou antes de Deus, que considera feito

138 SÃO VICENTE DE PAULO

a Ele próprio o bem que ela faz aos pobres. Ela lhe dirá então alguma palavrinha de Nosso Senhor, buscando nesse sentimento animá-lo, se estiver muito desanimado, cortando por vezes sua carne, dando-lhe de beber, e, assim o tendo posto a comer, se houver alguém perto dele, o deixará e irá ao encontro de um outro para tratá-lo da mesma maneira, lembrando-se de começar sempre por aquele que tiver alguém junto de si e de terminar pelos que estiverem sozinhos, para poder ficar com eles por mais tempo; e depois voltará à noite para trazer-lhes a ceia com os mesmos utensílios e a mesma ordem que acima.[12]

O tato e o carinho que transparecem nas últimas linhas encontram-se também nas prescrições a respeito da assistência à morte dos doentes mais graves, das providências para seu enterro por parte da confraria e da presença das servidoras dos pobres em seus funerais, "no lugar de mães que acompanham seus filhos ao túmulo". A administração dos bens temporais é estritamente regulamentada, com fiscalização, relatórios, votações e disponibilização dos resultados para os senhores do conselho municipal, para que, em caso de má gestão, possam informar o arcebispo a respeito. Mas também é assinalado, saboroso esclarecimento, que a tesoureira, escolhida por sua probidade, deverá merecer crédito por sua simples declaração no momento da prestação de contas, sem que venha a ser questionada, nem seu marido ou seus filhos, pois caso contrário ninguém desejaria assumir o encargo...

O apoio espiritual é importante: no terceiro domingo do mês, a confraria, reunida na capela, assistirá à missa, cantará as litanias, praticará a correção fraterna e debaterá o bem dos doentes, com votações para aperfeiçoar o serviço. Todo ano, na quarta-feira depois de Pentecostes, todas as pessoas eleitas para um cargo o entregarão. Elas não podem ser reeleitas, sendo sucedidas por uma nova equipe, para preservar a humildade na instituição. A vida pessoal dos membros da confraria observa "regras comuns":

---

12 Coste, *Correspondance*, op. cit., XIII, p. 428.

DE CHÂTILLON-LES-DOMBES À SEGUNDA ESTADA COM OS GONDI   139

confissão e comunhão pelo menos quatro vezes por ano, oração pessoal pela manhã e à noite, de acordo com indicações precisas. Registremos por fim esta regra, que prefigura o futuro entendimento entre Vicente de Paulo e Francisco de Sales: "As que souberem ler, lerão todo dia, pausada e atentamente, um capítulo do livro de monsenhor o bispo de Genebra, intitulado *Introduction à la vie devote* [Introdução à vida devota]."

A Caridade desperta entusiasmo já no mês de agosto. O ato de criação da confraria menciona a eleição das "senhoritas" Françoise Baschet, como prioresa, e Charlotte de Brie, como tesoureira. O procurador é Jean Beynier, mencionado acima. Françoise e Charlotte não são as jovens ávidas de festas, banquetes e aventuras levianas que os biógrafos de antigamente gostavam de descrever. Casadas, certamente não tinham direito ao apelativo de "senhorita", sendo o de "senhora" reservado às mulheres da mais alta nobreza. Mas Françoise Baschet, viúva de Antoine de Brie, desposado a 13 de setembro de 1581, e casada em segundas núpcias com o senhor de La Chassagne, tem na época entre 50 e 55 anos e não é companheira de brincadeiras, mas mãe de Charlotte, casada com Michel Du Gué a 13 de junho de 1602, já viúva e casada em segundas núpcias com Philibert Cajot, senhor de Burnan.[13] A todo momento encontramos a assinatura de Charlotte de Brie, de bela caligrafia redonda, perfeitamente legível, no livro de contabilidade da confraria nascente que consultamos em Châtillon. O trabalho das senhoras é muito cuidadoso, embora escrevam como pronunciam (*"pleusse"* em vez de *"plus"* etc.) e às vezes esqueçam de pôr o "s" no plural. A colaboração imediata de Françoise Baschet de La Chassagne e Charlotte de Brie para o andamento da confraria mostra também que, embora levem uma vida mundana de acordo com sua posição, essas senhoras têm o hábito de se dedicar às obras de caridade.

É verdade que Vicente de Paulo é um catalisador de caridade fora do comum já nesse período de sua vida. Disso dá testemunho o fato de a

---

13 Esses esclarecimentos foram extraídos das descobertas do P. Koch nos arquivos da cidade de Châtillon.

Confraria da Caridade de Châtillon não parar de crescer após sua partida. Durante a fome de 1629, e depois a peste de 1630-1631, a distribuição de trigo, a corajosa assistência aos doentes mudariam a fisionomia da região. Em sua carta de 1656 citada acima, o "pequeno Jean Garron", já agora grande, conclui com estas palavras: "O senhor ficará satisfeito de saber que, em Châtillon, a Caridade das servidoras dos pobres continua em vigor."

Antes de deixar Châtillon-les-Dombes, é preciso saudar o conde de Rougemont. Ao contrário do que afirma a lenda, ele não foi convertido por Vicente, mas teve um peso em seu itinerário. Fidalgo de Bresse, retirado em seu castelo de Chandée, perto de Châtillon, o conde de Rougemont já renunciou à vida mundana quando da chegada de Vicente, e apoia as obras de piedade. Pôs à disposição das ursulinas uma de suas casas de Châtillon, e também domou sua paixão pelos duelos. Mudou de vida de tal maneira que o arcebispo de Lyon o autorizou a receber o Santo Sacramento em sua capela. Tendo ouvido falar de sua devoção, Vicente vai visitá-lo, os dois rapidamente se tornam amigos e o conde de Rougemont conta-lhe o seu derradeiro desapego. Em 1659, numa conferência a seus missionários, o senhor Vicente ainda se mostrava maravilhado:[14]

Disse-me ele em particular isto [...] que certo dia, saindo em viagem, como se voltasse para Deus, como de hábito, procurou ver em si mesmo se, desde o tempo em que renunciara a tudo, ainda lhe restava ou sobreviera algum apego; percorreu seus negócios, seus bens, suas alianças, sua reputação, os grandes feitos, os pequenos divertimentos do coração humano; vira, revira, e por fim vai dar em sua espada. "Por que a levas contigo?", pensou; "como suportarias sua privação? O quê?! Deixar esta cara espada que tão bem me serviu em tantas oportunidades e que, depois de Deus, tirou-me de mil perigos!? Se voltassem a me atacar, eu estaria perdido sem ela. Mas também pode ocorrer alguma disputa na qual não terás a força, carregando uma espada, de não usá-la,

---

14 Coste, *Correspondance*, op. cit., XII, p. 231-233, conferência nº 205, 16 de maio de 1659, *De l'indifférence*.

DE CHÂTILLON-LES-DOMBES À SEGUNDA ESTADA COM OS GONDI 141

e assim novamente ofenderás Deus. Que farei, ó meu Deus?, pensou ele; semelhante instrumento da minha vergonha e do meu pecado seria capaz de ser caro ao meu coração? Vejo apenas esta espada a me embaraçar, oh! não mais serei covarde a ponto de carregá-la." E nesse momento, vendo-se diante de uma enorme pedra, ele desce do cavalo, toma a espada, bate na pedra, e bate, e bate; e por fim a rompe e a deixa em pedaços e se vai [...]. Grande lição, senhores, grande confusão para um miserável como eu...

O gesto do conde de Rougemont corresponde ao estado de espírito de Vicente ao deixar Châtillon, donde a nitidez da lembrança. Preocupado já agora em não se apegar, ele sempre haveria de encontrar uma rocha na qual quebrar sua espada para permanecer fiel à Providência. Com a fundação das Caridades, ele entra para a história da França. Não que as iniciativas caritativas fossem inexistentes antes dele, pois já vinham da Idade Média. Mas "a instituição, constantemente desenvolvida, constitui a primeira forma organizada de assistência social em nosso país".[15]

Não conhecemos o conteúdo da conversa de Vicente com Bérulle a 23 de dezembro de 1617, mas apenas seu resultado. Cabe notar que Bérulle não podia indispor-se com os Gondi. Na medida em que eles se obstinavam e haviam envolvido o bispo de Paris em seu jogo, restava apenas inclinar-se. Na véspera do Natal, Vicente volta ao encontro da família, que o recebe com gritos de alegria. Mas ele ganhou sua liberdade. A partir de agora, Antoine Portail, que até o fim da vida haveria de se tornar seu mais próximo colaborador, é incumbido da educação das crianças. Vicente, por sua vez, entrega-se com fervor às missões e à fundação das Caridades — para começar, nas terras dos Gondi.

Após o sucesso da prédica de Folleville, Françoise-Marguerite refletiu sobre o desenvolvimento das missões. Mulher prática, traça o plano de reservar uma soma de 16 mil libras para a comunidade que aceitar sair

---

15 Bertière, op. cit., p. 64.

em missão, de cinco em cinco anos, pelo conjunto das terras da família. Uma comunidade, pois a experiência mostrou que um padre sozinho não podia levar a tarefa adiante. Nessa perspectiva, portanto, a generala incumbe Vicente de sair em busca.[16] Mas a tentativa falha. Solicitado, o padre Charlet, provincial dos jesuítas, responde que vai escrever a Roma, porém, em Roma, o superior-geral frustra a iniciativa. Por sua vez, nem Bourdoise em Saint-Nicolas-du-Chardonnet nem Bérulle no Oratório consideram dever aceitar a oferta. Françoise-Marguerite recorre então a uma solução provisória. Com o retorno de Vicente, ela faz seu testamento — que viria a renovar todo ano —, estipulando que ao morrer deixará 16 mil libras para o senhor Vicente fundar essa missão quinquenal, na modalidade que então julgar conveniente.

À espera do momento de execução do testamento, a generala, apesar da saúde frágil, abraça com entusiasmo a visão de Vicente. As missões se multiplicam nas terras dos Gondi, vindo a fundação de uma Confraria da Caridade coroar cada missão e perpetuar seu impulso. Em 1618, três Caridades já foram fundadas: a 23 de fevereiro, em Villepreux, a 9 de setembro, em Joigny, e a 11 de novembro, em Montmirail. Em 1620, os domínios picardos de Folleville, Paillart e Sérévillers seriam atendidos, e em seguida o conjunto das dioceses de Beauvais, Soissons e Sens. Entre 1618 e 1625 — data de sua partida definitiva da casa dos Gondi —, Vicente realiza missões e cria Caridades em trinta a quarenta paróquias. Aos poucos, o regulamento se aperfeiçoa.

Villepreux, no atual departamento de Yvelines, é o local da primeira grande missão e da primeira confraria depois da Confraria de Châtillon. Seus habitantes no século XXI ainda se orgulham. O amável paroquiano em cuja casa vamos buscar as chaves da igreja da velha Villepreux para visitá-la no verão de 2013 aceita ouvir falar de Châtillon-les-Dombes, mas insiste em lembrar que Villepreux é que foi, em toda a França, o lugar dessa primeira realização conjunta. Cidade antiga e cidade moderna vivem no

---

16 Abelly, op. cit., t. 1, p. 35; Coste, *Le Grand Saint...*, op. cit., p. 90.

clima de Vicente de Paulo. A Igreja de Saint-Germain l'Auxerrois, cujas partes mais antigas remontam ao século XII, retraça na capela São Vicente do seu coro o trabalho ali realizado. A rua que desce da igreja na direção da estrada, deixando à direita a Rue des Orfèvres, oferece ao olhar do visitante a fachada da "Casa São Vicente": três casas emparelhadas da época medieval restauradas pela comunidade. Ali é que foi fundada em 1618 a Confraria da Caridade.

A partir de 1618, em Villepreux mas não só, vários padres se mobilizam para ajudar Vicente nas missões. Collet cita "o sr. Cocqueret, doutor da casa de Navarre, os srs. Berger e Gontière, conselheiros-clérigos no Parlamento de Paris, e vários outros virtuosos padres".[17] Ele frisa em particular que, paralelamente ao socorro espiritual, não é esquecido o atendimento às necessidades temporais. Vários regulamentos das Caridades dessa época chegaram até nós. O de Joigny serviu de modelo aos outros.[18] Menos detalhado que a carta de Châtillon-les-Dombes, e também menos espontâneo, o texto de Joigny tem o mérito de manter e pormenorizar o equilíbrio original entre o sopro espiritual e a exigência jurídica. É muito preciso no que diz respeito à coleta de doações. Os meios de ação nunca são tratados ao acaso, o que seria uma das características marcantes das realizações de Vicente de Paulo. Cabe notar que em Joigny, estando Vicente ausente, a sra. De Gondi o substitui. Seu compromisso é total: "Nesse dia, na presença do bailio, do procurador fiscal e das mais notáveis personalidades locais, reunidos na capela do Hôtel-Dieu, a sra. De Gondi entregou ao pároco de Villecien o documento com a aprovação do arcebispo de Sens, pedindo-lhe que assumisse a direção da obra. O pároco de bom grado aquiesceu, e então procedeu, segundo as regras habituais, à fundação da confraria, que desde o início compreendia 42 mulheres, vinte das quais não souberam assinar o nome. A sra. De Gondi foi nomeada prioresa."[19]

---

17 Collet, op. cit., t. 1, p. 87.

18 Coste, *Correspondance*, op. cit., XIII, p. 440-445, documento nº 127, *Charité de femmes de Joigny*.

19 Coste, *Le Grand Saint...*, op. cit., p. 123.

Em toda parte a Confraria da Caridade, prolongamento da missão, tem como vocação enraizar esta última na realidade cotidiana da vida. A própria missão transcende a questão inicial das confissões gerais. Trata-se de levar o Evangelho ao campo. O trabalho em determinado lugar dura várias semanas, às vezes até dois meses. O esquema de uma missão é calibrado com precisão. Abelly descreveu o funcionamento típico, fixado já a partir das primeiras experiências.[20]

Nenhuma delas é realizada sem ordem expressa do bispo e o consentimento do pároco local. Quando não ocorrem, busca-se outro lugar. A missão começa num domingo ou num feriado com um sermão de anúncio pela manhã, seguido de outro depois das vésperas, para exortar à penitência e explicar como se confessar. Dias depois, tendo a equipe de dois ou três padres chegado ao local, a missão propriamente dita tem início, adequando-se ao ritmo de vida dos camponeses. Sucedem-se prédicas, catecismo, confissões, visitas aos doentes. Vicente também dá muita importância a um elemento que seria encontrado em todas as missões, mesmo nos piores contextos: o perdão das ofensas. Um tempo específico é reservado para permitir reconciliações entre os habitantes, seja o desentendimento recalcado ou haja algum conflito aberto.

Os horários da missão são rigorosos. Diariamente, três tempos demarcados: uma prédica bem cedo pela manhã, antes de os pobres do campo saírem para o trabalho; o pequeno catecismo, para as crianças, no início da tarde; e o grande catecismo à noite, na volta do trabalho. O tema das prédicas gira em torno dos fins últimos, das grandes verdades da fé, das virtudes e dos pecados. Insiste-se na maneira de orar corretamente, de frequentar os sacramentos com dignidade, de assistir à missa na atitude íntima que convém, de imitar Nosso Senhor. A ordem das prédicas, sua duração e até seu tema mudam em função da natureza e das necessidades do auditório. A sessão de catecismo começa com uma breve recapitulação da sessão anterior.

---

20 Abelly, op. cit., t. 2, p. 11-15, p. 21-22. Todas as citações subsequentes são tiradas dessas páginas.

O catecismo das crianças é muito vivo. No primeiro dia, um breve discurso às crianças reunidas as exorta a comparecer às sessões, explicando como se comportar. "E então, nos dias seguintes lhes são dadas instruções sobre a fé, os principais mistérios de nossa religião, os mandamentos de Deus e as outras matérias tratadas no grande catecismo; mas tudo de maneira muito familiar e proporcional ao alcance de seu pequeno espírito. Esse pequeno catecismo não é feito do púlpito, mas entre as crianças, levando-as no fim a cantar os mandamentos de Deus para melhor inculcá-los em seu espírito. No fim da missão, são preparadas com particular cuidado as crianças que ainda não receberam o Santíssimo Sacramento e são consideradas capazes de recebê-lo, para fazer sua primeira comunhão."

Ao longo do ano de 1620, quando as missões chegam ao seu auge nesse regime, Montmirail é palco de um acontecimento que corrobora sua intuição aos olhos de Vicente, ao mesmo tempo nos proporcionando informações interessantes sobre sua atitude em relação aos protestantes. A sra. De Gondi pede a Vicente que faça a conversão de três "hereges" da região.[21] Convida-os a ir ao castelo durante duas horas por dia ao longo de uma semana, para que Vicente possa ouvir suas objeções, instruí-los e tentar "resolver suas dificuldades". Dois deles se convertem. Mas o terceiro passa ao ataque, não sem certa astúcia. Diz a Vicente que a Igreja de Roma não pode ser conduzida pelo Espírito Santo, como afirma, ao deixar os católicos do campo entregues a padres degenerados e ignorantes, enquanto as cidades estão cheias de padres e monges que nada fazem. Vicente protesta, faz justiça aos colegas das cidades, garante que o campo está sendo cuidado e isenta o Espírito Santo das transgressões dos que se mostram rebeldes a sua inspiração. O protestante faz pé firme em suas posições. Mas, cada um de seu lado, ambos refletem.

Vicente vê na reação do interlocutor a confirmação de que os pobres do campo são a prioridade absoluta. Pode assim avaliar a que ponto uma

---

21 Abelly, op. cit., t. 1, p. 54-57.

reforma do clero é necessária. Por sua vez, o protestante assiste no ano seguinte ao desenrolar de uma missão nas terras de Montmirail. Tocado pelo carinho com que cuida do corpo e da alma dos pobres, diz querer tornar-se católico. Vicente o põe à prova. Uma primeira cerimônia na igreja de Marchais não teria êxito. Um menino do catecismo, interrogado publicamente por Vicente, é que responderia com inteligência e simplicidade à derradeira objeção do postulante. Que por sua vez finalmente seria admitido na cerimônia seguinte.

Influência em Vicente de Paulo da suavidade de Francisco de Sales, bispo em região protestante e com o qual passou então a se relacionar? Desconcertantes lembranças de sua infância em Pouy no fim das Guerras Religiosas? Seja como for, é ao coração e à inteligência que Vicente pretende dirigir-se para converter os "heréticos". Para ele, a violência nunca seria o bom caminho.

No período de gestação das Caridades, que chega a 1624-1625, funcionaram uma ou duas confrarias exclusivamente masculinas, para ensinar um ofício aos adolescentes, tendo a primeira começado em Folleville em 1620. A experiência, provavelmente demasiado afastada da inspiração inicial das confrarias, não duraria. Por outro lado, as Caridades mistas de Joigny (maio de 1621), e depois de Montmirail, Courbon e Montreuil,[22] equilibrando as responsabilidades — os homens cuidam dos pobres válidos e as mulheres, dos inválidos — poderiam ter funcionado. Mas não funcionam. Vale a pena conhecer o diagnóstico de Vicente sobre os motivos desse fracasso. Em 1650, ele escreve a Etienne Blatiron, superior da Missão em Gênova, que está montando uma Caridade e se sente atrapalhado pelos controles que lhe querem impor: "Vou-lhe dizer [...] que, quanto aos protetores e conselheiros, seu emprego pode ser bom na Itália; mas a experiência levou-os a ver que é prejudicial na França. Homens e mulheres juntos não se entendem em matéria de administração; aqueles querem assumi-la inteiramente e

---

22 Ver Coste, *Correspondance*, op. cit., XIII, p. 446, 511, 521, para o texto do regulamento dessas confrarias.

DE CHÂTILLON-LES-DOMBES À SEGUNDA ESTADA COM OS GONDI **147**

estas não o suportam. As Caridades de Joigny e Montmirail foram desde o início governadas por ambos os sexos [...], porém, por haver comunidade de bolsa, foi necessário retirar os homens. E posso dar este testemunho em favor das mulheres, de que nada há a reparar em sua administração, de tal maneira evidenciam cuidado e fidelidade."[23]

Este depoimento é essencial: "Tirem as mulheres da vida de Vicente de Paulo, e não há mais 'são' Vicente de Paulo", declara-nos, em tom meio divertido, meio solene, o padre Claude Lautissier, arquivista da Congregação da Missão. E de fato é graças a mulheres notáveis, nas três ordens do reino, que viria a se desenvolver a ação caritativa de Vicente. E ele seria sempre grato a elas.

Outro episódio significativo desse período: o estabelecimento da Caridade de Mâcon. A experiência é reveladora da maneira como o problema da pobreza se coloca na época para as autoridades da cidade. Vicente não tinha *a priori* nenhum motivo para cuidar de caridade em Mâcon, já que voltara sua ação para o campo. Mas em setembro de 1621, retornando de Marselha, ele atravessa a cidade. A multidão de mendigos sujos e violentos que formigam nas ruas imediatamente toca seu coração. Desde 1610, de fato existe uma associação de Caridade, denominada Esmola, fundada pelo decano do capítulo, o cônego Chandon, em cooperação com a comuna. Entretanto, sem organização nem controle, a ajuda funciona como uma chaminé, em vez de resolver a questão da mendicância. Vicente então traça um plano para cuidar do problema em toda a cidade. Presunção? É o que pensam inicialmente as autoridades da cidade, mas o sarcasmo não intimida nosso herói. E ele tem razão, pois consegue o apoio do bispo local, monsenhor Louis Dinet, e a 16 de setembro reúnem-se na prefeitura o tenente-general, os magistrados da cidade, o decano da catedral, os burgueses e os principais comerciantes, numa sessão nada banal, no dizer do próprio Moisson, procurador do rei: "O mencionado senhor Moisson

---

23 Coste, *Correspondance*, op. cit., IV, p. 71, carta n° 1254, a Etienne Blatiron, superior em Gênova, 2 de setembro de 1650.

declarou extraordinário o tema daquela assembleia, tratando-se ao mesmo tempo de devoção e polícia."[24]

Com as duas últimas palavras, as coisas estão claras. Vicente pensa no Cristo e na salvação do pobres mendigos, as autoridades pensam na ordem pública. Mas a mistura das duas coisas haveria de se revelar fecunda. Duas associações são fundadas sob a proteção de São Carlos Borromeu, uma formada por homens, e a outra, por mulheres. É feita uma lista de todos os pobres da cidade, que chegam a trezentos. Os notáveis da cidade, mas não só eles, se comprometem com doações anuais em dinheiro e produtos (trigo, alimentos, roupa de cama, lenha, utensílios domésticos...) e as senhoras organizam coletas dominicais. Após a missa dominical, da qual participam, os pobres recebem pão, dinheiro e roupas em função de suas necessidades e encargos de família, exceto se tiverem mendigado durante a semana, pois, em contrapartida, a mendicância fica proibida. Os válidos e capazes de trabalhar receberão um simples complemento do salário, para não estimular a ociosidade. Os doentes serão visitados e cuidados. Os "pobres envergonhados" — os que têm pudor de declarar sua condição — serão buscados e ajudados com discrição. Os membros das duas associações de caridade reúnem-se semanalmente para repassar a lista dos pobres, acrescentar beneficiários, punir os que tiverem infringido o regulamento etc.

Em três semanas, a coisa está funcionando. É o que relata o superior do Oratório de Mâcon, padre Desmoulins, tendo sido testemunha ocular. Por sua vez o abade Laplatte, historiador de Mâcon, forneceria dados precisos sobre o alcance do fenômeno.[25] Os biógrafos de Vicente afirmam que ele deixou a cidade em meio à alegria e ao reconhecimento generalizados. E

---

24 Ibidem, XIII, p. 498, in *La Charité de Mâcon d'après les registres de l'Hôtel de Ville*, documento n° 134. Coste reuniu antes e depois desse texto vários documentos sobre a Caridade de Mâcon, entre eles a ata da reunião realizada no dia seguinte na igreja capitular.
25 Coste, *Correspondance*, op. cit., XIII, p. 490, documento n° 133, *La Charité mixte de Mâcon, d'après le récit de M. l'abbé Laplatte*.

DE CHÂTILLON-LES-DOMBES À SEGUNDA ESTADA COM OS GONDI   149

certamente não exageram, pois o próprio Vicente, nada afeito a relatos lisonjeiros, diria o mesmo a Louise de Marillac em 1634.[26]

A experiência de Mâcon é como um prelúdio à sinfonia das atividades caritativas que Vicente logo estenderia à escala de toda a França. Também mostra que a pobreza e a mendicância representavam um problema espinhoso nas cidades. A partir de 1618, anualmente são reeditados em Paris os decretos contra os pobres, considerados um risco para a segurança pública. No fim da década de 1620, a correspondência entre Mathieu Molé, procurador-geral do Parlamento de Paris, e o ministro da Justiça, Michel de Marillac, a respeito do "encarceramento dos pobres" revela a dificuldade de encontrar a atitude justa.[27] Ambos habituados a levar a sério seus deveres, eles consideram normal deter por ordem do rei os pobres das ruas de Paris e encarcerá-los em casas, para encaminhar as crianças a um aprendizado e as pessoas válidas, a oficinas.

Podemos assim avaliar a originalidade de Vicente. Jamais ele introduziria os pobres num sistema em que as decisões essenciais de suas vidas não lhes coubessem mais. Quanto mais assistimos ao desenvolvimento de suas atividades caritativas, mais fica evidente que a intuição cristã fundamental, segundo a qual é necessário ver — em cada pobre, antes de mais nada — o Cristo, altera radicalmente a relação com a pobreza.

---

26 Ibidem, XIII, p. 833, carta nº 169, in *Supplément*.
27 Ver Mathieu Molé, *Mémoires*, editadas por Aimé Champollion-Figeac para a Société de l'histoire de la France, Paris, J. Renouard et Cie, v. 4, 1855-1857, aqui t. 1 (1614-1628).

7

Capelão-geral das galés do rei
A partir de 1618

Depois da passagem por Châtillon-les-Dombes, a volta de Vicente de Paulo ao convívio dos Gondi inaugurou o tempo das fundações: acabamos de assistir ao desabrochar de uma floração de iniciativas destinadas a durar. A partir de agora, não podemos mais acompanhar o desenrolar da vida de Vicente de maneira apenas linear. É necessário examinar seus compromissos um a um, tendo consciência de que ele cuida de tudo ao mesmo tempo. Por exemplo, é durante as atividades em que se empenha para as primeiras missões e o nascimento das Caridades na Île-de-France, na Picardia e em Champagne que ele começa a realizar uma de suas obras de assistência mais célebres: a missão de capelão junto aos galerianos.

Para nos situar no contexto, cabe lembrar que Philippe-Emmanuel de Gondi é general das galés do rei desde 1598. Quase poderia ser considerada uma função familiar, pois de aproximadamente 1572 a março de 1635, cinco Gondi haveriam de se suceder no cargo, até que Richelieu viesse a se apropriar dele em benefício dos seus.[1] O general das galés, que na época

---

1 Ver Michel Vergé-Franceschi, "Oficiais e pessoal das galés", in *Dictionnaire du Grand Siècle*, op. cit., p. 1112-1113. As citações e indicações que se seguem também são tiradas desse artigo.

152 SÃO VICENTE DE PAULO

de Philippe-Emmanuel é chamado "almirante da Provença e do Levante", com o título de "tenente-general para os mares do Levante", é muito menos poderoso que o almirante de França, mas não deixa de ser um grande senhor. Tendo sob suas ordens um tenente-general das galés, que "monta a galé padrão", o general das galés não vai necessariamente ao mar. Mas Philippe-Emmanuel gosta de ocupar seu cargo nos combates navais.

Chefes de esquadra das galés, capitães — não raro proprietários de uma galé, à qual dão seu nome —, capitães-tenentes e subtenentes formam a hierarquia de comando do corpo de oficiais. Muitos oficiais das galés são cavaleiros de Malta, servindo alternadamente nos navios do rei da França e nos da Ordem. Ao lado dos oficiais de espada, temos os oficiais de pena: escritores, comissários, intendentes das galés. Do pessoal de uma galé também fazem parte o comitre, mestre de manobras, e os subcomitres, encarregados da obediência dos galerianos pelo uso de apitos. Os forçados, isto é, o conjunto dos remadores, fica à mercê dos beleguins e sub-beleguins, que exercem a bordo a função policial, manejando o chicote para castigar a menor falha. Até Francisco I, os forçados incluíam ao mesmo tempo homens livres, aventureiros voluntários — os *bonnevoglies* — e escravos prisioneiros de guerra ou capturados no mar. Em meados do século XVI juntaram-se a eles os condenados à morte, cuja pena era assim comutada, além de mendigos, vagabundos, soldados desertores, ladrões.

As condições de vida dos galerianos forçados eram pavorosas, fosse no mar ou na terra. Embarcações longas de bombordo de remos e velas de desempenho medíocre, as galés, "embora fossem capazes de avançar sem vento, ir contra o vento e mover-se com facilidade nos baixios, graças ao pequeno calado, em compensação [...] eram incapazes de mudar de direção ou de enfrentar um mar mais pesado".[2] Esses navios de guerra só deixavam seu porto, portanto, para cruzeiros curtos, de algumas semanas, não se afastando muito do litoral. Em caso de expedições mais distantes, faziam

---

2 Marc Vigié, artigos "Galères" e "Galériens", in *Dictionnaire historique...*, op. cit., p. 633-634 e 636-637.

longa arribação no caminho em portos amigos. Os galerianos deviam fazer enormes esforços para alcançar a velocidade máxima de cinco nós. Queimados pelo sol do Mediterrâneo, castigados pela chuva e o vento, à mercê de doenças endêmicas e epidêmicas, esses condenados do mar viviam amontoados como gado. As galés tinham pouca autonomia no mar. Apesar da distribuição das remadas por equipes, os remadores rapidamente ficavam esgotados. "O amontoado a bordo tornava-se particularmente insuportável nas campanhas, quando era necessário compartilhar os 450 metros quadrados disponíveis entre os 450 homens embarcados. Além dos forçados, era necessário acomodar a tripulação livre, a mestrança, as tropas de assalto, o estado-maior... Com a subnutrição, essa promiscuidade acarretava consideráveis índices de mortalidade." A inadequação das galés para a navegação em alto-mar, associada ao mau tempo, tinha como consequência que, do fim do outono a meados de março, as embarcações não deixavam sua base tradicional em Marselha.

Mas em terra a situação dos galerianos era quase pior. Para começar, para os novos forçados, havia o calvário da viagem de Paris a Marselha, onde tinham de caminhar a pé arrastando as correntes, sujeitos a pancadas e vexames e mal alimentados. Ao chegar, uma morna e sufocante ausência de esperança os aguardava. Pois a morte em curto prazo — "dois terços das mortes eram registradas nos três primeiros anos"[3] — ou os grilhões em caráter perpétuo eram as únicas perspectivas autênticas. É verdade que havia condenações "com prazo", vale dizer, de duração determinada, mas na prática o rei libertava pouco, "exceto quando tinha mais necessidade de soldados que de remadores". Os antigos desertores, mesmo condenados à pena perpétua, tinham então prioridade no perdão, mas sua libertação tinha como corolário obrigatório uma imediata incorporação às tropas na frente. Quanto ao forçado libertado após cumprimento da pena, ficava proibido de permanência em Paris, Marselha ou onde quer que o rei residisse, impossibilitado de acesso a algum cargo ou benefício, de prestar

---

3 Marc Vigié, *Dictionnaire historique*, ibidem.

testemunho na justiça... Nunca mais voltaria a ser um súdito normal. O condenado a pena perpétua era considerado morto aos olhos da sociedade. A fuga era quase impossível. Quando as galés estavam no porto, os forçados tricotavam meias de lã, trabalhavam no arsenal — ou na cidade, sempre acorrentados, se o habitante aceitasse empregá-los —, cuidavam da manutenção das embarcações e se entregavam a todo tipo de tráfico. Doentes, não eram tratados, exceto em casos extremos. E a noite trazia promiscuidade, miséria, lágrimas e às vezes sangue.

Não fosse o general De Gondi, não podemos imaginar como Vicente de Paulo teria podido agir sobre esse mundo, rejeitado à margem da vida por populações que o temiam. Mas cabe notar que o encontro não se deu imediatamente. Consideramos provável que Vicente tenha falado de sua experiência na Barbaria a Bérulle e ao próprio general ao entrar em sua casa. Mas, em 1613, Vicente ainda não vivenciou a grande reviravolta que haveria de entregá-lo inteiro às sugestões da caridade. Além disso, ele é contratado como preceptor, embora seu trabalho se revele de pouca importância sob esse aspecto. Numa sociedade de papéis estritamente delimitados, não é o general das galés que Vicente deve acompanhar em seus deslocamentos, mas a esposa e os filhos. Em compensação, tendo voltado para a casa dos Gondi no Natal de 1617 com o desejo de dar tudo aos pobres, o senhor Vicente já nos primeiros meses de 1618 vai visitar em Paris a Conciergerie.

E, de fato, era sobretudo na Conciergerie, mas também em outras prisões de Paris, que os forçados esperavam a ordem de partida para Marselha. Os biógrafos de Vicente nos dizem que ele ficou horrorizado. As condições do seu cativeiro na Barbaria não o haviam levado a masmorras úmidas, sujas e mal arejadas como aquelas em que os galerianos passavam horas intermináveis, devorados por parasitas, minados pela febre, abandonados por todos, presas da revolta na alma. O que fazer? As prisões de Paris não estavam sob as ordens do general das galés, mas do procurador-geral. Desde 1614, o procurador-geral era Mathieu Molé, que encontramos no capítulo anterior, magistrado de grande probidade e espírito independente. Muitos anos depois, Mathieu Molé estabeleceria estreitos vínculos de amizade com o senhor Vicente. Teria ocorrido aqui, então, seu primeiro encontro? De qualquer maneira, Vicente vai vê-lo, "com lágrimas nos olhos", e, apoiado pelo general das galés, amigo de Molé, roga-lhe que melhore a condição dos forçados.

A iniciativa é coroada de sucesso. Pouco tempo depois, os forçados são reunidos numa vasta casa do Faubourg Saint-Honoré, perto da Igreja de São Roque, onde recebem alimentação mais sadia e abundante. Monsenhor Henri de Gondi exorta os párocos e pregadores de Paris, por uma circular com data de 1º de junho de 1618, a estimular os fiéis a favorecer com todos as forças esse empenho de atendimento.[4] Sua irmã Claude-Marguerite, viúva do marquês de Maignelay, é uma das primeiras doadoras, de incrível generosidade. As visitas também afluem. Ao passo que antes os forçados eram entregues ao abandono, de repente começam a aparecer visitantes endinheirados para consolá-los. O observador moderno fica tentado a ironizar. Mas seria esquecer que o primeiro século XVII, por trás do minucioso respeito das hierarquias sociais, esconde uma verdadeira simplicidade de relações humanas.

Mas também aqui é Vicente o catalisador. Sem se preocupar com o risco de contágio, ele passa dias inteiros ao lado dos forçados. Quando é chamado por suas obrigações a deixar Paris, dois de seus colaboradores próximos tomam seu lugar: o padre Antoine Portail, que já o assiste em tudo, mas também o padre Belin, capelão do castelo dos Gondi em Villepreux. Tocados por tanta dedicação, homens que viviam exclusivamente no ódio e no desejo de vingança pedem para se confessar, comungar. Vicente, que os tirou de um inferno moral, parece-lhes um anjo do céu. Pelo menos é esse o boato que corre em Paris. A ascendência adquirida por Vicente de Paulo sobre esses brutos não pode merecer incredulidade: são muitas as testemunhas. O "encantador de tigres" causa, então, estupefação. "Essas

---

4 Ver Chantelauze, *op. cit.*; Coste, *Le Grand Saint...*, op. cit., t. 1, p. 140; Collet, op. cit., t. 1, p. 94.

mudanças prodigiosas realizadas em tão pouco tempo por um humilde padre, pobre e sem recursos, tornaram-se durante algumas semanas o único assunto da Corte e da cidade."[5]

A Corte e a cidade são como a opinião pública hoje: superficiais. Fala-se do acontecimento durante algumas semanas, e depois se passa a outro assunto. Considera-se Vicente sem recursos porque sua atitude e suas roupas são humildes, ninguém investiga mais. Acontece que não só Vicente já dispõe a essa altura de meios materiais para agir — por intermédio dos Gondi e de suas relações devotas —, como não vai dedicar apenas algumas semanas aos galerianos. Nesse terreno, como nos outros, ele agora se compromete pelo resto da vida.

Em 1655, durante uma conferência às Filhas da Caridade sobre a finalidade de sua vocação, Vicente passa em revista as tarefas às quais Deus as destinou. Ao tratar dos forçados, a lembrança dos primeiros contatos volta com força intacta: "Ah, minhas irmãs! Que felicidade servir a esses pobres forçados, abandonados nas mãos de pessoas sem a menor piedade! Eu vi essas pobres pessoas serem tratadas como animais; o que fez com que Deus se compadecesse. Eles o fizeram ter piedade; e então sua bondade fez duas coisas em seu favor: primeiro, fez com que lhes fosse comprada uma casa; depois, ele quis dispor as coisas de tal maneira que fossem servidos por suas próprias filhas, pois dizer uma Filha da Caridade é dizer uma filha de Deus."[6]

Os acontecimentos se atropelam na memória de Vicente, pois as Filhas da Caridade só serviriam aos forçados, em sua prisão de Paris, a partir da década de 1640. Mas a afirmação pelo menos prova que houve continuidade, em sua cabeça como nos seus atos, de 1618 aos anos da maturidade.

E por sinal, em 1618, a experiência não se limita às iniciativas parisienses. Pois é ao longo desse mesmo ano que Philippe-Emmanuel de

---

5 Chantelauze, op. cit., p. 117.
6 Coste, *Correspondance,* op. cit., X, p. 125, conferência nº 71, 18 de outubro de 1655, *Sur la fin de la compagnie — Règles communes.*

CAPELÃO-GERAL DAS GALÉS DO REI

Gondi inicia em Marselha a construção de um hospital para os galerianos doentes. Por falta de recursos, a construção ficaria inacabada durante 25 anos, até que a duquesa d'Aiguillon retomasse a ideia para levá-la a cabo. Mas de qualquer maneira a construção do hospital foi iniciada em 1618, e Vicente sem dúvida alguma esteve envolvido na iniciativa:[7] no momento em que ocorre a transferência dos forçados de Paris para perto da Igreja de São Roque, sabe-se que ele está voltando de uma viagem a Marselha, junto aos galerianos.

Todo esse alvoroço acaba chegando aos ouvidos do rei, que, por sugestão de Philippe-Emmanuel, já no ano seguinte cria para Vicente de Paulo o cargo de capelão-geral das galés. A essa altura, devemos esclarecer duas coisas. Uma diz respeito a Vicente ante as instituições de Estado: ele não é nem jamais será um revolucionário. Nas situações complexas e trágicas do século — miséria social, lutas políticas intestinas, invasões estrangeiras —, Vicente encara as situações tal como se apresentam para envolvê-las em amor e tentar servir à paz, sem contestar as autoridades legítimas. O século XVII conheceu crueldades pavorosas. Vicente estaria sempre ao lado dos que sofrem, mas sua competência não é política e ele merece o respeito das estruturas estabelecidas.

Saindo em ajuda dos galerianos, ele sabe perfeitamente que sua condição é desumana. Mas na época todas as marinhas utilizam galerianos. Alguns anos depois, consciente da necessidade de dar à França uma marinha forte — e aconselhado de maneira inteligente por Isaac de Razilly, cavaleiro da Ordem de São João de Jerusalém —, Richelieu recorreria amplamente às galés de Malta para completar o efetivo. Na segunda parte do século, o histórico de serviços das galés parece modesto: mobilizadas junto às embarcações de grande calado, "elas servem sobretudo como guarda costeira, transportadoras e barcos espiões". Apesar disso, o historiador Marc Vigié frisa que "Luís XIV e Colbert, e depois Seignelay [as] consideraram sempre o instrumento privilegiado de sua política hegemônica no Mediterrâneo.

---

7 Coste, *Le Grand Saint...*, op. cit., t. 1, p. 141, nota 2.

Elas permitiam sustentar uma espécie de paz armada e apagar a lembrança do esplendor espanhol".[8]

Na sua esfera de ação, o que importa a Vicente é atenuar o sofrimento dos forçados e, se possível, trazer para Deus esses homens embriagados de revolta e ódio.

O segundo esclarecimento diz respeito ao rei. Em sua monumental biografia de Luís XIII, o historiador Jean-Christian Petitfils chamou a atenção para a personalidade firme e complicada daquele que decididamente foi "um grande rei". Desde a juventude, Luís XIII se mostra cheio de brios no que diz respeito à própria autoridade. A vontade de ser obedecido o torna capaz de castigar sem piedade cidades rebeldes. Mas ele tem uma concepção elevada de seu ofício de rei. De fé e devoção sinceras, manifesta em muitas oportunidades sua convicção de que terá de prestar contas a Deus sobre eventuais faltas do governo. Em 1619, ele tem apenas 18 anos. Está enredado num insidioso conflito com a mãe, Maria de Medici, que tenta reconquistar seu poder passado, e ainda é dominado por Luynes, o favorito que sucedeu a Concini. Mas não lhe faltam coração nem inteligência das situações. Não surpreende que se tenha mostrado sensível ao arrazoado do general das galés, a ponto de criar para Vicente de Paulo um cargo que lhe oferecia, de uma só cartada, um autêntico peso espiritual na vida do reino.

A patente de capelão-geral das galés[9] conferida a Vicente a 8 de fevereiro de 1619 escora-se numa dupla recomendação do conde de Joigny. Este "advertiu a Sua Majestade que seria necessário, para o bem e o alívio dos forçados que se encontram e se encontrarão nas mencionadas galés, escolher alguma pessoa eclesiástica de probidade e competência reconhecida, para incumbi-la do cargo de capelão real". E foi "por testemunho que o dito senhor conde de Joigny deu de seus bons costumes, devoção e integridade de vida, para receber e exercer o mencionado cargo" que

---

8 Marc Vigié, op. cit., p. 634.
9 Coste, *Correspondance*, op. cit., XIII, p. 55, documento nº 23, 8 de fevereiro de 1619.

"Sua Majestade, tendo compaixão dos mencionados forçados e desejando que aproveitem espiritualmente de suas penas corporais, concedeu e fez doação do dito cargo de capelão real ao senhor Vicente de Paulo, padre, bacharel em teologia".

A patente confere a Vicente de Paulo os mesmos direitos e honrarias desfrutados pelos outros oficiais da marinha do Levante, autoridade hierárquica sobre todos os outros capelões das galés e 600 libras de salário por ano. No verso do documento, com data de 12 de fevereiro de 1619, algumas linhas assinadas por Dufresne, na qualidade de secretário do conde de Joigny, registram o ato de juramento de Vicente de Paulo perante o referido conde.

Esse cargo seria mantido por Vicente durante a vida inteira, sendo transmitido a seus colaboradores. Já a 16 de janeiro de 1644, um novo ato real[10] autoriza o superior dos padres da Missão de Marselha a substituir Vicente de Paulo em seu cargo em caso de ausência, em decorrência de suas numerosas funções (estamos então sob a regência de Ana da Áustria, e Vicente é membro do Conselho de Consciência). No mesmo texto, o cargo de capelão-geral das galés do rei é oficialmente atribuído em caráter vitalício ao superior-geral titular da Congregação da Missão. Pois no intervalo entre a patente de 1619 e a de 1644, padres da Missão e Filhas da Caridade também se engajaram. Em compensação, em janeiro de 1644, já se passaram mais de dez anos desde que o último Gondi incumbido do generalato das galés teve de ceder o cargo, e a família nada mais tem a ver com o destino da marinha francesa. Mas seria injusto esquecer seu papel, inclusive no que diz respeito à capelania. Pois se um certo número de homens de destino quebrado foi capaz de descobrir por intermédio do senhor Vicente e dos seus a alegria de serem considerados pessoas dignas de serem amadas, foi graças à mediação de Philippe-Emmanuel de Gondi.

---

10 Coste, *Correspondance*, op. cit., XIII, p. 307, documento n° 91, *Brevet de nomination du supérieur général de la Mission comme aumônier général des galères.*

SÃO VICENTE DE PAULO

Um ato real de 1646,[11] enumerando as atribuições do superior-geral da Missão como capelão-geral das galés, permite-nos entender em que consiste já em 1619 o papel oficial de Vicente. O superior-geral é incumbido em 1646 da "direção espiritual [...], como sempre lhe coube na referida qualidade de capelão real, e desfrutou sobre as mencionadas galés e sobre os oficiais, soldados, marinheiros e forçados, sob a autoridade dos Ordinários". Em que consistia, portanto, essa direção espiritual? De acordo com o texto, ela se aplicava à consolação dos doentes, à administração dos sacramentos, à celebração da missa e à sepultura dos mortos. Na época em que Vicente assume o cargo, todos esses pontos deixam muito a desejar, e ele deve então reorganizar completamente a assistência espiritual aos forçados e verificar suas condições. Sem demora ele acresce a esse papel, como já vimos no caso de Paris, uma grande atenção às condições de vida dos homens, especialmente os doentes. Enquanto a Congregação da Missão não é fundada, Vicente realiza sobretudo visitas de auditoria. Faz várias viagens a Marselha — e mais tarde iria também a Toulon. Toulon era uma base de apoio, e as galés atracariam de maneira prolongada em seu porto de 1624 a 1630 e de 1649 a 1665, em particular para escapar de epidemias de peste. Marselha era a base permanente. Vicente visita as galés, avaliando de perto a situação de 2,5 mil a 3 mil forçados.[12] Sabemos que ele se encontra em Marselha no fim do verão de 1621, para em seguida retornar a Paris passando por Mâcon. Nessa data, o general De Gondi recebeu ordem de enviar as galés de Marselha a Bordeaux, para se preparar para o ataque a La Rochelle. Levantou âncora então com dez galés.

Antes de acompanhar o general em seus combates navais do início da década de 1620 — e as atividades de Vicente na sua trilha —, devemos dizer algo sobre o famoso episódio do forçado libertado. Uma abundante iconografia ilustrou com ternura esse suposto episódio da vida de Vicente. Cabe lembrar os termos do relato, com suas variantes. Tudo começa com

---

11 Ibidem, XIII, p. 309.
12 Chantelauze, op. cit.

CAPELÃO-GERAL DAS GALÉS DO REI

Abelly, que, no volume 3 de sua biografia de Vicente de Paulo, enumera alguns exemplos especiais de sua caridade.[13] Entre eles, um fato que teria sido atestado por várias pessoas sérias em Marselha e até, com base num depoimento indireto, pelo superior da Missão nessa cidade. Muito antes da fundação de sua Congregação, Vicente teria encontrado nos bancos das galés um forçado cuja mulher e os filhos passavam grande miséria em virtude de sua condenação. Compadecido, e tendo buscado recursos para ajudar essa família, Vicente, não o conseguindo, teria solicitado e obtido a liberdade do pobre homem, tomando os ferros no seu lugar. Passado algum tempo, tendo sido ventilado esse gesto extraordinário e reconhecido por seu devido valor, Vicente por sua vez também teria sido libertado. Interrogado muito mais tarde a respeito dos ferimentos em suas pernas, para saber se não se deviam ao fato de ter um dia tomado o lugar de um forçado, o senhor Vicente — ainda segundo Abelly — teria evitado responder com um sorriso. Suficiente prova, para o biógrafo, de que só a sua humildade (sempre ela!) o impedia de confirmar o gesto.

Considerando-se o que lembramos há pouco sobre as condições de detenção dos galerianos, não faltariam objeções aqui. E de resto o próprio Abelly, sentindo a fragilidade do relato, logo trata de ressalvar que, seja como for, o senhor Vicente "fez algo mais proveitoso para a glória de Deus, utilizando seu tempo, seus cuidados, seus bens e sua vida, como fez, para o serviço a todos os forçados, do que ter empenhado sua liberdade por um só deles". Observação judiciosa, que teria sido sábio levar até o fim de sua lógica. Mas não é o que acontece, pelo menos da parte de Collet no século seguinte. Ante as objeções que não faltaram, este cai na defensiva,[14] acrescentando dois elementos ao relato. Ao passo que Abelly mostrava-se evasivo quanto à data do fato, Collet afirma que Vicente de Paulo já era capelão-geral quando da troca de ferros, mas estava presente *incógnito* junto aos galerianos, por uma questão de humildade e para melhor observar suas

---

13 Abelly, op. cit., t. 3, p. 114.
14 Collet, op. cit., t. 1, p. 101-103.

condições de vida. E teria sido libertado porque a sra. de Gondi, preocupada porque ele não voltava, teria mandado buscá-lo. Vários historiadores e hagiógrafos corroboram no mesmo sentido, especialmente o cônego Maynard no século XIX, romanceando ainda mais o relato. Observamos aqui, de nossa parte, que a enérgica refutação do padre Coste, em *Le Grand Saint du grand siècle*, escora-se em argumentos de bom senso, ao mesmo tempo quanto à possibilidade prática do próprio gesto e motivações e à escolha de Vicente.

Em essência: ou Vicente faz o gesto exclusivamente com a autorização dos guardas — e sua ajuda, pois era necessária a chave para libertar o homem dos ferros —, e assim teríamos, de sua parte, uma curiosa inconsequência. Para realizar um ato de caridade, ele teria levado esses homens a faltar a seu dever. Sendo capturado, o condenado corria o risco de ter o nariz e as orelhas amputados, e os carcereiros, de serem enforcados. Ou então Vicente teria obtido a autorização junto aos responsáveis administrativos. Mas os intendentes das galés não podiam tomar tal decisão sem consultar Paris. E como o general das galés, devidamente informado, poderia avaliar semelhante iniciativa, da qual por sinal não temos o menor vestígio? Que teriam pensado as autoridades ao ver o capelão-geral — recém-nomeado ou a ponto de sê-lo — negligenciar sua missão por um impensado gesto de caridade? Por fim, devemos fazer a Vicente o obséquio de pensar que ele próprio é por demais consciente de seus deveres em relação aos milhares de forçados para tornar-se inútil para todos ao cuidar apenas de um deles.

Acrescentaremos que ele não tinha a menor necessidade de recorrer a um meio tão extremo para ajudar uma família infeliz. E, por sinal, o simples fato de levar em conta o que já indicamos a respeito de suas diversas atividades a partir dos primeiros meses de 1618 torna inverossímil semelhante ato.

Existe uma variante do relato acima reproduzido, variante esta mais plausível, mencionada em certos depoimentos, corroborada por alguns historiadores e magistralmente encenada, mais uma vez, no filme de Maurice Cloche: um gesto espontâneo de Vicente. Vendo numa galé em ação

CAPELÃO-GERAL DAS GALÉS DO REI

um homem tombar de cansaço e dor, ele teria se precipitado para remar no seu lugar. Variante secundária: tendo censurado um comitre por sua dureza com um galeriano, Vicente teria ouvido como resposta que bastava receber a chicotada no seu lugar, o que imediatamente teria aceitado. Em ambos os casos, não era necessário pôr os ferros. O historiador do século XIX Régis Chantelauze, muito documentado, não acredita na realidade de uma substituição. Mas não deixa de observar que, em suas visitas às galés, Vicente não hesitava em repreender os comitres.

Seja como for, essa segunda versão é capaz de resistir ao exame. Vai ao encontro da espontaneidade, absolutamente despreocupada do que se poderia dizer, preservada por Vicente até em plena Corte. O aspecto teatral do gesto também pode ter decorrido do desejo de Vicente de causar impressão, mostrando a desumanidade do tratamento dos forçados. Sabemos que ele tem senso de pedagogia. O certo é que, nos anos subsequentes a sua morte, persistia em Marselha a lembrança — confusa mas pertinaz — de um sacrifício de Vicente tomando o lugar de um galeriano. O caso, mencionado com as variantes no processo de beatificação, não foi levado em conta pela Igreja como fato comprovado, mas como um boato suficientemente persistente para ser mencionado. Mas é que, na primeira versão, a da troca de ferros, o boato entra em contradição com as realidades históricas, e foi essa a versão que permaneceu enraizada no coração das pessoas. Pierre Coste considera que essa "lembrança" pode ser resultado de uma mistura na memória popular entre o trabalho de Vicente de Paulo junto aos galerianos e seu cativeiro na Barbaria, quando foi divulgado. Uma hipótese que não pode ser excluída.

Mas não deixa de impressionar a força com que a imagem do senhor Vicente, tomando a seu encargo a miséria e a condição do forçado, conquistou o coração dos artistas e, por intermédio deles, do povo da França. Na Igreja de Santo André de Châtillon-sur-Chalaronne, por exemplo, onde os vitrais, como em tantos lugares frequentados por Vicente, relatam os momentos marcantes de sua vida, o da troca de ferros com o galeriano comove o espectador pela intensidade dos olhares. O afeto de Vicente de

Paulo passando horas junto aos galerianos, colocando-se no seu lugar moralmente para levar suas necessidades ao conhecimento das autoridades da Marinha, tomando a seu encargo sua miséria nas numerosas confissões que assume — esse afeto é bem real. Muitas vezes Vicente insistiria na necessidade de tentar adequar-se aos diversos momentos da vida do Cristo para segui-lo. Tomar para si o mal do homem para sofrer no seu lugar é o máximo do amor e da vida terrestre do Filho de Deus. A imagem do forçado libertado tinha portanto vocação para se enraizar na devoção popular. Se a letra é lendária, a autenticidade do espírito não deixa a menor margem de dúvida.

O general De Gondi não é um general de papel. A historiadora Simone Bertière, investigando em *Le Mercure françois*, encontrou relatos elogiosos de operações por ele comandadas.[15] Durante o inverno de 1621-1622, Philippe-Emmanuel faz uma parada em Lisboa com as dez galés com as quais segue para Bordeaux, volta em seguida ao mar e chega à embocadura da Gironda em junho de 1622. Junta-se, assim, à esquadra comandada pelo duque de Guise que enfrentará em batalha as forças de La Rochelle.

Cabe aqui lembrar o contexto político dessa luta, que se inscreve numa retomada de hostilidades entre católicos e protestantes no início da década de 1620 e só chegará ao fim depois do grande cerco de La Rochelle em 1627-1628, com a rendição da cidade e o Édito de Clemência de Alès, em 1629. O Édito de Nantes de 1598 deixara aos protestantes certo número de praças-fortes, mas eles deviam por sua vez devolver aos católicos bens que lhes haviam sido confiscados no tempo das Guerras Religiosas. No outono de 1620, perante a recusa dos bearneses de efetuar essas devoluções, Luís XIII monta uma expedição armada que se revela vitoriosa a baixo custo, e o culto católico é solenemente restabelecido em Pau.[16] O rei volta a Paris em triunfo.

---

15 Bertière, op. cit., p. 51-52.
16 Petitfils, *Louis XIII*, op. cit., p. 303.

Contudo, é uma vitória pírrica. A expedição de Béarn provoca a ira dos reformados, que temem um puro e simples desejo de erradicar o protestantismo. Os ânimos se exaltam nas províncias do Oeste e do Sul. No Natal de 1620, "uma assembleia-geral dos religionários, reunida em La Rochelle, indo de encontro ao Édito de Nantes e não obstante a expressa proibição do rei, constituiu-se como órgão permanente. Esse ato revolucionário redundava em criar um Estado dentro do Estado". A partir daí, é a escalada. Os cabeças do partido reformado — como Rohan, Soubise e Duplessis-Mornay — tentam acalmar os ânimos, temendo o encadeamento de consequências. Mas a insurreição rapidamente se estende a Privas, Montauban, Nîmes, enquanto a região de Béarn volta a se agitar. O rei, considerando sua autoridade desafiada, toma a frente de seus exércitos e comanda o cerco de várias cidades.

Esse conceito de autoridade desafiada é importante. Jean-Christian Petitfils frisa que aquelas que ficaram conhecidas como "Guerras Religiosas de Luís XIII" são, na verdade, guerras pela restauração do Estado. Luís quer a unidade do reino, e também quer ser obedecido. Mas valoriza a liberdade de consciência. A propósito dos protestantes, escreve então a Lesdiguières: "Não tolerarei [...] que nenhum deles seja oprimido nem violentado em sua fé. É verdade que se, por trás da cortina da religião, alguns querem empreender coisas ilícitas e contrárias a meus éditos, saberei separar a verdade do pretexto, puni-los e proteger os que permanecerem no seu dever."[17]

É nesse contexto global que se situa, em 1622, a batalha de La Rochelle, da qual participa Philippe-Emmanuel de Gondi. À frente de suas galés, o general chega a Bordeaux no dia 13 de junho, avança para Nantes e depois Belle-Île e patrulha ao largo durante todo o verão. Concluídos os preparativos, o ataque tem início a 27 de outubro. Durante a batalha, Gondi salva a construção do duque de Guise, incendiada por projéteis. A vitória do dia seguinte muito deveria ao desempenho de suas galés, que "perseguiram a nau capitânia inimiga, fizeram-na naufragar nos bancos de areia da ilha de

---

17 19 de janeiro de 1621, citado por Jean-Christian Petitfils.

Ré, bombardearam-na e mataram mais de duzentos homens". De acordo com uma testemunha, o duque de Guise louvou o destemor do general e de suas galés, atribuiu-lhes a maior parte quanto à honra da vitória e escreveu a respeito ao rei em termos elogiosos.

Pierre de Gondi, o filho mais velho, está ao lado do pai durante os combates da ilha de Ré. Em seu batismo de fogo, recebe uma descarga de mosquete no ombro. Tem apenas 16 anos e o desejo de se destacar em combate, e portanto trata-se para ele de um batismo de glória. Em compensação, um mês antes, não foi no estrondo dos canhões nem na ponta da espada que seu irmão mais novo, Henri, marquês de Îles d'Or, encontrou a morte. Durante uma caçada, o rapaz caiu e levou uma pancada de cavalo que o feriu mortalmente. Esse luto, cruel para sua família e que aflige terrivelmente Françoise-Marguerite na ausência do marido, também infelicita o pequeno Jean-François-Paul por razões mais pessoais. O terceiro e último menino da família, com 9 anos, esperava impaciente a oportunidade de mostrar seu valor em combate. Mas sabe agora que será destinado à Igreja. Seu tio Henri, cardeal de Retz e bispo de Paris, morreu nesse mesmo ano, a 13 de agosto de 1622, levado por uma forte febre perto de Béziers, onde acompanhava o rei. Seu outro tio, Jean-François, subiu por sua vez à sé episcopal de Paris — que se torna arcebispado em 1622. Jean-François-Paul seria mais tarde coadjutor desse tio.

Philippe-Emmanuel de Gondi não está junto aos seus nesses momentos de luto, e por sinal continua à frente de suas galés até o início de 1623. Como a estação está adiantada, as galés só voltam a Marselha depois dos combates da ilha de Ré, mas passariam o inverno em Tonnay-Charente. Em seguida, passado o inverno, seguem para Bordeaux, para lá esperar o momento da partida. Essa permanência duraria mais que o previsto: consertos, atendimento aos feridos, recrutamento para substituir os homens mortos, as galés permanecem mais de quinze meses em Bordeaux. Tenente no *La Réale*, que conduziu o general e tinha como capitão o comandante d'Arifat — morto durante a expedição —, Jean-Baptiste de Luppé du Garrané, cavaleiro da Ordem de Malta, descreve em suas

Memórias as condições do retorno:[18] antes de voltar a Paris, o general De Gondi nomeou seu filho Pierre, que receberia por herança sua função, capitão do *La Réale* no lugar de d'Arifat, para conduzir as galés de volta ao Mediterrâneo. O jovem era esperado com impaciência depois da longa imobilização: "À sua chegada, rapidamente nos preparamos para a viagem e partimos da mencionada Bordeaux a 23 de junho, véspera de São João de 1624."

A espera deu a Vicente de Paulo a oportunidade de montar uma missão — a primeira missão junto aos galerianos segundo o rigor do regulamento e com plena duração. O próprio general das galés envia Vicente à Guiana com essa finalidade. A data precisa dessa missão não obtém unanimidade por parte dos biógrafos. A maioria, inclusive Coste, a situa em 1623, mas ele comete um erro a respeito da partida das galés de Bordeaux, pois estipula a data de início de tal jornada em 23 de junho desse mesmo ano. O padre Joseph Guichard lembra por sua vez que as galés precisavam de tempo para curar as feridas antes de contemplar uma missão, não havendo o menor indício de uma passagem do senhor Vicente por Bordeaux em 1623 nem de sua ausência prolongada de Paris nesse mesmo período. Em compensação, certas coincidências de datas levam Guichard a fixar a Missão na Quaresma de 1624.[19]

Seguindo a regra aplicada nas terras dos Gondi, Vicente entra em contato com o bispo local assim que chega. O arcebispo de Bordeaux é ninguém menos que o cardeal De Sourdis, uma das grandes figuras episcopais da Reforma católica, cuja devoção, caridade e zelo no restabelecimento da disciplina eclesiástica são conhecidos em todo o reino. Com seu apoio, Vicente pode então recorrer a diferentes ordens religiosas para encontrar

---

18 *Mémoires et caravanes* de J.-B. de Luppé du Garrané, cavaleiro de São João de Jérusalem, grande prior de Saint-Gilles, seguidas das *Mémoires* de seu sobrinho J.-B. de Larrocan d'Aiguebère, comendador de Bordère, publicadas pela primeira vez em Paris em 1865, p. 144.

19 Joseph Guichard, *La Mission sur les galères à Bordeaux en 1624*, in *Etudes et travaux*, t. III, doc. n° 6, p. 145-159, Archives de la Mission, Paris.

padres para ajudá-lo. Cerca de vinte voluntários viriam juntar-se a ele. Do acervo de manuscritos da Biblioteca de Bordeaux, consultado por Joseph Guichard, consta a menção de uma missão de jesuítas a Château-Trompette em 1624. Vários jesuítas podem portanto ter participado dessa missão junto aos galerianos.

Numa das *Conversas* com seus missionários em 1659, Vicente mencionaria essa primeira missão completa junto aos forçados. Seus biógrafos frisam que ela rendeu muitos frutos, levando inclusive à conversão de um turco, que recebeu em batizado o nome de Louis. Libertado mais tarde, ele ainda vivia em 1664. Vicente mantém-se discreto sobre a missão propriamente dita, mas se recorda bem das circunstâncias que a cercaram, e sua evocação está inclusive no coração de sua conferência, dedicada ao necessário desapego daquele que entra para a vida religiosa. Ele começa assim sua fala: "Na época em que eu ainda estava na casa do sr. general das galés, e antes que ele criasse o primeiro estabelecimento da nossa congregação, aconteceu que, estando as galés em Bordeaux, ele me enviou para lá numa missão junto aos pobres forçados; o que eu fiz por meio de religiosos de diversas Ordens na cidade, dois em cada galé."[20] E continuando: "Acontece que, antes de partir de Paris para essa viagem, eu me abri com dois amigos sobre a ordem que havia recebido, aos quais disse: 'Senhores, vou trabalhar perto do lugar de onde venho; não sei se farei bem indo dar uma volta em nossa terra.'"

Já se passaram cerca de vinte anos desde que Vicente deixou as Landes da Gasconha, sem voltar a ver sua família. Entende-se que seja forte a tentação de ir abraçar os seus, seguindo até Pouy depois da missão em Bordeaux. Mas Vicente pede aconselhamento. Os dois amigos consultados aprovam o projeto, mas o capelão dos galerianos duvida, apesar de tudo, do acerto dessa volta à terra natal. Em 1659, ele revela o porquê de sua hesitação na época: "O motivo que eu tinha para duvidar é que vira vários bons ecle-

---

20 Coste, *Correspondance*, op. cit., XII, p. 218-219, *Entretiens aux Missionnaires*, nº 204, 2 de maio de 1659, *De la mortification*, p. 218-220.

siásticos que haviam feito maravilhas distantes durante algum tempo de sua terra natal, e observara que, indo rever os parentes, haviam mudado completamente e se tornaram inúteis para o público, entregando-se inteiramente aos negócios familiares; todos os seus pensamentos voltavam-se nessa direção, quando antes cuidavam apenas das obras, desapegados do sangue e da natureza. Tenho medo, dizia eu, de me apegar da mesma maneira aos parentes."[21]

E ele não estava errado em desconfiar de si mesmo. Depois de passar entre oito e dez dias com os seus, instruindo-os sobre a própria salvação, exortando-os a se desapegar dos bens da terra, explicando-lhes que nada devem esperar dele — ainda que tivesse cofres de ouro e prata! —, pois um padre deve tudo a Deus e aos pobres, ele não consegue separar-se sem derramar todas as lágrimas do corpo: "Senti tanta dor ao me separar dos meus pobres parentes que não fiz outra coisa senão chorar ao longo de todo o caminho, quase sem parar. A essas lágrimas sucedeu o pensamento de ajudá-los e deixá-los em melhor condição, de dar tal coisa a este, tal outra coisa àquela. Minha alma enternecida compartilhava assim com eles o que eu tinha e o que eu não tinha [...]. Permaneci por três meses nessa paixão importuna de ajudar meus irmãos e irmãs; era o constante peso do meu pobre espírito."

Vicente pede a Deus que o livre dessa tentação e afinal recebe a graça de se desvincular da paixão pelos seus. Embora seus parentes sejam bem pobres, ele aceita entregá-los aos cuidados da Providência. O prosseguimento de sua conferência de 1659 esclarece o sentido dessa renúncia: o Cristo pede aos que o amam que o preferiram a qualquer outro vínculo. Por meio dessa decisão de 1624, podemos constatar o caminho percorrido por Vicente desde a época em que tentava obter um benefício para a promoção da família. Os benefícios eclesiásticos e que ele obterá a partir de agora — e haverá alguns — terão como únicos destinatários no fim das contas os pobres de que ele cuida.

---

21 Ibidem.

Por um manuscrito intitulado *Genealogia do sr. Vicente de Paulo,* hoje perdido mas que Collet teve nas mãos, dispomos de alguns detalhes adicionais sobre essa passagem de Vicente de Paulo em Pouy, em 1624.[22] Sabemos que ele se hospedou na casa de seu tio Dominique Dusin, pároco de Pouy, o tio a quem pedira que o ajudasse a saldar suas dívidas ao voltar da Barbaria. O tio Dominique foi edificado por suas qualidades espirituais. Vicente renovou na igreja paroquial as promessas do seu batismo, voltou a se consagrar ao Senhor, caminhou de pés nus em procissão até a Capela Nossa Senhora de Buglose, onde rezou uma missa solene na presença de todos os parentes. Era a capela de sua infância, mas não estava mais em ruínas. Reerguida, ela recebera há pouco tempo uma estátua da Virgem, milagrosamente encontrada no fundo de um pântano, onde estava escondida desde as Guerras Religiosas.

Não é indiferente observar que a viagem a Pouy e o tão difícil desapego que dela resulta situam-se logo depois da grande missão junto aos galerianos de Bordeaux. Falar dos fins últimos a homens acuados em pavorosas condições de vida e que acabam de escapar da morte em meio à pólvora dos combates é enfrentar a grande questão de toda vida: para quê? Durante a crise espiritual da década de 1610, na qual sua fé quase ruiu, Vicente não vivenciara o sofrimento dos miseráveis que não só não têm nada como ainda por cima, pela servidão e vergonha, são privados até do gosto de amar. Desde suas primeiras visitas aos galerianos, ele sabe em que abismos pode mergulhar o sofrimento humano. Depois dos combates da ilha de Ré, que mataram ou feriram muitos deles, Vicente toca ainda por cima no mistério candente da guerra. É a primeira vez, mas não será a última.

Com a Defenestração de Praga em 1618 e depois a Batalha da Montanha Branca em 1620, a Guerra dos Trinta Anos começou nas terras do Império. Chegaria um dia em que o reino da França, depois de passar mais de quinze anos nas estratégias indiretas e nos conflitos militares pontuais, entraria por sua vez na "guerra aberta", a partir de 1635. Nos rostos dos

---

22 Collet, op. cit., p. 109-110.

CAPELÃO-GERAL DAS GALÉS DO REI

camponeses pisoteados em seus pobres bens, afetos e honra pela violência da soldadesca, Vicente sabe pousar com suavidade o véu de Verônica. E os galerianos é que o terão ensinado.

No momento, essa experiência do extremo sem dúvida lastreou sua volta à terra natal com uma interrogação profunda sobre o sentido da vida e dos bens deste mundo. Em nome da caridade que o tem entre os braços desde Châtillon, Vicente pede a graça de ir ao essencial, e sua prece é atendida. Ele agora está pronto para as grandes realizações que lhe serão indicadas pela Providência. E não esquece os parentes. De volta a Paris, informa-nos Collet, Vicente de Paulo imediatamente mobiliza alguns padres amigos para ir em missão a Pouy e às paróquias circunvizinhas. Mas ele próprio é levado a outro lugar. Sua volta a Paris, para o Colégio dos Bons Meninos, no fim da primavera de 1624, coincide com os primeiros momentos da Companhia.

8

Francisco de Sales e as grandes amizades da Reforma católica 1618-1625

Antes porém precisamos mencionar, nessas "vidas paralelas", o decisivo encontro com Francisco de Sales e o horizonte religioso e político que enquadra os anos de gestação da Companhia. É em 1618 que Vicente trava conhecimento com o senhor de Genebra. Francisco de Sales chegou a Paris em outubro, com o cardeal Maurice de Savoie, que vem pedir a mão de Cristina da França, irmã de Luís XIII, para o príncipe do Piemonte, Vítor Amadeu. A 10 de fevereiro do ano seguinte será celebrado seu casamento, tendo Cristina escolhido monsenhor De Sales como "grande capelão".[1] À chegada de Francisco de Sales, Vicente está em Montmirail. É na sua volta, durante o mês de dezembro, que se situa seu primeiro encontro, provavelmente na residência parisiense dos Gondi. Vicente de Paulo tem 37 anos, Francisco de Sales, 51. Nessa criatura excepcional à qual prontamente o liga uma profunda amizade, Vicente vê uma espécie de irmão mais velho, um guia. A admiração e o afeto que desde logo ele sente pelo senhor de

---

1 André Ravier, prefácio e cronologia, in *Saint François de Sales, Œuvres*, Paris, Gallimard, col. "Bibliothèque de la Pléiade", 1969.

174 SÃO VICENTE DE PAULO

Genebra jamais seriam desmentidos. E, no entanto, eles só se encontrariam durante um ano, pois Francisco de Sales deixa Paris a 31 de outubro de 1619 para nunca mais voltar: morreria a 28 de dezembro de 1622 em Lyon, de um ataque de apoplexia.

Para entender o que os liga, devemos aqui travar melhor conhecimento com o recém-chegado.

Francisco de Sales nasceu no castelo de Thorens em 1567, nas terras então independentes do duque de Savoia. É um montanhês e fidalgo talentoso, formado em todas as disciplinas do corpo e do espírito. Aos 12 anos, parte para Paris com seus primos e seu governador para receber as lições dos jesuítas no colégio de Clermont. Lê os poetas da Plêiade e Montaigne, estuda Aristóteles e Platão, e escreve num latim ciceroniano. Em sua obra *La littérature religieuse de François de Sales à Fénelon* [A literatura religiosa de Francisco de Sales a Fénelon], Jean Calvet ressalta como o adolescente e depois o jovem — belo, elegante, cavalheiresco — é um humanista do Renascimento. "Eu tanto sou homem, que nada mais", escreveria Francisco mais tarde. Mas o historiador da literatura acrescenta: "Ele é a porta do século XVII religioso, do qual abriu todas as avenidas."[2] Em 1593, aos 26 anos, ele se torna padre apesar da resistência do pai, que previa para ele um futuro mundano.

Alguns anos antes, em duas oportunidades, Francisco de Sales teve de enfrentar uma terrível crise religiosa. Influenciado por uma leitura ao pé da letra de Santo Agostinho e São Tomás, segundo a qual numa humanidade corrompida pelo pecado original só uma predestinação especial de Deus permitiria a algumas almas escapar da danação, Francisco duvida da própria salvação. Em nome de que imaginar que ele seria separado da massa? "Essa ideia não o apavorava tanto, mas o torturava; ele sofria ao prever um tempo em que Deus não o amaria e no qual ele não amaria Deus."[3] Certo dia, numa capela, quando acaba de prometer heroicamente

---

2 Calvet, *La Littérature religieuse...*, op. cit., p. 21-33.
3 Ibidem, p. 23.

amar a Deus, pelo menos com todas as suas forças nesta vida, o texto de uma oração esquecida num banco o enche de alegria e lhe traz a paz. Ele recobra a esperança, para ele e para a multidão dos homens. Rompendo com o tomismo no ponto exato em que Tomás vai ao encontro de Agostinho, Francisco adota com alívio essa compreensão do mistério do destino que o teólogo jesuíta espanhol Molina definiu alguns anos antes, e que os jesuítas já ensinam em Paris: "Deus quer salvar todos os homens, e é prevendo sua atividade meritória, ao influxo da graça a todos distribuída, que os predestina à salvação."[4] Nosso futuro espiritual está em nossas mãos. Empenhado em viver e ensinar tal certeza, Francisco de Sales conquista assim "esse tom de suavidade" que faz o encanto de sua obra.

Sabemos que, feito padre, ele sai em missão em Chablais junto aos "heréticos", publicando páginas de controvérsia que se fazem notar pela suavidade do tom. As conversões têm início e rapidamente se multiplicam. No seu entusiasmo, Francisco de Sales conheceria vários ministros de Genebra e teria conversas com Théodore de Bèze, em 1597. A resistência deste finalmente o convenceria de que é ilusório querer converter apenas pela dialética.

Celebrizado pela Missão de Chablais, monsenhor De Sales é enviado a Paris em missão diplomática em 1602, como vimos. Apesar dos pedidos de Henrique IV, que teria desejado mantê-lo em Paris, ele segue então para suas montanhas. Bispo, entrega-se ao mesmo tempo às múltiplas tarefas de sua função episcopal, a seus escritos, que se tornariam célebres, e à direção espiritual. Tomaria sob sua responsabilidade, para começar, sua prima sra. De Charmoisy — "Filoteia" — e depois a baronesa de Chantal.

Parece tentador estabelecer um paralelo entre Jeanne-Françoise de Frémyot, jovem viúva do barão de Chantal, e Louise de Marillac, jovem viúva de Antoine Le Gras, que vamos encontrar no capítulo seguinte. Ambas têm graves preocupações maternas. As duas são almas apaixonadas que precisam ser guiadas para dar o melhor de si. E ambas tomariam

---

4 Calvet, *La Littérature religieuse...*, op. cit.

a frente de comunidades destinadas a um belo futuro: a Visitação Santa Maria, no caso de Jeanne; as Filhas da Caridade, no de Louise. Mas não faria sentido levar muito longe a comparação. Louise de Marillac é uma jovem atormentada, que daria muito trabalho a Vicente, até conquistar lentamente o equilíbrio total na doação de si mesma à caridade. Jeanne de Chantal é uma mística. Do seu encontro com Francisco de Sales em 1604 e da ascensão de ambos às culminâncias da contemplação nasceria a Ordem da Visitação, fundada em Annecy, a 6 de junho de 1610. Entre 1610 e 1614, Francisco de Sales visita três vezes por semana o pequeno núcleo de religiosas para conversas espirituais das quais extrairia seu *Tratado do amor de Deus*. Em 1612, a mãe de Chantal e uma outra religiosa inauguram as visitas aos pobres e doentes.[5]

Ao chegar a Paris em 1618, Francisco de Sales já fundou um segundo mosteiro em Lyon com Jeanne de Chantal, em 1615. Mas o arcebispo local, monsenhor De Marquemont, não aceitou sua ideia de um convento de religiosas não enclausuradas. Já a partir de 1616-1617, eles tiveram de elaborar novas constituições. A Visitação não seria a ordem inovadora que desejavam. Eis aí um tema que seria tratado nas conversas de Francisco e Vicente! Este não esqueceria a experiência do mais velho ao conceber as regras a serem adotadas por suas Filhas da Caridade, para que pudessem permanecer levando uma vida secular.

Tendo vindo a Paris para atender a princesa Christine, monsenhor de Genebra não pretende ater-se a essa missão apenas. Já em abril de 1619, Jeanne de Chantal chega por sua vez à capital, para fundar com ele um Mosteiro da Visitação. E acaba por conhecer Vicente. A familiaridade entre os três transparece no relato malicioso que Vicente faz a Jean Martin, muitos anos depois, sobre o primeiro sermão parisiense de Francisco de Sales.[6] Padre da Missão enviado a Turim em 1655, Jean Martin acaba de assumir o cargo. Quer fazer tudo em grande estilo. Vicente roga-lhe que "comece

---

5 Ravier, op. cit., Chronologie, p. CXXVII.
6 Coste, *Correspondance*, op. cit., V, p. 472-473, carta nº 1965, 26 de novembro de 1655.

modestamente" o trabalho de evangelização, ainda que sonhe com uma missão "inteira e esplêndida, desde logo evidenciando os frutos do espírito da companhia". Pois o único desejo que convém ao espírito de pobreza é fugir da ostentação, buscar o desprezo e a confusão, na imitação do Cristo, "e então, tendo essa semelhança com ele, ele trabalhará com você. O falecido monsenhor de Genebra o entendia assim".

Como o entendia? Estamos em 11 de novembro de 1618, festa de São Martinho, na Igreja do Oratório, na presença do rei, de duas rainhas, de vários bispos e de uma multidão tão compacta que Francisco teve de entrar pela janela, valendo-se de uma escada.[7] A introdução de seu sermão é magnífica. Mas de repente ele se dá conta de que há muito orgulho. Deixando de lado suas anotações, surpreende o auditório: "Todos esperavam um discurso de acordo com a força do seu gênio, graças à qual costumava encantar todo mundo; mas o que fez esse grande homem de Deus? Simplesmente recitou a vida de São Martinho, com o objetivo de se confundir diante de tantas pessoas ilustres, que no caso de um outro teriam servido para inflar a coragem [...]. Pouco depois ele o relataria à senhora Chantal e a mim, dizendo-nos: 'Oh! Como humilhei nossas irmãs, que esperavam que eu dissesse maravilhas em tão boa companhia! Houve uma delas (falando de uma senhorita pretendente que depois se tornou religiosa) que dizia enquanto eu pregava: vejam só esse montanhês grosseiro, como prega horrivelmente; para que vir de tão longe para dizer o que ele diz e testar a paciência de tanta gente?!'"

Para saborear a anedota, é preciso lembrar que a prédica era um verdadeiro espetáculo literário, exibição erudita de referências e eloquência. Francisco de Sales não se deixa iludir por esses artifícios, mas o exercício de humildade deve ter-lhe custado, muito embora, por pudor, ele projete o efeito nas senhoras presentes. De qualquer maneira, Vicente está a par, o que revela a intimidade rápida de seu relacionamento.

O mosteiro parisiense da Visitação é fundado a 1º de maio de 1619, e Charles de La Saussaye, pároco de Saint-Jacques de la Boucherie, é seu

---

7 Calvet, *La Littérature religieuse*, op. cit.

primeiro superior. Em 21 de setembro de 1621, Charles de La Saussaye morre e é Vicente de Paulo que Francisco de Sales escolhe para sucedê-lo. Também confia a Vicente a direção espiritual de Jeanne de Chantal, cuja vida seria uma longa sucessão de provações, até sua morte em 1641. Henri Bremond admira-se com o fato de, em vez de recorrer a um místico reconhecido — como um Bérulle, que tinha em alta conta —, Francisco de Sales tenha escolhido Vicente para dirigir Jeanne de Chantal: "Pelo fato de ele ter preferido Vicente de Paulo, depois de breves conversas, não sabemos de fato a qual dos dois essa escolha mais honra."[8] Vicente tinha as qualidades necessárias: "um discernimento certeiro, um coração muito humano, a arte de governar as almas sem magoá-las e [...] uma rara delicadeza".

Vários outros mosteiros da Visitação ainda seriam fundados em Paris — num total de quatro em vida de Vicente. Corajosamente, ele cumpriria até o fim de seus dias a missão de superior das Visitandinas de Paris. Corajosamente porque, a partir da fundação da Congregação da Missão, ele faz questão de conservar essa responsabilidade. Para começar, como no caso de seus missionários, nada deve "desviá-lo da salvação do pobre povo do campo". Depois, ele tem consciência de estar dando um mau exemplo, muito embora exija dos padres da Missão que não aceitem trabalho (confissões, conferências) junto a outras congregações de religiosos e se empenhe em fazer com que essa regra seja entendida pelas próprias religiosas. Ele alega boa-fé: "Eu já estava nessa função [dois anos] antes que aprouvesse a Deus fazer nascer nossa pequena companhia, tendo sido incumbido por seu santo professor."[9] Numa conferência de 1654, ele enumera inclusive os esforços que fez para ser liberado da Visitação de Paris. E conclui simplesmente que não chegou a consegui-lo do arcebispo, apesar de um afastamento voluntário de mais de um ano, por volta de 1646, para dar o sinal de alarme.

---

8 Bremond, op. cit., p. 208.
9 Coste, *Correspondance*, op. cit., IV, p. 287, carta nº 1434, 20 de dezembro de 1651, a Marguerite Deniac, superiora das Filhas de Nossa Senhora em Richelieu.

FRANCISCO DE SALES E AS GRANDES AMIZADES DA REFORMA CATÓLICA **179**

Vicente ainda nem imagina tudo isso em 1622. Aceita o cargo, confirmado por monsenhor De Gondi, com a admiração deferente e amorosa que dedica a Francisco de Sales. E o que guarda sobretudo para si? Sua bondade. "Ele tinha uma bondade tão grande que a de Deus sensivelmente era vista através da sua", escreve em 1649 a Jacques Chiroye, superior da Missão em Luçon. Já em 1628, chamado a prestar testemunho durante o processo de beatificação de Francisco de Sales, Vicente exclama: "Lembro-me de que, afligido há quase seis anos pela doença, esse pensamento me vinha com frequência à mente, eu ou o repetia constantemente para mim mesmo: 'Como deve ser grande a bondade de Deus! Como sois bom, ó meu Deus! Meu Deus, como sois bom, já que existe tanta doçura em monsenhor Francisco de Sales, vossa criatura.'"[10]

A admiração de Vicente por Francisco de Sales é reforçada pela leitura atenta e meditada de suas duas grandes obras: a *Introdução à vida devota* e o *Tratado do amor de Deus*. No caso da primeira, vimos que sua leitura já constava do regulamento da Caridade de Châtillon-les-Dombes. No livrinho que escreveu sobre as afinidades espirituais dos dois, André Dodin considera que a *Introdução* sem dúvida alguma representa, "depois do Evangelho e das Epístolas de São Paulo [...] o manual mais folheado e mais utilizado"[11] por Vicente de Paulo e os primeiros membros da Congregação da Missão. Vicente também a recomendaria como leitura espiritual às Filhas e às Damas da Caridade, utilizando seu método de oração durante os retiros dos ordenandos. Em 1648, ao enviar Charles Nacquart, então em Richelieu, para abrir a Missão em Madagascar, encontra-se entre as instruções expressas que lhe dá o embarque de vários exemplares da *Introduction à l avie devote* [Introdução à vida devota].[12] E, por sinal, o sr. Nacquart faria do livro um objeto de leitura espiritual para todos os passageiros do navio.

---

10 Coste, *Correspondance*, op. cit., XIII, p. 869, tradução do artigo 38 de sua *Déposition au procès de béatification de François de Sales*, 17 de abril de 1628.
11 André Dodin, *François de Sales, Vincent de Paul, les deux amis*, Paris, Œil, 1984, p. 17.
12 Coste, *Correspondance*, op. cit., III, p. 283, carta nº 1020, 22 de março de 1648.

Quanto ao *Traité de l'amour de Dieu* [Tratado do amor de Deus], Vicente faz seu elogio em 1628, com uma admiração que não tem por nenhum outro livro, à parte os textos sagrados. Ele o declara "fora do comum", gostaria que estivesse nas mãos de todos e o considera "o remédio universal para todas as enfermidades". Que entusiasmo![13]

Em 1621, o retiro de Vicente de Paulo em Soissons é aquele no qual identifica as "fervuras da natureza" e procura dominá-las com suavidade. Ele está na escola de Francisco de Sales. Acontece que as fervuras da natureza também dizem respeito às modalidades de ação. No interior do desejo de agir e convencer pode alojar-se outra tentação: o ativismo. Numa carta de 1642 a Bernard Codoing, que chega a Roma para instalar a Missão e parece querer que 48 horas caibam em 24, Vicente lembra-se de seu combate na época: "Rogo-lhe, senhor, em nome de Nosso Senhor J. C., que desconfie do furor da natureza [...]. O espírito de Deus vai suavemente e sempre humildemente [...]. Encontrando-me no início do plano da Missão nessa constante ocupação do espírito, fui levado a desconfiar que a coisa viesse da natureza ou do espírito maligno, e [...] fiz deliberadamente um retiro em Soissons, para que aprouvesse a Deus privar-me do prazer e da impaciência que eu tinha nessa questão [...] e desejo estar nesta prática de nada concluir nem empreender enquanto tiver esse ardor de esperança em vista de grandes bens."[14]

Esse texto é importante para entender Vicente. Em 1621, ele vai em missão a Folleville, Paillart, Sérevillers, Joigny e Marchais, visita as galés de Marselha, funda a Caridade de Mâcon e se vê instado — sob a espada de Dâmocles do testamento da sra. De Gondi[15] — a refletir sobre o que seria uma comunidade de "missionários no campo", se tiver de fundá-la ele próprio. É natural que seja tomado de exaltação. Mas ele sentiu o perigo. Com a suavidade de Francisco, escolhe a Providência.

---

13 Coste, *Correspondance*, op. cit., XIII, p. 854, *Déposition...*, artigo 26.
14 Ibidem, II, p. 247, carta nº 580, 1º de abril de 1642.
15 Ver p. 142.

Enquanto Vicente evolui assim, os anos de 1618 a 1625 representam para a Reforma católica um período de fervor e emulação espiritual — não sem colisões no alto. Para Bérulle, por exemplo, o período é dos mais constrastados. Em 1618, sua apaixonada meditação sobre o mistério da Encarnação e a incrível humilhação aceita pelo Filho de Deus por amor levou-o a pedir às carmelitas por ele dirigidas um "voto de servidão" a Jesus e a Maria que provoca entre as religiosas uma oposição não menos apaixonada. Madre Maria da Encarnação (antiga sra. Acarie) toma a frente da contestação. O conflito certamente decorreu de um mal-entendido, pois a sra. Acarie partilhava a atitude de "perfeita adoração" do Cristo a ser traduzida naqueles votos. Mas o fato é que a liberdade humana era maltratada. Houve em 1618 um encontro penoso entre os dois primos e a sra. Acarie, que ficou de coração partido e morreu pouco tempo depois sem que houvesse uma reconciliação. Espantosa época barroca, não destituída de excessos e mesmo injustiças, mas na qual o apetite de santidade é de tal ordem que leva os protagonistas a sair das controvérsias pelo alto! Houve campanhas de acusação contra Bérulle. Elas o levaram a escrever os *Discursos sobre o estado e as grandezas de Jesus...* (1623), que por sua intensidade espiritual tornou-se um clássico da "escola francesa".

A seu lado, temos o padre André Duval, que conhecemos como adversário talentoso do galicano Edmond Richer. Nascido em Pontoise em 1564,[16] filho de um procurador do Parlamento, mas desde cedo atraído pelo sacerdócio, teólogo de visão profunda e segura, amigo de Philippe de Gamaches, outro teólogo famoso da Sorbonne, André Duval rapidamente tornou-se um pregador muito procurado. Na época em que Henrique IV, tendo notado sua qualidade, teria desejado que ele fosse feito bispo e tentou mantê-lo na Corte, André Duval já tinha pregado dezoito Quaresmas nos púlpitos das catedrais de Rouen, Nantes, Amiens e Paris. Unanimemente

---

16 Ver Louis-Denis-Côme Guériteau, procurador na jurisdição de Pontoise, *Notice biographique* de André Du Val, extraída da biografia redigida por seu sobrinho Robert Duval e publicada por J. Depoin, secretário da Sociedade Histórica de Vexin, 1909.

182 SÃO VICENTE DE PAULO

respeitado, ele impressiona pela modéstia. Recusou benefícios consideráveis, julgou perigosa a estada na Corte e se empenhou profundamente em apoiar o elã do início do século. Ao lado de Bérulle, ele é um dos primeiros superiores das carmelitas da França, fundando já em 1604 o Carmelo de Pontoise, o segundo convento depois do que foi fundado no Faubourg Saint-Honoré.

A partir de 1618, Duval coopera com o cardeal de La Rochefoucauld na reforma das ordens de Santo Agostinho, São Bento e Cîteaux, e depois de Santa Genoveva. Também presta grandes serviços às ursulinas. Goza da confiança da sra. Acarie, já agora madre Maria da Encarnação, e nesse mesmo período Vicente de Paulo o escolhe como seu diretor espiritual. Além do lugar que Francisco de Sales ocupa na época em seu espírito e seu coração, Vicente de fato confere muita importância às opiniões daquele a que se refere como "o bom sr. Duval". E, a propósito, talvez seja esse um dos motivos pelos quais Vicente se afasta de Bérulle nesses anos, já que, na questão do "voto de servidão", Duval se posiciona ao lado dos adversários de Bérulle.

Além do mais, André Duval e Pierre de Bérulle se indispuseram desde que Charles de Condren, brilhante jovem que foi discípulo de Duval, optou em 1617 por entrar para o Oratório. A decisão do ex-aluno, que põe Condren sob a autoridade de Bérulle, deixa Duval amargurado. Brios de amor-próprio que provam que os homens dessa época, apesar de cheios de santidade, nem por isso chegam a ser desencarnados... Condren viria a exercer grande influência. Diretor do Seminário Saint-Magloire, fundado em Paris pelo Oratório, em 1620, ele seria nomeado superior-geral da congregação à morte de Bérulle, em 1629. Seu excepcional talento na conversação, sua devoção a Jesus na Cruz e sua adesão sem concessões ao "vazio do homem" fazem desse "berulliano, mais berulliano que Bérulle"[17] um polo de atração para as almas voltadas para o absoluto.

Os exemplos citados neste capítulo mostram que, na Promoção da Reforma católica, enfrentam-se duas sensibilidades divergentes — e o

_____

17 Calvet, *La Littérature religieuse...*, op. cit., p. 81-82.

período 1618-1625 o ilustra muito bem.[18] A primeira é a do "humanismo cristão", segundo a expressão de Bremond, que dá ênfase à liberdade do homem e a sua bondade fundamental. Os colégios dos jesuítas e a ação de Francisco de Sales baseiam-se nessa "espiritualidade alegre, confiante na misericórdia divina, [que] conjuga razão e fé e celebra a glória de Deus manifestada através da própria imagem: o homem".[19] A segunda é a sensibilidade agostiniana, cujo pessimismo vai-se aprofundar constantemente ao longo do século XVII, chegando ao jansenismo, mas que, nas primeiras décadas, ainda preserva o equilíbrio entre "a busca incansável do amor de Deus: o coração humano é feito para Deus e estará sempre 'inquieto até repousar nEle'" e a visão de uma natureza humana tão corrompida pelo pecado original que, sem a graça de Deus, é incapaz de se voltar para o bem.

Na cidade, a primeira sensibilidade explode por exemplo no gênio pictórico de um Nicolas Poussin. Já conhecido por sua participação, ao lado de Philippe de Champaigne, na decoração do Palácio do Luxemburgo, Poussin vence em 1623 o concurso promovido pelos jesuítas para sua capela de Paris. Ele pinta uma série de seis grandes quadros sobre os milagres de São Francisco Xavier (1506-1552). Francisco Xavier, jesuíta, um dos primeiros companheiros de Inácio de Loiola, é emblemático do entusiasmo da época: trás em si a mistura da sedução da aventura além-mares com o gosto da conquista das almas, a superação de si e a confiança na capacidade de conversão da natureza humana, a partir do momento em que o Evangelho vem ao seu encontro. Vicente faria de São Francisco Xavier o modelo a ser seguido por seus missionários ao enviá-los a países distantes.

Quanto à outra sensibilidade dessa época, a personalidade de Angélique Arnauld simboliza bem suas exigências íntimas, sua beleza dolorosa e sua ambivalência. Madre Angélique conhece Francisco de Sales em Paris dez

---

18 Hours, op. cit., p. 170-175.
19 Ibidem.

anos depois do Dia do Locutório.[20] "Impetuosa, agitada, dada a gestos violentos contra si mesma, ela ficou espantada e encantada com a doçura do prelado [...]. E ele ficou maravilhado com essa alma de fogo."[21] Francisco de Sales encontra-se longamente com madre Angélique Arnauld na Abadia de Maubuisson, perto de Pontoise, em 1619. A jovem abadessa de Port-Royal foi incumbida da missão de reformar esse convento, e dela se desincumbe da melhor maneira, seguindo conselhos de André Duval. Francisco de Sales tem o sentimento de que a jovem terá um destino fora do comum, pois lhe escreve nessa mesma época: "Deus lançou o olhar sobre a senhora para se servir da senhora em coisas importantes e impeli-la para um excelente tipo de vida."[22] Seguir-se-ia uma correspondência da qual se sabe que, pouco antes da morte de Francisco de Sales, levara ao projeto secreto de Angélique Arnauld de deixar Port-Royal para entrar para a Visitação. "Ela mandou fazer o pedido a Roma. A resposta não chegava; Francisco de Sales morreu; Saint-Cyran chegou, e madre Angélique, tendo confiado a direção de sua vida a esse mestre imperioso, esqueceu que tentara fugir para uma vida mais suave."[23] Teremos oportunidade de falar desse "mestre imperioso", que desempenharia um papel determinante na eclosão do jansenismo. No início da década, Jean Duvergier de Hauranne, nomeado abade de Saint-Cyran em 1620 e discípulo de Bérulle, é uma figura da Reforma católica em marcha. Vicente de Paulo, que vem a conhecê-lo por volta de 1624, trava amizade com ele. Existem entre os dois afinidades biográficas, pois Saint-Cyran, nascido em 1581, como Vicente, é originário de Baiona.

No terreno político, esses anos também representam uma virada. A 29 de abril de 1624, Richelieu, feito cardeal em 1622, volta a entrar para o Conselho do Rei, dessa vez na qualidade de principal ministro. Tendo

---

20 25 de setembro de 1609, dia em que a jovem abadessa Arnauld decide fazer valer no Mosteiro de Port-Royal des Champs a regra reformista do Concílio de Trento, determinando o respeito da clausura e impedindo contato até mesmo com a família. [*N. do T.*]

21 Calvet, op. cit., p. 41-42.

22 Citado por J. Calvet.

23 Ibidem.

acompanhado Maria de Medici a Blois quando de sua desgraça de 1617, ele soube jogar com seus talentos de negociador para reconciliar duas vezes a mãe e o filho, em 1619 e 1620. É com o apoio da rainha mãe que ele agora vem servir ao rei no mais alto nível.

É interessante mencionar aqui as relações e a oposição entre Richelieu e Bérulle, na medida em que são reveladoras das tensões político-religiosas da época. A oposição entre os dois não foi imediata. Numa primeira etapa, eles trabalham juntos pela reconciliação de Maria de Medici com Luís XIII. Em 1624, Bérulle também desempenha um papel de primeiro plano a serviço dos desígnios do rei e de seu ministro, obtendo do papa a dispensa necessária para o casamento de Henriqueta de França, irmã de Luís XIII, com o futuro rei Carlos I da Inglaterra, anglicano. Esse casamento, supostamente destinado a lançar as bases de uma aliança entre França e Inglaterra, é celebrado em maio de 1625 — tendo Carlos se tornado rei nesse ínterim. Bérulle acompanharia a jovem rainha à Inglaterra como capelão, sonhando com a volta do reino ao catolicismo. Ficaria amargamente decepcionado com as humilhações sofridas por Henriqueta. Richelieu, por sua vez, acabaria se desiludindo com as expectativas da aliança inglesa, rapidamente vindo os combates da ilha de Ré e de La Rochelle provar que os interesses das duas potências permanecem antagônicos.

Já em 1625, o fracasso dessas esperanças inglesas é agravado, para Bérulle, por uma profunda divergência com um Richelieu que manda ocupar militarmente a Valtellina. Corredor aberto nos Alpes entre o Milanês espanhol e o Tirol austríaco, à época, na expressão do cardeal-ministro, a Valtellina era "importantíssima para os espanhóis para unir os estados da Itália aos da Alemanha". Donde o desejo de Luís XIII e Richelieu de fechar a passagem. Sua estratégia — tal como durante toda a Guerra dos Trinta Anos — visa a evitar o risco de cerco que adviria da reconstituição da unidade dos dois ramos da dinastia dos Habsburgo, já que a Espanha não abrira mão do seu sonho de monarquia universal. Desse modo, é necessário ao mesmo tempo fazer frente à potência espanhola e cuidar do equilíbrio das relações de força nas terras alemãs do Império — especialmente entre príncipes protestantes e católicos que se enfrentam —, se possível pela diplomacia, se não, pela guerra.

Para Bérulle, pelo contrário, as considerações de ordem religiosa determinam tudo mais, na linha dos casamentos espanhóis de 1615: a aliança com a Espanha católica é uma necessidade, pois, desde o Concílio de Trento, essa aliança deve permitir reconstituir uma cristandade. A oposição entre os dois prelados surge então, a uma primeira abordagem, como oposição entre dois registros diferentes, o político e o religioso. É a avaliação do historiador François Bluche, que por sinal deduz conclusões categóricas sobre suas respectivas personalidades: "No plano teológico, Armand-Jean du Plessis era uma criança, em comparação com Pierre de Bérulle. Na ordem política, esse mesmo Bérulle não passava de uma criança, ao lado do cardeal-ministro."[24] Destacando a oposição de suas sensibilidades religiosas, ele inclusive arrisca: "Richelieu nunca confessou, mas Bérulle sempre foi para ele uma espécie de remorso vivo." O que sem dúvida é um exagero, por dois motivos. Primeiro, porque Richelieu, apesar de não ser um místico, como Bérulle, deixou escritos de magistral profundidade teológica.[25] Mas também porque Bérulle não é o único a raciocinar dessa maneira, partilhando a visão do meio devoto que gravita em torno da rainha mãe e de Michel de Marillac. Acontece que a coerência dessa visão também é de ordem política. Sob certos aspectos, nem mesmo está longe da visão do próprio Richelieu.

Como demonstrou em particular o historiador Victor-Lucien Tapié, a França da década de 1620 de fato precisa recuperar-se em várias frentes. A "espantosa decadência da Marinha francesa no momento em que Richelieu assume o poder",[26] associada à fraqueza diplomática e ao debilitamento do país nas questões europeias, levaria o rei e o cardeal-ministro a estabelecer uma política de volta à condição de potência que não poderia evitar

---

24 Bluche, *Richelieu*, op. cit., p. 36.
25 O *Richelieu* de Arnaud Teyssier apresenta cabal demonstração a respeito, escorando--se em textos.
26 Tapié, *Richelieu*, op. cit., p. 137.

FRANCISCO DE SALES E AS GRANDES AMIZADES DA REFORMA CATÓLICA 187

a progressiva entrada da França na guerra. Mas também se impõe uma reforma interna, com um povo esmagado pelos impostos — criados e colhidos de maneira não raro absurda —, e muitas reformas sociais a serem realizadas. Richelieu tem consciência disso. Em 1626-1627, na Assembleia de Notáveis reunida em Paris, ele apresenta um plano de reforma geral do Reino, cujas bases lançou em 1625 e cuja grande ambição é frisada por Victor-Lucien Tapié.[27] Baseado na probidade do Estado e na recuperação das finanças, comprometidas pelas guerras civis, graças à correção dos abusos do reino e à "preparação de uma economia nova, [assegurando] a independência do país perante o estrangeiro e uma melhor utilização dos recursos naturais", o projeto de Richelieu manifesta uma ambição comercial para a França, escorada na formação de uma Marinha forte. Ao prever a retomada das mais altas funções pelo rei e seu ministro, também assinala a passagem de uma França ainda feudal à era política moderna.

Michel de Marillac colaborou na elaboração do projeto de Richelieu. Mas a historiadora Françoise Hildesheimer, evidenciando essa colaboração, também mostra seus limites.[28] Marillac, "homem de fé e convicções fortes, sem concessões, autoritário e amante da iniciativa" mostra-se "mais preocupado com a realidade cotidiana do que com a glória do Estado". Mas nem por isso está livre de um certo fascínio pela teoria. Suas qualidades de homem da lei culminariam no Código Michau de 1629, belo arsenal legislativo, do qual os parlamentares zombam por meio desse diminutivo.[29] Ao Código Michau não falta pertinência, mas ele nunca seria aplicado. Richelieu, "ao contrário de Marillac, não é um legislador, um normativo rígido". O longo alcance de sua visão não o impede de abrir mão de uma ideia que considera boa, diante da realidades obstinadas. "Nesse sentido, é significativa do seu pragmatismo a questão da venalidade dos cargos, abuso que ele reconhece e condena, mas que mantém em nome

---

27 Ibidem, p. 159-167.

28 Françoise Hildesheimer, *Richelieu*, Paris, Flammarion, col. "Grandes biographies", 2004, p. 171 *sq.*

29 Michau, apelido diminutivo de Michel. [*N. do T.*]

da chamada razão 'de Estado': a necessidade de obter recursos vendendo cargos públicos a particulares impede a eliminação do sistema, por pior que seja intrinsecamente."[30]

O princípio de uma reforma interna do reino constitui na primeira metade do século uma preocupação essencial da corrente devota, empenhada em traduzir em melhor equilíbrio social a renovação espiritual da França. Donde sua concordância inicial com a política de Richelieu. Donde também sua oposição, em seguida, quando a guerra "encoberta" e depois "declarada" (1635), absorvendo as forças e as finanças da França, compromete a reforma interna. Por outro lado, o espírito de abertura da Paz de Alès (1629) e as alianças de Richelieu e do seu diplomata de confiança, o padre Joseph du Tremblay, com príncipes protestantes na Europa central e com o rei da Suécia, Gustavo Adolfo, luterano renhido, justificadamente reativariam as preocupações religiosas dos amigos de Bérulle. Mas a corrente devota, por sua vez, não está isenta de contradições. Não é certo que Bérulle, que morreu em 1629, tivesse reconhecido seu ideal nos empreendimentos políticos desestabilizadores conduzidos nas décadas de 1630 e 1640 por Gastão de Orleans, irmão do rei, por trás da fachada da corrente devota e com o apoio de uma Espanha cujo interesse nessas questões nada tem de espiritual.

Os Gondi raciocinam como Bérulle, mas, em 1624-1625, a família também passa por uma virada decisiva com a criação da Missão e, depois, o falecimento de Françoise-Marguerite aos 42 anos. Após sua morte, para Philippe-Emmanuel, as considerações de ordem política ficariam em segundo plano.

A sra. De Gondi renovava anualmente seu testamento. Em 1624, considera que não se pode mais esperar. Convence sem dificuldade o marido e depois o cardeal Jean-François de Gondi a pôr uma casa à disposição de Vicente de Paulo, para que nela os padres sejam reunidos em uma comunidade perpétua. Ela obtém a concordância de Vicente. O arcebispo

---

30 Ibidem, p. 177.

de Paris tem sob sua jurisdição o Colégio dos Bons Meninos. A iniciativa chega a bom termo no início de março de 1624.

Antes disso, em fevereiro, chegaram a nós traços de uma tomada de posse por Vicente de Paulo, por intermédio de uma procuração, do priorado de Saint-Nicolas de Grosse-Sauve na diocese de Langres; benefício que lhe foi atribuído por Roma.[31] O fato não deixa de ser curioso, pois esse priorado, pertencente à Ordem de Santo Agostinho, não é um benefício vacante — pelo contrário, sendo objeto de contestação. Foi integrado ao Oratório a 23 de junho de 1623 por Sébastien Zamet, bispo de Langres, não obstante os protestos do capítulo, de tal maneira que em 1624 as partes se opõem num processo. Depois de uma transação, os oratorianos tomariam posse definitivamente do priorado, a 24 de março de 1626. Não temos qualquer indicação de uma reação de Vicente, nem de qualquer iniciativa anterior de sua parte. Provavelmente ele teria renunciado a seus direitos. Seja como for, o episódio mostra que o momento está maduro para a instalação da Missão e que de diversos lados existe o empenho de oferecer a Vicente os meios de realizá-la.

O Colégio dos Bons Meninos, que já não existe, ficava em Paris, perto da Porte Saint-Victor, na esquina formada atualmente pela Rue des Écoles e a Rue du Cardinal-Lemoine.[32] Não era propriamente um colégio, pois nele não se fornecia ensino. Desde sua fundação, no século XIII, limitava-se a proporcionar cama e mesa a alguns escolares bolsistas ou pensionistas. No momento em que Vicente toma posse do colégio, já são apenas dois os bolsistas que enfrentam dificuldades por falta da devida manutenção de sua bolsa. Em compensação, o colégio abriga — e por sinal abrigaria até 1639 — sete ou oito pensionistas, mediante contribuição anual de 350 libras.[33]

Nos primeiros meses de 1624, o diretor titular do Colégio dos Bons Meninos, Louis de Guyart, doutor em teologia, oferece-se para ceder o

---

31 Coste, *Correspondance*, op. cit., XIII, p. 57.
32 Ver R.P. Chalumeau, op. cit.
33 Coste, *Le Grand Saint...*, op. cit., p. 172-175.

lugar se lhe for prometida uma pensão anual de 200 libras. Pierre Coste esclarece que, "pressionado ao mesmo tempo pelo arcebispo, pelo sr. e sra. De Gondi, Vicente de Paulo concorda [...] com tudo". O colégio, de construção apressada e há muitos anos sem reparos, encontra-se então "num estado de lastimável deterioração". É formado por várias construções, numa superfície de 1,6 mil m², com uma capela e um pequeno pátio interno. Tal como se apresenta, de qualquer maneira, o Colégio dos Bons Meninos não deixa de ser uma dádiva para a Missão.

A 17 de abril de 1625 nasce oficialmente a comunidade. Podemos imaginar a emoção de Vicente. No suntuoso palacete da Rue Pavée, paróquia do Santo Salvador, na época residência dos Gondi, é que é assinado o contrato de fundação, na presença de dois tabeliães do Châtelet.[34] Os dispositivos do contrato traduzem as intuições complementares e a vontade comum de Vicente e de seus mentores. A marca de Vicente e sua experiência podem ser distinguidas nos dispositivos práticos da Missão. Mas são os Gondi que se encarregam da exposição de motivos.

Já no primeiro parágrafo, afirmando sua vontade de honrar Deus em suas terras, o sr. e a sra. De Gondi observam que aprouve a Deus atender às necessidades espirituais dos habitantes das cidades. Desse modo, "resta apenas o povo pobre do campo, o único a ficar como que abandonado". Eles indicam então a solução que lhes ocorreu: "A piedosa associação de alguns eclesiásticos de doutrina, devoção e capacidade reconhecidas, dispostos a abrir mão tanto das condições das referidas cidades quanto de todos os benefícios, encargos e dignidades da Igreja, para, segundo a vontade dos prelados, cada um no alcance de sua própria diocese, entregar-se inteira e puramente à salvação da gente pobre, indo de aldeia em aldeia, à custa de sua bolsa comum, pregar, instruir, exortar e catequizar essas pessoas pobres e levar todas elas a fazer uma boa confissão geral de sua vida passada, sem por isso receber nenhuma retribuição de

---

34 Coste, *Correspondance*, op. cit., XIII, p. 198-202, documento n° 59, *Contrat de fondation de la congrégation de la Mission*, 17 de abril de 1625.

qualquer tipo ou maneira que seja, para distribuir gratuitamente os dons que receberam da mão liberal de Deus."

Em seguida, o sr. e a sra. De Gondi, tendo mencionado suas motivações espirituais, dotam a congregação de um capital de 45 mil libras, 37 mil das quais pagas em espécie, e as 8 mil restantes prometidas num prazo de um ano, devendo os doadores hipotecar seus bens para alcançar esse valor. Vicente de Paulo, destinatário, é designado como padre da diocese de Acqs, mas também, o que é uma novidade, como "licenciado em direito canônico". Seus biógrafos supõem que ele obteve esse título no outono de 1623, já que não existe menção a respeito antes dessa data em qualquer ato oficial. Se assim é, considerando-se a intensidade de sua atividade caritativa nesses anos, podemos atribuir a Vicente uma capacidade incomum de organização e concentração intelectual.

O casal De Gondi esclarece que pelo menos seis eclesiásticos deverão ser escolhidos por Vicente de Paulo no ano subsequente para viver em comunidade e trabalhar sob sua direção pelo resto da vida. A única reserva feita pelo texto é que o superior da comunidade deverá continuar vivendo sob o teto dos Gondi. A importância de 45 mil libras será investida em fundos de terras e rendas constituídas, para que os lucros e rendimentos permitam aos padres atender a própria manutenção e necessidades. A congregação vai gerar esses fundos e rendas. Fica estabelecido que, à morte do senhor De Paulo, seus sucessores serão eleitos superiores de três em três anos, por maioria de votos. Quanto aos doadores, os Gondi, são declarados em caráter perpétuo fundadores da obra, com direitos e prerrogativas apensos, exceto dois: abrem mão da nomeação para cargos e não imporão obrigações em matéria de missas, funerais ou aniversários.

Vêm em seguida as obrigações próprias da ação da nova congregação, que retomam e concretizam a exposição de motivos. A vida em comum, na obediência ao superior, transcorrerá sob o nome de "Companhia, Congregação ou Confraria dos Pais ou Padres da Missão". O próprio Vicente tenderia a falar, ao se referir à Congregação da Missão, de "companhia" — "a pequena companhia", "a modesta companhia". Preferiria "padre" a "pai", pelo menos no que lhe diz respeito, pois logo viria a adquirir o hábito de acompanhar sua assinatura da menção "indigno padre da Missão", vindo todavia a substituí-la, com o passar dos anos, pelas iniciais "ipdlm" [*indigne prêtre de la Mission*].

Quanto aos modos de ação da congregação, os termos do contrato refletem a experiência de Vicente nos últimos oito anos. Os padres da Missão deverão incursionar de cinco em cinco anos em missão nas terras dos doadores. Tratarão de empregar o resto do tempo da melhor forma a serviço do próximo, com particular insistência na assistência espiritual aos "pobres forçados". No caso das missões no campo, os padres trabalharão nelas de outubro a junho, servirão um mês na companhia e depois se retirarão durante quinze dias a sua casa comum ou algum outro lugar determinado pelo superior para um retiro espiritual de três ou quatro dias, seguido de um período de trabalho para preparar a próxima missão. Nos meses de verão, durante os quais os camponeses trabalham intensamente, os padres da companhia darão assistência nas aldeias aos párocos que o solicitarem, especialmente nos domingos e nas festas.

Embora não forneça nenhum elemento novo em relação ao que já sabemos do conteúdo e do espírito das missões realizadas desde 1617, o contrato de 17 de abril de 1625 tem a vantagem de oferecer a Vicente os meios materiais de perenizá-las e sobretudo de positivar a existência de uma comunidade ligada por um compromisso duradouro e vivendo no mesmo lugar. O ponto fraco do acerto é a exigência de residência de Vicente na casa dos Gondi, isto é, a instalação do superior fora de sua comunidade. Semelhante situação dificilmente poderia durar. A morte de Françoise-Marguerite, a 23 ou 24 de junho de 1625, eliminaria esse obstáculo. Pois o general das galés, reconhecendo por sua vez a coerência do compromisso de Vicente, já no outono o isentaria da obrigação de residir em sua casa.

O falecimento de Françoise-Marguerite nessa data tem algo de emocionante. Ela se entregou irrestritamente, pondo em risco sua saúde frágil, ao atendimento e ao amor aos pobres. Suscitou, apoiou e compartilhou as primeiras realizações daquele que viria a se tornar o grande santo da caridade. Com o contrato de abril de 1625, o navio levanta âncora. Mas ela

FRANCISCO DE SALES E AS GRANDES AMIZADES DA REFORMA CATÓLICA **193**

não faz a viagem. De qualquer maneira, sua constante oração é atendida, já que morre fortalecida por Vicente de Paulo.

Cabe então a Vicente dar a triste notícia a seu marido, então na Provença. No momento em que sua esposa morre, o general das galés está em Marselha. As circunstâncias nada têm de comum. Um grave incidente levou-o, dias antes, a um confronto com o governador de Toulon.[35] A 16 de junho, ele foi provocado pelo governador, que lhe recusou as honrarias devidas a sua posição, ofendendo-o publicamente com palavras e atos. O caso logo chega ao extremo. A cidade, por um lado, e, por outro, as galés de Gondi empunham armas. Felizmente alguma sabedoria seria manifestada pelos administradores da cidade, assustados com a ideia de um confronto geral por causa de uma disputa de particulares: suas repreensões levam o general De Gondi a desviar suas galés, cuja proa já se voltava para o porto. Mas se prolonga o conflito entre o governador de Toulon, retirado a suas terras em sinal de desprezo, e o general, furioso por ter sido privado de um combate a seus olhos legítimo. Eles estão realmente a ponto de se enfrentar quando uma ordem formal de Richelieu põe fim à disputa. É nesse momento que chega o senhor Vicente.

Com toda prudência e suavidade com as quais este lhe dá a notícia, o general das galés a recebe como um raio. Não só fica muito abalado com a perda daquela que ama como vê em tal morte uma advertência do Céu: essa violência que o arrasta — e que é alimentada pelo ofício das armas — é perigosa para sua salvação. Os biógrafos nos dizem que a dor do seu luto é tão forte que ele já não vê qualquer encanto no mundo. Também podemos pensar que a partida de Françoise-Marguerite, que foi para o marido, grande *bon vivant*, uma introdutora fervorosa na vida devota, o leva a buscar também o caminho de maior união com o Céu. Tudo provavelmente converge na alma complexa mas ardorosa do general das galés.

Pois já a 6 de abril de 1626, tendo-se demitido de seus diversos cargos e cuidado do destino dos filhos, Philippe-Emmanuel de Gondi entra para o Oratório.

---

35 Chantelauze, op. cit., p. 172 sq.

9

Senhorita Le Gras

Não sabemos exatamente em que momento Vicente de Paulo e Louise de Marillac se conhecem. Com certeza entre 1623 e 1625, provavelmente em 1624. Ela chega na hora certa. Pois Vicente precisava ter engajada a seu lado uma mulher capaz de ser modelo e motor junto às mulheres que reúne. O encontro entre Vicente e Louise não daria frutos de caridade de imediato. Louise teria primeiro de evoluir, dominar seus medos e fragilidades. Mas em 1633, quando ela funda a confraria das Filhas da Caridade juntamente com Vicente, as consequências seriam de grande proporção para a história social da França. Jean Calvet afirma: "[Seu encontro] teve alcance incalculável. Determinou uma revolução no exercício da caridade por parte das mulheres [...], mobilizou definitivamente o espírito público em nosso país e, através dele, no mundo, para a atenção com os infelizes, da qual sairiam as instituições sociais modernas..."[1]

Louise de Marillac pertence à ilustre família cujo nome acompanha a regência de Maria de Medici e o reinado de Luís XIII. Já conhecemos seu tio Michel de Marillac. Superintendente das Finanças em 1624, ministro da Justiça a partir de 1626, o autor do Código Michau de 1629 é tão conhecido pela probidade quanto pelo talento. Entretanto, envolvido em 1630

---

1 Jean Calvet, *Louise de Marillac par elle-même. Portrait*, Paris, Aubier, 1960.

na conspiração que leva à Jornada dos Logrados,[2] ele acabaria a vida na prisão em 1632. Tem um irmão, Louis — pai de nossa Louise —, como ele nascido com seis outros filhos do primeiro casamento de seu pai.

Do segundo casamento de seu pai nasceram quatro filhos, entre eles uma menina, Valence, e um segundo Louis, que se torna marechal de França. Personagem sedutor, guerreiro bem-sucedido, o marechal atrai, no entanto, como seu irmão, a inimizade de Richelieu, depois da Jornada dos Logrados. Acusado de desvio de fundos — mas reabilitado depois da morte de Richelieu —, ele seria decapitado na Place de Grève a 10 de maio de 1632, depois de um processo interminável e em meio à grande comoção, sendo a execução assistida por enorme multidão.

Irmã de Michel e dos dois Louis, Valence — "bela como todos os Marillac" — casa-se em 1598 com Doni d'Attichy. Superintendente das Finanças sob a regência de Maria de Medici, Doni d'Attichy morreria jovem, deixando sete filhos, quatro dos quais entram para a religião, ao passo que uma das filhas, a bela Anne, tornar-se-ia condessa de Maure. Amiga próxima de Julie d'Angennes, filha da marquesa de Rambouillet, a condessa de Maure seria uma das celebridades de sua época.

Vejamos agora o primeiro Louis. Senhor de Ferrières, o pai de Louise é de certa forma eclipsado pela aura dos irmãos. Belo, empreendedor e amante dos prazeres, não sabemos muito a seu respeito, senão que segue a carreira das armas e morre em 1604, aos 48 anos, quando Louise tem apenas 13. Sua morte representa para ela um profundo abalo, bem na medida de sua condição muito especial. Nascida em 1591, de fato, Louise de Marillac é filha de mãe desconhecida, entre dois casamentos do pai. Do primeiro matrimônio, Louis de Marillac não teve filhos, e sua esposa

---

2 A data de 11 de novembro de 1630 entrou para a história com o nome de Jornada dos Logrados. Durante uma cena violenta entre Maria de Medici e Luís XIII, na presença inesperada de Richelieu, a rainha-mãe intimou o filho a escolher "entre sua mãe e um valete". Como o rei parecesse ceder, Richelieu julgou-se em desgraça, e o mesmo acharam todos na Corte e na cidade. Mas na mesma noite o rei hipotecava toda confiança a seu ministro. Já no dia seguinte, este mandou prender os irmãos Marillac, partidários da rainha-mãe. Maria de Medici seria exilada em Compiègne.

morre em 1589. Voltaria a casar-se em 1595 com Antoinette Le Camus (ou Camus), tia do futuro bispo de Belley. Nos seis anos de intervalo entre as duas uniões, a mulher pela qual Louis se apaixonou certamente nem de longe pertence à sua classe social, já que seu nome sequer chegou à posteridade. Os costumes da época eram impiedosos com essas relações entre classes, e se supôs então que a mãe de Louise era uma criada. Por outro lado, Louis de Marillac reconheceu a menina. Mandou criá-la no Convento Real de Poissy, entre as religiosas dominicanas que tinham como priora-sa uma Gondi. O estabelecimento é frequentado pelas maiores famílias. Proporciona uma formação humanista sólida plenamente aproveitada pela jovem Louise, inteligente e dada a leituras fortes. Ela aprende latim: o senhor Vicente gracejaria mais tarde com ela em sua correspondência, a propósito de determinada citação: "A senhorita entende bem esse latim, não vou traduzir." Ela começa a estudar filosofia. Com talento para a pintura, pratica-a com alegria. Várias de suas aquarelas chegaram até nós, com temas religiosos tratados com gosto.

Os fundamentos da formação intelectual recebida em Poissy seriam suficientemente amplos para que Louise adquira e desenvolva em seguida uma extensa cultura, a serviço de uma mente clara e de uma linguagem exata. No retrato que dela traça, Jean Calvet observa: "Sua cultura nas ciências profanas, sua cultura humanista era grande, como logo se percebia pela elegância de seu pensamento e de sua língua, que lembram uma Sablé, uma La Fayette, uma Sévigné. Sua cultura religiosa era maior ainda: ela praticara Grenade, Bérulle, Francisco de Sales, *A Imitação* [de Jesus Cristo], o Evangelho..." Certamente as forças do espírito foram necessárias a Louise desde a grande provação dos seus 13 anos. Pois a morte do pai — que a amava muito, sendo correspondido — deixa-a efetivamente desamparada, ao passo que, paralelamente, suas condições de vida mudam profundamente.

Então, Louise deixa o convento de Poissy para ser transferida para a casa de uma "senhorita pobre" que mantém uma pensão para moças, ensinando-lhes as artes domésticas. Tão boa de coração quanto inteligente, a adolescente logo tem a ideia de ajudar essa senhorita pobre: colaborando com comerciantes de rendas e bordados, ela dedica uma parte de seu tempo ao trabalho a domicílio, treinando também as outras jovens, para aliviar financeiramente a anfitriã.

Mas não faltam motivos de espanto. Como é que a família de Marillac, poderosa e movida por sincera fé, foi capaz de deixar dessa forma um de seus membros à margem de sua vida? É evidente que ela não aceita a filha ilegítima. Mas essa mudança de condição é uma provação para a adolescente, assim como o nascimento é uma ferida que levaria por toda a vida. Terá sido por isso que, mais tarde, Louise saberia tratar com tanta delicadeza os mais abandonados e os "pobres envergonhados", os que são jogados ou quebrados pela vida, que os atira fora dos caminhos que tinham vocação de percorrer?

Louise pensa em tornar-se religiosa e tenta entrar para as capuchinhas. Mas sua saúde é muito frágil para que ela seja aceita, recusa que vivencia dolorosamente, pois no fundo do coração formulou votos sem retorno. É então que a família a encaminha para o casamento. A 15 de fevereiro de 1613, Louise de Marillac desposa Antoine Le Gras, secretário de licitações da rainha Maria de Medici. De uma família originária de Montferrand, na região de Auvergne, Antoine Le Gras é um simples escudeiro, e não um fidalgo. Casada, Louise só teria direito, assim, ao título de "senhorita", sendo o de "senhora" reservado a uma camada social superior. Em compensação, o contrato de casamento é firmado no palacete de Octavien Doni d'Attichy, seu tio por aliança, na presença de várias altas personalidades, mas sendo os Marillac designados apenas como "amigos", e não parentes. Depois da cerimônia religiosa na Igreja de São Gervásio, os Le Gras mudam-se para um palacete do Marais, onde se instalam suntuosamente e recebem muito. Seria para Louise, finalmente, a possibilidade de encontrar o equilíbrio?

O nascimento de um pequeno Michel, no fim de 1613, parece confirmá-lo. Mas já na primeira infância Michel é para a mãe motivo de preocupações que só viriam a aumentar com o tempo. Criança de desenvolvimento lento e difícil, ele cresce num clima que tampouco pode ser considerado feliz. De saúde instável, Antoine Le Gras cai doente. Sua longa enfermidade, que o deixa irritável, acabaria por levá-lo em 1623. Enquanto isso, são os Doni d'Attichy que passam por uma série de provações, causando repercussões no lar de Louise. O marido de Valence morre em 1615, e ela própria o segue em 1619, deixando sete filhos órfãos e uma fortuna muito comprometida pela imprudência do pai. Tutor dos órfãos mas ainda assim envolvido com suas obrigações públicas, Michel de Marillac se exime de cuidar deles recorrendo aos Le Gras. Antoine Le Gras, que conheceu Louise por meio dos d'Attichy e não esqueceu o apoio que lhe deram no casamento, assume generosamente a missão, porém o melindroso orgulho dos interessados não lhe torna a vida fácil. Mas Louise e sua prima Anne ficariam muito ligadas. Feita condessa de Maure, Anne revelar-se-ia um bom contato para Louise em seus empreendimentos de caridade.

Seria por causa da doença do marido, de todas as suas preocupações ou das repercussões da adolescência problemática? O fato é que a srta. Le Gras é neurastênica. Está sempre cheia de receios, enxerga na doença do marido um castigo por não ter concretizado seus votos de se fazer religiosa, vive obcecada com seu "vazio" e perde a confiança em Deus. Abre-se então com o tio Michel. Não sabemos em que termos, pois suas correspondências foram perdidas. Em compensação, dispomos de cinco cartas de Michel de Marillac em resposta às de Louise. Cheias de elevação espiritual, elas não deixam, no entanto, de ter algo de frio e distante. O homem de Estado, com toda evidência, não entende sua sobrinha. Falta-lhe, acaso, o afeto que lhe teria clareado as ideias? Depois de Francisco de Sales — com quem Louise teve breve contato em Paris em 1618-1619 — e antes de Vicente, um padre de alma feliz tentaria conduzir Louise por caminhos mais sorridentes. Mas o fosso entre os dois temperamentos era por demais profundo para que sua direção se mostrasse eficaz. Por sua personalidade saborosa e típica do encanto barroco, será interessante apresentar aqui esse padre, Jean-Pierre Camus, bispo de Belley, que teria a inteligência de passar o encargo a Vicente.

Monsenhor Camus é sobrinho de Antoinette Camus, sogra nada calorosa de Louise. Mas não seria possível imaginar personagem mais agradável e sincero que Jean-Pierre. Nascido em Paris em 1583 — "essa grande cidade", escreveria ele num de seus romances, "fora da qual todo o resto do mundo é um exílio"[3] —, ordenado padre pelo cardeal De Sourdis, ele começa a escrever já em 1608. Sobre tudo. O amor divino, naturalmente, e Francisco de Sales celebraria no prefácio do seu *Tratado do amor de Deus*, em 1616, o livro publicado pelo jovem colega sobre o tema. Mas Jean-Pierre Camus não para por aí. Sagrado bispo ainda muito jovem — Henrique IV confere-lhe o bispado de Belley em 1608, e é Francisco de Sales, seu vizinho de diocese, que o consagra em 1609 —, monsenhor partilha o gosto dos contemporâneos pelos romances intermináveis nos quais a aventura, o heroísmo e o amor superam as piores emboscadas. Tem também certa comichão de escrita e o ardor evangelizador dos católicos ardorosos que assombram sua geração. E assim, ele conta. É ele o inventor do que Bremond chama de "romance devoto". Duzentos romances no seu histórico! Rios e rios de palavras, impossíveis de percorrer hoje em dia, mas provavelmente não mais enfadonhos que as maravilhas de *L'Astrée* publicadas ao longo de vinte anos por Honoré d'Urfé a partir de 1609, nem mais indigestos que as peregrinações ofegantes do *Polexandre* de Gomberville, o rei das ilhas Canárias, vagando em busca de sua princesa Alcidiane, do Senegal ao México, da Armênia à Bretanha, entre 1632 e 1637...

As viagens do sr. de Belley são mais interiores. No mínimo, aquele a quem Bremond se refere como "o d'Urfé, ou melhor, o Walter Scott do humanismo devoto" de fato consegue, ao cabo de peripécias endiabradas, levar o leitor a conclusões edificantes. É o caso de seu romance *A piedosa Julie*, cujo enredo e os trechos citados por Bremond não causaram propriamente melancolia.[4] Próximo de Francisco de Sales, a quem admira de todo coração, monsenhor Camus encanta com seu ar descomplexado e sua pedagogia adaptada sem vergonha ao estado de ânimo romanesco da primeira metade do século.

---

3 Citado por Bremond, op. cit., p. 57.
4 Citado por Bremond, op. cit., p. 73-76.

SENHORITA LE GRAS

Jean-Pierre Camus teria alegrado Louise de Marillac se isso fosse possível. Mas não é. Por mais que Monsenhor Camus tente arrancá-la de sua culpabilidade deslocada, Louise afunda em tal confusão que chega a pensar que devia deixar o marido e o filho para ser fiel a seus antigos votos! O bispo só conseguiria dissuadi-la autorizando-a a fazer o voto de permanecer viúva se seu marido, muito mal de saúde, vier a morrer antes dela. Não ocorre a Louise que a maior urgência é cuidar dele... Por fim, na festa da Ascensão de 1623, tudo nela desmorona, a fé na imortalidade da alma, na existência de Deus. Total vazio. A própria jovem viria a contar o que foram aqueles dias de terror, mas também o que se seguiu. Pois dez dias depois, em Pentecostes, na Igreja de São Nicolau dos Campos, onde solicitou a intervenção de Francisco de Sales, ela é bruscamente libertada: suas dúvidas se dissipam, ela entende que seu único dever é cuidar do marido, sem se preocupar com votos inadequados no momento. E então tem a visão interna do diretor que Deus logo lhe dará para levá-la à paz. E esse diretor ninguém mais é senão Vicente.

Algum tempo depois, Jean-Pierre Camus, absorvido pelos deveres de sua diocese (e pela redação de seus romances?), confia a srta. Le Gras à direção espiritual de Vicente de Paulo. Inicialmente, não se pode propriamente constatar entusiasmo de nenhum dos dois lados. Na visão de Pentecostes, Louise ficou desconcertada com a diferença entre esse padre e seus diretores anteriores. Já para Vicente, que põe em funcionamento a Congregação da Missão, a responsabilidade em relação a essa alma complicada representa um elemento retardador. Mas não deixa de ser curioso observar que Louise assume o lugar de Françoise-Marguerite — com alguns meses de preparação — no papel de penitente acuada. Vicente ainda não sabe, mas Louise também será para ele de incomparável ajuda.

A 21 de dezembro de 1625, Antoine Le Gras morre com grande sofrimento físico, mas numa paz de alma que Louise compartilha a seu lado com um humor simples e verdadeiro. Corajosamente, ela então assume a responsabilidade por seu destino material. A longa doença do marido e certas imprudências financeiras do casal as deixaram sem grandes recursos, e assim ela sai do palacete onde se haviam instalado em 1609, na Paróquia do Santo Salvador, mudando-se com o jovem Michel para um pequeno alojamento no bairro de Saint-Victor, perto dos Bons Meninos e das escolas onde o filho poderá estudar. Muito indolente, Michel, então com 13 anos, não se interessa por grande coisa. Na adolescência e na vida de jovem adulto, ele oscilaria entre sobressaltos de devoção que levam Louise a direcioná-lo para o estado eclesiástico e voltas atrás que não conduzem a nada de preciso, senão, aqui e ali, a uma vida de fanfarra. Acabaria se casando e em 1645 foi nomeado bailio de São Lázaro.

Mas ainda não chegamos lá. Por enquanto, Michel acaba de entrar para o seminário do padre Bourdoise. Louise ainda é a mesma, chocando-se contra a vida como uma abelha contra a vidraça. No período que se segue à morte de seu marido e até 1629, ela vive de maneira muito solitária, assistida apenas por uma criada. Gostaria de agir, mas não sabe como nem por que e persegue Vicente, a quem no entanto não falta o que fazer. Uma frase divertida de monsenhor Camus revela indiretamente o estado de espírito da jovem. Vicente saiu em missão, sua ausência se eterniza, Louise queixa-se ao antigo diretor. Resposta de monsenhor Camus em carta de 26 de julho de 1625: "Perdoe, minha cara irmã, se digo que se apega um pouco demais aos que a conduzem e se escora excessivamente neles. Eis que o sr. Vicente se ausenta, e a srta. Le Gras fica desorientada e fora de esquadro!"

Apenas algumas cartas entre Vicente e Louise de Marillac nesse período chegaram até nós. Vicente lança mão de toda a gama de ferramentas psicológicas e espirituais que lhe falam ao coração para acalmar os eternos medos da jovem. Insiste na entrega confiante e humilde à vontade de Deus,[5] inclusive no que diz respeito aos cuidados com o filho: "Deixe-o e o entregue inteiramente à vontade e à não vontade de Nosso Senhor. Cabe apenas a ele dirigir essas pequenas e tenras almas. Por elas

---

5 Coste, *Correspondance*, op. cit., I, p. 25, carta nº 12, a Mademoiselle Le Gras, 30 de outubro de 1626.

SENHORITA LE GRAS

também tem ele mais interesse que a senhora, pois mais lhe pertencem que à senhora."[6]

Seria insuficiente para tranquilizá-la? Vicente dá então a Louise o exemplo de Jeanne de Chantal, consolada pela mesma recomendação: ela se preocupava excessivamente pela alma do filho Celse, apaixonado por duelos. E eis que o jovem barão de Chantal encontrou a morte a 22 de julho de 1627, combatendo os ingleses na ilha de Ré, deixando órfã uma menina de apenas 1 ano, a futura marquesa de Sévigné. A uma Jeanne de Chantal obcecada com a salvação desse filho, Vicente soube opor suavemente a liberdade de amor de Deus.

Louise também está indecisa quanto ao próprio futuro e a sua vocação. Deveria acaso, segundo seus antigos votos, escolher o claustro? Vicente ainda não o distingue, e assim aplaca sua impaciência. À espera de uma decisão, a srta. Le Gras se impõe normas de vida cotidiana que tudo têm do mais estrito noviciado: levantar-se muito cedo pela manhã, horas de oração, leituras espirituais, missa, exame de consciência, ascese e diferentes mortificações — não falta nada. Mas às vezes é ela que não consegue sustentar o ritmo. Naturalmente, submeteu esse regulamento a Vicente, que com delicadeza trata de moderar suas práticas excessivamente meticulosas: "Deus é amor e quer que caminhemos por amor."[7] Em seguida, como no caso da sra. De Gondi, ele orienta a imensa boa vontade da srta. Le Gras para a dedicação aos outros. Aos poucos, ela o ajuda nas confrarias da Caridade por ele criadas após as Missões.

No início, a ajuda de Louise às Caridades do campo é exercida sem sair de Paris. Ela atua intermediando as doações, as remessas de roupa de cama e outras diferentes provisões. Uma de suas primas, Isabelle du Faÿ — cuja família tem terras em Villecien, perto de Joigny, e cujo pai Vicente de Paulo tivera oportunidade de conhecer quando era pároco de Clichy — aparece nesses anos na correspondência entre Vicente e Louise. É uma

---

6 Ibidem, I, p. 37, carta nº 22, a Mademoiselle Le Gras, 17 de janeiro de 1628.
7 Coste, *Correspondance*, op. cit., I, p. 86, carta nº 49 a Mademoiselle Le Gras.

personalidade atraente. Ela sofre de uma doença incômoda, que a impede de se casar. Longe de se sentir mortificada por essa deficiência, Isabelle du Faÿ fala a respeito com humor e a usa como trampolim para uma vida alegremente doada aos mais infelizes. Vicente comentaria a respeito depois de sua morte, em particular numa *Conversa com os missionários*: "O que parece brilhante, picante, sábio aos olhos dos homens não passa de loucura diante de Deus, loucura, loucura, loucura diante de Deus! Vejam David, um pastorzinho; São Gregório de Tours era um homem muito malfeito de corpo, um anãozinho [...]. Vimos a boa srta. Du Faÿ, irmã do sr. De Vincy, por uma infelicidade da natureza, tendo uma coxa duas ou três vezes mais grossa que a outra, ter-se unido a Deus a tal ponto que não sei se jamais pude ver uma alma tão unida a Deus quanto essa. Ela costumava referir-se à sua coxa como sua 'bendita coxa'; pois a havia desviado das companhias e do próprio casamento, onde talvez se tivesse perdido."[8]

Isabelle tornaria-se alguns anos depois um dos esteios das Damas da Caridade do Hôtel-Dieu de Paris. No período de 1626 a 1628, seu cuidado com o desenvolvimento das confrarias rurais apoia os esforços de Louise. Na correspondência de Vicente, as duas jovens aparecem preparando camisas, dinheiro, víveres. Vicente agradece, mantém-nas informadas, tranquiliza-as nas ocasiões em que, pulando de uma missão a outra, não tem tempo para conversar com elas ou encontrá-las. "Escrevo-lhe por volta da meia-noite, algo exausto", encontramos numa carta de outubro de 1627 à srta. Le Gras. "Dou mil milhões de graças por esse belo e bom presente que nos enviou, senhorita", lemos numa outra, à srta. Du Faÿ. A ambas ele procura incentivar: "Cuide de estar sempre alegre." Também notamos em sua correspondência da época o emprego de uma frase de saudação que se tornaria sistemática em suas cartas aos amigos, aos colaboradores, a todos aos quais se liga por uma comum vontade de união a Deus: "Que a graça de Nosso Senhor esteja contigo para todo sempre!"

---

8 Coste, *Correspondance*, op. cit., XI, p. 131, n° 99, *Répétition d'oraison du 21 octobre 1643*.

É em 1629, em abril ou maio, que Louise passa a uma outra escala de atividades. Vicente acaba de se encontrar com o padre De Gondi em Montmirail. Depois de um período de teste de sua vocação, Philippe-Emmanuel foi ordenado padre no Oratório em 1627. Não vive no convento da Rue Saint-Honoré, mas na casa de Saint-Magloire de propriedade do Oratório, no Faubourg Saint-Jacques. Mandou construir ali uma pequena residência isolada. Ligado desde o início à equipe dirigente da congregação e vivendo humildemente, Philippe-Emmanuel não deixa de visitar regularmente as terras da família.

Vicente pede que Louise vá ao seu encontro em Montmirail, junto ao padre De Gondi, e lhe dá instruções para essa viagem, a primeira contemplando visitas de inspeção. A partir de então, durante quatro anos, seria a incumbência essencial da srta. Le Gras. Até então, tal incumbência não fora assumida por ninguém. Acontece que, desde a tacada inicial de Châtillon-les-Dombes, as confrarias da Caridade brotam como cogumelos depois de cada missão — mas cogumelos às vezes são selvagens. Como cada caridade tem seus métodos, acontece de o espírito da fundação perder-se um pouco nessa diversidade. Ocupado com o estabelecimento da Congregação da Missão e o lançamento de novas iniciativas, e além do mais desejoso de permitir que as confrarias assumam suas responsabilidades sob a égide do pároco, Vicente não pode acompanhar de perto o seu desenvolvimento. Com a viagem a Montmirail, Louise de Marillac começa a organizar as Caridades em função de uma lógica comum. E se torna o seu traço de união.

Graças a seus biógrafos, podemos seguir Louise quase passo a passo.[9] Ela nunca viaja sozinha, o que não seria decoroso nem prudente. Mas não se faz acompanhar por uma grande comitiva. Tendo ao lado apenas sua criada e uma ou duas amigas motivadas como ela — a querida Isabelle com frequência a acompanha —, Louise de fato leva consigo a roupa branca e os remédios que serão úteis aos doentes, mas sua própria bagagem é modesta. Viaja por

---

9 Calvet, *Louise...*, op. cit., p. 63-64, e Coste, *Correspondance*, op. cit., I, p. 73, citando a biografia de base de Gobillon.

conta própria, no coche público, e as senhoras se hospedam nas pousadas, como qualquer viajante. Se o trajeto do coche não o leva até determinado povoado perdido que deve ser visitado, continua-se a cavalo. Afinal, o senhor Vicente faz o mesmo nas missões em que se prodigaliza pelos caminhos! Chegando à aldeia a ser visitada, a srta. Le Gras reúne os membros da confraria, informando-se sobre as atividades e os resultados. "As atas dessas visitas foram conservadas. São objetivas e precisas. Determinada Caridade só tem três escudos de reservas; outra está endividada; aqui, temos seis ovelhas e oito cordeiros; mais adiante, a visita aos doentes não é regular; em outra, ainda, demasiado se falta às obrigações da devoção; e há também os casos em que a rivalidade entre as servidoras compromete tudo."[10]

Louise conclui, dá suas diretrizes, estimula a boa vontade, trata de suscitá-la. Ao decorrer das visitas de inspeção, com a ajuda da experiência, ela consolida seus conselhos. Ainda jovem, não lhe faltara espírito prático junto à "senhorita pobre". Diante dos problemas das Caridades, seu senso do concreto opera maravilhas. Ela visita os doentes, reúne as crianças para o catecismo, aconselha a professora da escola, quando existe, ou trata de formá-la, se não existe. Pois a Caridade contempla também a preocupação com a instrução elementar das meninas do campo, preocupação inovadora na época, pois se trata de um terreno quase virgem.

Sabemos que, em 1629, Louise visita as Caridades de Montmirail e Asnières; em 1630, as de Saint-Cloud, Villepreux, Villiers-le-Bel, novamente Montmirail e depois Beauvais; em 1631, Montreuil-sous-Bois e oito outras localidades, entre as quais Franconville e Herblay. Alterna visita nas cercanias de Paris e expedições à Picardia, Champagne e Borgonha. Viaja de preferência no verão. No inverno, cuida de Paris. Pois embora esteja claro que as Confrarias da Caridade, como essas, que se seguem às missões, destinam-se antes de mais nada aos pobres do campo, o bispo de Beauvais insistiu em que houvesse uma confraria em cada paróquia da sua cidade. Em 1629, assim, Vicente já criou dezoito delas, tantas quantas são

---

10 Calvet, *Louise...*, op. cit., p. 64.

as paróquias em Beauvais. E Paris seguiu o exemplo! Nesse mesmo ano de 1629, informa-nos Abelly, algumas senhoras desejaram a criação de uma Caridade em sua paróquia parisiense de São Salvador.

No ano seguinte, juntamente com cinco ou seis outras senhoras de sua paróquia, Saint-Nicolas-du-Chardonnet, Louise começa a atender os doentes pobres do seu bairro. Naturalmente, informa Vicente dessa iniciativa, e ele atenta muito de perto para os detalhes. Disso dá testemunho a seguinte carta de sorridente lucidez, associada por Coste Porto à ilha da fundação da Confraria de São Nicolau:[11] "Fazer do sr. vigário o guardião do dinheiro é algo que se deve evitar, em virtude de uma série de inconvenientes que daí decorreriam, e dos quais poderei informá-lo de outra feita, adiantando desde já termos feito a experiência de que, de todos os meios, os mais seguros a serem praticados na Caridade são os que o senhor teve em mente. E se agora cada uma das servidoras da Caridade for eximida da obrigação de cozinhar a carne, nunca mais será possível restabelecê-la; e se for cozinhada fora, se alguém vier a tomar a iniciativa por caridade, logo haverá de ficar com o encargo; e se se mandar prepará-la contra pagamento em dinheiro, custará muito; e dentro de pouco tempo as senhoras da Caridade dirão que os doentes deverão ser alimentados por marmita trazida pela mulher do preparo; e desse modo sua Caridade virá a faltar."

Aos poucos, Paris se enche de Caridades. Entre 1630 e 1631, com a autorização do arcebispo e a concordância dos senhores párocos, cerca de quinze paróquias parisienses assistem ao estabelecimento de uma confraria. Para começar, Saint-Médéric, Saint-Benoît e Saint-Sulpice. Em seguida, Saint-Paul, Saint-Germain-l'Auxerrois, Saint-Eustache, Saint-Etienne-du--Mont, Saint-Nicolas-des-Champs etc. Os administradores do Hospital de Quinze-Vingts, por sua vez, pedem ao senhor Vicente que nele estabeleça uma confraria da Caridade — sendo atendidos.

O período de 1630-1631 é o da peste em Paris, causando devastação até o inverno de 1632-1633. O que não refreia o ardor das Caridades,

---

11 Coste, *Correspondance*, op. cit., p. 78, carta nº 42, [1630].

muito pelo contrário. Em torno de 1632, Louise aborda em Saint-Nicolas--du-Chardonnet uma mulher atingida pelo flagelo e escreve a Vicente a respeito. Ele a cumprimenta, asseverando sua firme convicção de que não será acometida de nenhum mal. Ele próprio foi visitar o subprior de São Lázaro, prestes a morrer de peste. Sentiu seu hálito, mas nem ele nem seus companheiros foram contaminados. "Senhorita, nada tema, Nosso Senhor quer empregá-la em algo que diz respeito a sua glória, e creio que para isso haverá de conservá-la", conclui Vicente. Esta convicção nunca haveria de deixá-lo, em meio às piores atribulações: aconteça o que acontecer, Deus seja louvado! Mas a serviço dos pobres que ama, tenhamos a certeza de que Ele protege seus servidores todo o tempo necessário.

A proteção divina, no entanto, não libera das pedras do caminho. Em suas visitas ao campo, Louise depara-se por vezes com párocos que não querem saber da inspeção de suas ovelhas ou torcem o nariz ao vê-la fazer o catecismo. Determinado bispo se pergunta o que essa estranha à diocese teria o direito de controlar. Louise escreve a Vicente, que a aconselha a se entender com franqueza junto à hierarquia. A conversa não surte efeito? Pois então que ela vá para outro lugar, sem ressentimento! Para prevenir as dificuldades, Vicente cuida para que os padres envolvidos levem uma palavra de recomendação do padre De Gondi quando a inspeção das Caridades ocorre em suas terras. Mas nem sempre isso é suficiente. Em sentido inverso, Louise também registra alguns sucessos incontestáveis, como em Beauvais, em 1630, onde ela conclui a tarefa de Vicente ao inspecionar as dezoito Caridades que ele ali fundou. Numa carta enviada a Louise quando ela se encontra em Beauvais, Vicente recomenda que mantenha em todas as circunstâncias a simplicidade de coração: "Una seu espírito às zombarias, ao desprezo e aos maus-tratos que o Filho de Deus sofreu, quando for honrada e estimada. É verdade, Senhorita, um espírito verdadeiramente humilde se humilha tanto nas honrarias quanto no desprezo, e faz como a abelha, que produz seu mel tanto do orvalho que cai no absinto quanto do que cai na rosa."[12]

---

12 Coste, *Correspondance*, op. cit., I, p. 98, carta n° 58, a Senhorita Le Gras em Beauvais, 1630.

SENHORITA LE GRAS

Vicente sabe do que está falando. A visita de Louise às Caridades de Beauvais terminaria numa apoteose, mas antes disso não terão faltado armadilhas. Meses antes, o orvalho caindo sobre o absinto assumiu para Vicente a forma pouco celestial de um funcionário real.

O padre Coste dá conta da descoberta por Alphonse Feillet, nos arquivos do Comitê de História da França, de um projeto de acusação da parte do tenente-general do rei em Beauvais, por ocasião da visita de Vicente para fundar as dezoito Caridades solicitadas pelo bispo.[13] Aparentemente suspeitando de atividades subversivas de sua parte, o referido tenente não se conforma com a chegada à cidade de "um certo padre chamado Vicente, o qual, desprezando a autoridade real, e sem informar a respeito os funcionários reais nem qualquer outro organismo da cidade envolvido na questão, teria reunido grande número de mulheres, convencendo-as a entrar para uma confraria, dando-lhe o nome especial de Caridade e desejando criá-la para atender e abastecer de víveres e outras necessidades os doentes pobres da referida cidade de Beauvais e ir toda semana fazer coleta de doações a serem repassadas com tal finalidade; o que desde então teria sido executado pelo referido Vicente e essa confraria criada, na qual ele teria reunido trezentas mulheres ou aproximadamente, as quais, para executar suas funções e práticas mencionadas, com frequência se reúnem, o que não pode ser tolerado"! O tenente exige que um relatório seja enviado ao procurador-geral do rei. As coisas certamente se acalmariam nos escalões superiores, nos quais Vicente de Paulo é bem conhecido.

Na mencionada carta a Louise, a atenção aos detalhes concretos, o humor e a finura psicológica são bem característicos da correspondência de Vicente. Aqui vai uma amostra: "Ora, respondamos agora a tudo que a senhora me pergunta. Parece-me judicioso de fato que a senhora tesoureira se desincumba da entrega do vinho, a ser atribuída a alguma outra [...]. Alguma boa viúva dos serviços gerais e da faxina poderá cuidar disso [...]. É necessário para que a tesoureira tenha condições de cuidar do andamento

---

13 Ibidem, nota 1.

da obra, da recepção e dispensa dos doentes; pois, quanto à vigilância, não faz sentido que o faça, nem que lhe sejam dados seis soles por dia. Pois, meu bom Deus! Ela levaria quase todo o líquido da Caridade"![14] Vicente saúda em seguida a eficácia da distribuição dos remédios etc., e por fim explica o modo de funcionamento diplomático de monsenhor de Beauvais, que em geral prefere ser informado das coisas, entretanto se mantendo "muito distante de cerimônias e gostando que se trate com ele com franqueza, porém de forma respeitosa".

Louise de Marillac parece desabrochar na vigorosa atividade a que se entrega todo o tempo. Mas também pode exagerar um pouco, o que a leva de volta a pensamentos taciturnos. Vigilante, Vicente cuida então de contê-la, fazendo as perguntas e as respostas: "— Sim, vai-me dizer, mas é por Deus que sofro. — Não é mais por Deus que está sofrendo, se sofre para servi-lo."[15] Na carta citada anteriormente, ele é categórico: "É uma artimanha do diabo, com a qual engana as almas boas, incitá-las a fazer mais do que podem, para que nada mais possam fazer."

Talvez tenha havido alguma artimanha do diabo na pressa com que muitas senhoras de boa condição se precipitaram na paróquia de São Salvador a participar do atendimento aos doentes pobres. Levar o pote de sopa subindo escadas deterioradas ou fétidas de casas humildes de Paris e fornecer com as próprias mãos cuidados básicos a doentes sujos e rabugentos, quando se vive num palacete refinado cheio de empregados, requer muita resistência. E não faltarão pessoas assim junto ao senhor Vicente: teremos oportunidade de ver os serviços humildemente prestados no Hôtel-Dieu por senhoras de altíssima condição social. Mas o fato é que a maioria delas não estava preparada para semelhante abnegação. Empenhadas em cumprir suas promessas, assim, as Damas da Caridade de São Salvador enviam suas criadas para atender no seu lugar, e o mesmo logo viria a ocorrer nas outras Caridades de Paris. Vicente e Louise ficam

---

14 Coste, *Correspondence*, op. cit., nota 1.
15 Ibidem, I, p. 68, carta n° 31, à Senhorita Le Gras, por volta de 1629.

desolados: onde estão o senso da doação gratuita em honra de Nosso Senhor, o tempo passado pessoalmente, o ímpeto incondicional na direção dos mais pobres que inflamam as Caridades desde Châtillon-les-Dombes?

É então que entra em cena Marguerite Naseau. A história de Marguerite parece um conto, mas a realidade leva a melhor, em densidade humana, sobre a mais sofisticada das ficções. Vicente com frequência a contou às Filhas da Caridade e aos padres da Missão, com algumas variações nos detalhes. "Moça do campo", Marguerite Naseau, nascida em Suresnes, é uma pequena vaqueira de mente curiosa, vontade de aprender e de ajudar os outros no mesmo sentido. Não tem condições de frequentar a escola? Não seja por isso: ela compra um alfabeto, induz o pároco ou o vigário a lhe mostrar as quatro primeiras letras, e de outra vez as letras seguintes etc. "Depois, sem deixar de guardar suas vacas, ela estudava a lição. Se visse passar alguém parecendo saber ler, ela perguntava: 'Senhor, como se pronuncia essa palavra?' Aos poucos, assim, aprendeu a ler, e veio a instruir outras moças de sua aldeia. E então decidiu ir de aldeia em aldeia para ensinar à juventude, com duas ou três outras moças por ela formadas. Uma visitava determinada aldeia, e a segunda, outra. E o mais notável é que tomou essa iniciativa sem dinheiro nem mais reservas que não a Providência divina."[16]

Marguerite se lança na instrução das meninas pequenas, mas também das grandes, nem sempre tendo o que comer e enfrentando corajosamente a zombaria dos aldeãos. Durante uma missão em Villepreux, Vicente conhece a jovem professora. Marguerite fica sabendo então que existe em Paris uma confraria dedicada ao atendimento de doentes pobres. E manifesta o desejo de trabalhar nela. Numa outra versão, Vicente diz ter ele próprio convidado Marguerite a se transferir a Paris para ajudar as Damas de São Salvador. O certo é que as coisas quase que acontecem por si mesmas. Nem

---

16 Coste, *Correspondance*, op. cit., IX, p. 77-78, *Entretien aux Filles de la Charité* nº 12, conferência de julho de 1642, *Sur les vertus de Marguerite Naseau*. Ver também ibidem, IX, p. 209 sq., 455 e 601 e ibidem, I, p. 187, carta nº 132 a Louise de Marillac.

Marguerite nem Vicente tinham pensado no caso. Mas as consequências desse engajamento seriam consideráveis.

Pois Marguerite é a primeira "Filha da Caridade", antes mesmo que existisse a designação, ou o que designava. O senhor Vicente não se cansaria de afirmá-lo. A exemplo da jovem vaqueira, outras moças originárias do campo ou dos meios modestos de Paris aos poucos ofereceriam às Caridades a robustez de seus braços, o bom senso de seu raciocínio, sua capacidade de obediência e a espontaneidade de seu contato com os pobres. Agindo sob a autoridade das Damas nas diferentes confrarias, Marguerite e suas amigas ficam inicialmente sob a orientação da srta. Le Gras, que, por instrução de Vicente, fornece-lhes uma formação sumária, prática e espiritual. Ao longo dos anos, maravilhado com o inesperado encontro com Marguerite e o imperceptível estabelecimento desse grupo de "moças do campo", que viriam a se tornar as Filhas da Caridade, Vicente atribuiria essa obra original à Providência e só a ela, em direta descendência de Santo Agostinho: "As boas obras cujo autor não pode ser identificado", afirma esse grande doutor, "certamente vêm de Deus."[17]

Deixemos desde logo claro: Marguerite Naseau, que se juntou a Vicente e Louise em 1630, seria a seu lado e dos doentes pobres apenas uma estrelinha cadente. A peste levaria a melhor sobre suas forças. Não temos certeza quanto à data de sua morte, provavelmente ocorrida em fevereiro de 1633. Mas sabemos que durante a peste de Paris, partilhando sua cama com uma mulher de quem cuida, Marguerite é acometida do flagelo. Dirige-se tranquilamente ao Hospital São Luís para lá morrer. Em sua conferência de 1642, Vicente, fazendo o elogio de sua simplicidade e sua entrega a Deus, lembraria docemente: "Todo mundo a amava."

Começamos este livro falando da infância de Vicente de Paulo através das imagens e palavras de sua conferência de 25 de janeiro de 1643 sobre as virtudes das moças de aldeia. Não resta dúvida de que, vendo a ação

---

17 Coste, *Correspondance*, op. cit., IX, p. 455, 25 de dezembro de 1648, n° 40, *Sur l'amour de la vocation.*

de Marguerite Naseau, Vicente terá voltado a encontrar, emocionado, por volta dos 50 anos, a lembrança das corajosas camponesas que forjaram seu caráter. Marguerite e suas seguidoras abrem um novo caminho para a caridade: a evangelização dos pobres pelos pobres, o atendimento proporcionado por moças que, elas próprias humildes de condição, dispõem por isso mesmo de um talento que não está ao alcance das grandes damas do reino. A intuição das Filhas da Caridade foi originada em termos imediatos pela pequena vaqueira de Suresnes, assim como o velho camponês Gannes por sua vez deu origem à Missão.

Mas ainda falta organizar a aplicação concreta da intuição.

Acontece que Louise de Marillac, de tanto visitar as confrarias da Caridade, orientar as moças do campo no atendimento aos doentes e estruturar a instrução das meninas, chega à conclusão de que a verdadeira vocação de sua vida talvez esteja aí mesmo. E um dia se abre com Vicente a respeito. Não sabemos quando se deu essa confidência, mas apenas que Vicente, sentindo com ela enorme alegria, procura apesar de tudo ganhar tempo, por não estar certo da vontade de Deus na questão.

Uma carta sem data a Louise, mas situada por Coste antes de 1632, ilustra esse período de impulso e dúvida misturados. Vicente pede à srta. Le Gras que se mantenha disponível aos imprevistos da Providência, como fizeram ilustres personagens: "Desejamos várias boas coisas com um desejo que parece estar de acordo com Deus, e no entanto nem sempre é assim. [Mas] Deus permite isso para a preparação do espírito para ser segundo o que se deseja. Saul queria uma jumenta; encontrou um reino; São Luís, a conquista da Terra Santa, e encontrou a conquista de si mesmo e da coroa do céu. A senhora busca tornar-se serva dessas pobres meninas, e Deus quer que seja serva dele, e talvez de mais pessoas do que seria dessa maneira; e ainda que fosse apenas serva dele, acaso não basta a Deus que seu coração honre a tranquilidade do coração de Nosso Senhor?"[18]

---

18 Coste, *Correspondance*, op. cit., I, p. 113, carta nº 71, à Senhorita Le Gras [antes de 1632].

Para esclarecer as coisas, Vicente acabaria por enviar Louise à prática dos Exercícios Espirituais no fim do verão de 1633. Chega o momento de discernimento, ele toma nota. A aventura pode começar. Ainda se passaria um ano até que Louise se comprometa por votos a se dedicar inteiramente à obra empreendida, mas já no outono de 1633 ela toma a frente da congregação nascente.

Retoma também seu nome de Marillac. É em 1632 que seus dois tios enfrentam a desgraça e o óbito. Muito próxima da marechala de Marillac, morta de tristeza antes da execução do marido, Louise partilhou a dor dos seus. As tragédias de sua família sem dúvida levam à reconciliação consigo mesma e com seu passado. "Ela era uma Marillac, da raça dos que estavam sempre no nível da glória, da derrota e da morte", observa Jean Calvet.[19] Não sabemos o que Louise escreveu a Vicente de Paulo antes da morte do marechal, mas chegou até nós uma resposta de Vicente. Vamos reproduzi-la adiante.

Nesse mesmo ano de 1632, a 30 de outubro, o duque Henri de Montmorency é decapitado em Toulouse, no Pátio do Capitole, na conclusão de seu julgamento. Esse castigo sanciona a ajuda militar que o duque, governador do Languedoc, forneceu a Gaston d'Orléans, irmão de Luís XIII, que tomou armas contra o rei. Henri de Montmorency, 37 anos, personalidade de prestígio no reino, em cujo favor se multiplicaram os pedidos de clemência, dá mostra de espantosa liberdade interna: "Encaro essa sentença judicial do rei como uma sentença da misericórdia de Deus", declara aos juízes. "Que Ele me conceda a graça de sofrer de maneira cristã a execução do que vem d'Ele." Coberto de dons e só tendo conhecido até então — não sem desenvoltura moral — glória e facilidade, o duque passou, alguns dias, por uma conversão espiritual que causa admiração em seu confessor jesuíta, o padre Arnoux. Indo dar notícia da execução a Luís XIII, que recusou sua clemência ao duque, o padre não hesita em declarar ao rei: "Senhor, Vossa Majestade deu um grande exemplo na terra, pela morte do sr. De

---

19 Calvet, *Louise...*, op. cit., p. 66-67.

SENHORITA LE GRAS

Montmorency, mas Deus, em sua misericórdia, fez um grande santo no céu." Resposta de Luís: "Meu Pai, gostaria de ter contribuído para sua salvação por caminhos mais suaves."[20]

Esse diálogo mostra que a decisão real derivou de uma exigência de justiça e proteção do Estado, e não de algum tipo de crueldade pessoal. Revela sobretudo o estado de consciência desse século XVII em que os fins últimos determinam o olhar, em que a eternidade, impregnando a vida terrestre, transfigura o sentido dos acontecimentos. Podemos hoje ler a carta de Vicente a Louise, que nesse sentido representa uma poderosa ilustração:[21] "Senhorita, o que me diz sobre o senhor marechal de Marillac parece-me digno de grande compaixão e me aflige. Honremos nisto o bom prazer de Deus e a felicidade dos que honram o suplício do Filho de Deus com o seu próprio. Não nos importa de que maneira nossos parentes vão a Deus, desde que vão. Ora, o bom uso desse tipo de morte é um dos mais garantidos para a vida eterna. Não devemos portanto lastimá-lo; antes aceitemos a adorável vontade de Deus."

---

20 Françoise Kermina, *Les Montmorency. Grandeur et déclin*, Paris, Perrin, 2002.

21 Coste, *Correspondance*, op. cit., I, p. 153-154 [maio de 1632], carta nº 105, 8, 9 ou 10 de maio.

10

Do início da congregação
à entrada para São Lázaro
1625-1632

Deixamos o navio da Missão, devidamente aliviado do peso do contrato dos Gondi, pronto para navegar em alto-mar em 1625. O talento jurídico e o senso de organização de Vicente se provarão necessários. Passar de missões pontuais, ainda que extremamente organizadas, a uma instituição duradoura não é assim tão fácil.

Entre 20 de outubro e 22 de dezembro de 1625, Vicente deixa definitivamente o palacete dos Gondi na Rue Pavée e se instala nos Bons Meninos. Para começar a atender às obrigações do contrato de fundação, ele próprio e seu principal assistente, Antoine Portail, logo recorrem à ajuda de um terceiro padre, aos quais pagam anualmente, por sua contribuição, cinquenta escudos. Esse padre, segundo Pierre Coste, poderia ser o padre Belin. Como sabemos, o padre Belin, capelão dos Gondi em Villepreux, fora junto aos galerianos de Saint-Roch um evangelizador cheio de ardor, ao lado de Vicente e do padre Portail. Em carta datada de 16 de dezembro de 1634, Vicente lembra-lhe os tempos heroicos da Missão em termos que nos levam a supor que o padre Belin integrou a equipe inicial.[1]

---

1 Coste, *Correspondance*, op. cit., I, p. 288, carta nº 190, ao Sr. Belin, 16 de dezembro de 1634.

218 SÃO VICENTE DE PAULO

Os três primeiros padres da Missão põem mãos à obra com entusiasmo. Os Bons Meninos representam apenas uma base de apoio. Será o caso, mais tarde, de todas as casas da companhia: elas são instaladas nas cidades, mas para se irradiar "pelo campo". Em 1658, Vicente se recorda: "Assim é que íamos os três pregar e em missão de aldeia em aldeia. Ao partir, entregávamos as chaves a um dos vizinhos ou pedíamos que fosse dormir à noite na casa."[2] A 24 de abril de 1626, monsenhor Jean-François de Gondi dá sua bênção ao empreendimento familiar, publicando o ato de aprovação do contrato de fundação da Missão.[3] Em seguida, a 4 de setembro, é assinado nos Bons Meninos, na presença de dois tabeliães do Châtelet, o ato de associação dos primeiros missionários.[4] O capelão de Villepreux, preso por suas funções na comuna francesa, não está entre eles. Outro padre, Louis Callon, pároco de Aumale, de que Vicente gosta muito, é obrigado a renunciar à associação por motivo de saúde. Os associados ainda são apenas quatro, não obstante a convergência de interesses e boa vontade que se manifesta há nove anos. Está presente, claro, o excelente Antoine Portail, originário da diocese de Arles. Dois padres da diocese de Amiens, François du Coudray e Jean de La Salle, estão a seu lado. O ato se materializa na forma de uma convenção entre, por um lado, Vicente de Paulo, e, por outro, os três padres que "deram mostra, por um tempo digno de nota, de [...] virtude e [...] adequação", no dizer de Vicente. O original da convenção é redigido por François du Coudray.

Superado o episódio jurídico, é chegada a hora do espiritual. O pequeno grupo vai a Montmartre como corpo constituído para confiar a Deus seu desejo de pobreza. Vicente foi impedido de participar fisicamente da peregrinação. Mas a iniciativa lhe era muito cara, a darmos crédito à incrível oração com a qual conclui, no fim da vida, uma de suas *Conversas com os missionários*: "Ó Salvador do mundo, que inspirastes à Companhia,

---

2 Coste, *Correspondance*, op. cit., XII, p. 8, n° 180, conferência de 17 de maio de 1658, *Sur l'observance des règles*.
3 Ibidem, XIII, p. 202-203, documento n° 60.
4 Ibidem, XIII, p. 203-205, documento n° 61.

DO INÍCIO DA CONGREGAÇÃO À ENTRADA PARA SÃO LÁZARO 219

em sua infância, quando era formada por apenas três ou quatro, a ideia de ir a Montmartre (este miserável que vos fala estava então indisposto) recomendar-se a Deus por interseção dos santos mártires, para entrar nessa prática da pobreza, na época e desde então tão bem-observada por uma grande parte da comunidade, ó Salvador de minh'alma, concede-nos a graça de não querer ter e possuir senão a vós."[5]

Alguns meses depois, quatro outros membros aderem ao pequeno grupo. Os sete primeiros companheiros de Vicente são todos eles homens de qualidade.[6] Na diversidade de seus temperamentos e competências, Antoine Portail, François du Coudray e Jean de La Salle, os três primeiros; Jean Bécu, Antoine Lucas, Jean Brunet e Jean Dehorgny, os que vieram depois, seriam para Vicente colaboradores sólidos e fiéis. Dois deles morreriam cuidando de doentes acometidos da peste, em Gênova e Marselha.

No momento, esses homens são iniciantes na associação — e Vicente também. Ficara estabelecida no contrato de 1625 a obrigação de se desfazer de todos os benefícios e eclesiásticos, cargos e dignidades para entrar na companhia, para viver apenas da bolsa comum. No dia em que assina o ato de associação, Vicente doa irrevogavelmente a seus irmãos, à irmã, aos sobrinhos e sobrinhas todos os seus bens paternos.[7] Sua mãe ainda estava viva? Desde a carta de 17 de fevereiro de 1610, não temos o menor traço de qualquer troca entre Vicente de Paulo e ela. Durante o período de Vicente em Pouy, em 1624, em momento algum ela é mencionada nominalmente. Mas se chegou a supor que Bertrande de Moras ainda estava viva em 1626, pois em 1630 Vicente faria seu testamento retomando os elementos de sua doação de 1626, mas acrescentando seus bens maternos. Além disso, chegaram até nós vestígios de uma presença de Vicente em Pouy a 15 de agosto de 1628, para o batismo de um de seus sobrinhos, do qual ele é padrinho e que recebe o seu nome. Talvez sua mãe tivesse

---

5 Coste, *Correspondance, op. cit.*, XII, p. 411, conversa n° 220, 5 de dezembro de 1659, *De la pauvreté, et De la chasteté.*
6 Ibidem, I, p. 32, 34, 44.
7 Ibidem, XIII, documento n° 27, 4 de setembro de 1626.

acabado de morrer, fazendo-se coincidir o apadrinhamento com a visita de Vicente aos parentes? Não se sabe.

Em compensação, sabemos que Vicente doa aos parentes 900 libras, que lhes havia adiantado para pagamento de dívidas e compra uma quinta — por ele legada à irmã Marie. Dois outros gestos completam o quadro. Em 1626, Vicente vira a página de Clichy, cedendo a casa paroquial a seu sucessor, Jean Souillard, pela soma de 400 libras anuais durante quatro anos. No ano seguinte, abre mão do Colégio dos Bons Meninos, recebido em caráter pessoal, para transferir o título à comunidade. O arcebispo de Paris baixa o decreto de união a 8 de junho de 1627, e a 15 de julho Vicente toma posse dos Bons Meninos em nome da Congregação da Missão.[8] O rei assinou em maio de 1627 as cartas patentes que conferem existência legal à Missão.[9] Na monarquia francesa, contudo, não basta que o rei assine cartas patentes, ou algum édito, para que os textos entrem em vigor. É necessário que sejam registrados, logo, confirmados, pelo Parlamento de Paris.

Esse dispositivo jurídico e político é importante, como veremos por ocasião da Fronda. O registro não é automático, de tal maneira que às vezes o rei, ante um Parlamento recalcitrante, é levado a decidir a questão por uma proclamação judicial. As *Memórias* de Mathieu Molé, procurador- -geral e depois primeiro presidente do Parlamento de Paris, são esclare- cedoras a esse respeito. Por trás de tal título de "memórias", trata-se na verdade da edição científica das notas, cartas, cópias de cartas oficiais e relatórios diversos encontrados entre os documentos do alto magistrado depois de sua morte e organizados por um de seus ilustres descendentes. Nela, constatamos que o estilo das cartas de Luís XIII ao procurador-geral é impregnado de autêntica consideração e grande confiança. Constatamos também que o Parlamento de Paris tem perfeitamente condições de fazer vista grossa diante de uma decisão real. Paralelamente a suas solicitações

---

8 Coste, *Correspondance, op. cit.*, XIII, p. 208-214, documentos nº 63 e 64 (em latim).
9 Ibidem, XIII, p. 206-208, documento nº 62.

DO INÍCIO DA CONGREGAÇÃO À ENTRADA PARA SÃO LÁZARO

oficiais, portanto, o rei cuida de escrever pessoalmente a Molé para pedir que se empenhe no sentido de que este ou aquele texto seja "prontamente aprovado em seu parlamento". Desse modo, em novembro de 1627, durante o cerco de La Rochelle, em carta escrita de próprio punho, o jovem rei de 26 anos oscila entre defesa de uma ação *pro domo* e manifestação de autoridade para obter ganho de causa. Pois Molé, muito leal ao soberano, não brinca com os direitos do Parlamento. Entre a bigorna e o martelo, esse magistrado de grande classe, que tem como ponto de honra desbloquear situações injustas — mas nem sempre consegue —, é bem representativo da dignidade meticulosa com que os homens da toga querem interferir nas questões do reino, grandes e pequenas.

A entrada em cena da Congregação da Missão aparentemente não passa de uma questão sem grande importância, mas não para todo mundo. Ela gera resistências. Durante três anos, as cartas patentes do rei não seriam registradas pelo Parlamento. A 14 de fevereiro de 1630, Luís XIII é obrigado a voltar à carga, firmando novas cartas patentes para solicitar a ratificação das cartas de 1627.[10] O texto finge considerar que o atraso é causado pelos missionários, que não trataram imediatamente de buscar sua aplicação. Mas o registro das cartas patentes não depende da vontade de eventuais beneficiários de fazer valer seus direitos. Certamente alguma coisa emperrou.

O que nos leva a pensá-lo é o fato de que as cartas patentes de fevereiro de 1630 provocam forte resistência da parte dos párocos de Paris. Pierre Coste esclarece: "Essa aprovação desagradou aos párocos de Paris. Eles incumbiram seu síndico, Etienne Le Tonnelier, pároco de Saint-Eustache, de apresentar suas reivindicações ao Parlamento antes da aprovação das cartas reais. A nova congregação não poderia pôr em risco os seus direitos e diminuir sua fonte de rendas? Eles queriam garantias e pediam à corte que fossem mencionados em sua declaração."[11] Como o texto do síndico é

---

10 Coste, *Correspondance,* op. cit., XIII, p. 227, documento n° 74.
11 Coste, *Le Grand Saint..*, op. cit., p. 182-183.

datado de 4 de dezembro de 1630, os párocos de Paris estão reagindo oficialmente às cartas patentes de 14 de fevereiro de 1630. Mas cabe supor que uma surda oposição já se tivesse manifestado em 1627 e fosse aumentando com o desenrolar dos acontecimentos, levando o Parlamento a considerar urgente esperar.

Oposição a quê? Um olhar atento ao conteúdo das cartas de 1627 mostra que o texto real não se limita a aprovar o contrato de 1625, levando mais longe sua ambição. Fala expressamente de "congregação" ao se referir à vida em comum dos padres da Missão, estende a todo o reino a possibilidade de sua instalação, permite-lhes receber quaisquer legados e esmolas... O projeto da missão estaria dando um salto qualitativo?

Talvez! Pois a questão passa à escala romana. No dia 24 de junho de 1628, do campo de La Rochelle, Luís XIII envia duas cartas a Roma, uma ao papa Urbano VIII, a outra ao embaixador da França na Santa Sé, o sr. De Béthune, para que acompanhe a démarche.[12] Na carta ao papa, o rei enfatiza os frutos já colhidos por seus "súditos do campo" graças ao trabalho da Missão, expressa o desejo "de que essa Missão seja formada num estabelecimento de tal natureza que possa crescer e durar no futuro" e roga ao papa "com toda [a sua] afeição [...] que favoreça e apoie com sua autoridade um objetivo tão santo, louvável e útil, fazendo da Missão dos referidos padres uma congregação formada".

Acontece que a solicitação do rei vem apoiar outro pedido enviado em junho de 1628 a Urbano VIII, por intermédio do núncio apostólico na França: o requerimento de Vicente de Paulo, assinado por todos os seus primeiros companheiros.[13] Meses antes, Vicente enviara a Roma um simples pedido de bênção da Missão. Em junho de 1628, sua solicitação muda de natureza. Ele pede ao papa que confira à comunidade as prerrogativas de uma nova instituição religiosa: aprovação da Missão, com a designação de Vicente de Paulo

---

12 Coste, *Correspondance*, op. cit., XIII, p. 219-220, documentos nº 68 e nº 69. (Referência: Archives du ministère des Affaires étrangères, Correspondance de Rome, 1628, v. 41, fol. 124).

13 Ibidem, I, p. 43, carta nº 26, ao papa Urbano VIII (em latim).

DO INÍCIO DA CONGREGAÇÃO À ENTRADA PARA SÃO LÁZARO   223

como superior-geral; criação de normas e regras submetidas à aprovação da Santa Sé; possibilidade de abrir novas casas, mesmo fora da diocese de Paris, com a permissão dos bispos nas diferentes dioceses; permissão de receber doações; faculdade de pregar, catequizar, confessar e estabelecer a Confraria da Caridade, em qualquer lugar, com o consentimento dos bispos etc. A carta apresenta um projeto de grande envergadura. Para realizá-lo, Vicente solicita isenção canônica da Congregação da Missão em relação aos bispos, isto é, sua vinculação direta à Santa Sé.

Ele obtém como resposta uma recusa seca e global. Monsenhor Ingoli, secretário da Congregação para a Propagação da Fé, que havia sinalizado certa simpatia pela "Missão" quando da primeira carta de Vicente,[14] não admite a "Congregação". O relatório por ele apresentado a 22 de agosto de 1628, na presença do papa, leva a uma decisão negativa, no mesmo dia comunicada por carta a Vicente: "Considerando que esses pedidos ultrapassam os termos da Missão e tendem à instituição de uma nova ordem religiosa, [a Propagação] considerou que devem ser inteiramente rejeitados."[15] Talvez o leitor moderno não seja muito sensível a tais distinções. Mas elas são capitais. Se Vicente de Paulo pôde encarnar sua obra de maneira duradoura, se quase quatro séculos depois os lazaristas, por um lado, e por outro as Filhas da Caridade puderam disseminar-se por todo o mundo, foi porque, indo além das ações pontuais, se transformaram em instituições. As novas instituições muitas vezes se chocam com direitos adquiridos. Podem encontrar dificuldade para definir seus nichos próprios. Para obter o reconhecimento de sua congregação, Vicente seria levado a insistir no caráter "secular" e não "regular" dos padres da Missão e a frisar a originalidade de seu trabalho.

Quanto aos motivos da decisão de Roma em 1628, certamente entrou em ação a prudência da Santa Sé diante de qualquer nova instituição religiosa,

---

14 Para os detalhes desse dossiê romano, ver Roman, *Saint Vincent de Paul...*, op. cit., p. 122-124, a partir do artigo de A. Coppo, "La prima approvazione pontificia della Missione, 1627", *Annali della Missione*, 1972.
15 Coste, *Correspondance*, op. cit., XIII, p. 225, documento n° 73 (em latim).

tanto mais que monsenhor Ingoli já se mostrava pouco favorável às comunidades religiosas existentes (muitas precisavam ser reformadas!). Mas não podemos negligenciar o papel desempenhado pelo... cardeal de Bérulle. Em 1628, de fato, ele escreve ao padre Bertin, seu representante em Roma, uma carta na qual vê "na questão das missões" o fruto De "manobras oblíquas", considerando seu projeto suspeito, a ponto de nele enxergar motivos para "sair da reserva e simplicidade" que convêm "na condução das questões de Deus".[16] Bem relacionado em Roma, Bérulle está então no auge de sua influência em Paris. Dos dois lados dos Alpes, certamente foi ouvido.

Sua atitude decepciona, pois ele sabe muito bem o valor atribuído por Vicente à obediência e à retidão. Talvez veja na envergadura adquirida pela Missão uma concorrência ao Oratório, embora sejam diferentes os terrenos de ação. Provavelmente também tem certa dificuldade de admitir que seu antigo protegido está voando com as próprias asas, e que estas o levam longe. Não parece muito glorioso para o grande Bérulle, muito embora esse tipo de defeito seja recorrente. Depois de sua morte, os oratorianos causariam muitos problemas na Missão em Roma, apesar de o padre De Condren, seu superior-geral, não aprovar tal comportamento. Numa carta a François du Coudray, Vicente de Paulo manifesta espanto com "esses artifícios", para em seguida esclarecer: "Mas o senhor, por favor, aja da maneira mais cristã possível com aqueles que nos criam embaraços. Também os recebo aqui com frequência e cordialmente, graças a Deus, como sempre fiz; e me parece que, pela graça de Deus, não só não lhes tenho aversão alguma, como os honro e trato com carinho ainda maior; e devo dizer-lhe que ainda não me queixei ao padre de Gondy, por medo de indispô-lo em sua vocação."[17]

A atitude de um Bérulle, que estava em condições de entender os objetivos de Vicente, permite não atirar pedras nos párocos de Paris, que não

---

16 Citado por Coste, *Le Grand Saint...*, op. cit., t. 1, p. 185.
17 Coste, *Correspondance*, op. cit., I, p. 163, carta nº 112, a François du Coudray, padre da Missão em Roma, 12 de julho de 1632.

DO INÍCIO DA CONGREGAÇÃO À ENTRADA PARA SÃO LÁZARO   225

o estavam, ou não completamente, pelo menos. Lendo a exposição de motivos do seu síndico no Parlamento, meio acusador, meio cauteloso, temos a sensação de que eles estão arrombando portas abertas ao fazer exigências que constam com todas as letras no contrato Gondi de 1625. Mas todo o texto evidencia que é real seu temor de ver um dia os membros da congregação reivindicarem uma parte dos benefícios das paróquias.

Em 1630, as Caridades começam a florescer em Paris. Acontece que isso ocorre a pedido dos mesmos párocos. O clero parisiense talvez esteja com a impressão de ter posto o dedo numa engrenagem cujos possíveis prolongamentos não identificou e que logo não conseguirá mais controlar. Da parte de Vicente, talvez essa reação defensiva não fosse inútil para que as fronteiras da ação permanecessem claras a longo prazo. Ele tem a humildade de entendê-lo, a julgar pelo acerto final. E certamente também entrou aí a contribuição de Mathieu Molé, que nessa época já conhece Vicente muito bem.

De fato, quando o Parlamento de Paris efetua, a 4 de abril de 1631, o registro conjunto das cartas patentes reais de 1627 e 1630,[18] ele recapitula as etapas do processo. Acontece que consta em penúltimo lugar, depois da menção da oposição dos párocos de Paris e logo antes de serem mencionadas as conclusões do procurador-geral, a indicação de que os padres da Missão renunciam solenemente e "em caráter perpétuo" a ir em missão a cidades com arcebispado, bispado ou presidial, e ainda a receber quaisquer ganhos sobre a renda dos párocos, ou sobre os habitantes das paróquias aonde forem em missão. Nada de novo, mas era preciso que isso fosse certificado no Parlamento. Sendo assim, "a corte, sem se deter na referida oposição [do síndico], ordenou e ordena que as mencionadas cartas e contrato sejam registrados em cartório". No que diz respeito a Paris, as coisas estão resolvidas.

Em Roma, François du Coudray — erudito em línguas antigas, biblista experiente e homem de grande finura — é incumbido por Vicente

---

18 Coste, *Correspondance*, op. cit., XIII, p. 233, documento nº 76.

em 1631 de defender a causa da congregação. A argumentação é simples, a diplomacia de seu correspondente faria o resto. "O senhor deve fazer valer que o pobre povo sofre muito, por não saber as coisas necessárias à sua salvação e por não se confessar",[19] escreve Vicente. Donde a necessidade de "viver em congregação" a serviço do povo do campo, segundo os critérios já mencionados. Uma única ressalva: a Missão não fará pregação nem confissão nas cidades onde houver arcebispado, bispado ou presidial, *exceto no caso dos ordenandos* — e logo veremos por quê. Para concluir, Vicente esclarece: "Note que a opinião do sr. Duval é que não se deve de modo algum alterar alguma coisa nos objetivos, cujo enunciado lhe envio. Que seja, quanto às palavras; mas quanto à substância, deve permanecer íntegra; ou seja, não seria possível mudar nem retirar nada sem grande prejuízo. Esse pensamento é exclusivamente dele, sem que lhe tenha falado a respeito. Mantenha-se portanto firme e faça valer que já pensamos nisso há muitos anos e temos experiência."

Como se vê, "o bom sr. Duval" continua sendo um excelente conselheiro para Vicente. E com razão, pois sua opinião seria a acertada. Depois de muitas negociações, seria só sucesso o tempo todo. No dia 12 de janeiro de 1633, Urbano VIII assina a bula *Salvatoris nostri*, pela qual cria e aprova a Congregação da Missão. Todas as solicitações de Vicente de Paulo em sua súplica de 1628 são aceitas. O ato pontifício delega ao arcebispo de Paris e seus sucessores em caráter perpétuo a capacidade de aprovar, em nome e por autoridade da Santa Sé, as regras e constituições a lhe serem apresentadas.

Enquanto se sucedem esses acontecimentos em Paris e Roma, as missões têm prosseguimento. Abelly informa que, entre 1625 e 1632, Vicente e os seus efetuam pelo menos 140 missões.[20] Vicente faz questão do cumprimento de horários precisos, para se levantar, deitar-se, fazer as orações, estar presente junto aos pobres, empreender a ação evangelizadora. No outono de 1657, numa *Conversa com os missionários*, ele expressaria numa imagem

---

19 Coste, *Correspondance*, op. cit., I, p. 115, carta nº 73, a François du Coudray, em Roma.
20 Abelly, op. cit., t. II, p. 21.

DO INÍCIO DA CONGREGAÇÃO À ENTRADA PARA SÃO LÁZARO   227

forte, quase uma visão, a consciência que então tinha do poderoso chamado dos pobres do campo: "Ora, vamos! Vamos dar então a Deus tudo de bom, trabalhar, trabalhar, assistir aos pobres do campo que esperam tanto de nós. [...] Lembro (e acaso preciso dizê-lo?) que em outros tempos, quando voltava da missão, parecia-me que, ao chegar de novo a Paris, as portas da cidade haveriam de cair sobre mim e me esmagar. [...] O motivo disso era que eu pensava comigo mesmo: 'Você vai para Paris, mas outras aldeias esperam de você a mesma coisa que acaba de fazer nesta e naquela outra! [...] Elas esperam a missão, e você se vai, você as abandona!'"[21]

Mas as portas da cidade não esmagam a alegria de viver que reina nos Bons Meninos quando da preparação de um ano de missões. Em setembro de 1628, Vicente está longe de Paris. Procura se informar com François du Coudray sobre o estado de espírito e o trabalho nos Bons Meninos: "Mas como se comporta a companhia? Estão todos com boa disposição? Todos alegres? As pequenas regras continuam sendo observadas? Eles estudam e se exercitam na controvérsia? O senhor mantém a ordem prescrita? Rogo--lhe, senhor, que se trabalhe para alcançar a plena posse do pequeno Bécan. Seria impossível dizer o quanto esse pequeno livro é útil."[22]

O "pequeno Bécan", muito em voga nessa época, era o resumo de um manual das controvérsias redigido por um jesuíta belga, Martin Bécan. Teólogo e biblista esclarecido, autor de *Somme théologique* [Suma teológica] e de *Analogie de l'Ancien et du Nouveau Testament* [Analogia entre o Antigo e o Novo Testamento], Bécan também publica muitos opúsculos para lutar contra os calvinistas. Seu manual das controvérsias era uma referência para a inteligência espiritual do combate. Muitas vezes Vicente manifestaria seu apreço pela clareza e o método de Bécan. Os missionários do campo devem colocar-se ao alcance de seu público, mas ao mesmo tempo estando prontos para dar o melhor do que sabem e entendem de sua fé.

---

21 Coste, *Correspondance*, op. cit., XI, p. 444-445, Conversa nº 177, *Répétition d'oraison* de 25 de novembro de 1657.
22 Ibidem, I, p. 66, carta nº 30 a François du Coudray, 15 de setembro de 1628.

Dar o melhor? Todos os padres deviam fazê-lo, mas muitos deles não são formados. É aqui que devemos evocar o início dos retiros para ordenandos.

Cabe lembrar o contexto, para começar. Já tivemos oportunidade de evocar brilhantes figuras da Reforma católica. Mas não devemos esquecer a miséria moral e espiritual de uma boa parte do clero da época — miséria que os reformadores católicos pretendem, justamente, remediar: benefícios e privilégios concedidos em função de critérios sociais e não eclesiásticos; dioceses vacantes; escândalos morais (padres beberrões, jogadores, concubinos etc.) decorrentes em particular do fato de que muitas vocações o são apenas no nome, decidindo as famílias pelos interessados. Uma preparação para o sacerdócio poderia remediar a falta de motivação inicial. Também permitiria consolidar mediante uma formação sólida a boa vontade dos que se engajam positivamente.

Mas em matéria de formação, tudo ainda está por fazer, e, para começar, no plano litúrgico. O sacrifício da missa tornou-se uma cerimônia *à la carte*. Vicente se lembraria em 1659: "Ó! Se tivessem visto, já não direi a feiura, mas a diversidade das cerimônias da missa há quarenta anos, se teriam envergonhado; parece-me que nada havia mais feio no mundo que as diferentes maneiras como era celebrada: alguns começavam a missa pelo *Pater noster*; outros tomavam a túnica nas mãos e diziam o Introibo, e então vestiam essa túnica. Eu estava certa vez em Saint-Germain-en--Laye, e notei sete ou oito padres que disseram cada um a missa de modo diferente; um deles fazia de uma maneira, o outro, de outra; era uma variedade digna de lágrimas."[23]

Vicente nada tem de um pároco detalhista. O que quer mostrar é que só a uniformidade permite "ter apenas um coração e uma alma", e que, quando "se trata do serviço de Deus, é preciso que cada um se adapte". Mas como obedecer quando se ignora tudo? A liturgia, como a doutrina, é algo que se aprende.

---

23 Coste, *Correspondance*, op. cit., XII, p. 258, nº 206, conferência de 23 de maio de 1659, *De l'uniformité*.

DO INÍCIO DA CONGREGAÇÃO À ENTRADA PARA SÃO LÁZARO   229

O Concílio de Trento propôs a instituição de seminários para os jovens, mas seus decretos só foram aceitos na França em 1615. Os poucos seminários fundados no século XVI, por sinal, não funcionaram, pois muitos pais viam neles apenas uma oferta de estudos a baixo custo, ao mesmo tempo destinando os filhos à vida civil. No início do século XVII, são os adultos que se pretende formar. Bérulle é um dos primeiros a se mobilizar. Já em 1612, o Oratório aceita o seminário estabelecido em Paris pelo arcebispo de Rouen e mais tarde transferido para Dieppe, e depois para a própria Rouen; em 1616, o de Langres, e em 1617, os de Mâcon e Luçon. Bérulle funda então, em 1620, o seminário de Saint-Magloire em Paris.

Adrien Bourdoise, um dos primeiros companheiros de Bérulle, mas que se separou dele para liderar de uma comunidade de padres em Saint--Nicolas-du-Chardonnet, também tem a preocupação da reforma do clero. A seus olhos, ela deve ser promovida com equipes de padres tomando a frente das paróquias e comunidades, sob a orientação dos párocos. A partir de 1618, sua pequena comunidade de sete membros aceita jovens clérigos para instruí-los. O arcebispo de Paris o estimula, e o seminário de Bourdoise seria oficializado como tal em 1631.[24] Já na virada da década de 1620, Bourdoise também dá origem a comunidades de padres nas paróquias de outras dioceses, recebendo esses grupos os confrades que realmente desejam se iniciar na prática de seu ministério.

Em 1624 — ano da missão de Vicente junto aos galerianos —, o cardeal De Sourdis, arcebispo de Bordeaux, retoma a questão durante um concílio provincial, e em seguida traduz seu pensamento na assembleia do clero da França de 1625. Por sua própria iniciativa, a assembleia contempla três tipos de seminários: um primeiro, de longa duração, voltado para os jovens; um segundo, de seis meses, para preparar os clérigos a receber ordens; e um terceiro, de duração ainda mais curta, para permitir que anualmente os padres se renovem nas práticas de um retiro. Mas as modalidades práticas do projeto são apenas esboçadas. Um padre da diocese de Coutances, Charles

---

24 Coste, *Le Grand Saint...*, op. cit., p. 298.

Godefroy, apresenta então um projeto de retiros breves para os padres, a serem promovidos em quinze colégios arquiepiscopais, dirigidos cada um deles por seis antigos párocos, dotados de benefícios simples. A Assembleia do Clero, seduzida com a ideia, pede-lhe que a concretize fundando uma congregação. Mas Charles Godefroy morre pouco depois, e o projeto não vai adiante.

Ora, em meio aos esforços existentes — De Bérulle, De Bourdoise... —, persiste um problema, do qual Vicente de Paulo tem consciência e a cujo respeito se abre um dia em conversa com monsenhor Potier, o bispo de Beauvais. Os dois se conhecem bem. Vicente então aborda a questão com franqueza. Tentar reconduzir ao caminho do dever padres que envelheceram no hábito das desordens é cultivar o fracasso. É necessário aplicar o remédio na fonte: dar o bom espírito sacerdotal aos que querem tornar-se padres, ensinar-lhes seus deveres *antes* de entrarem para as ordens e recusar sem hesitação os que não tenham esse espírito nem conheçam esses deveres. Concretamente, todavia, como fazer? Com a ideia dos seminários de seis meses, a Assembleia do Clero de 1625 apontou uma solução. Entretanto, sem os necessários meios, ela não empreendeu sua realização.

Monsenhor de Beauvais estuda o caso. Augustin Potier, senhor De Blancmesnil, sagrado em Roma a 17 de setembro de 1617, é um bispo de grande devoção e elevação moral. Provavelmente demais para Jean-François-Paul de Gondi, o *enfant terrible* de Philippe-Emmanuel e Françoise--Marguerite, que nas suas *Memórias* como cardeal de Retz viria a se referir amavelmente a ele como "fera mitrada". E, por sinal, Retz afirmava e fazia propalar que, se o sr. De Beauvais não chegara a ser colhido pelos expurgos efetuados por Richelieu no círculo de Ana da Áustria, fora em virtude de sua insignificância. Capelão da rainha há muitos anos, desde a morte de Luís XIII em 1643, monsenhor Potier não teria muito tempo para se imaginar ministro principal, função facilmente abiscoitada por Mazarin.[25] Não tinha um temperamento político, o que não significa que não tivesse temperamento

---

25 Ver Simone Bertière, *Mazarin, le maître du jeu*, Paris, Fallois, 2007. Nossa referência: Le Livre de Poche, 2010, p. 249.

DO INÍCIO DA CONGREGAÇÃO À ENTRADA PARA SÃO LÁZARO   231

nenhum. Designado primeiro capelão da regente Ana da Áustria, membro do Conselho de Consciência juntamente com Vicente de Paulo, monsenhor Potier reformaria profundamente sua diocese. Convocando as ursulinas a Beauvais e Clermont, participando pessoalmente das missões que confia a seus fiéis, promovendo a instalação de uma autêntica guirlanda de Caridades na cidade episcopal, ele deixaria um belo balanço como bispo ao morrer em 1650. O que vem relatado a seguir não é dos menores entre os seus méritos.

Em meados de julho de 1628, monsenhor desloca-se em sua carruagem pelos caminhos de sua diocese. Incomodado pela poeira e o calor, parece dormitar. Vicente viaja a seu lado, com mais duas ou três pessoas, todas em silêncio... religioso. Mas monsenhor De Beauvais não está dormindo. Entreabre um olho e declara que encontrou uma maneira simples e eficaz de preparar os futuros padres: "Vou recebê-los em casa durante vários dias; eles praticarão exercícios de devoção e serão instruídos sobre seus deveres e funções."[26] Vicente imediatamente festeja a ideia, vendo nela um sinal do Céu. O prelado então não perde tempo, solicitando a Vicente um programa, em substância, com a lista dos temas a serem tratados e a indicação da ordem a ser observada. E indica que ele deve retornar a Beauvais quinze ou vinte dias antes das ordenações de setembro para organizar o retiro dos ordenandos.

Assim é que, em setembro de 1628, tem início o primeiro retiro de ordenandos organizado por Vicente. Na carta a François du Coudray já mencionada, ele fornece indicações sobre o seu desenrolar. No momento em que escreve, o retiro está para começar, os ordenandos chegaram a 12 de setembro e durante três dias transcorreu o seu exame. Eles se hospedam no colégio da cidade, vazio nesse período de férias, e monsenhor Potier viria a recebê-los mais tarde no palácio episcopal. O padre Duchesne, doutor da Sorbonne e membro da comunidade de Bourdoise, é encarregado de acompanhá-los no que diz respeito às regras cotidianas. Entre Vicente de Paulo e Adrien Bourdoise, a cooperação é total, pois três padres de Bourdoise participam do encaminhamento do retiro a ser dirigido por

---

26 Abelly, op. cit., p. 118; Coste, *Le Grand Saint...*, op. cit., p. 297-298.

Vicente. O próprio monsenhor De Beauvais daria início aos exercícios no domingo, 17 de setembro. Os padres se dividiram por temas: explicação dos sacramentos e do Credo, instruções sobre as cerimônias litúrgicas etc. Mais tarde se ficaria sabendo que Vicente explicou o Decálogo com tanta veemência que os ordenandos foram todos em seguida fazer com ele sua confissão geral, seguidos de um comovido padre Duchesne.

O interessante, nesse episódio, não é apenas o sucesso imediato, mas o alcance e a intensidade do que se segue. Pois monsenhor Potier, encantado com os resultados, faz um relato pouco tempo depois ao arcebispo de Paris. Este decide então, no início de 1631, que todos aqueles que vierem a receber as ordens em sua diocese terão de se retirar durante dez dias com os padres da Missão para se preparar. O primeiro retiro de ordenandos transcorre nos Bons Meninos, durante a Quaresma de 1631. A partir de então, os retiros de ordenandos fazem parte das obras do senhor Vicente. Enquanto não chegam os seminários de longa duração, esse "pequeno curso de formação profissional acelerada" (J.-M. Roman) dá um conteúdo concreto ao ideal do padre. Seria uma das principais contribuições de São Lázaro.

São Lázaro! Aqui está ele, finalmente! Na data a que chegamos em nosso relato, o priorado de Saint-Lazare-lez-Paris, à margem da via de Saint-Denis, já tem uma longa história.[27] No século XII, era uma "casa de leprosos", tendo como santo padroeiro São Lázaro, o ressuscitado de Betânia — confundido na Idade Média com o mendigo excluído da mesa do rico e por ele visto no seio de Abraão. Visitando a casa em 1147, o rei Luís VII decidiu protegê-la. Incumbiu de sua direção os cavaleiros de São Lázaro e a ampliou com a anexação de um antigo castelo e de uma capela.

São Lázaro estava subordinada ao bispo de Paris e era dirigida por um prior ou mestre, escolhido entre os padres da diocese e auxiliado por uma confraria composta de eclesiásticos e leigos, inclusive leprosos. No século XVI, Etienne de Poncher, bispo de Paris, transfere a administração do priorado dos cavaleiros de São Lázaro para os cônegos de São Vitor,

---

27 Ver a síntese histórica feita por Pierre Coste em *Le Grand Saint du grand siècle*, op. cit.

numa doação que no entanto não é irrevogável. O bispo de Paris preserva o direito de nomear outros dirigentes.

Os doentes recebidos em São Lázaro deviam ser "burgueses de Paris", mas os padeiros tinham entrada livre de onde quer que viessem, sendo o seu trabalho considerado muito vulnerável à lepra. Daí surge um vínculo particular entre São Lázaro e a confraria dos padeiros: eles tinham ali sua capela e lhe forneciam pão em períodos de penúria e fome. No início do século XVII, São Lázaro tornara-se uma das principais senhorias eclesiásticas do reino, com direito de alta, média e baixa justiça. Ao subirem ao trono, antes da entrada solene em Paris, os reis da França iam à casa São Lázaro receber o juramento de fidelidade das ordens da cidade. À morte do rei, o cortejo fúnebre, na estrada de Saint-Denis, fazia uma parada na Igreja de São Lázaro. La é que se dava a absolvição pelos bispos da França, até que o cortejo voltasse a rumar na direção da abadia, tendo sido o corpo do rei confiado no fim da viagem aos monges de Saint-Denis.

A "casa" de São Lázaro era portanto mais que uma simples casa. Seu terreno cercado era o maior de Paris. Além da igreja, da residência da comunidade, da casa dos leprosos, havia uma prisão, um asilo de alienados, o pombal, a granja, o moinho de vento, os estábulos, a cavalariça, o abatedouro, o açougue e diversos outros prédios, entremeados de pátios e jardins. A propriedade se estendia por cerca de 32 hectares. Nela se cultivavam trigo, cevada e alfafa. Desde então, há muito Paris *intramuros* engoliu São Lázaro: a superfície cercada cobria o quadrilátero delimitado hoje em dia pela Rue de Paradis ao sul, a Rue du Faubourg-Poissonnière a oeste, o Boulevard de la Chapelle a norte e a Rue du Faubourg-Saint-Denis a leste, local onde encontramos a Gare du Nord, o Hospital Lariboisière e a Igreja São Vicente de Paulo. As construções se estendiam ao longo da atual Rue du Faubourg-Saint-Denis, numa extensão de 150 metros aproximadamente, com profundidade de cerca de 200 metros.[28]

---

28 Ver R. P. Chalumeau, *Guide de Saint Vincent de Paul...*, op. cit. O prédio principal de São Lázaro serviu de residência a Vicente de Paulo de 1632 até sua morte em 1660. Casa-mãe da Congregação da Missão de 1632 a 1792, saqueada a 13 de julho de 1789, transformada em prisão em 1793, passando a abrigar mulheres entre 1794 e 1932, São Lázaro foi demolida em 1933.

Mas isso não é tudo. O priorado tinha propriedades em Argenteuil, Belleville, La Chapelle, Le Bourget, Cormeilles, Drancy, Gonesse, Lagny, Marly, Rougemont e Sevran. A feira de Saint-Laurent, com terreno situado do outro lado da estrada de Saint-Denis, também estava subordinada ao priorado. Por fim, pertenciam-lhe 56 casas em La Villette-Saint-Lazare, sem contar a igreja, o presbitério, a casa do vigário e o Convento de Sainte--Perrine. Cabe lembrar tudo isso para entender as reações de Vicente de Paulo em 1630.

E de fato foi nesse ano que o destino de São Lázaro sofreu uma reviravolta. O pároco da paróquia de Saint-Laurent — vizinha da propriedade —, Nicolas de Lestocq, protagonista do episódio, deixou a respeito, em 1660, um relato detalhado e assinado. Vamos resumir seus elementos.[29] Em 1630, havia um prior em São Lázaro, Adrien Le Bon, que não se entendia com seus oito cônegos. O conflito se agudiza. Uma assembleia de conciliação entre o prior e os cônegos — representados por Nicolas Maheut, o subprior — não dá resultado, apesar da ativa colaboração de doutores da Sorbonne. Adrien Le Bon só pensa agora numa coisa: deixar seu priorado, transferindo-o a alguém. Mas a quem? Ele ouviu falar bem dos padres da Missão e de seu superior, mas não os conhece. Tem então a inspiração de falar a respeito ao padre de Lestocq. Acontece que o pároco de Saint-Laurent conhece bem Vicente e os seus, por ter participado de várias missões com eles. Assim é que acompanha o sr. Le Bon aos Bons Meninos.

Vicente fica pasmo. vinte e seis anos depois, ainda não esqueceu o pavor que o acometeu: "Fiquei com os sentidos embotados, como um homem surpreendido pelo barulho do canhão atirado perto dele sem aviso prévio; ele fica aturdido com esse tiro imprevisto; e eu fiquei sem fala, tão espantado com semelhante proposta que ele mesmo, percebendo-o, disse-me: 'Mas como! Está tremendo!'"[30]

---

29 Abelly, op. cit., t. 1, p. 94 sq.; Coste, *Correspondance*, op. cit., XIII, p. 245-248. Ver também Collet, op. cit., t. 1, p. 163 sq.

30 Coste, *Correspondance*, op. cit., V, p. 533, carta nº 2001, a Nicolas Etienne, clérigo, 30 de janeiro de 1656.

DO INÍCIO DA CONGREGAÇÃO À ENTRADA PARA SÃO LÁZARO   235

Vicente reconhece: está tremendo. Eles e os seus não passam de pobres padres, sem outro objetivo senão servir aos pobres do campo! Assim, agradece humildemente e recusa com vigor. Não sabe que seu carisma e sua humildade de tal maneira tocaram Adrien Le Bon que ele não desistirá. O prior dá a Vicente seis meses para refletir sobre sua proposta. Passados os seis meses, retorna, sempre acompanhado de Nicolas de Lestocq. Igual resultado: "[Senhor Vicente] manteve-se firme quanto a serem muito poucos, mal terem começado seu trabalho, não querer dar o que falar, que causaria alvoroço, que não gostava de aparecer e por fim que não merecia esse favor do senhor prior."

Os biógrafos de Vicente em geral insistem na humildade dessa atitude. Ela é evidente. Mas certamente não é o único elemento, como observou o padre José-Maria Roman. Em 1630, a Missão enfrenta a contestação dos párocos de Paris, Vicente recebeu em 1628 uma cabal recusa de Roma em transformar a Missão em congregação e, por fim, os membros da companhia ainda são pouco numerosos. Contando os frades coadjutores, eles passaram de onze em 1627 a 23 em 1630. Bela progressão, mas que não justifica a instalação numa senhoria eclesiástica, nem o risco de parecer estar desnaturando o objetivo da congregação e, portanto, comprometendo seu reconhecimento.

Adrien Le Bon acaba de ouvir os argumentos reiterados por Vicente quando toca o sino do jantar, sendo convidado a partilhá-lo. A atitude dos missionários e a qualidade do silêncio para a escuta da leitura acabam por convencê-lo: é necessário que eles tenham seu priorado. Ao longo de mais seis meses, ele volta à carga, acusando Vicente de Paulo de resistir ao Santo Espírito e se perguntando em voz alta: "Que homem é o senhor?" Acaba pedindo a Vicente o nome de um conselheiro da sua confiança, para procurá-lo. Vicente menciona o dr. Duval... que não hesita nem um segundo. Vendo na sua concordância a vontade da Providência, Vicente por fim se inclina, para grande alívio dos interlocutores. "Não saberia dizer com que insistência ele foi pressionado: Jacó não teve tanta paciência com Raquel", recorda-se o padre de Lestocq, chegando a acrescentar, mais adiante: "De bom grado eu teria levado nos ombros esse padre dos missionários para transportá-lo para São Lázaro e fazê-lo aceitar!" O contrato de união entre São Lázaro e a Missão é assinado a 7 de janeiro de 1632[31] por Adrien Le Bon e seus cônegos, de um lado, e, de outro, Vicente de Paulo, representando a Missão.

A exposição de motivos constata que não há mais leprosos a tratar (a doença recuou consideravelmente); que a Congregação de São Vitor, à qual pertencia o priorado, foi dissolvida por decisão de seu capítulo a 25 de dezembro de 1625; e que os padres da Missão, empenhados em livrar os pobres do campo da "lepra do pecado", são perfeitamente indicados para dispor das rendas do priorado — embora seja necessário receber os leprosos, caso se apresentem. O prior Adrien Le Bon reserva para sua própria subsistência uma pensão de 2,1 mil libras anuais, e, entre outros dispositivos, o uso do local em que mora. Os cônegos podem decidir individualmente se vão ficar ou partir. Cada um deles receberá uma pensão de 500 libras anuais, mas participará das despesas da nova comunidade, pagando uma pensão de 200 libras, se quiser permanecer no priorado. O padre De Gondi é designado fiador das diversas obrigações econômicas da Missão, enumeradas mais adiante no contrato. À espera da aprovação do arcebispo de Paris, do rei e da Santa Sé, a congregação pode instalar-se em São Lázaro, o que vem a fazer.

Alguns obstáculos de último minuto quase estragaram tudo antes da assinatura do contrato e logo depois. O primeiro diz respeito às exigências do senhor Vicente, por ele arroladas numa carta a Nicolas de Lestocq por volta do fim das negociações.[32] Fora de questão, para ele, aceitar, como queria o prior, que os missionários cantem o ofício divino com os cônegos, de murça e sobrepeliz, nem que os dois grupos vivam no mesmo lugar. No que diz respeito ao ofício no coro, o motivo é não estar aí a sua vocação, o que por sinal serviria para alimentar no Parlamento de Paris a confusão

---

31 Coste, *Correspondance*, op. cit., XIII, p. 235-244, documento nº 77.
32 Ibidem, I, p. 137-141, carta nº 91, ao P. de Lestocq, pároco de Saint-Laurent [1631].

DO INÍCIO DA CONGREGAÇÃO À ENTRADA PARA SÃO LÁZARO   237

sobre sua missão. Quanto aos alojamentos e refeições, Vicente teme acima de tudo que a vida muito livre dos cônegos acabe levando seus missionários a um relaxamento nos hábitos e particularmente na qualidade do silêncio, cuja imperiosa necessidade é por ele longamente evocada. Ele ameaça, então, abandonar tudo: "Eu preferiria que permanecêssemos para sempre na nossa pobreza a desviar os desígnios de Deus a nosso respeito."

Vicente obtém ganho de causa e o contrato é assinado. No dia seguinte, 8 de janeiro de 1632, o arcebispo de Paris aprova a união do priorado com a Congregação da Missão, e no mesmo mês o rei a confirma por suas cartas patentes.[33] Entre as obrigações da Missão consta o pedido de monsenhor Jean-François de Gondi de pelo menos oito padres dedicando-se o ano inteiro às missões nas aldeias da diocese de Paris, à custa dos benefícios do priorado. São Lázaro também deverá receber gratuitamente, antes da ordenação e por conta própria, os clérigos de Paris que lhe forem enviados pelo arcebispo.

Resta a questão do registro das cartas patentes pelo Parlamento. É o momento em que se manifestam duas contestações sucessivas. Para começar, a de um cônego regular de Santa Genoveva, o padre Charles Faure, que, apoiado pelo cardeal de La Rochefoucauld, tenta uma reforma dos cônegos agostinianos e deseja agrupá-los em São Lázaro. Essa contestação fracassa, pois o prior não está de acordo, o cardeal de La Rochefoucauld se deixa convencer por Vicente e o arcebispo de Paris lembra suas prerrogativas tradicionais de nomeação.

A oposição dos cônegos de São Vitor seria mais pertinaz. A congregação foi dissolvida em 1625, como lembra o contrato de união. Mas os cônegos que subsistem se obstinam, recorrendo duas vezes ao Parlamento para impedir a ratificação. O caso transforma-se num processo. Vicente parece tentado a abandonar tudo. Cabe notar que por fim ele aceitaria fazer

---

33 Coste, *Correspondance*, op. cit., XIII, p. 248-255 (em latim), documento nº 79, Approbation de l'archevêque de Paris, Monsenhor J.-F. de Gondi; documento nº 80, p. 254 sq., Approbation royale.

a própria defesa e ganharia o processo, sendo o veredito final do Parlamento decretado a 7 de dezembro de 1632. Duas pessoas o convenceram a ficar firme: o dr. Duval, que considera a contestação destituída de razão, e uma personalidade que voltaremos a encontrar mais adiante, o abade de Saint-Cyran. Este obtém para Vicente o apoio de dois personagens-chave do processo: o presidente Le Jay e o procurador-geral Bignon, em princípio favoráveis aos cônegos de São Vitor.[34] Em seu depoimento sobre Saint-Cyran em 1639, Vicente reconheceria de maneira breve porém clara o mérito deste último pela assistência que prestou nessa circunstância à Congregação da Missão.

Registremos que Vicente faz seu arrazoado de coração sereno, rogando a Deus que o ajude a se submeter ao resultado do processo, qualquer que seja. Ele reconheceria mais tarde que, não obstante esse desejo de mostrar indiferença, o que mais o tocava era a eventualidade de, em caso de fracasso, ter de renunciar, deixando São Lázaro ao atendimento e ao serviço dos dois ou três pobres alienados que lá se encontravam. Ele os amava.

---

34 Ver Roman, op. cit., p. 135, citando M. Barcos, sobrinho de Saint-Cyran, em sua obra em defesa do tio.

TERCEIRA PARTE

Missão em todas as frentes
Vicente maestro da caridade
1633-1660

11

1633, visão geral

Em 1633, São Lázaro projeta Vicente de Paulo numa nova dimensão. Todos os seus biógrafos sentem nesse momento uma espécie de vertigem ante a abundância de suas atividades. De 1633 a 1643, ele parece um homem--orquestra da caridade. Ao longo da década, seria ao mesmo tempo superior da Congregação da Missão, diretor de São Lázaro, superior das Filhas da Caridade, capelão-geral das galés, superior da Visitação de Paris, diretor das Damas da Caridade do Hôtel-Dieu, presidente da Conferência das Terças-Feiras, organizador e diretor das Confrarias da Caridade. Quanto à segunda década, que vai da morte de Luís XIII (1643) ao fim da Fronda (1652-1653), vem a ser palco de notável ampliação e ascensão do leque de suas atividades. Dessa vez, não é mais o homem-orquestra, mas o chefe da orquestra, o próprio maestro que vemos em ação.

Além disso, novas solicitações se manifestam internamente em cada grande obra. Ao mesmo tempo que se prodigalizam no campo e nos hospitais, as Filhas da Caridade tomam a seus cuidados as Crianças Abandonadas, sob orientação das Damas, a partir de 1638. Paralelamente à disseminação da Missão pelas províncias francesas, ocorre o envio de capelães ao Exército durante "o ano de Corbie" (1636) e o socorro prestado à Lorena, e depois na Picardia e em Champagne, atirando os homens do senhor Vicente na fornalha da guerra, para tratar as feridas. Enquanto isso, dando prolongamento aos retiros de ordenandos, Vicente funda seminários a partir de 1635.

Antes de falar dessa proliferação, devemos mencionar aqui o clima em Paris e na França na década de 1630. E também dar uma olhada em Vicente e nos seus próximos, nesse período em que começam tantas coisas. Na convergência entre o político e o religioso, dois movimentos contrastantes marcam a década desde o início: o impulso na direção da Nova França e a guerra na Lorena. O primeiro geraria incomuns frutos de graça, a segunda seria a matriz de quinze anos de tragédia.

O elã da Nova França ganha novo impulso em 1633. Nomeado grão-mestre, chefe e superintendente-geral da Navegação e do Comércio da França em 1626, Richelieu fundou em 1627 a Companhia dos Cem Associados, ou Companhia da Nova França, para promover um povoamento católico nas terras do Canadá. O ataque e a ocupação de Quebec pelos ingleses em 1627 retardaram o projeto. Depois do Tratado de Saint-Germain-en-Laye (1632), a Carta dos Cem Associados finalmente pode ser aplicada. Ela contempla a instalação de cerca de 4 mil franceses em prazo de quinze anos para cultivar a terra ao longo do rio Saint-Laurent. Uma perspectiva evangelizadora está ligada a essa implantação, devendo os "naturais franceses bons católicos", por exemplo, levar os ameríndios nômades a se abrir à religião cristã e à vida civil à francesa.

E, por sinal, em seu artigo 17, a Carta dos Cem Associados chega nesse sentido às últimas consequências: "Os selvagens que forem levados ao conhecimento da Fé, dela fazendo profissão, serão considerados e reputados naturais franceses, podendo como tais vir morar na França quando lhes aprouver, aqui adquirindo, testando, sucedendo e aceitando doações e legados." Os jesuítas, por sua vez, que haviam sucedido em 1625 aos recoletos presentes no Canadá desde 1615, mas tinham sido expulsos pelo ataque inglês, atravessam de novo o mar. O padre de Brébeuf, pioneiro da missão jesuíta na Hurônia desde 1605, volta à Nova França em 1633 na nau capitânia de Champlain, para o reencontro com as margens do lago

1633, VISÃO GERAL

Huron. A seu lado embarcaram alguns outros jesuítas, entre eles o padre Lejeune, que seria o superior em Quebec.

A pequena missão cresce rapidamente, e já em 1633 os jesuítas enviados à Nova França publicam as *Relações* anuais de suas empreitadas missionárias. Escritas com rara capacidade de observação e grande impetuosidade evangelizadora, elas são disputadas em Paris. É o caso da *Relação* do padre Lejeune de 1634,[1] relato cativante de suas descobertas entre os montanheses, por ele acompanhados durante todo um inverno para aprender a língua. Os problemas que ele enfrenta — não raro devidos à sua imperícia, que sequer tenta esconder — não podem deixar de comover a Corte e a cidade. Pois esse indivíduo que partilha corajosamente com os selvagens a sopa de caldeirão "negra como ambrosia", morrendo de frio em suas cabanas, um ano antes apenas era a coqueluche dos círculos elegantes de Paris e confessor admirado de Anne-Geneviève de Condé, 13 anos, que sonhava tornar-se carmelita.

Quanto ao pai de Brébeuf, morreria como mártir em 1649, nas mãos dos iroqueses. Mas já recebe uma primeira advertência na região huroniana em 1637. Relatado pelo padre Le Mercier na *Relação* do ano seguinte, esse episódio dramático tem como efeito imediato despertar vocações. A 1º de agosto de 1639, três ursulinas de Tours, tendo à frente Marie Guyart — madre Maria da Encarnação —, e três religiosas hospitaleiras desembarcam em Quebec, acompanhadas de uma jovem viúva de temperamento forte, Madeleine de la Peltrie. Para várias delas, foi a leitura da *Relação* de 1638 que serviu de inspiração. Acusados de bruxaria por se revelarem incapazes de tratar uma misteriosa epidemia que se abateu na região huroniana, Jean de Brébeuf e seus companheiros se prepararam para a provável execução, que finalmente não ocorreria. Sua carta-testamento, redigida por Brébeuf, assinada por toda a equipe e dirigida ao superior da companhia em Quebec a 28 de outubro de 1637 começa da seguinte

---

1 Paul Lejeune, *Un Français au pays des "bestes sauvages"*, 1634, edição preparada por Alain Beaulieu, Paris-Montréal, Agone, Comeau et Nadeau, 1999.

244 SÃO VICENTE DE PAULO

maneira: "Meu R. Padre, [...] Talvez estejamos a ponto de derramar nosso sangue e imolar nossas vidas a serviço de nosso bom mestre Jesus Cristo. [...] Qualquer que seja a conclusão e qualquer tratamento que venhamos a receber, procuraremos, com a graça de Nosso Senhor, suportar pacientemente por nosso serviço. É um singular favor que a sua Bondade nos faz, levar-nos a suportar algo por seu amor. Agora é que de fato consideramos pertencer a sua Companhia."[2]

Para o leitor atento às cartas que viriam a ser trocadas entre Vicente e seus missionários enviados ao convívio das pestes, das guerras ou dos inimigos encarniçados da fé, é grande a semelhança de seus estados de espírito com o tom da carta do padre de Brébeuf. Embora não seja costume mencionar a Nova França a respeito de Vicente de Paulo, que para lá não enviava seus missionários, convém estabelecer um vínculo entre eles. Não só porque benfeitores de peso — o comendador De Sillery, a duquesa d'Aiguillon — viriam a apoiar as missões de Vicente como consequência natural do apoio às do Canadá, mas também porque o tom é o mesmo, heroico e extremamente interiorizado. A contemplação de Jesus-Hóstia modela as elites cristãs da época. Nem todos têm a vocação dos extremos, mas muitos vão até o fim das exigências missionárias nascidas dessa contemplação. Dessa forma seria fundada Ville-Marie em 1642, na ilha de Montreal.

A guerra de Luís XIII na Lorena certamente não decorre do mesmo espírito. Mas é concomitante, sinal da complexidade da época. No início do século XVII, Lorena não pertence mais ao Império, mas está sob sua proteção. A região ocidental do Barrois, a oeste da Meuse, contudo, está sujeita à França desde o Tratado de Bruges (1301). Situado, assim, na encruzilhada da rivalidade entre o reino e o Império, o ducado da Lorena é um lugar estratégico. Pouco afetado no século XVI pela Reforma protestante, firmemente submetido por seus dirigentes ao catolicismo tridentino —

---

2 Jean de Brébeuf, *Ecrits en Huronie*, apresentação no de Gilles Thérien, Montreal, Biblioteca quebequense, 1996, p. 220, *Lettre au P. Paul Lejeune*, 28 de outubro de 1637.

"veio a se impor a ideia de que o duque da Lorena, soldado de Deus, tem uma missão providencial a cumprir e deve comportar-se como defensor da ortodoxia"[3] —, o ducado, sob o comando de Carlos III, toma partido pela Liga e contra o rei da França "herética", Henrique IV, já que os Guise aspiravam ao trono da França.

No início da década de 1630, Lorena, "região de senhores e campo-neses", de cidades modestas mas prósperas, manifesta uma vitalidade religiosa (cidade de peregrinação de Saint-Nicolas de Port, universidade jesuíta de Pont-à-Mousson, ação do pároco Pierre Fourier, futuro santo etc.) que vai de par com uma cultura brilhante, evidenciada por seus artistas: Claude Gellée, Georges de La Tour e Jacques Callot são lorenos. Mas o duque Carlos IV, desde que tomou a frente do ducado, em 1624, saiu-se com muitas inabilidades e provocações em relação à França, no exato momento em que Richelieu começou a luta contra os Habsburgo. O duque faz um jogo equivocado ao lado de Gaston d'Orléans, eterno conspirador contra seu irmão, Luís XIII. A 30 de maio de 1631, Gaston lança de Nancy seu violento manifesto contra Richelieu. Depois de uma rápida e eficaz reação militar por parte da realeza em Sedan, e para evitar a tomada de Nancy, Carlos IV assina a 6 de janeiro de 1632 o Tratado de Vic, "pelo qual se compromete a praticar uma política de amizade com a França, assim como a expulsar qualquer pessoa culpada de iniciativas hostis em relação a ela; como garantia, entrega a Luís XIII por três anos a cidadela de Marsal".[4] Tratado importante, pois no tabuleiro da Guerra dos Trinta Anos o rei Gustavo Adolfo, o aliado sueco de Luís XIII e Richelieu, está se transformando num aliado incômodo: depois de se beneficiar com os subsídios franceses para suas campanhas, não só o seu luteranismo exacerbado o leva a trair suas promessas de respeitar a religião católica nas terras alemãs que conquista, como ele passa a desenvolver, de vitória em vitória, objetivos hegemônicos. A aliança franco-sueca, oficializada

---

3 Michel Pernot, artigo "Lorraine", in *Dictionnaire du Grand Siècle, op. cit.*, p. 893.
4 Hildesheimer, op. cit., p. 254.

246 SÃO VICENTE DE PAULO

há um ano, precisa constantemente fazer-se respeitar pela força. Não é o momento de permitir a vacilação da Lorena.

Acontece que, três dias antes de assinar o Tratado de Vic, Carlos IV já o traiu. A 3 de janeiro de 1632, Gaston d'Orléans, viúvo da duquesa de Montpensier, casou-se secretamente em Nancy com a irmã do duque, Marguerite de Vaudémont, que não esconde detestar os "bons franceses". É uma bofetada e um perigo: não só a posição dinástica de Gaston exigia o consentimento do rei da França a seu casamento (Luís XIII ainda não tem filhos), como se trata de uma aliança com a casa da Lorena, que aspira à Coroa e é aliada dos Habsburgo.

O que complica as coisas é que, canonicamente, o casamento de Gaston é válido, de tal maneira que, depois da revelação do segredo (em outubro de 1632), o papado reconheceria a união. Mas o Parlamento de Paris e a Assembleia do Clero da França se unem no apoio à indignação de Luís XIII e Richelieu. Encontramos nos papéis de Mathieu Molé um longo dossiê endereçado a Richelieu para escorar sua posição, *Considérations sur le mariage de Monsieur avec la princesse Marguerite de Lorraine* [Considerações sobre o casamento do senhor com a princesa Marguerite da Lorena],[5] no qual se destaca o argumento do "rapto" de um filho da França.

Luís XIII invade Lorena e obtém em setembro de 1633 a cessão de Nancy. Em vez de resolver a questão, essa anexação faz com que o ducado entre num cortejo de desgraças. Para começar, porque o duque, tendo-se passado para o inimigo, não admite ser afastado de seu ducado e tentaria várias vezes reconquistá-lo; depois, porque a questão do casamento, candente e não resolvida — Gaston não cederia —, contribui para a vontade de Luís XIII e Richelieu de submeter Lorena. Acontece que a anexação foi feita com demasiada pressa, e muitos lorenos não a aceitam. Donde surgem atos de repressão e brutalidade que agravam ainda mais a situação. A entrada da França na guerra contra a Espanha, em 1635, abriria a porta para todos os horrores: chegaria a seis o número de exércitos em ação no território do

---

5 Molé, op. cit., t. 2, p. 214-262.

pequeno ducado. Vicente e os seus, saindo em socorro dos pobres lorenos a partir de 1636, descobririam um verdadeiro inferno.

Na década de 1630, proliferavam os paradoxos. Enquanto a solene declaração de guerra de Luís XIII à Espanha, já em 1636, leva os exércitos espanhóis dos Países Baixos até as margens do Oise, provocando medo em Paris, esses mesmos anos são palco de um triunfo do espírito francês. As comédias de Corneille já haviam encantado Paris. No dia 7 de janeiro de 1637, a estreia do *Cid* inflama a capital, e pouco importa que Rodrigue vista heroicamente as cores da Espanha. "Isto é belo como o Cid" transforma-se em provérbio nos salões. Viria em seguida a famosa querela, na qual a Academia Francesa fundada por Richelieu em 1635 terça suas primeiras armas críticas. Haveria em 1637 a divulgação em Paris, procedente da Holanda, do *Discurso do método* de Descartes, a quem Bérulle estimulara dez anos antes. As grandes tragédias de Corneille seriam o passo seguinte. Na cidade e no palco, a paisagem intelectual é brilhante. O palacete de Rambouillet cintila espetacularmente. São os anos de glória, celebrada, cantada, amada.

Longe das luzes da ribalta, expressa-se paralelamente a radicalidade que é a outra face do século. É em 1637 que o magistrado Antoine Le Maistre, sobrinho de Angélique Arnauld, destinado pelo chanceler Séguier às mais altas funções, retira-se para a solidão de Port-Royal-des-Champs para se dedicar à oração, ao estudo e à renúncia. Onde seu amigo Jean Chapelain, acadêmico austero mas dado à cortesania, vê uma "morte civil", Le Maistre vê a liberdade e a salvação. Sua retirada para Port-Royal deve muito à influência do abade de Saint-Cyran.

A arte religiosa da época traduz o lirismo da fé e a vitalidade espiritual. A década de 1630 é a década de Simon Vouet e seus ateliês, e a seguinte seria a do novo Val-de-Grâce. As igrejas de Paris brilham com as "cores do céu".[6]

---

6 A exposição *Les couleurs du ciel*, apresentada no Museu Carnavalet, de 4 de outubro de 2012 a 24 de fevereiro de 2013 — com um prolongamento em várias igrejas de Paris —, evidenciou a grande riqueza dos cenários pintados dessa época.

Luís XIII e Richelieu querem associar as artes a um poder centralizado e forte, e a devoção do rei é concreta. As encomendas se sucedem.

Mas também há um lado sombrio. Em 1633, o tenebroso caso das ursulinas "possuídas" de Loudun sacode toda a França. Urbain Grandier com certeza é um padre notoriamente indigno. Entretanto, no que diz respeito aos atos satânicos de que é acusado pela madre superiora e por várias religiosas, os historiadores modernos estão de acordo em considerá--lo inocente. Mas de todo modo ele seria queimado vivo em Loudun, a 18 de agosto de 1634, depois de um processo iníquo, no qual o "procedimento extraordinário" imposto por Richelieu e tocado por seu homem de confiança, o juiz Laubardemont, não dava nenhuma chance ao acusado.[7]

A violência não se limita à guerra e à fé. A década de 1630 também é um período de grandes revoltas camponesas, contidas com derramamento de sangue. Elas decorrem da "contradição entre a extrema miséria do povo e a glória do Estado".[8] Para começar, de maneira estrutural: os historiadores do período mostram que o imposto é repartido de maneira muito desigual, trate-se da derrama, imposto direto, ou da gabela, imposto sobre o sal, uma taxação odiada, que por sinal provoca fraudes em grande escala. Acontece que a conjuntura — economia geral, esforço de guerra — acresce à miséria o pânico. Há três décadas, enquanto a libra francesa se desvalorizava por insuficiente aprovisionamento de boas espécies (ouro e prata), e o preço do trigo e dos cereais de primeira necessidade aumentava, as boas espécies eram reservadas ao comércio exterior e às trocas das grandes cidades. "A massa da população dispunha apenas de espécies leves ou de baixa qualidade [...]. Em tais condições, se as exigências do imposto real se tornassem maiores, o povo mais simples, no qual os trabalhadores jornaleiros eram tão numerosos, caía numa miséria pavorosa."[9] Ora, de 1628 a 1633, a preparação da guerra triplicou o imposto. Uma vez decla-

---

7 No tomo 5 de sua monumental *Histoire littéraire du sentiment religieux en France (La conquête mystique)*, Henri Bremond faz uma análise detalhada das circunstâncias do caso.
8 Tapié, op. cit., p. 207.
9 Ibidem, p. 201.

rada a guerra, piorou ainda mais. Donde sucessivas e trágicas revoltas, entre as quais a dos "camponeses de Périgord" (maio a julho de 1637) e a dos "pés descalços" ou "exército do sofrimento", em 1639 na Normandia, tornaram-se tristemente célebres.

Diante dessa miséria, vem a ser fundado nesse período um empreendimento de devoção e caridade de notável originalidade na história religiosa da França: a Companhia do Santo Sacramento. Os comentários mordazes do *Tartufo* de Molière (1664), mal situados em seu contexto, lançaram confusão sobre seu sentido e seu alcance. As pesquisas do historiador Alain Tallon[10] permitem hoje entendê-los melhor.

Ao contrário do que se acredita em geral, a Companhia do Santo Sacramento não era reservada aos leigos. Quando o jovem duque de Ventadour a funda em 1629-1630, o padre Philippe d'Angoumois, capuchinho, o acompanha, assim como o padre De Condren, superior do Oratório, e o padre Suffren, jesuíta. Ao longo dos quarenta anos de existência dessa sociedade secreta, como se sabe hoje, 39 bispos e numerosos padres seriam seus membros. Mas são excluídos os "regulares", temendo-se que pretendam impor aos outros as regras próprias de suas ordens religiosas. Além disso, no que diz respeito aos leigos, a companhia é reservada aos homens. Em duas oportunidades, na fundação e em 1645, seria colocada a questão da admissão de mulheres. A ideia seria rechaçada como "contrária ao espírito da companhia".

Os meios da Corte não são muito representados, não obstante a presença de alguns grandes (Conti, Liancourt, Nemours, La Meilleraye etc.). Mas todos os meios sociais estão presentes, e não existem prioridades nas assembleias. A grande maioria dos leigos — a companhia teria comportado até 4 mil pessoas — vem do meio judicial, da nobreza togada aos pequenos juízes de jurisdição. O objetivo não é político. A companhia pretende cristianizar o corpo social pela santificação pessoal

---

10 Alain Tallon, *La Compagnie du Saint-Sacrement, 1629-1667*, Paris, Cerf, 1990. Prefácio de Marc Venard.

de seus membros, visando menos a uma "sociedade cristã" que a uma "sociedade de cristãos".[11] E por sinal constata-se em sua lei do segredo uma certa recusa das estruturas impositivas. "A companhia foi acusada de ser um Estado no Estado. Seria mais exato dizer que ela quis ser uma Igreja na Igreja." Tirando proveito de todas as escolas espirituais da época, a Companhia do Santo Sacramento pretendia uma síntese original entre uma vida centrada na adoração eucarística e uma presença ativa na sociedade. Seu objetivo declarado: "Promover todo o bem possível e afastar todo o mal possível."

À sua frente estariam homens de grande qualidade. É o caso do jovem duque de Ventadour: ele e sua esposa, Marie-Liesse de Luxembourg, como não tinham filhos, separam-se para entrar ambos para a vida religiosa. E sobretudo o caso de Gaston de Renty, que desde sua entrada para a companhia em 1639 até sua morte em 1649, aos 37 anos, seria onze vezes seu superior. Veremos em ação juntos Vicente de Paulo e essa bela figura de "santo leigo",[12] a serviço dos pobres lorenos. E por sinal se verifica um certo entrecruzamento das ações da companhia (fundação de hospitais, atendimento aos forçados, aos prisioneiros etc.) com as iniciativas de Vicente, que é seu membro. Considerando-se a intensidade de suas atividades próprias, a participação de Vicente nas assembleias da companhia certamente terá sido esporádica. Constatamos também diferenças de apreciação entre eles, particularmente quando da fundação do Hospital Geral em 1657. Mas as redes se entrecruzam. Dessa forma, a companhia passaria a ter entre seus membros eclesiásticos personalidades de primeiro plano formadas por Vicente nas Conferências das Terças-Feiras, como os srs. Godeau, Abelly, Pavillon, Perrochel e... Bossuet! Explicaremos no capítulo seguinte como essas assembleias ficaram famosas, tanto por seu fervor quanto por sua influência na vida religiosa do reino.

---

11 Ibidem, na conclusão do seu livro.

12 Raymond Triboulet, *Gaston de Renty, 1611-1649. Un homme de ce monde, un homme de Dieu*, Paris, Beauchesne, 1991, prefácio de Henri Gouhier, da Academia Francesa.

Mencionamos anteriormente Madeleine de la Peltrie. A maneira como Jean de Bernières, eminente membro da companhia, a ajuda a partir para o Canadá é saborosa. E sobretudo muito representativa do espírito da confraria. Fidalgo normando, tesoureiro da França, celibatário, amigo do futuro São João Eudes, Jean de Bernières criou na sua cidade, Caen, um "eremitério" místico. Madeleine de la Peltrie é uma jovem viúva cuja família quer voltar a casar e que se recusa com tanto maior energia na medida em que decidiu partir como missionária para a Nova França. Faz então a Bernières uma proposta descabida que ele aceita de maneira galante. Para que ele possa libertá-la das garras da família, os dois fingirão casar-se e brincarão de esconde-esconde com os pais de Madeleine, que a processam e ameaçam sequestrá-la. Tendo partido para Paris em 1638 e desejando certificar-se de que seu sonho missionário não é absurdo aos olhos da Igreja, a sra. de la Peltrie se aconselha com Vicente. Este lhe "dá uma opinião muito favorável e a estimula a perseverar nesse caminho".[13] Jean de Bernières tem horror a viagens, mas apesar disso vai ao encontro de Madeleine em Paris para ajudá-la secretamente em seu projeto, acompanhando-a em seguida até Dieppe, juntamente com as ursulinas de Tours e as religiosas hospitaleiras, para assistir a seu embarque. Seu eremitério ficaria ligado às realizações da Nova França (particularmente junto a Jérôme Le Royer de La Dauversière), sem que ele deixasse de lado a humildade estimada pela companhia.

Mas o segundo objetivo desta, "afastar todo o mal possível", também a leva a desempenhar um papel de justiceira (luta contra os duelos, a repressão da libertinagem e dos escândalos públicos, a aplicação rigorosa do Édito de Nantes e a influência dos "heréticos", enclausuramento dos pobres) que, paralelamente à exigência de segredo, exporia seu flanco à calúnia. A exigência de segredo tem fundamentação mística. Trata-se de "imitar

---

13 Ver Jean-Marie Gourvil, "Jean de Bernières 1602-1659, mystique de l'école dionysienne et homme de confiance de Madeleine de la Peltrie", in *Madeleine de la Peltrie et les pionnières de la Nouvelle-France*, Actes du Colloque d'Alençon, Universidade de Caen, Universidade de Mans, Perche-Canada, 2004.

a vida oculta e no entanto ativa do Salvador na santa Eucaristia". Mas é evidente que o segredo não tem o mesmo sentido quando diz respeito às ações de caridade e à repressão de abusos. No segundo caso, também pode ser um meio cômodo de alcançar maior eficiência. Acontece que as redes da companhia são formadas em sua maioria por homens da lei. Chegaria o dia em que o poder real — que não ignora as atividades da companhia — se irritaria com suas amizades evasivas. Em 1660, Mazarin dissolve a companhia de Paris. Anos depois, ela é dissolvida em toda a França.

A Corte terá desempenhado um papel não desprezível nesse fim, pois não tolera muito receber lições. Em 1638 é promovida uma missão a Saint--Germain — da qual falaremos no capítulo seguinte —, com a pregação de membros da Conferência das Terças-Feiras filiados à companhia. A prédica investe contra as "gargantas expostas", com um sucesso que provoca, em reação, constante animosidade da Corte. E de fato a Corte é que inspiraria, em 1664, o *Tartufo*. E ficaria encantada de ver assim aplicado o golpe de misericórdia nessa companhia que não aprecia sua libertinagem. Com o gênio de Molière, o efeito é devastador: "Encubra este seio que não quero ver..." Mas a Companhia do Santo Sacramento acaso seria essa teia de aranha onipotente que a peça dá a entender? Cabe duvidar, não obstante as afirmações de seu último dirigente, o conde d'Argenson.

Trinta anos após a dissolução, o conde de Voyer d'Argenson tentou reconstituir os *Anais* da companhia para exaltar seu papel.[14] Em virtude do segredo, não era tarefa fácil. O resultado tampouco é digno de crédito. Arrazoado *pro domo*, o texto não hesita em creditar à companhia toda a caridade do reino.[15] Paralelamente, se vangloria, não sem certa ingenuidade, de uma quantidade impressionante de atos repressivos que, tomados

---

14 *Annales de la compagnie du Saint-Sacrement*, pelo conde René de Voyer d'Argenson, 1696, publicados e anotados pelo R. P. Beauchet-Filleau, monge beneditino, Marselha, 1900.
15 Nessa obra de mais de trezentas páginas, Vicente de Paulo, mencionado como se mal fosse conhecido (em 1696!), é citado em seis oportunidades. Sua ação é mencionada a cada vez como se estivesse limitada a seguir decisões tomadas por outros. Quanto ao alcance da obra feminina realizada sob sua orientação, é ignorado...

ao pé da letra, causariam indignação entre anticlericais e protestantes na virada do século XX. O livro *La cabale des dévots* (1902), de Raoul Allier, criticando a luta da companhia contra os "heréticos", baseou-se no trabalho de Voyer d'Argenson. Na verdade, parece que a companhia "não mereceu/esse excesso de honrarias nem essa injustiça".

Para Vicente de Paulo, a instalação da Missão em São Lázaro é como uma nova fundação. As obrigações, por um lado, e as rendas, por outro, nem se comparam com as da fundação Gondi. Em 1633, no capítulo das obrigações, encontramos mais de 7 mil libras de pensão a serem pagas, apenas no que diz respeito aos antigos religiosos; a manutenção dos oito padres inteiramente dedicados às missões da diocese de Paris; a recepção e hospedagem gratuita dos ordenandos de Paris várias vezes por ano. A isto logo vêm somar-se os retiros para particulares — também recebidos gratuitamente —, a logística das Conferências das Terças-Feiras, o pequeno seminário interno etc. Quanto aos rendimentos do priorado, embora não disponhamos de todos os dados necessários para estimá-los em 1633, o enunciado das posses imobiliárias e fundiárias de São Lázaro e o volume de suas obrigações levam J.-M. Roman a considerar "que [as rendas] não deviam ser inferiores a 40 mil ou 50 mil libras anuais".[16] E, por sinal, graças a doações, legados e mesmo compras, Vicente ainda conseguiria arredondar o parque fundiário e imobiliário de São Lázaro. Assim é que a presidente de Herse, da qual voltaremos a falar, doa a 23 de julho de 1635 duas belas fazendas a sudeste de Etampes, Petit Fréneville e Mespuits, na comuna de Valpuiseux, com superfície total de 55 a 75 hectares. Mediante uma série de atos de compra e troca destinados a aumentar e agrupar as terras, Vicente faria com que, em dez anos, as duas fazendas de Fréneville passassem a aproximadamente 90 hectares contínuos, por uma soma de mais de 7,2 mil libras.[17] À medida que são fundadas as casas da congregação nas províncias e mais tarde no exterior, elas também recebem rendimentos e doações específicas para cumprir sua missão.

---

16 Roman, op. cit., p. 137-138.
17 Ver Bernard Koch, *Saint Vincent de Paul gestionnaire*, Archives de la Mission, Paris.

Não dispomos de uma descrição física de Vicente de Paulo em 1633. Seus diferentes retratos datam da velhice, e ainda assim o pintor Simon François, de Tours — a quem devemos os dois primeiros retratos, os mais conhecidos —, teve de se virar para pintá-los, pois Vicente se recusava a posar. O rosto começa a decair, mas a testa ampla, a bondade meditativa do olhar, a energia dos traços talhados a foice, embora parecendo iluminados de dentro, permitem imaginar a atração que essa fisionomia poderosa podia exercer mais de vinte anos antes. Em 1633, Vicente tem 52 anos. Está em plena posse de seus meios intelectuais e humanos. Sua intimidade com Deus, seu afeto pelos pobres e essa humildade que é a outra vertente do seu carisma de chefe conferem-lhe considerável autoridade. Seus problemas de saúde são constantes, como aliás os de Louise de Marillac: na correspondência dos dois, "pequenas febres", remédios à base de xaropes, caldos quentes, chás, balas de essências, pomadas e purgantes convivem com as considerações de ordem caritativa. A questão é estar em condições de servir melhor a Deus, de tal maneira que, mesmo se tratando, não é possível parar. Carta de Vicente a Louise em 1633 ou 1634: "Minha pequena febre persiste, e assim eu quis seguir sua opinião [...] que é tomar ar no campo. Vou portanto tratar de visitar algumas Caridades, e talvez, se me sentir bem, chegue até Liancourt e Montmorency para dar início ao que a senhora poderá concluir depois. Mas enquanto isso trate de se fortificar, eu lhe rogo. Prometo-lhe que, de minha parte, farei o mesmo."[18]

O duque e a duquesa de Liancourt estão atentos à obra de Vicente. Seu magnífico castelo à beira do Oise é ponto de encontro de toda Paris, mas a duquesa, nascida Jeanne **de** Schomberg, conhecida por seu encanto e sua hospitalidade, é ainda mais fervorosa que sedutora. Próxima de Louise de Marillac, ela logo viria a fundar um estabelecimento de Filhas da Caridade e um seminário, tomando as Filhas da Providência sob sua proteção. Podemos imaginar sua solicitude em relação a senhor Vicente. Mas Vicente,

---

18 Coste, *Correspondance*, op. cit., I, p. 237, carta n° 166 a Louise de Marillac, 1633 ou 1634.

doente ou saudável, não gosta que cuidem dele. Tem horror a qualquer compaixão pela carcaça. "Só nossas obras nos acompanham à outra vida", lembra a seus missionários. E as obras não se fazem pela metade, o corpo deve acompanhar. "Amemos a Deus, meus irmãos, amemos a Deus, mas que seja à custa de nossos braços; que seja com o suor do nosso rosto."[19] Na *Conversa* da qual consta essa frase, Vicente explica: há quem tenha grandes sentimentos de Deus na oração, alimentando a imaginação... "Mas, depois disso, a questão é trabalhar para Deus, sofrer, mortificar-se, instruir os pobres, ir em busca da ovelha desgarrada, [...] e infelizmente não há mais ninguém, falta-lhes coragem." De maneira encantadora, Vicente esclarece então que é necessário "unir o ofício de Marta ao de Maria" para atender ao chamado de Deus.

Que no entanto nos seja permitido aqui insistir em "Maria". Pois se Vicente não separa a contemplação da ação, se, para ele, deixar a oração para ir servir aos pobres é "deixar Deus por Deus", nada poderíamos entender da extrema fecundidade das décadas que têm início se esquecêssemos a unidade interna que a fundamenta. Acontece que essa unidade é forjada e buscada por Vicente na oração. Ele é um trabalhador obstinado, mas o tempo destinado à oração não é sacrificado, como não é entre os seus. Uma carta a Jeanne de Chantal em 1639 nos indica os horários da comunidade desde o início.[20]

Levantamo-nos pela manhã às quatro horas, passamos meia hora nos vestindo e fazendo a cama, dedicamos uma hora de oração mental conjunta à igreja, recitamos prima, tércia, sexta e nona juntos; depois celebramos nossas missas, cada um em seu lugar; feito isso, cada um se retira para seu quarto para estudar. Às dez e meia, fazemos um exame particular sobre a virtude que buscamos adquirir; depois vamos para o refeitório, onde almoçamos, com porção e leitura de mesa; feito isso, va-mos adorar o Santo Sacramento juntos e dizer o *Angelus Domini nuntiavit*

---

19 Coste, *Correspondance*, op. cit., XI, p. 40, trecho da conversa nº 25, *Sur l'amour de Dieu*.
20 Ibidem, I, p. 561, carta nº 383, de Troyes, 14 de julho de 1639.

256 SÃO VICENTE DE PAULO

Mariae etc., e temos então uma hora de recreação juntos; depois, cada um se retira para seu quarto até duas horas, quando recitamos vésperas e completas juntos. Depois disso, voltamos a estudar no quarto até cinco horas, quando recitamos matinas e laudes juntos. Depois fazemos outro exame particular, e ceamos em seguida para então ter uma hora de recreação, terminada a qual vamos à igreja fazer o exame geral, as orações da noite e a leitura dos pontos da oração da manhã seguinte. Feito isso, retiramo-nos para o quarto e deitamos às nove horas.

Três horas de oração, nove horas e meia de trabalho, quatro horas e meia para as refeições e recreações, sete horas de repouso. Na mesma carta, Vicente expõe o uso do tempo durante as missões no campo. O leitor talvez esteja se perguntando como nosso herói é capaz de conciliar essa vida com as múltiplas obrigações que o convocam ao exterior. É verdade que elas muitas vezes alteram esse funcionamento. Mas Vicente subtrai do tempo das refeições (ele nunca almoça), da recreação, do sono — mas nunca da oração. Como a dor nas pernas torna a caminhada difícil a partir de 1631, ele se desloca a cavalo, o que também lhe permite ir mais depressa. Em abril de 1633, sofreria uma queda da montaria.[21] Dois anos antes, menciona "uma pequena indisposição" não relacionada à sua habitual *febrícula*, mas a uma "dorzinha, causada por uma pequena patada de cavalo".[22]

Sem demora, as conferências espirituais com os missionários nas noites de sexta-feira depois do jantar, as conferências com as Filhas da Caridade aos domingos, a Conferência das Terças-Feiras, os retiros, as conferências para os ordenandos — e a preparação de tudo isso — passariam a ocupar boa parte de seu tempo, assim como a presidência das assembleias de caridade por ele convocadas. Com o desenvolvimento da congregação, viriam também suas visitas como superior-geral às diversas casas da companhia. Sem esquecer sua presença permanente em campo junto aos pobres e aos

---

21 Coste, *Correspondance*, op. cit., I, p. 198, carta n° 137, a Louise de Marillac, 1º de maio [1633].
22 Ibidem, I, p. 110, carta n° 69, a Louise de Marillac, [maio de 1631].

1633, VISÃO GERAL

que sofrem — uma presença pessoal que ele nunca abandonaria, até ser paralisado pelas doenças.

Seu segredo para enfrentar tudo isso? Para começar, ele tem o senso inato do que chamamos de "subsidiaridade". Acompanha suas obras de perto e está sempre presente quando precisam dele, mas cada uma das obras que funda é autônoma e as pessoas assumem suas responsabilidades. Por outro lado, o peso de São Lázaro transformou-o desde o início num centro de irradiação e num posto de comando. Quanto mais passa o tempo, mais se acumulam os encargos nos ombros de Vicente, e mais seu quartinho de paredes nuas, sem tapete, dotado de quatro móveis (uma mesa de madeira, duas cadeiras de palha, uma cama sem cortina, tendo apenas um enxergão, uma colcha e um travesseiro) transforma-se num posto de comando operacional. No térreo, ele dispõe, além disso, de um pequeno escritório para as visitas. É procurado, às vezes de longe, às vezes do alto — grandes personagens se deslocam para falar com ele —, não obstante as correntes de ar gelado que passam no inverno pelas fendas da porta e a pertinaz recusa de Vicente de ali instalar uma tapeçaria.

E há, sobretudo, a correspondência. Estima-se numa média de dez cartas por dia — por ele redigidas ou ditadas — o volume de sua correspondência durante os trinta últimos anos de vida. Ele dorme muito mal, com suas feridas crônicas nas pernas a torturá-lo e as febres que o fazem transpirar. Rouba então do tempo de sono para concluir as correspondências. A partir de 1633-1634, com as fundações de que vamos falar, suas cartas partem em todas as direções. Estamos longe do provérbio romano: *De minimis non curat praetor*. Vicente cuida com a mesma exatidão dos problemas pessoais de seus correspondentes, sejam espirituais ou práticos, dos mil detalhes necessários ao andamento de suas obras e das grandes questões da Igreja e do Estado. Todo o direcionamento espiritual que possui passa por sua correspondência. Desse modo, suas cartas fazem a ligação entre os seus. Algumas são um apanhado de diferentes notícias. Auxiliado a partir de 1645 por seu secretário Bertrand Ducournau, por sua vez ajudado mais adiante pelo frade Robineau, Vicente manda correspondência por todos os coches. Só imaginamos as descobertas que poderíamos fazer se nove décimos de suas cartas não tivessem desaparecido.

Mas em pelo menos uma questão as cerca de três mil cartas subsistentes dão enfático testemunho: a santidade de Vicente de Paulo nutriu-se de sua correspondência. Um professor aprende muito com o que ensina. Como então Vicente não haveria de crescer na proximidade de Deus, quando arrasta para ele, carta após carta, seus correspondentes? Ele percorre toda a gama de estilos. Quando argumenta, pode chegar a oito ou nove argumentos numerados. Outras vezes, basta-lhe uma palavra para reencontrar a intimidade com Deus. Em qualquer dos casos, assume seu papel de direção espiritual.

É o que constatamos numa carta de 1637 a uma religiosa de Santa Maria, que vive no mosteiro do Faubourg em Paris. A superiora, madre Hélène-Angélique Lhuillier, em entendimento com Vicente e o comendador De Sillery, benfeitor da Visitação, quer mandá-la para o mosteiro de La Madeleine, uma fundação da marquesa de Maignelay onde se internam as moças libertinas arrependidas. Ela resiste. Vicente argumenta — quatro razões "a favor", seis possíveis objeções, seis respostas — e conclui:

Aí estão, minha cara irmã, as objeções que me parece que a carne e o sangue, o mundo e o diabo poderão opor-lhe; e as respostas me soam tão razoáveis e de acordo com o bom prazer de Deus que, se eu fosse minha irmã Marie-Euphrosine e uma pessoa ocupasse o lugar que para a senhora eu ocupo e tivesse por mim tanta caridade quanto é a minha estima e o meu afeto pela senhora em Nosso Senhor, parece-me que eu abaixaria a cabeça e concordaria com essa proposição. E é também, minha cara irmã, o que espero que venha a fazer se Nosso Senhor não lhe fizer saber manifestamente que deseja o contrário; e nesse caso concordo em que venha a fazê-lo, com todo coração por ser, no amor de Nosso Senhor e da santa Mãe, minha cara irmã, seu muito humilde servidor.[23]

---

23 Coste, *Correspondance*, op. cit., I, p. 379, carta n° 261, à irmã Marie-Euphrosine Turpin, religiosa de Sainte-Marie, 23 de fevereiro de 1637.

1633, VISÃO GERAL

Mencionamos duas vezes o comendador De Sillery, personalidade das mais cativantes, e a quem a França missionária da época deve muito. Noël Brulart de Sillery (1577-1640) é irmão do chanceler da França, Nicolas Brulart de Sillery, que cai em desgraça em 1624, assim como seu sobrinho Puysieux. Tendo entrado para a Ordem de São João de Jerusalém em 1595, Noël Brulart passa doze anos em Malta e vem em 1607 a receber a comenda de Troyes, na Champagne. Torna-se diplomata, embaixador na Espanha e depois em Roma, em 1622. Chamado de volta a Paris depois da desgraça do irmão, ele vive em seu magnífico palacete da Rue Saint-Honoré, a dois passos do Louvre. Mobiliário suntuoso, vida em grande estilo. Mas no coração de suas riquezas, ele tem sede de outra coisa. O exemplo e a influência de Francisco de Sales tocaram-no. Uma carta de Jeanne de Chantal a Vicente dá testemunho de que foi por inspiração do falecido bispo de Genebra que o comendador deu início a sua evolução interna. Desligando-se aos poucos da vida mundana, ele se aproxima do padre De Condren e trava conhecimento com Vicente de Paulo em 1631. Esse contato seria decisivo.

No fim de julho de 1632, o comendador De Sillery deixa seu palacete da Rue Saint-Honoré para se instalar numa casa modesta na Rue du Petit-Musc, contígua a esse mesmo Mosteiro da Visitação de que se sente tão próximo espiritualmente. Provavelmente sensibilizado para a vida da Nova França por seu antigo secretário, Jean Ralluau, que foi companheiro de viagem de Champlain, ele imediatamente faz uma doação de 12 mil libras às missões na Nova França. É apenas o início da sua generosidade. A compra de terrenos alguns quilômetros a sudoeste de Quebec para a implantação da Casa São José — que receberia seu nome em 1678 e daria origem à atual cidade de Sillery — fez com que o comendador entrasse para a história do Canadá.

Nesse mesmo ano de 1632, o comendador De Sillery solicita a Roma a dispensa que lhe permitiria tornar-se padre, ao mesmo tempo mantendo-se como membro da Ordem. Ele se corresponde com Vicente, considerando-se humildemente "bem rude e agreste" perante o seu guia espiritual. Em 1634, acompanha em São Lázaro o retiro dos ordenandos. É ordenado padre no mês de abril, aos 57 anos. Restam-lhe seis anos de

260 SÃO VICENTE DE PAULO

vida. Seis anos repletos de fundações e doações às ordens religiosas e às missões. Particularmente as obras de Vicente! Graças à generosidade do comendador é que seria fundada em 1638 a casa da Missão em Troyes, e em 1640 a de Annecy. Mas a cooperação não tem sentido único. A 7 de setembro de 1637, Jean-Paul de Lascaris-Castellar, grão-mestre da Ordem de São João Jerusalém, envia a Vicente uma carta de agradecimento:[24] "Fui informado de que o venerável bailio De Sillery o escolheu para ajudá-lo a visitar as igrejas e paróquias subordinadas ao grande priorado, e que nessa direção o senhor começou a voltar utilmente seus cuidados e empenho, pela instrução dos que estavam extremamente necessitados; o que me convida a lhe enviar por estas linhas agradecimentos muito afetuosos e a lhe solicitar que prossiga nesse caminho, já que tem como objetivo apenas o avanço da glória de Deus e a honra e reputação desta Ordem." Não só Vicente acompanhou Sillery na visita como dirigiu uma missão nas aldeias.

O estabelecimento da Missão em Troyes é uma oportunidade de entender bem de perto o estado de espírito de Vicente e sua maneira de proceder em relação aos nobres personagens que se interessam por suas obras. Os missionários instalam-se inicialmente em Sancey, perto de Troyes, mas Sillery procura uma casa para eles no subúrbio da cidade. Indo de encontro à opinião de Vicente, não se preocupa muito em pedir autorização aos magistrados da cidade, que torcem o nariz. Vicente suplica ao comendador que tome essa iniciativa. A solução por fim encontrada permitiria a Sillery calar o próprio orgulho, ao mesmo tempo preservando sua dignidade — do que o próprio Vicente dá testemunho: "O sr. Dufestel [superior da Missão em Troyes] me informa que a bondade do senhor comendador abriu mão dos próprios sentimentos para se adaptar à minha miséria, para que eu aja de maneira que o sr. procurador-geral escreva, e que logo venha a falar aos senhores magistrados."[25]

---

24 Coste, *Correspondance*, op. cit., I, p. 389-390, carta n° 271, a Vicente de Paulo.
25 Ibidem, I, p. 585, carta n° 401, de Vicente de Paulo à madre da Trindade, superiora do carmelo de Troyes, 27 de setembro de 1639.

1633, VISÃO GERAL

Em 1640, o comendador finalmente encontra em Troyes uma casa ao seu gosto, que trata de mobiliar e decorar com capricho para os missionários. Infelizmente, Vicente de Paulo vem fazer a visita. Luxo demais! Não é o espírito de pobreza da congregação. Ele roga ao comendador que mande retirar aquele cenário excessivamente rico. Sillery cede. Vicente fica encantado. No ano anterior, o comendador transferiu 40 mil libras francesas dos seus recursos pessoais para a evangelização da diocese de Genebra, com a instalação de dois padres e um frade da Missão em Annecy. Essa doação seria posteriormente ampliada, para duplicar o contingente. Jeanne de Chantal e a Ordem de Malta se mobilizaram juntas: "O sr. comendador de Compesières prometeu sua casa para alojá-los. Eles ficarão muito bem, à espera de que lhes seja construído um pequeno alojamento."[26] A casa de Compesières é a Casa São João, propriedade da Ordem em Annecy, que seria ocupada pelos padres durante vários meses.

Ainda em 1640, o comendador De Sillery morre em Paris, nos braços de Vicente de Paulo. "Ele foi para o céu como um monarca que vai tomar posse de seu reino, com uma paz, uma confiança, uma doçura que nem podemos expressar",[27] escreve este a Bernard Codoing, superior em Annecy. Em seu testamento, Sillery lega à Missão 80 mil libras para a fundação de um seminário em Annecy, como desejava Francisco de Sales. Também nomeia seus herdeiros os pobres do Hôtel-Dieu. Sabemos que a Ordem de Malta teria apreciado receber de sua generosidade testamentária uma parte maior do que a que afinal lhe coube, modesta. Mas a Ordem soberana também tem lá sua elegância: "Depois da morte [do comendador], temia-se que sua Ordem viesse queixar-se; mas não o fizeram. De modo que tudo ocorreu com a mesma paz e doçura que se teria se ele tivesse tido filhos",[28] conclui Vicente de Paulo.

---

26 Carta de Jeanne de Chantal ao comendador De Sillery, citada em "Un important établissement de l'ordre en Savoie: Saint-Jean d'Annecy", *Annales de l'Ordre souverain militaire de Malte*, julho-dezembro de 1976.

27 Coste, *Correspondance*, op. cit., II, p. 143, carta n° 498, 15 de novembro de 1640.

28 Ibidem, II, p. 117, carta n° 485, de Vicente de Paulo à Madre da Trindade, superiora do Carmelo de Troyes, 1º de outubro de 1640.

12

Senhor Vicente e a renovação eclesiástica
A Conferência das Terças-Feiras

No que diz respeito à formação dos padres, ao atendimento aos pobres, aos doentes e a todos os filhos maltratados do século, as obras de Vicente assemelham-se às bonecas russas. Encaixadas umas dentro das outras, ela se geram reciprocamente. E quando julgamos ter descoberto todas elas, ainda pode haver alguma escondida lá dentro. A boneca original, aqui, são os retiros dos ordenandos; a mais brilhante, e maior, é a Conferência das Terças-Feiras. Livre de qualquer suspeita de ter sido aprisionado pelo encanto desta, o jansenista Lancelot reconheceria um dia: "Praticamente não havia um só eclesiástico de mérito, em Paris, que não quisesse participar."[1] Entre essas duas obras, uma infinidade de outras, seminários, retiros etc. Vamos aqui nos limitar a tratar do essencial.

Assistimos ao nascimento dos retiros para ordenandos. Em 1633, eles já se disseminaram como foguetes. Em Paris, haveria entre 1631 e 1642 seis ordenações solenes por ano, à razão de oitenta a cem ordenandos por vez. A partir de 1643, é abolida a ordenação das festas carnavalescas anteriores à Quaresma. Em todos os casos, o retiro de onze dias nos Bons

---

1 Citado por Coste, *Le Grand Saint...*, op. cit., t. 2, p. 305.

Meninos ou em São Lázaro, conjugando vida de oração, vida em comum, sacramentos e instruções — com dois pregadores em cada retiro, um para a manhã, outro à noite — é uma passagem obrigatória cujos frutos logo se revelam saborosos. Os retiros para ordenandos viriam a se multiplicar em muitas dioceses (Troyes, Cahors, Saintes, Le Mans, Agen...). Quando da fundação da Missão em Richelieu em 1638, o cardeal-ministro manda incluir os retiros de ordenandos no organograma. Na Savoia, em 1640, monsenhor Juste Guérin, bispo de Genebra-Annecy, faz o mesmo, assim como o cardeal Durazzo em 1645, em Gênova. Em julho de 1633, numa carta a François du Coudray em Roma, Vicente já manifesta sua alegria pela "bênção muito especial e que nem é imaginável" que Deus deu aos exercícios dos ordenandos. Onde enxerga ele o efeito dessa bênção? Na vida levada pelos padres a partir dali, pois eles "vivem tão regrados entre eles quanto nós entre nós [...], fazem oração mental, celebram a santa missa, fazem os exames de consciência todos os dias como nós. Cuidam de visitar os hospitais e as prisões, onde catequizam, pregam, confessam, como também nos colégios..."[2]

Vemos assim como Vicente está motivado a receber os ordenandos nas melhores condições. Em Paris, essa recepção custa caro, tanto mais que o responsável pela instituição, que na frugalidade só tem rival em si mesmo, quer que os retirandos por sua vez sejam servidos de maneira adequada. Felizmente, não faltam doações. Durante cinco anos consecutivos, a presidente de Herse cobriria os custos doando 1 mil libras para cada ordenação. Ana da Áustria daria sua ajuda nos dois ou três anos seguintes. A marquesa de Maignelay preencheria as falhas. Ao chegarem os anos difíceis da Fronda — com preços absurdos e São Lázaro praticamente não mais recebendo suas rendas —, o grande frugal da comunidade bem que arrancaria alguns cabelos. Entretanto, confiando no "tesouro da Providência", Vicente constantemente manteria o local e a mesa abertos.

---

2 Coste, *Correspondance*, op. cit., I, p. 202-203, carta n° 142, a François du Coudray, em Roma, [julho de 1633].

SENHOR VICENTE E A RENOVAÇÃO ECLESIÁSTICA

É no contexto dos retiros para ordenandos que o titular da abadia de Buzay — também conhecido como Jean-François-Paul de Gondi —, a ponto de se tornar coadjutor do tio, volta a chamar nossa atenção. Ele lutou para não chegar a esse ponto. Obrigado pelo pai a entrar para a vida sacerdotal, revolta-se contra essa "vocação" rejeitada por todo o seu ser. O que não o impediria, em suas *Memórias*, de reconhecer a boa-fé de Philippe-Emmanuel em linhas não destituídas de respeito.

> Não creio que tenha havido no mundo melhor coração que o do meu pai, e posso afirmar que sua têmpera era a da virtude. Entretanto, [meus] duelos e [minhas] galanterias não o impediram de envidar todos os esforços para ligar à Igreja a alma possivelmente menos eclesiástica que jamais houve no universo: a predileção por seu filho mais velho e a visão do arcebispado de Paris que estava na sua casa tiveram esse efeito. Ele não acreditou, nem tampouco o sentiu pessoalmente [...] tão certo é que nada há tão sujeito à ilusão quanto a devoção.[3]

O fato é que o retiro feito por Jean-François-Paul de Gondi em São Lázaro em 1643 inspirou-lhe um famoso relato que ainda hoje escandaliza. Avaliando com severidade a situação da diocese sob a orientação de seu tio, monsenhor Jean-François de Gondi, porém considerando a si mesmo incapaz de resistir a seus desregramentos, ele conclui:

> Depois de seis dias de reflexão, tomei a decisão de fazer o mal deliberadamente, o que é, sem qualquer comparação possível, o mais criminoso perante Deus, mas certamente também é o mais sábio perante o mundo, pois assim fazendo, sempre providenciamos pré-requisitos que encobrem uma parte; e porque, desse modo, evitamos o mais perigoso ridículo que possa haver na nossa profissão, que é descabidamente misturar o pecado na devoção. Eis o santo estado de ânimo com que saí de São Lázaro. Mas ele não foi de todo mal;

---

3 Cardeal de Retz, *Mémoires*, citado por Bertière, *La Vie du cardinal...*, op. cit., p. 79.

pois tomei a firme decisão de cumprir exatamente todos os deveres da minha profissão e tanto ser um homem de bem pela salvação dos outros quanto poderia ser mau para mim mesmo.

"Fazer o mal", aqui, significa entregar-se à luxúria. À parte o cinismo e a ironia inegáveis, a historiadora Simone Bertière dedica algumas páginas bem convincentes ao conflito de consciência de um homem refém de uma sensualidade tirânica e avesso à condição que lhe é imposta, mas que, fiel a uma moral aristocrática da honra, ainda assim gostaria de cumprir seus deveres. Vicente acaso teria se deixado enganar? Sabendo o quanto ele insiste, desde os primeiros retiros para ordenandos, na necessidade de receber apenas homens retos em seus costumes e profundamente motivados espiritualmente e de coração, caberia perguntar: por que Gondi? Este fornece um indício em suas *Memórias*, ao relatar que o senhor Vicente teria dito a seu respeito que "não tinha suficiente devoção, mas não estava por demais afastado do reino de Deus".[4] Embora seja provável que Jean-François-Paul tenha dissimulado a Vicente o fundo de seu coração, este convivera com ele até a idade de 12 anos na casa dos pais. Talvez estivesse em melhores condições que outros de intuir a complexidade dessa alma. E provavelmente, em contrapartida, consciente de ter a sua frente o futuro arcebispo de Paris, Vicente quis proporcionar-lhe o contato benéfico dos confrades mais ardorosos. Por fim, o apego de Vicente de Paulo à família De Gondi — cujos membros se sentiam todos em casa em São Lázaro — também desempenhou um papel. Depois da Fronda, quando da desgraça e do exílio do cardeal de Retz, Vicente não o abandonaria.

As prédicas aos ordenandos são feitas pelos talentos revelados na Conferência das Terças-Feiras. Assim é que François Perrochel, nomeado bispo, muitas vezes seria encarregado do sermão por Vicente. Sua fama é de tal ordem que Ana da Áustria certo dia vai discretamente aos Bons Meninos para ouvi-lo.

---

4 Cardeal de Retz, *Mémoires*, citado por Bertière, *La Vie du cardinal...*, op. cit., p. 59.

SENHOR VICENTE E A RENOVAÇÃO ECLESIÁSTICA

Voltemos agora nosso foco para as personalidades que, entre os ordenandos de 1633, viriam a formar o núcleo inicial da Conferência das Terças-Feiras. Temos o jovem Jean-Jacques Olier, futuro fundador do Seminário de São Sulpício; Nicolas Pavillon, futuro bispo de Alet; Antoine Godeau, futuro bispo de Grasse; François Perrochel, futuro bispo de Boulogne; Michel Alix, pároco de Saint-Ouen l'Aumône... Que time de chefes! Entre eles, Antoine Godeau, de quem Vicente gosta muito, sendo correspondido, merece uma apresentação. Pois sua história vem de muito longe.

Nos anos que antecedem seu primeiro encontro com Vicente de Paulo, toda Paris conhece Godeau (1605-1672) pelo apelido de "anão de Julie". Para começar, ele não é alto. Depois, no palacete de Rambouillet por ele frequentado e maravilhado com suas torrentes de versos amorosos, o poeta Godeau faz uma corte tão endiabrada quanto platônica a Julie d'Angennes, filha mais velha da marquesa. Sua corte é menos platônica fora do palacete. São conhecidas algumas aventuras "pela escada de seda" desse "diabrete espiritual"[5] e volúvel, primo do protestante e austero Conrart, amigo do escritor Guez de Balzac — cuja prosa elegante e urbanidade à romana reinam na mentalidade da época — e de Jean Chapelain, cuja perspicácia crítica é respeitada por todos. Quando Richelieu funda a Academia Francesa em 1635, os quatro estão entre os primeiros membros. Godeau é inclusive o primeiríssimo, a darmos crédito à tradição. Em verso ou em prosa, é um admirador incondicional do cardeal-ministro.

Sua conversão, cheia de encanto, deixa por algum tempo Paris incrédula, mas é mais profunda do que parece. Já em 1630, Godeau traduz São Paulo. Em 1632, toma as ordens. Em 1633, tendo acabado de acompanhar o retiro dos ordenandos, começa a publicar as *Paráfrases das Epístolas de São Paulo* logo consideradas por Balzac "não indignas do apóstolo". Em dezembro de 1636, para sua surpresa e confusão, seria nomeado para o bispado de Grasse por ordem de Richelieu, sendo necessária toda a arte persuasória

---

5 Yves Giraud, *Antoine Godeau, de la galanterie à la sainteté*, Actes des journées commémoratives de Grasse, 21 a 24 de abril de 1972, Paris, Klincksieck, 1975.

do padre De Condren, seu diretor espiritual, para fazê-lo aceitar, pois a promoção é rápida e ele fica indignado. Mas ele "viveu três anos como eremita no coração de Paris"[6] — entenda-se: é um pilar da Conferência das Terças-Feiras. Godeau seria na sua Provença, em Grasse e Vence, um bispo maravilhoso, disseminando uma visão exigente do padre, fundador de Caridades, membro ativo da Companhia do Santo Sacramento... e impenitente distilador de rimas, mas já agora exclusivamente pela glória de Deus.

No dia de São Barnabé, sábado, 11 de junho de 1633,[7] Godeau está no Mosteiro da Visitação, no Faubourg Saint-Antoine, acompanhado da equipe cujos nomes em parte acabamos de citar. Como o comendador De Sillery mandou construir uma igreja para o mosteiro, Vicente incumbiu o pequeno grupo de dar uma tarefa aos pedreiros e carpinteiros que trabalham na obra. Acontece que, no fim de abril e no início de maio, Vicente recebeu a visita de um padre cujo nome não chegou à posteridade, mas cuja sugestão é forte: por que não formar uma associação que permita prolongar o fervor dos retiros de ordenandos depois da ordenação? Seduzido pela ideia, Vicente obtém a aprovação do arcebispo de Paris, e então vai ao encontro dos jovens padres que formou, no Faubourg Saint-Antoine, para consultá-los um a um: estão de acordo? Concordância geral. Duas reuniões preparatórias, na segunda-feira, 13 de junho, e depois no sábado, 9 julho, servem para fixar o local e o momento das conferências: todas as terças-feiras às três da tarde de Todos os Santos até a Páscoa, e às três e meia da Páscoa até Todos os Santos, em São Lázaro, às vezes também nos Bons Meninos. A primeira "Terça-Feira" seria... um sábado, 16 de julho, sobre o tema do *Espírito eclesiástico*. Seria o único desvio do calendário.

No segundo encontro preparatório, Vicente fez um pequeno discurso inflamado. Partindo das graças recebidas na ordenação e da excelência do sacerdócio, ele insiste na perseverança: quando se é padre, é para sempre,

---

6 Giraud, op. cit.

7 Sobre o episódio de modo geral, ver Abelly, op. cit., t. 2, p. 246-249; Collet, op. cit., t. 1, p. 182-189.

SENHOR VICENTE E A RENOVAÇÃO ECLESIÁSTICA

sendo necessário concluir o edifício que se começou a construir. Fugir à caridade e à perfeição exigidas, deixar-se ir "à dissipação nos grandes caminhos do mundo" é dar razão à lamentação de Jeremias sobre as pedras preciosas do santuário pisoteadas nas ruas! Mas nem por isso Vicente pede — e temos aqui um ponto capital — que os membros da associação, para se estabelecer juntos, se separem do mundo. O vínculo de comunidade é outro: "[Eles deverão estar] unidos por um elo especial de caridade e por uma concordância de exercícios de virtudes e empregos eclesiásticos; propondo-se com essa finalidade uma mesma ordem e regra de vida, para observá-la fielmente, e assim prevenir-se contra a corrupção do século e se desincumbir perfeitamente das obrigações de sua vocação."[8]

A calorosa amizade e a atenção de uns para com os outros constituíram um dos pontos fortes da Conferência das Terças-Feiras. Cabe também notar as regras de vida.[9] Não se comparecia às Terças-Feiras apenas para receber um ensinamento, que por sinal era compartilhado, sendo cada um convidado a expor suas ideias pessoais sobre determinado tema preestabelecido. Vivia-se da mesma maneira: a oração, as confissões, as leituras espirituais, a celebração cotidiana da missa, o permanente engajamento na caridade inscrevem-se em horários partilhados, mesmo a distância. Quanto à assiduidade às Terças-Feiras, Vicente é severo.[10] Disso depende, a seus olhos, o "bem da Igreja". Nessas reuniões, não se é instruído apenas em teologia, mas também em moral, com ênfase nas virtudes a serem adquiridas e na adequação do sacerdócio à "imitação de Nosso Senhor". Tudo é feito sob a autoridade do diretor (o próprio Vicente), do prefeito e de dois assistentes, que cuidam do bom desenrolar das assembleias e se alternam em sua direção, em caso de indisponibilidade deste ou daquele.

O observador moderno fica impressionado ao constatar o papel das redes familiares e dos núcleos de amizades na constituição e na extensão

---

8 Abelly, op. cit., t. 2, p. 247-248.

9 Coste, *Correspondance*, op. cit., XIII, p. 129-132, documento n° 35.

10 Ibidem, I, p. 236, carta n° 165, a Louise de Marillac, [entre 1634 e 1636]; ibidem, I, p. 216, carta n° 150 a Michel Alix, pároco de Saint-Ouen l'Aumône, 16 de setembro de 1633.

de Conferência das Terças-Feiras. O abade de Coulanges, um dos membros da equipe inicial, é tio da futura marquesa de Sévigné, que viria a chamá-lo de seu "bem bom"; François Perrochel é primo de Jean-Jacques Olier; Félix Vialart, futuro bispo de Châlons-en-Champagne, é filho da presidente de Herse. François Fouquet, futuro bispo de Narbonne, e Louis Fouquet, que viria a sucedê-lo na sé episcopal de Agde, são irmãos de Nicolas Fouquet, futuro superintendente das Finanças. Sua mãe, nascida Marie de Maupeou, é uma cristã de alto coturno, à qual Saint-Simon prestaria homenagem como "mãe dos pobres". A seu respeito, diria Vicente um dia: "Se por desgraça o Evangelho se perdesse, seu espírito e suas máximas poderiam ser recuperados nos costumes e nos sentimentos da sra. Fouquet."[11] E sabemos que, quando da desgraça fulminante do superintendente das Finanças, em 1661, ela faria este comentário: "Eu lhe dou graças, ó meu Deus, pois sempre lhe pedi a salvação de meu filho; aqui está o caminho."

A existência e a vitalidade dessas redes mostra que a habitual denominação "século dos santos" atribuída ao primeiro século XVII, em referência a grandes figuras canonizadas ou não pela Igreja — Francisco de Sales, Duval, Bérulle, Olier, Condren, Brébeuf, Pierre Fourier, Jean Eudes, Gaston de Renty... e o próprio Vicente de Paulo —, baseia-se no humo de um cristianismo intensamente vivido.

À morte de Vicente, em 1660, a Conferência das Terças-Feiras contava 250 membros. No seu seio terão sido escolhidos 22 bispos, e haveria também fundadores de comunidades como Jean-Jacques Olier e François Pallu (cofundador das Missões estrangeiras), além de abades de primeiro plano, como os irmãos de Chandenier de Rochechouart: Louis é abade de Tournus, e Claude, de Moutiers Saint Jean. Sobrinhos-netos do cardeal de La Rochefoucauld, os irmãos Chandenier são amigos muito próximos de Vicente, especialmente Louis, maravilhosa e humilde figura de padre. Considerado por Vicente de origem demasiado nobre para ser aceito na "modesta

---

11 Jacques de Maupeou, *Histoire des Maupeou*, 1959, citado por Bertière, op. cit., p. 31.

SENHOR VICENTE E A RENOVAÇÃO ECLESIÁSTICA

companhia", ele conseguiria ser admitido às vésperas da morte, envergando afinal o hábito de missionário com uma alegria infantil.

Cabe notar que, se houve tantos bispos saídos da Conferência das Terças-Feiras, foi antes de mais nada porque a atenção de Richelieu foi atraída, praticamente desde o início, para o trabalho que nela se fazia. Em 1634, o cardeal-ministro manda chamar Vicente para se informar sobre os objetivos e o conteúdo da associação. O encontro certamente serviu para a instrução de Sua Eminência, que não hesitou em pedir a Vicente de Paulo os nomes de alguns eclesiásticos de mérito que pudessem ser elevados ao episcopado. Vicente fez questão de indicá-los de maneira discreta, para evitar que a Conferência se transformasse em palco de disputas e intrigas. Mas atendeu ao pedido, o que nos ajuda a entender melhor seu papel posterior no Conselho de Consciência, sob regência de Ana da Áustria: longe de causar surpresa, esse papel se inscreve na continuidade de sua ação.

Por importantes que sejam as regras de vida, por preciosa que seja aos olhos de Vicente a colegialidade das trocas, a influência da Conferência das Terças-Feiras é inseparável da sua fala, tanto inspirada quanto inspiradora. Jacques-Bénigne Bossuet, cuja jovem e brilhante eloquência na época deve muito à inspiração espiritual do senhor Vicente, dela preservaria, no auge de sua arte, a exigência de autenticidade: basta lembrarmos seu sermão de 1659, sobre *A eminente dignidade dos pobres na Igreja*. No contexto do processo de beatificação, Bossuet evoca calorosamente a Conferência das Terças-Feiras. Sobre Vicente, declara: "Ele era sua alma. Não havia ocasião em que falasse sem que cada um de nós ouvisse com insaciável avidez, sentindo no coração que Vicente era um desses homens a cujo respeito dizia o Apóstolo: 'Se alguém falar, que pareça que Deus fala pela sua boca.'"[12]

É chegado o momento de tratar dessa questão da eloquência, que está no cerne dos temas sobre civilização do século XVII, em especial de sua primeira metade. No livro fundamental *L'Age de l'éloquence* [A era da

---

12 Jacques-Bénigne Bossuet, *Lettre postulatoire* de 2 de agosto de 1702.

eloquência],[13] Marc Fumaroli analisa o período da Reforma católica como "o último capítulo, que não é o menos glorioso, do Renascimento italiano, antes da hegemonia do racionalismo francês e do empirismo inglês na Europa do século XVIII". Carregada de "romanidade", a época, na esteira dos jesuítas, dá testemunho de uma "fé ardorosa no poder do estilo e dos símbolos de reunir, recriar uma ampla comunidade viva e humana". Mas as instituições da era da eloquência não são unívocas. No deslumbrante teatro do verbo, Fumaroli distingue, na boca de cena, o Parlamento de Paris perante a Companhia de Jesus. A retórica galicana aliada ao estilo severo do Palácio — a retórica de um Saint-Cyran, de um Arnauld, dos solitários de Port-Royal — opõe-se às *Pinturas morais* (1643) do padre Le Moyne, jesuíta, cujas imagens floridas e a "prosa de arte" pretendem levar à virtude sem perder a suavidade.

Mas é um jesuíta, o padre Vavasseur, que denuncia a "fanfarronice oratória" de certos exageros copiados da Espanha. A "corrupção da eloquência" é, na verdade, uma preocupação comum às duas correntes dos praticantes esclarecidos da fala. Pois não faltam exemplos de empolação, pedantismo e mau gosto entre os pregadores da época — mesmo os mais apreciados, como monsenhor Camus e o padre André de Boulanger. Na Companhia de Jesus, não é menor que entre os galicanos o ardor no sentido de remediar esses atentados ao estilo, pois resgatar a "arte de bem dizer" é conferir à vida da alma a tradução digna dela própria de que precisa para se elevar.

Não é pouco o que está em questão, como se vê. "A felicidade da França de Luís XIII e de Luís XIV foi ser palco ao mesmo tempo de um Renascimento ciceroniano-tacitiano e de um Renascimento agostiniano", frisa Marc Fumaroli. A era da eloquência busca a excelência dos modelos: o Cícero do *De Oratore* no caso dos sorridentes herdeiros de Balthazar Castiglione e seus oradores jesuítas, o Santo Agostinho de *De doctrina christiana* no dos que, recusando qualquer traço de paganismo, consideram que, com a encarnação do Verbo, a fala adquire uma dimensão sagrada. Oradores

---

13 Marc Fumaroli, *L'Age de l'éloquence*, Paris, Michel Albin, 1994.

SENHOR VICENTE E A RENOVAÇÃO ECLESIÁSTICA

flamejantes e oradores austeros acabam por se encontrar numa mesma tensão, estética e moral, na direção daquele algo mais que as palavras que é a "voz do silêncio", segundo o tratado *Do sublime*: toda retórica deve ser capaz de dar lugar à nobreza de uma atitude, de uma expressão do rosto, de uma simples presença. O auge da eloquência, longe de ser um fim em si mesmo, conduz ao mistério do ser.

Mas acaso conduziria ao mistério de Deus? A busca da beleza bastaria para se converter, despojar-se de si mesmo, deixar a sabedoria humana para entrar na pobreza radical e no desamparo do Cristo na Cruz? Será de fato o sublime que quebra o endurecimento dos corações? Essa questão é apresentada por Vicente de Paulo, com a Conferência das Terças-Feiras e a preocupação fundamental que preside a toda missão: de que maneira transmitir aos que ouvem o apelo de amor do Crucificado? Como fazer para que não se saia de um sermão apenas com uma alegria da inteligência, mas com o desejo incontível de ser perdoado?

Cabe aqui lembrar: em 1619, foi com uma magistral lição de simplicidade oratória que teve início a amizade de Vicente e Francisco de Sales. E por sinal o bispo de Genebra gostava de dizer que "o supremo artifício é não ter artifício". Não só Vicente nunca esqueceu a lição do mais velho como sua ansiedade ante o pecado do mundo, seu desejo de ajudar os homens a se salvar o levaram a recusar tudo que tivesse a ver com o "tom elevado", o "desejo de parecer culto", a "busca da estima". Ele invoca a arte de convencer segundo o Cristo e os apóstolos. "Não se acredita num homem por ser muito culto, mas por considerá-lo bom e amá-lo. [...] Foi necessário que Nosso Senhor informasse sobre o seu amor àqueles dos quais queria fazer-se acreditar. Podemos fazer o que quisermos; mas jamais acreditarão em nós se não dermos testemunho de amor e compaixão àqueles que quisermos acreditem em nós. [...] Se assim agirem, Deus haverá de abençoar seus esforços; caso contrário, estarão apenas fazendo barulho, fanfarras e dando poucos frutos."[14]

---

14 Coste, *Correspondance*, op. cit., I, p. 295, carta n° 197, a Antoine Portail, padre da Missão, 1º de maio de 1635.

E de resto é em virtude desse elo íntimo entre retórica e amor que Vicente se recusa a atacar frontalmente os "heréticos", preferindo dar testemunho suavemente da doutrina católica. E também é em virtude dessa mística da simplicidade que preconiza o "pequeno método". Numa longa *Conversa com os missionários* de 1655,[15] ele recorda seus princípios. O "pequeno método" é extremamente existencial. Por exemplo, no caso de uma virtude, o primeiro objetivo deve ser explicar de coração aberto as excelentes razões que se tem para praticá-la; depois será descrita sua natureza; e, por fim, mostrados os meios de se apropriar dela. Mas tudo isso sem prestidigitação, sem períodos oratórios, apenas insinuando no interior da alma o ardente desejo do bem e a aversão ao mal contrário: "Como pregavam os apóstolos? Com simplicidade, familiaridade e singeleza." Vicente cita então um exemplo capaz de tocar qualquer um. "Quando se pretende levar um homem a se tornar presidente, que se faz nesse sentido? Basta apresentar-lhe as vantagens e a grande honra que acompanham esse cargo: 'Um presidente, senhor, é o primeiro da cidade; todo mundo lhe dá primazia e destaque; não há quem não lhe preste homenagens; sua autoridade confere-lhe grande crédito no mundo, na justiça; ele tudo pode. Ó senhor, um presidente! Ele não dá primazia a um bispo; os próprios soberanos se curvam e lhe prestam homenagem.'"

O que se segue é do mesmo teor. Por trás desse exemplo bem familiar se distingue uma convicção de ressonância extremamente moderna: só é possível converter pelo desejo. A arte do missionário consiste em provocá-lo, mas ele só pode fazê-lo se ele próprio arder no amor de Deus, vivendo e praticando as virtudes de que fala e sobretudo se souber apagar-se: "Deus é uma fonte inesgotável de sabedoria, luz e amor; é nele que devemos buscar o que dizemos aos outros; devemos aniquilar nosso próprio espírito e nossos sentimentos particulares, para dar lugar às operações da graça, só ela é capaz de iluminar e aquecer os corações; é necessário sair de si mesmo para entrar em Deus."[16]

---

15 Coste, *Correspondance*, op. cit., XI, p. 257, conversa n° 134, *Sur la méthode à suivre dans les prédications*, 20 de agosto de 1655.
16 Abelly, op. cit., t. 2, p. 229.

SENHOR VICENTE E A RENOVAÇÃO ECLESIÁSTICA

Em certas aldeias da Itália, o "pequeno método" confundiria bandos inteiros de bandidos. E levaria à confissão geral até mesmo saqueadores de destroços, sacudindo inclusive a Corte, habituada aos refinamentos do verbo. O próprio Vicente haveria de lembrá-lo, em sua conferência de 1655. Pregar "à missionária" quase se transforma na época num provérbio: consiste em pregar em busca da simplicidade dos apóstolos e do próprio Jesus, indo direto ao coração das pessoas.

É o "pequeno método" que preside à missão de Saint-Germain-en-Laye em 1638. Trata-se da famosa missão "das gargantas expostas" mencionada acima, mas não caberia reduzi-la ao tumulto provocado nessa questão. Seu tema geral é a salvação e a "porta estreita", e o pregador Nicolas Pavillon, arrebatado, causa forte impressão.[17] Para dar o exemplo a seus cortesãos, Luís XIII foi várias vezes ouvir o orador. Muitas senhoras e senhoritas de honra da rainha, abaladas, abandonam as frivolidade para fundar uma confraria da Caridade... e nela permanecer. A missão de Saint-Germain-en-Laye também entrou para a grande história. Pois é no seu desenrolar que, a 10 de fevereiro de 1638, Luís XIII oficialmente põe seu reino sob a proteção da Santa Virgem, instituindo para o dia 15 de agosto de todo ano uma procissão solene em sua homenagem. Desse modo, ele confirmava sua promessa do dia 10 de dezembro anterior.

Três anos depois, um outro São Germano por sua vez teria a experiência dos frutos do "pequeno método": o Faubourg Saint-Germain. Sua fama era das piores. "Ele era na época da espécie de porão não só de Paris, mas de quase toda a França, servindo de retirada a todos os libertinos, ateus e outras pessoas que viviam na impiedade e da desordem."[18] Foi aparentemente a duquesa d'Aiguillon que teve a ideia, em 1641, de uma missão nesse bairro, onde ficava sua paróquia. Vicente, não podendo mobilizar próprios missionários no local, pois ficava em Paris, duvidava da possibilidade de encontrar homens de confiança com a coragem de se atirar

---

17 Coste, *Le Grand Saint...*, op. cit., t. 2, p. 316-317.
18 Abelly, op. cit., t. 2, p. 261.

na boca do lobo. A duquesa insistiu. Na Conferência das Terças-Feiras, o pedido de Vicente não encontrou eco inicialmente. Duas vezes, três vezes... Na oração, ele se imbuíra da convicção de que era necessário agir. Mas os possíveis interessados estavam tão pouco convencidos que manifestaram em voz alta impaciência com sua insistência. Vicente pediu-lhes perdão. Tocados, eles mudaram de opinião. François Perrochel aceitou dirigir a missão, com a ajuda de alguns padres, dos quais só o nome de Claude de Blampignon chegou até nós.

Diante do público especial do Faubourg Saint-Germain, seria o caso de adotar outro método de prédica? Não, decidiu Vicente, persistam na simplicidade. "O espírito do mundo, de que está cheio este Faubourg, só pode ser combatido e abatido com êxito pelo espírito de Jesus Cristo [...]. Busquem como ele a glória de Deus e não a sua própria; disponham-se como ele a aceitar as infâmias e o desprezo e até a suportar as contradições e perseguições, se Deus permitir; preguem, como ele, de maneira simples, familiar, humilde e caridosa; assim falando, não serão vocês a falar, mas Jesus Cristo falando por vocês, como instrumentos de sua misericórdia e sua graça, para tocar os corações mais endurecidos e converter os mais rebeldes."[19]

Nomeado pároco de São Sulpício no ano seguinte, Jean-Jacques Olier não poupa elogios à energia de Perrochel durante essa missão, a quantidade prodigiosa de confissões etc. Como a Igreja de São Sulpício se revelasse muito pequena, pois "Paris saía em multidão por suas portas para ouvir o sr. Perrochel", este teve de pregar na Abadia de Saint-Germain. O próprio Olier, já em 1634, percorreria as terras da sua abadia de Pébrac. Graças à pobreza voluntária do "pequeno método", ele evangelizou as regiões de Auvergne, Velay e Vivarais, para em seguida fundar o Seminário de São Sulpício. Como ponto alto desse elã, faltaria ainda apresentar a magnífica missão de Metz em 1658, cuja coordenação foi feita por Bossuet, na época arquidiácono da cidade. Relato cujo momento chegará.

---

19 Citado por Abelly, op. cit., t. 2, p. 261.

SENHOR VICENTE E A RENOVAÇÃO ECLESIÁSTICA

Para Vicente, a formação dos clérigos é um dos dois objetivos da congregação por ele fundada. Numa carta enviada a cavalo no fim da vida a um missionário que reluta em cumprir seus deveres nesse terreno, ele lembra: "Pois o senhor não sabe que também somos obrigados a formar bons eclesiásticos, além de instruir os povos do campo, e que um padre da Missão que queira fazer uma coisa mas não a outra é missionário apenas pela metade?"[20] Eis o motivo da existência dos seminários. Mais uma vez, Vicente não tenta "atropelar a Providência", simplesmente atendendo às solicitações, com humildade. Num contexto em que a Igreja sente na França a necessidade de formar seu clero profundamente, essas solicitações se multiplicam.

Em janeiro de 1642, Jean-Jacques Olier reúne três primeiros seminaristas na Rue de Vaugirard. Em fevereiro tem início o seminário dos Bons Meninos. Em 1641, Nicolas Pavillon, agora nomeado bispo de Alet, já fundou o seu, assim como o bispo de Cahors, monsenhor Alain de Solminihac, em 1638. Este, em 1643, pedirá ajuda à Missão. Em 1647, o seminário de Cahors já conta com trinta seminaristas. Monsenhor De Solminihac tornou-se enquanto isso amigo íntimo de Vicente. Em 1649, em plena Fronda, ele aguarda sua passagem por Cahors, o que no entanto se revela impossível. O bispo então escreve a Vicente de Paulo: "O senhor haveria recebido consolação ao ver nosso seminário, onde teria encontrado 35 seminaristas, que lhe teriam dado satisfação. Os seus colaboradores que o viram dizem que é o mais belo do reino; e me disseram há pouco que nele a ordem é melhor observada que nos de Paris. O sr. Cuissot se desincumbe bem de sua tarefa; é importante que o senhor permita que ele continue entregue a ela."[21]

Alguns bispos recorreriam à Congregação da Missão para criar ou reforçar um seminário diocesano. Foi o que ocorreu em Annecy, Alet (1641),

---

20 Coste, *Correspondance*, op. cit., VII, p. 561, carta n° 2847, a Luc Plunket, padre da Missão em Saint-Méen, 21 de maio de 1659.
21 Ibidem, III, p. 467, carta n° 1121, de Alain de Solminihac a Vicente de Paulo, datada de Mercuès, 9 de julho de 1649.

Saintes (1644), Le Mans e Saint-Méen (1645), Marselha, Tréguier e Agen (1648), Périgueux e Montauban (1650), Agde e Troyes (1654), Meaux (1658), Montpellier e Narbonne (1659).[22] Alguns desses seminários durariam pouco, outros viriam a se inscrever no grande movimento da época. Às comunidades que a eles se dedicam — oratorianos, nicolaítas, sulpicianos, padres de Jesus e de Marie de Jean Eudes, padres do Santíssimo Sacramento de Christophe d'Authier de Sisgau — soma-se o empenho de bispos entusiásticos, como Sébastien Zamet em Langres, Charles de Montchal em Toulouse, Jacques Raoul em Saintes, Charles de Leberon em Valença e François-Etienne de Caulet em Pamiers, além dos já mencionados.

O cardeal de Richelieu empenhou todo o seu poder no sentido de estimular a boa vontade geral. Muitos seminários viriam a se beneficiar de sua generosidade. Vicente de Paulo, por sua vez, recebeu uma doação de mil escudos, para a fundação do grande seminário dos Bons Meninos. Uma das questões que se apresentavam era a idade dos seminaristas. A experiência indicava que os seminários de meninos davam poucos frutos. Vicente, portanto, não os queria, mas Juste Guérin, o bispo de Genebra-Annecy, fazia questão, e convencera Bernard Codoing, superior da Missão em Annecy. Vicente teve dificuldade para que seu ponto de vista fosse reconhecido. Em Paris, foram afinal criados dois seminários da Missão, claramente distintos: um para os eclesiásticos, nos Bons Meninos, outro para os pequenos seminaristas, a partir de 1645, no "seminário São Carlos": tendo adquirido em 1644 uma área vizinha de São Lázaro, por demais exígua para real aproveitamento, chamada "pequeno São Lázaro", Vicente mandou construir ali o seminário dos jovens.

Os seminários eclesiásticos da época duravam apenas alguns meses, no máximo um ano. Os da Missão eram concebidos como uma espécie de extensão dos retiros de ordenandos, dando muito espaço à vida espiritual e a estudos voltados para a capacidade de vir a dar um testemunho concreto. Nada de grandes teorias, mas manuais sólidos: Bonsfeld, Pequeno Bécan.

---

22 Ver Coste, *Le Grand Saint...*, op. cit., t. 2, p. 362 *sq.*

SENHOR VICENTE E A RENOVAÇÃO ECLESIÁSTICA

Exercícios de devoção, ofícios, leituras espirituais, meditação, vida em comum. A 18 de setembro de 1660, uma semana antes de morrer, Vicente passa em revista os quatro seminários de Paris: o Oratório, São Sulpício, São Nicolau de Chardonnet e os Bons Meninos. Pouco se referindo ao Oratório e saudando a elevação dos objetivos de São Sulpício, ele reserva a palma a São Nicolau, cujos responsáveis "tendem às funções do vinhedo, a gerar um homem laborioso nas funções eclesiásticas. [...] De todas essas quatro casas, a que melhor se sai, sem discussão, é São Nicolau, onde se encontram por toda parte pequenos sóis; e jamais ouvi queixas ali, mas em toda parte edificação. Eis portanto a mais útil, e nessa direção devemos nos esforçar e por todos os meios tentar imitá-los. Os senhores sabem que eles nunca fizeram escolástica, mas apenas moral e conferência de prática." Cabe notar, ainda, que Vicente comete aqui um erro de perspectiva, pois o verdadeiro futuro no que diz respeito à formação dos padres haveria de estar no Seminário de São Sulpício. Considerando-se, contudo, sua visão das coisas, entendemos por que Bourdoise tinha sua preferência.

Para completar todo o arsenal da formação dos clérigos pela Missão, também seria o caso de mencionar os retiros anuais de eclesiásticos. Mas para concluir este capítulo vamos antes insistir no que acontecia em São Lázaro e nos Bons Meninos no que diz respeito aos leigos. Pois se tratava da aplicação *in situ* da capacidade de transformar corações adquirida pelos padres formados por Vicente. Já em 1632, numa carta a Louise de Marillac, ele faz alusão à importância assumida em sua vida pela recepção aos retirandos: "E como estou até o pescoço em quantidade de exercitandos, um bispo nomeado, um primeiro presidente, dois doutores, um professor de teologia e o sr. Pavillon, além de nossos exercícios, tudo isso, quero dizer, me impede de ir vê-la."[23] Com o passar do tempo, a entrada gratuita de todo tipo de pessoas em São Lázaro, para praticar os Exercícios Espirituais, só viria a aumentar. "Em poucos meses, a casa de São Lázaro foi

---

23 Coste, *Correspondance*, op. cit., I, p. 157, carta nº 108, a Louise de Marillac, [maio ou junho de 1632].

SÃO VICENTE DE PAULO

mais frequentada que durante um século. O próprio Vicente a comparava à Arca de Noé, na qual todos os tipos de animais, grandes e pequenos, eram bem recebidos."[24] No refeitório, com efeito, misturam-se pessoas de todas as condições: clérigos e leigos, jovens e velhos, camponeses, magistrados, artesãos, doutores da Sorbonne, fidalgos, condes e marqueses, soldados, criados e lacaios![25]

Aproximadamente setecentas a oitocentas pessoas por ano vão a São Lázaro fazer os Exercícios à custa exclusivamente do priorado. Entre 1635 e 1660, com altos e baixos, cerca de 20 mil retirandos terão passado, assim, pelo antigo leprosário. De vez em quando, um frade da congregação queixa-se a Vicente da excessiva carga financeira lançada sobre São Lázaro por essa generosidade. Vicente protesta: "Meu irmão, é porque eles querem se salvar!" Como alguns observam que não falta quem venha antes para aproveitar as refeições e o alojamento gratuitos do que por outras considerações espirituais, ele responde: "Pois bem, não deixa de ser sempre uma esmola agradável a Deus; e se dificultarem a chegada deles, poderão estar afastando pessoas que Nosso Senhor gostaria de converter através desse retiro, e o excesso de exatidão no exame de seus objetivos levará alguns a perder a vontade que acaso tenham desenvolvido de se entregar a Deus."[26]

Os Exercícios Espirituais não são praticados em grupo. Cada retirando é confiado a um diretor que, obedecendo a um regulamento estabelecido por Vicente, indica-lhe leituras, dá-lhe conselhos. Todos os padres da comunidade presentes no priorado dirigem um ou vários retirandos. E em São Lázaro se reza sem hesitar em meio às piores circunstâncias.

Em agosto de 1636, durante o desenrolar de uma poderosa ofensiva dos espanhóis no norte da França, chegando Corbie a ser sitiada, Luís XIII e Richelieu improvisam uma reação em meio à generalizada afobação. Curiosamente, São Lázaro é envolvida na questão, sem por isso se deixar

---

24 Collet, op. cit., t. 1, p. 207.
25 Ver também Abelly, op. cit., t. 2, p. 273.
26 Ibidem.

SENHOR VICENTE E A RENOVAÇÃO ECLESIÁSTICA

distrair de sua vocação. Disso Vicente dá testemunho direto numa carta a Antoine Portail, então em Missão nas terras de Jean-Jacques Olier na região de Auvergne.

> Paris espera o cerco dos espanhóis, que entraram na Picardia e a devastam com um poderoso exército, cuja vanguarda se estende a 10 ou 12 léguas daqui, de tal maneira que os flamengos fogem para Paris; e Paris está tão apavorada que muitos fogem para outras cidades. Mas o rei tenta mobilizar um exército para se opor, pois os seus estão fora ou nas extremidades do reino; e o lugar onde se adestram e se armam as companhias é aqui, onde o estábulo, o depósito de lenha, as salas e o claustro estão cheios de armas, e os pátios, de homens de guerra. Este dia da Assunção está cheio de dificuldades e tumulto. O tambor começa a soar, embora ainda sejam apenas 7h, de tal maneira que nos oito últimos dias foram adestradas aqui 72 companhias. Acontece que, embora assim seja, toda a nossa companhia não deixa de fazer seu retiro, excetuados três ou quatro, mas para partir e ir trabalhar em lugares distantes, para que, se vier o cerco, a maioria esteja isenta do risco em que se incorre nesses casos.[27]

Vicente de Paulo e São Lázaro tornaram-se inseparáveis das condições de vida no reino.

---

27 Coste, *Correspondance*, op. cit., I, p. 340, carta n° 232, a Antoine Portail, padre da Missão em Pébrac, datada de Paris, 15 de agosto de 1636.

13

Damas e Filhas da Caridade
A grande aventura

"Meu Pai, as coisas andaram tão perfeitamente bem que a senhorita Le Fèvre, que é casada com um conselheiro e tem quatro filhos, me disse, em resposta [...]: 'Bem se vê que a senhora gosta dos pobres e tem alegria no coração entre eles. A senhora parecia duas vezes mais bela ao falar com eles' [...] Duas coisas lhes agradam aqui: que eu não banco a reformada, rio nos momentos certos e frequento a minha paróquia."[1]

Geneviève é curiosa de tudo e não tem uma alma melancólica. Sua carta de 16 de abril de 1633 a Vicente é uma maravilha de espontaneidade. Trata-se do relato de uma viagem de carruagem, com sua filha e os parentes, entre Etampes e Angers. Geneviève Fayet, há dois anos viúva de Antoine Goussault, senhor de Souvigny, conselheiro real e presidente da Controladoria-Geral, vai visitar algumas Caridades a pedido de Vicente. E aproveita para ver como anda o atendimento nos Hôtel Dieu, como vai o catecismo, fazendo um inventário das necessidades. Ao chegar a Angers, terra natal de seu avô, sua família é tão conhecida que imediatamente ela é "tratada em grande estilo", assoberbada de visitas. Mas Geneviève pouco

---

1 Coste, *Correspondance*, op. cit., I, p. 191-196, carta nº 135, da Sra. Goussault a Vicente de Paulo, datada de Angers, 16 de abril de 1633.

está ligando. Sua alegria é fazer sua viagem, visitando as Caridades, uma oportunidade de orar, "pregar", cantar as ladainhas da Santa Virgem, tudo em meio a uma contagiante alegria: "Nossa recreação durava tanto quanto nossas orações. Às vezes brincávamos de não dizer sim nem não; e os que diziam pagavam com um *Ave*. Cantávamos *Aleluia* e outros hinos, mas tudo com tanta alegria que um dos nossos agricultores, que estava a cavalo, ficou encantado de nos ver. Eu queria ensinar a Catherine como ler e pronunciar. Ela dava respostas e falava coisas de fazer rir às lágrimas. Por fim, meu Pai, é muito fácil servir a Deus a esse preço."

Essa petulante Geneviève Goussault é levada por seu ardor, em 1634, a criar a Caridade do Hôtel-Dieu de Paris. Por iniciativa própria, visita o hospital parisiense e, tanto no plano sanitário quanto do ponto de vista espiritual, fica consternada com o resultado. Os doentes são muito mal-cuidados, e seu abandono religioso é patente. O que fazer, então? Muitos tentam melhorar a situação — sendo os mais recentes os senhores da Companhia do Santo Sacramento. Mas a sra. Goussault considera que isso nunca será suficiente. Insiste com Vicente para que crie uma confraria da Caridade especial para o hospital. Vicente hesita: seria a vontade da Providência? Mas Geneviève sabe o que quer. Procura então o arcebispo de Paris, convencendo-o. Munida de sua bênção e do seu pedido expresso, volta a Vicente de Paulo, que aceita.

A Caridade do Hôtel-Dieu tinha pela frente um grande destino. Ao mesmo tempo que continuavam cuidando do hospital, as Damas assumiriam o encargo da obra das Crianças Abandonadas de Paris, das esmolas nas províncias arruinadas pela guerra e mais adiante das doações aos prisioneiros, galerianos e escravos. Quando os padres da Missão partem rumo às ilhas Hébridas, a Madagascar etc., são mais uma vez as Damas da Caridade do Hôtel-Dieu que conduzem a dança dos subsídios. Sob o comando do senhor Vicente, elas se mostram incansáveis, organizadas, onipresentes. Chegou-se a dizer que a fundação da Confraria equivalia à criação de um "Ministério da Caridade" vicentino. Todas as Damas pertencem à aristocracia e à alta magistratura, em sua maior parte, membros da nobreza togada, mas com alguns apoios de peso na Corte. Ana da Áustria desde o início oferece seu patrocínio ao empreendimento.

O diretor vitalício é Vicente de Paulo, e o título sempre estaria ligado ao superior da Missão. A seu lado, uma superiora, uma assistente e uma tesoureira. A lista das presidentes do século XVII — que morreram todas no cargo, exceto a segunda — evidencia o envolvimento de várias altas personalidades do reino. De fato, sucederam-se a presidente Goussault (1634-1639), a sra. De Souscarrière (1639-1643), a sra. De Lamoignon (1643-1651), a duquesa d'Aiguillon (1652-1675), a presidente De Nicolaÿ (1675-1683), a duquesa de Ventadour (1683-1701).

A reunião preparatória para a constituição da associação — realizada na residência da sra. Goussault, na Rue du Roi-de-Sicile, nos primeiros meses de 1634 — é seguida de outra, dias depois, já com as fileiras numerosas. A sra. Goussault é eleita presidente por uma assembleia da qual fazem parte Isabelle d'Aligre, esposa do chanceler da França; a sra. Fouquet (Marie de Maupeou); Isabeau Blondeau, viúva do sr. De Villesabin, secretário de Estado de Maria de Medici (um pouco cerimoniosa demais para o gosto das amigas, que a provocam com o apelido de "muito humilde servidora do gênero humano"); Marie Dalibray, viúva de B. de Sainctot, tesoureiro da França, mulher muito culta, ligada ao *tout-Paris* literário, próxima da família Pascal e admirada pelo poeta Voiture, que lhe dedicou sua tradução de *Orlando furioso*... E muitas outras ainda.

Em 1636 seria instaurado o "grupo das catorze", formado exclusivamente por damas viúvas ou casadas. Originado na assembleia, esse grupo dedica-se mais especialmente, no Hôtel-Dieu, à preparação dos doentes para a confissão geral. Nele, é necessário fazer uso de delicadeza. Nada de pressionar os doentes, nem de se apresentar como dotada de todas as virtudes. Humildade, respeito pelo outro, doçura: para atender às instruções de Vicente, as senhoras aceitam levar uma exigente vida de oração durante o período de sua missão, por elas exercida em alternância durante três meses. Além desse grupo, há outro, maior, das "damas da merenda". Diariamente chegam quatro ou cinco delas ao Hôtel-Dieu, às duas horas da tarde. Depois de uma parada na capela, elas vão buscar seu avental de lona com as irmãs agostinianas e depois fazem a partilha das doações destinadas aos doentes: "Esta ficava com o pão; outra, com uma bacia cheia de maçãs e peras cozidas; uma terceira, com um grande prato de geleia; a quarta, com confeitos; e todas elas, de garfo na mão, se apresentavam aos doentes, homens ou mulheres, deixando-os escolher. Quando os doentes não tinham forças para levar o alimento à boca, elas os ajudavam a comer."[2] A merenda pesa muito no orçamento da confraria. Mais tarde, a administração do hospital se encarregaria de uma parte. Vicente dá grande importância à merenda, e viria a se regozijar por sua perenidade.

A partir de julho de 1634, algumas Filhas da Caridade passam a ajudar as Damas, muitas vezes acompanhadas por Louise de Marillac, com tanto empenho que o senhor Vicente, observando seu cansaço, viria a dar-lhe conselhos de moderação. Vicente também fica tocado pelo fato de muitas damas de alta posição se apegarem a esse "asilo do sofrimento" que é o Hôtel-Dieu. Pois elas não comparecem para fazer figuração! Nas assembleias regularmente realizadas em presença de Vicente, as inevitáveis carências, as quedas de intensidade, o desânimo — e até as disputas — são analisados sem complacência, mas não sem doçura. Vicente de Paulo exige muito delas, e provavelmente por isso é que as Damas não se mostrariam avarentas de sua dedicação pessoal a ele, como não se mostravam do seu apoio material.

Certo dia de 1657, quando a confraria da Caridade do Hôtel-Dieu já estendera por toda parte suas ramificações, Vicente faz perante a assembleia das Damas um balanço da ação já realizada.[3] Expõe minuciosamente a situação financeira das diferentes obras, muitas tendo passado por tempos difíceis, e então eleva o papel de seu auditório à dimensão histórica.

---

2 Coste, *Le Grand Saint...*, op. cit., t. 1, p. 328.
3 Coste, *Correspondance*, op. cit., XIII, p. 802 sq., documento n° 198, *Entretien aux Dames, Rapport sur l'état des œuvres*, 11 de julho de 1657.

DAMAS E FILHAS DA CARIDADE. A GRANDE AVENTURA

Há oitocentos anos, aproximadamente, as mulheres não têm grande trabalho público na Igreja; outrora havia as que eram chamadas diaconisas [...]. Mas por volta da época de Carlos Magno, por um canal secreto da Providência, esse uso cessou, e o seu sexo foi privado de todo trabalho [...] e eis que essa mesma Providência dirige-se hoje a algumas das senhoras, para complementar o que faltava aos pobres doentes do Hôtel-Dieu. Elas atendem aos seus desígnios, e logo depois, tendo outras se associado às primeiras, Deus as estabelece como mães das crianças abandonadas, diretoras de seu hospital e distribuidoras das esmolas de Paris para as províncias, e principalmente para as desoladas. Ah, minhas senhoras! Se todos esses bens viessem a se desfazer em suas mãos, seria motivo de grande dor.

Para fazer justiça a todas elas, seria necessário desfiar um rosário de nomes. Isabelle Du Faÿ, de quem já falamos; a sra. De Traversay, a sra. Séguier, a sra. De Brienne; mais tarde, a sra. De Miramion, fundadora da obra que leva seu nome, jovem viúva tão ardorosa que a sra. De Sévigné viria a chamá-la de "mãe da Igreja", e que um dia venderia todas as suas joias pelos pobres; na corte, Charlotte de Montmorency, princesa de Condé, a duquesa de Nemours e Louise-Marie de Gonzague, futura rainha da Polônia... mereceriam ser homenageadas por sua fidelidade e a qualidade de sua ajuda, entre as 120 a 150 damas que fariam parte da confraria ainda em vida de Vicente.

Vamos aqui limitar-nos a esboçar um perfil de algumas das mais notáveis.

E para começar, aquela que Vicente — como todos os seus contemporâneos — chama em suas cartas de "srta. Poulaillon".[4] A bela Marie Lumague (1599-1657) desposara aos 18 anos François de Pollalion, fidalgo da casa de Luís XIII. Viúva pouco depois e mãe de uma menina, Marie deixa a Corte, onde era dama de honra da duquesa de Orléans e governanta de

---

4 Trocadilho com seu nome de casada (ver logo adiante). *Poulailler* significa "galinheiro", em francês. [*N. do T.*]

seus filhos, para se dedicar à filha e às obras de caridade. Na época em que tem início a confraria do Hôtel-Dieu, a srta. Poulaillon já é um pilar das confrarias da Caridade e em particular da instrução das pequenas aldeãs. Ela fez voto de continência e tomou Vicente como diretor de consciência. Até aí, nada de especial. A situação se torna original ao sabermos que a srta. Poulaillon, comovida com a situação das jovens pobres correndo grande risco de perder a virtude, mas também com a das prostitutas que já a perderam, funda em 1630 a obra das Filhas da Providência, para proteger aquelas e facilitar a integração destas. Graças à fortuna do genro, às esmolas das amigas e ao apoio indefectível de Vicente, a srta. Poulaillon dá vida a sua obra. Não hesita em se disfarçar para sair em busca dos beneficiários de sua caridade nos piores lugares, como tampouco receia passar noites inteiras diante do Santo Sacramento. À sua morte em 1657, Vicente pediria às Damas, com sucesso, que tomassem o seu lugar, para não deixar sua obra morrer. Enquanto isso, ela terá ajudado muito Louise a constituir o núcleo das Filhas da Caridade, e as Damas da Confraria a remediar os problemas do reino.

Temos também a sra. de Villeneuve, nascida Marie Lhuillier e cunhada de Etienne d'Aligre, chanceler da França. Já mencionamos seu nome de solteira a propósito de um empréstimo feito a Vicente pelos Gondi, através de seus pais, em 1614. Casada muito nova com um homem bem mais velho e muito dispersivo que não é digno dela, a jovem encontraria em Francisco de Sales e na Visitação — sua irmã Hélène-Angélique de Paris é superiora do primeiro mosteiro de Paris — o conforto e o elã necessários para mostrar seu talento depois da viuvez. Mãe de duas filhas e muito ativa junto aos pobres, a sra. de Villeneuve também viria a tornar-se superiora das Filhas da Cruz, obra surgida na Picardia em 1624, num contexto paroquial, para a instrução de meninas. Depois de muitas tribulações, essa obra chegou ao seu conhecimento no começo da década de 1640. Ela toma então a iniciativa de fundar um ramo em Paris em 1641, tendo à frente uma comunidade de mulheres. Vicente a ajuda muito a superar os obstáculos — particularmente financeiros, em 1642 — que surgem no seu caminho. À morte de Marie de

Villeneuve, em 1650, ele moveria céus e terra para que as Damas da Caridade do Hôtel-Dieu assegurassem a frágil perenidade dessa obra de uma delas. A sra. De Traversay aceitaria tornar-se sua protetora. Monsenhor Abelly, o bispo de Rodez, seria seu superior.

Uma menção especial não pode deixar de ser feita às sras. De Lamoignon, mãe e filha. A mãe, nascida Marie des Landes, é esposa de Chrétien de Lamoignon, presidente de barrete[5] no Parlamento de Paris. Ela própria recebe os pobres em sua casa para servi-los, sem perder o sorriso ante os que não se mostram satisfeitos. "Você irá nos reduzir à mendicância!",[6] exclama seu marido. Aparentemente, a sra. De Lamoignon só entra para a confraria do Hôtel-Dieu depois da morte deste, em 1636 ou pouco mais tarde. Em 1643, quando a sra. De Souscarrière se retira, a confraria a elege presidente. A assembleia das Damas se realiza em sua casa, à qual Vicente comparece, portanto, com frequência. Quando ela falece, em 1651, aos 75 anos, os pobres de sua paróquia, querendo conservar seu corpo junto deles, impediriam fisicamente a transferência do caixão para o convento das recoletas de São Dinis, por ela escolhido para sua sepultura.

Sua filha Madeleine teve portanto a quem sair. "Ela avança com tal rapidez em suas obras", dizia Vicente, "que ninguém é capaz de acompanhá-la." Madeleine de Lamoignon visita as favelas desde o amanhecer, serve sopa aos doentes, trata de ferimentos, enfrentando a falta de higiene e a resistência com a robustez e a naturalidade de uma "moça de aldeia". Ao retornar exausta para o belo palacete da família, pode até prometer aos pais mostrar-se mais razoável, mas a resolução só dura até a manhã seguinte. E, por sinal, a própria casa entra na dança. É nela que Madeleine recolhe as doações obtidas a seu pedido: por um lado, lojas de alimentação e vestuário nas quais os pobres vêm servir-se; por outro, uma loja de móveis e bibelôs refinados cujos compradores depositam na caixa de esmolas o

---

5 Referência à peça usada na cabeça pelos titulares de um dos cargos mais importantes da justiça francesa no Antigo Regime, principais magistrados das mais altas instituições de justiça, os parlamentos, que eram as supremas cortes de apelação. [*N. do T.*]
6 Citado por Coste, *Le Grand Saint...*, op. cit., t. 1, p. 365.

dinheiro desembolsado para comprá-los. Guillaume de Lamoignon, irmão de Madeleine e futuro primeiro presidente do Parlamento de Paris, opta por achar graça ao receber seus visitantes: "Minha irmã organiza um comércio de velharias."

Não faltam anedotas jocosas sobre Madeleine, entre as quais um diálogo com Boileau: ela recrimina o poeta satírico por falta de caridade literária. Não sem certo charme, teria a última palavra. Mais significativa é a declaração de Luís XIV, cuja generosidade seria com frequência solicitada pela eterna pedinte, e que nunca a deixaria ir-se de mãos vazias: "A senhora será talvez a única a quem recuso tão pouco; o motivo, como deve adivinhar, é que é a única que nunca pede nada para si mesma."[7] Quando Madeleine morre, em 1687, aos 78 anos, seu epitáfio seria escrito por Racine.

Seria interessante saber como era a srta. Viole, nascida Madeleine Deffita, irmã de um grande advogado parisiense e viúva de Jacques Viole, conselheiro no Châtelet. Ao longo de seu prolongado companheirismo a Vicente de Paulo e Louise de Marillac, ficamos sabendo numa determinada carta que ela se hospeda na casa do irmão, na Rue de la Harpe, mas talvez não seja a partir de meados da década de 1630. Em compensação, é de fato nessa época que a srta. Viole começa a manifestar seu talento para a gestão e sua imensa disponibilidade. Ela surge inicialmente como ajudante de Louise de Marillac na busca de "moças de aldeia" aptas a se tornar Filhas da Caridade. Rapidamente, começa a reinar sobre a tesouraria das obras do senhor Vicente. "Oh, como fico consolado e edificado diante dessa boa senhorita!", escreve ele a Louise em 1636.[8] Logo fica evidente que tudo passa por ela. Eleita tesoureira da confraria das Damas da Caridade do Hôtel--Dieu, ela se sai tão bem na função que vem a ser constantemente reeleita, de três em três anos. Em sua correspondência, Vicente constantemente dá ordem de "obter letras de câmbio com a srta. Viole", especialmente no socorro aos pobres brutalizados pela guerra na Champagne e na Picardia.

---

7 Citado por Coste, *Le Grand Saint...*, op. cit., t. 1, p. 368.
8 Coste, *Correspondance*, op. cit., I, p. 320, carta nº 219, a Louise de Marillac [1636].

DAMAS E FILHAS DA CARIDADE. A GRANDE AVENTURA

Muito ativa, sempre cheia de ideias, a srta. Viole é para Vicente — cujas qualidades de gestor não admitem falhas — uma colaboradora de primeira ordem. Sua "carreira" não chegaria ao fim com a morte de Vicente de Paulo, mas apenas alguns meses antes da própria morte, em 1678. Inteligente e generosa, ela terá sido para a caridade uma tesoureira vitalícia.

Vejamos afinal duas grandes damas cujo acesso direto à Corte e cuja aura pessoal constituem para Vicente um apoio valioso. Já encontramos a presidente de Herse, benfeitora dos ordenandos e doadora de terras à Missão. Nascida Charlotte de Ligny, prima de Jean-Jacques Olier, notória pela influência de Francisco de Sales, que gostava muito dela, a presidente de Herse — viúva em 1634 e que viveria até 1662 — é amiga íntima de Ana da Áustria. Em meio à perturbação das guerras, é ela que distribuiria as esmolas da rainha. Todas as obras de Vicente encontram nela, a partir da década de 1630, uma auxiliar de notáveis confiança e dedicação. Com frequência, ela aparece em sua correspondência, pois se interessa por tudo, do estabelecimento dos missionários em Roma à obra das Crianças Abandonadas, passando pela instalação das Filhas da Caridade neste ou naquele lugar onde tenha influência. Seu marido foi embaixador na Suíça, e ela própria apresenta qualidades de diplomata, pondo-as a serviço da caridade para sensibilizar a rainha e seu círculo. No fim das contas, uma mulher simples, nas maneiras e na apresentação. Pierre Coste dá conta dessa característica, extraída de uma biografia de seu filho, Félix Vialart, bispo de Châlons: "Certo dia, como ela quisesse entrar nos aposentos da rainha, um guarda a deteve, a pretexto de que estava vestida de maneira demasiado simples. 'Mas o que está pensando, meu amigo?', interveio a duquesa d'Aiguillon, que a acompanhava. 'Esta senhora é mais respeitada pela rainha da maneira como a está vendo do que nós com nossos vãos adereços'."[9]

A duquesa d'Aiguillon aparece aqui no momento certo. Sua personalidade e sua ação mereceriam vários capítulos, e de qualquer maneira

---

9 Coste, *Le Grand Saint...*, op. cit., t. 1, p. 372.

voltaremos a encontrá-la mais tarde. Muito além das habituais convenções, ela de fato foi para Vicente, ao mesmo tempo com inteligência e coração, uma verdadeira companheira de lutas. Entre as mulheres de primeiro plano que o ajudaram e cercaram, ela foi sem dúvida a que mais intimamente o entendeu. E por sinal manifestava em relação a ele cuidados quase maternos. Cabe aqui dizer algumas palavras sobre seu percurso.

Marie de Wignerod de Pontcourlay nasce em 1604 no castelo forte de Glénay, Poitou.[10] É filha de um fidalgo da Câmara de Henrique IV e Françoise de Richelieu, irmã mais velha do futuro cardeal-ministro. Sua infância é marcada pelo luto e as asperidades da vida. Ainda menina, ela perde a irmã mais velha; seu jovem irmão François sofre um acidente que afetaria sua saúde até o fim da adolescência; sua mãe morre quando ela tem apenas 12 anos. Enquanto seu pai, o marquês de Pontcourlay, acompanha o cunhado, então bispo de Luçon, junto a Maria de Medici, a jovem Marie e seu irmão François, recolhidos ao castelo de Richelieu por sua avó, Françoise de La Porte, muito amada por eles, veem-na morrer também em 1616.

O futuro cardeal de Richelieu era muito próximo de sua irmã Françoise, e a morte da mãe também o afeta profundamente. Ele lhe havia prometido cuidar paternalmente de Marie e François, o que faria pelo resto da vida. A tarefa haveria de se revelar extremamente ingrata no caso de François, futuro marquês de Pontcourlay, que por seu mau comportamento, suas dívidas e sua mediocridade testaria duramente a paciência do tio — suas cartas dão testemunho disso —, mesmo e sobretudo quando este o fizer nomear, em 1635, general das galés do rei. Em contrapartida, Marie é séria e cheia de encantos. Em 1620, está oficialmente noiva de Hippolyte de Béthune, sobrinho de Sully e filho do embaixador da França em Roma. O casamento é arranjado, como sempre, mas os dois jovens de fato se apaixonaram. Tudo desmorona, no entanto, pois a convergência dos interesses de Maria de

---

10 Alfred de Bonneau-Avenant, *La Duchesse d'Aiguillon, nièce du cardinal de Richelieu, sa vie et ses œuvres charitables, 1604-1675*, Paris, Librairie académique, 1879.

DAMAS E FILHAS DA CARIDADE. A GRANDE AVENTURA

Medici e Richelieu os leva a lisonjear Luynes, o poderoso favorito de Luís XIII, para favorecer a reconciliação da rainha com o filho. Aos 16 anos, assim, Marie de Wignerod desposa sem amor o marquês de Combalet, filho único da irmã do duque de Luynes. As festas de seu casamento na Corte são magníficas, em breve Richelieu será nomeado cardeal, e o duque de Luynes, condestável. Mas a dor da jovem é profunda. Seis meses depois do casamento, o marquês de Combalet vai com seu tio Luynes para a guerra. Depois de várias campanhas, morreria a 2 de setembro de 1622, durante o cerco de Montpellier, com grande bravura, no dizer de Bassompierre em suas *Memórias*. Marie é viúva aos 18 anos; eles não tiveram filhos e ela tem apenas um desejo: entrar para as carmelitas.

Ela passa o ano de 1623 em clausura, torna-se noviça, recebe o hábito das mãos de Bérulle, pronuncia seus primeiros votos. Mas em 1624, seu pai morre. Seu tio é agora seu único esteio familiar. Acontece que Richelieu quer nomeá-la herdeira. Além disso, recém-proclamado ministro principal do rei e cercado de complôs, ele deseja obter o apoio da sobrinha. Consegue então convencê-la a renunciar provisoriamente a seu desejo e ir para a Corte, onde ela se torna em 1625 dama de toalete de Maria de Medici. A jovem movimenta o salão do tio na Place Royale, e a partir de 1626 no Petit Luxembourg e no castelo de Rueil, comprado por Richelieu em 1625 e por ele magnificamente reformado. Ela se torna alvo de ciumeiras, calúnias (a proximidade de habitação com o tio gera comentários), das provocações a propósito da Jornada dos Logrados e também de cobiça: não faltam as mais brilhantes propostas de casamento. Respondendo a Richelieu, que a certa altura quis vê-la desposar o conde de Soissons, príncipe de sangue, ela reitera sua eterna resposta: "Monsenhor, fiz votos de pertencer apenas a Deus, e cumprirei minha promessa."[11] Para agradar a Maria de Medici e Richelieu, contudo, já em 1626 São Lázaro a proibia de entrar para a religião.

O que não a impede de fazer retiros entre as carmelitas do Faubourg Saint-Jacques toda vez que Richelieu sai de Paris e de se entregar apaixo-

---

11 Bonneau-Avenant, *La Duchesse d'Aiguillon,* op. cit.

nadamente às obras de caridade. Em 1627, ela é uma das inspiradoras da companhia da Nova França criada por Richelieu para a evangelização do Canadá. Alguns anos depois, fundaria ao lado de Jean-Jacques Olier a Sociedade de Notre-Dame de Montreal, que levaria em 1642 à criação de Ville-Marie, impulsionada por um elã de fervor que atravessa toda a França. Amiga íntima de Julie d'Angennes, filha da marquesa de Rambouillet, convivendo também com a marquesa de Sablé, com Anne d'Attichy, condessa de Maure, e a baronesa de Vigean — que terminaria seus dias em sua casa, muitos anos depois —, a jovem sra. de Combalet sabe compartilhar divertimentos elegantes. Mas também é uma *Filoteia*.

Em 1637, Richelieu finalmente decide aceitar sua recusa de voltar a se casar. Anos antes, ele comprou as terras do ducado de Aiguillon, perto de Agen. Vem então a presenteá-las à sobrinha, pedindo a Luís XIII que lhe confira o título e o nome do ducado. "A 1º de janeiro de 1638, tendo a sra. de Combalet ido a Saint-Germain prestar contas de seus deveres a Suas Majestades, o rei a saudou pelo nome de duquesa d'Aiguillon, par da França, apresentando-lhe a carta patente que lhe conferia esses títulos."[12] Criar um ducado e um título de nobreza para uma mulher, ainda por cima viúva e sem filhos, era uma honra excepcional. Mas o texto das cartas patentes demonstra a estima do rei por Marie, independentemente da que tem por seu tio.

É importante aqui observar que o primeiro ato assinado pela sra. de Combalet, ao tomar posse em 1637 de sua terra de Aiguillon, foi transferir por contrato, a 18 de agosto, uma soma de 22 mil libras a Vicente de Paulo, para fundar em caráter perpétuo uma Missão de pelo menos quatro padres para instruir e ajudar os habitantes pobres da cidade e do ducado. Essa seria a Missão de Notre-Dame-de-La-Rose,[13] em Agen. Alguns meses depois, é exatamente em Richelieu que vem a ser implantada a Missão.

---

12 Bonneau-Avenant, *La Duchesse d'Aiguillon*, op. cit.

13 Coste, *Correspondance*, op. cit., I, p. 598, carta nº 407, a Benoît Bécu, padre da Missão em Richelieu, 28 de outubro de 1639, nota 1.

DAMAS E FILHAS DA CARIDADE. A GRANDE AVENTURA 295

O cardeal agiu pensando grande, a julgar por esta carta de Vicente a Bernard Codoing. "Há muito tempo tento decidir se devo pedir-lhe que venha trabalhar em Richelieu, onde o senhor cardeal fundou uma Missão, tanto por esse ducado quanto pelo bispado de Luçon, com a utilização dos ordenandos e exercitandos da diocese de Poitiers. Por um lado, eu levava em consideração a necessidade desse bom povo junto ao qual o senhor se encontra [...], o que me fez optar por Richelieu é a obrigação que lá temos, sendo a fundação de caráter perpétuo...".[14]

O contrato de fundação é assinado a 4 de janeiro de 1638 no castelo de Rueil, entre o cardeal de Richelieu e Vicente de Paulo. Este assume o compromisso de enviar sete padres a Richelieu antes do mês de março e de acrescentar mais três antes de dois anos para desempenhar as funções curiais em Richelieu, cumprir missões no ducado, nos bispados de Luçon e Poitiers etc. O cardeal, por sua vez, doa a Vicente a renda das terras de Loudun, que eram arrendadas a 4.550 libras, e se compromete a fornecer aos missionários o alojamento necessário. Trataremos mais adiante da instalação e do papel da Missão em Richelieu.

A morte de Richelieu é um grande teste para sua sobrinha, que muito orou por sua cura e lhe era muito apegada. Afeto recíproco. Ficou na história a última fala do cardeal à duquesa: "Lembre-se de que a amei mais que todos os outros." Afeto sem qualquer ambiguidade, contudo. O historiador François Bluche responde às calúnias com uma observação de puro bom senso: "Ninguém diz isso à amante quando sempre teve medo do inferno, quando se é padre e a morte está aí mesmo, bem próxima."[15] Nem mesmo nos parece necessário recorrer a semelhante argumento: a intensidade religiosa da vida e dos atos da duquesa não permite dúvida sobre sua retidão.

Mas a morte do cardeal-ministro impede definitivamente sua sobrinha de se retirar para o claustro, pois lhe cabe agora cuidar dos cinco filhos

---

14 Coste, *Correspondance*, op. cit., I, p. 412, carta nº 287, a Bernard Codoing, padre da Missão em Romans, 27 de dezembro de 1637.
15 Bluche, *Richelieu*, op. cit., p. 106.

do irmão, o marquês de Pontcourlay, como sempre irresponsável, e cuja mulher tampouco é perfeitamente senhora de suas faculdades. A duquesa conseguiria a tutela dos sobrinhos. Que lhe dariam muitas preocupações, a começar pelo mais velho, o jovem duque de Richelieu. Mas essa é uma outra história.

Na outra extremidade da escala social, as Filhas da Caridade também ganham impulso. Encontramos Louise de Marillac pela última vez no outono de 1633, assumindo a direção do pequeno grupo que se organiza. É em sua casa, na paróquia de São Nicolau, que o núcleo inicial se instala. A 31 de julho de 1634, passados oito meses, já são doze Filhas. Em 1636, o alojamento de Louise, perto dos Bons Meninos, tornou-se demasiado pequeno. A sra. Goussault sai em busca e assina em maio um contrato de locação de uma casa situada na aldeia de La Chapelle. Dupla vantagem: as Filhas respirarão o ar do campo e não estarão muito longe de São Lázaro. Mas algumas poucas delas permanecem na casa de Louise para atender às necessidades da paróquia. Alguns anos depois, nova mudança, pois a casa de La Chapelle já não pode ser habitada confortavelmente. As Damas da Caridade enfim entram em cena, calculam as despesas, parecem encontrar uma boa solução: "A senhora duquesa d'Aiguillon disse-me ontem que se lembrou da proposta que lhe foi feita pela senhora De Lamoignon, de botar 45 mil libras para render e enquanto isso alugar uma casa. Vamos nos encontrar com as damas oficiais no sábado depois do jantar",[16] escreve Vicente a Louise.

Em setembro de 1641 é afinal comprada a nova casa-mãe das Filhas da Caridade, na Rue du Faubourg Saint-Denis, em frente à Igreja de São Lázaro. Sua proprietária é a Congregação da Missão, pois as Filhas da Caridade ainda não têm existência legal. Trata-se na verdade de duas casas contíguas, com pátio, estábulo, galinheiro etc. Em 1653, as Filhas da Caridade viriam por sua vez a tornar-se suas proprietárias, por adjudicação e

---

16 Coste, *Correspondance*, op. cit., II, p. 182, carta n° 535, a Louise de Marillac, datada de uma quinta-feira pela manhã [entre julho e setembro de 1641].

graças às doações das Damas, entre elas a da sra. Goussault, que ao morrer em 1639 deixara 9 mil libras para o dia em que as irmãs tivessem condições de comprar sua própria casa. Com o passar do tempo, as ampliações permitem atender às diferentes necessidades: enfermaria, escola (gratuitas, naturalmente), local para receber retirandas, segundo o modelo de recepção adotado em São Lázaro. Nesses lugares destinados a ser funcionais, fica banido qualquer ornamento supérfluo: "Que a construção tenha o estilo aldeão", exige Vicente antes do início das obras.

Nada é mais significativo do estilo de Vicente de Paulo que as cartas trocadas com Louise para o recrutamento das Filhas da Caridade. Aqui reproduzimos uma delas na íntegra, a título de exemplo:

> Que a Graça de Nosso Senhor esteja com a senhorita para sempre! Estive com essa boa moça Madeleine. Acho que será necessário trabalhar um pouco com ela, que suas paixões são um pouco fortes. Mas, ora! Quando elas têm força para se superar, vêm depois a operar maravilhas. Queira, assim, recebê-la, por favor; e conversarei com a senhora ministra da Justiça [a sra. Séguier].
>
> Quanto a essa boa moça de Argenteuil que é melancólica, considero que a senhorita tem razão de achar difícil recebê-la; pois é mesmo estranho o espírito da melancolia. Parece-me que a senhorita já tem número suficiente por algum tempo e que deve exercitá-las muito na leitura e no trabalho de agulha, para que possam trabalhar no campo.
>
> Estarei à sua espera na terça-feira. Bom dia, senhorita. Sou, senhorita, seu mui humilde servidor. Vicente de Paulo.[17]

As candidatas, que chegam pelo boca a boca ou sugestões de eclesiásticos, são em sua maioria camponesas sem instrução. Antes de entrar para a casa de Louise, servem durante algum tempo numa confraria paroquial. Em sua correspondência, Vicente refere-se a elas exclusivamente pelo prenome. Nos

---

17 Coste, *Correspondance*, op. cit., I, p. 238, carta nº 167, a Louise de Marillac, [por volta de 1634].

298 SÃO VICENTE DE PAULO

casos em que este se apresenta mais de uma vez, ele acrescenta um nome de lugar ou um epíteto: "Marie, de Saint-Laurent", "a grande Barbe", "a pequena Jeanne" etc. Ele conhece todas elas e está atento ao seu progresso. Algumas, naturalmente, terão de ser recusadas, por incompatibilidade de humor com as outras ou por outros motivos. Elas são livres, Vicente e Louise também, e lhes são exigidas as mais sólidas virtudes. Também aqui, seria o caso de mencionar nomes. Marie, Marguerite, Jacqueline, Michelle... Vamos ficar com o de Marie Joly, uma das primeiríssimas Filhas da Caridade, que começou no São Salvador na época de Marguerite Naseau, ajudou Vicente e Louise em várias Caridades parisienses e foi enviada como superiora a Sedan quando de lá partiu um pedido de irmãs. Depois de treze anos operando maravilhas nessa cidade, sua volta para Paris seria uma grande provação, tanto para ela quanto para aqueles que deixa para trás. Ela morreria a 3 de abril de 1675 a serviço dos pobres de Saint-Jacques-du-Haut-Pas.

Duas das pioneiras da época merecem menção especial. Jeanne Lepeintre, para começar, "uma excelente moça, ponderada e doce", segundo Vicente. Ela seria diretora de escola em Saint-Germain-en-Laye, primeira assistente de Louise de Marillac, diretora dos estabelecimentos de Nantes, Châteaudun e Saint-Fargeau e mais tarde superiora na Salpêtrière. Não era perfeita, às vezes obstinada, às vezes dada à independência. Mas tinha qualidades de liderança. Barbe Angiboust, grande figura da comunidade em seus 25 primeiros anos, parece ao observador moderno a mais interessante. "Meu Deus! Como sinto pena da sua pobre filha Barbe e da outra que está doente no Hôtel-Dieu!",[18] exclama Vicente um belo dia, quando as condições sanitárias do hospital deixam todos em perigo. Existe em Barbe Angiboust — "a grande Barbe" — uma total confiança. Tendo entrado para a comunidade em 1634, aos 29 anos, ela seria sucessivamente incumbida por Vicente de tomar a frente das casas

---

18 Coste, *Correspondance*, op. cit., I, p. 299, carta n° 199, a Louise de Marillac, [outubro de 1635].

fundadas em Saint-Germain-en-Laye (1638), Richelieu (1638), Saint-Denis (1645), Fontainebleau (1646), Brienne (1652) e por fim Châteaudun (1657), onde morreria no ano seguinte. Em 1641, ela dirige as irmãs empregadas em Paris a serviço dos galerianos.

Uma característica sua chegou ao nosso conhecimento, ao mesmo tempo reveladora de sua qualidade própria e emblemática do espírito das Filhas da Caridade. A cena se passa no mês de maio de 1636, sendo relatada duas vezes pelo próprio Vicente. A sra. de Combalet sente-se tão conectada às Filhas da Caridade que solicitou a Vicente o privilégio de ter uma delas em sua casa. Não é algo que esteja na programação, pois em geral interessa apenas o atendimento aos pobres. Mas Vicente não tem coragem de responder com uma recusa àquela que já os ajuda tanto. Uma certa Marie-Denyse é então solicitada a comparecer à casa da marquesa, mas ela se recusa terminantemente: está ali para servir aos pobres, e ponto final. Vicente não insiste. Recorre então a Barbe Angiboust para que compareça à casa da sra. de Combalet, informando que vai dividir seu tempo entre o serviço à marquesa e o atendimento aos pobres da paróquia. Única reação: pesadas lágrimas correm pelo rosto de Barbe. Mas ela aceita assim mesmo, embora a experiência não dure mais que quatro dias. Tendo visto carruagens no pátio do Petit-Luxembourg, Barbe dirige-se uma primeira vez a Vicente, assustada: "Ah, senhor! Aonde me enviaste? Isto aqui é uma Corte!" À marquesa de Combalet, desolada com sua tristeza e tentando descobrir a causa, a jovem irmã responde: "Senhora, deixei a companhia do meu pai para servir aos pobres, e a senhora é uma grande dama, poderosa e rica. Se fosse pobre, senhora, de bom grado haveria de lhe servir."[19] De comum acordo, Vicente e a futura duquesa d'Aiguillon acabam com o suplício. Em carta a Louise, Vicente se mostra maravilhado, no calor dos acontecimentos, com semelhante reação: "Que lhe parece, senhorita? Não fica encantada de observar a

---

19 Citado por Vicente de Paulo em sua *Conversa* sobre as virtudes de Barbe Angiboust, nº 109, 27 de abril de 1659, Coste, *Correspondance*, op. cit., X, p. 643-644.

força do espírito de Deus nessas duas pobres moças e o desprezo que lhes inspira pelo mundo e suas grandezas? Nem pode imaginar a coragem que isso me deu para a Caridade."[20]

Desprezo pelo mundo? Devemos aqui dizer algumas palavras sobre o estatuto muito especial que Vicente de Paulo quer conferir às Filhas da Caridade. A lição de Francisco de Sales deu frutos. Se não se quer ter religiosas enclausuradas, é necessário que nada leve a supor que seu modo de vida se assemelha a uma clausura. Só a força interior — cultivada, compartilhada, protegida por constante vigilância — deve manter o vínculo com Deus e entre as Filhas da Caridade. Cabe aqui lembrar a famosa frase de Vicente: "Tendo como mosteiro apenas as casas dos doentes e aquela em que reside a superiora, como célula um quarto alugado, como capela a igreja paroquial, como claustro as ruas da cidade, como clausura a obediência [...], como grade o temor a Deus, como véu a santa modéstia [...], por todas essas considerações elas devem ter tanta virtude ou mais do que se fizessem parte de uma ordem religiosa."[21]

Para evitar qualquer confusão, Vicente sempre haveria de se referir a elas como uma "confraria", e não uma "congregação". Em 1640, instauraria votos privados — pobreza, castidade, obediência, atendimento aos pobres — por duração limitada. Em 1642, admitiria votos perpétuos no caso de apenas algumas pessoas, entre elas Barbe Angiboust. Depois da morte de Vicente de Paulo, as Filhas da Caridade retomariam os votos anuais. Vicente não quer privar suas Filhas da força proporcionada pelos votos. Mas sua preocupação é evitar que se transformem em religiosas, pois nesse caso não poderiam mais visitar o domicílio dos doentes. Ele também leva algum tempo para amadurecer a redação de um regulamento e sua aprovação. É necessário que a experiência redunde num polimento dos hábitos, tornando naturais as exigências.

---

20 Ibidem, I, p. 331, carta nº 224, a Louise de Marillac, terça-feira, 27 de maio de 1636.
21 Coste, *Correspondance*, op. cit., X, p. 661, *Entretiens aux Filles de la Charité*, nº 111, conferência de 24 de agosto de 1659.

DAMAS E FILHAS DA CARIDADE. A GRANDE AVENTURA 301

Em 1645, um primeiro projeto de regulamento é submetido à aprovação do arcebispo de Paris. No dia 20 de novembro de 1646, esse regulamento é aprovado e a confraria das Filhas da Caridade, oficialmente criada pelo futuro cardeal de Retz, na época coadjutor do tio. Seria necessário um segundo ato de aprovação, por diferentes motivos: perda das cartas patentes reais quando da sucessão de dois procuradores-gerais; desejo de Louise de Marillac de que as Filhas da Caridade viessem a depender em caráter perpétuo, após Vicente de Paulo, do superior-geral da Missão, e não de uma eclesiástico nomeado pela diocese de Paris, como estipulava o primeiro texto. Uma súplica a este respeito seria enviada ao papa em 1647, com apoio de Ana da Áustria. O novo ato de aprovação, tanto mais facilmente atendendo ao desejo de Louise na medida em que as irmãs se disseminaram em muitas dioceses, seria assinado pelo cardeal de Retz no exílio romano a 18 de janeiro de 1655. As cartas patentes de Luís XIV seguir-se-iam em 1657, e o registro pelo Parlamento de Paris, em 1658.

Em 1655, o senhor Vicente dá início a suas *Conversas com as Filhas da Caridade* a respeito de suas regras, iluminadas por três virtudes: caridade, humildade, simplicidade. Muito antes dessa data, contudo, ele formulou a frase que poria à frente das Regras comuns: "Com frequência elas terão em mente que a principal finalidade para a qual Deus as convocou e reuniu é honrar Nosso Senhor, seu chefe, servindo-o corporal e espiritualmente na pessoa dos pobres, seja como criança, como indigente, como doente ou como prisioneiro."[22] Como criança? Trataremos da questão no próximo capítulo. Como indigentes? As Filhas da Caridade dedicam-se a eles em todo lugar. Como prisioneiro? Já sabemos do seu papel junto aos forçados. Como doente? A Missão de Richelieu mal acabou de ser fundada e Vicente, indo passar alguns dias nela, informa numa carta a Antoine Lucas: "A Caridade vai muito bem. Tratou sessenta doentes desde a Páscoa, sem que [houvesse] morrido mais que uma moça; e antes disso ninguém escapava. As duas irmãs servidoras dos pobres que para

---

22 Coste, *Le Grand Saint...*, op. cit., t. 1, p. 435.

lá enviamos estão operando maravilhas, uma em relação aos doentes e a outra em relação à instrução das moças."[23]

A cidade acaba de ser assolada pela peste, que viria a se estender a oeste e no centro. Na mesma época, Louise de Marillac vai a Angers, onde o Hospital São João também solicita Filhas da Caridade. Elas se instalam oficialmente nele a 1º de fevereiro de 1640, depois de um "tratado" com as autoridades municipais. O início é difícil, pois a epidemia continua assolando. Dezoito meses depois, no dia de São Roque, morto cuidando dos doentes da peste, Vicente declara a suas Filhas em Paris: "Como vocês são felizes, minhas boas irmãs, pelo fato de Deus tê-las chamado [ao] tão santo trabalho [da caridade]! Algumas de vocês dão assistência aos doentes pobres com tanto fervor que se sentem felizes por se expor ao mesmo perigo que nosso bom São Roque. Nossas boas irmãs de Angers respiraram no hospital um ar contagioso, e inclusive assistiram doentes de peste com tanta facilidade quanto outros doentes. Parecia que esse mal era domesticado com elas; pois elas os tratavam sem exceção."[24]

Com ou sem peste, os três grandes remédios da época — sangria, purgação e lavagem — requerem sempre corações fortes. O estabelecimento Angers seria para Vicente de Paulo um dos maiores motivos de alegria. Espiritualmente orientadas *in loco* por dois padres de grande qualidade, entre eles o abade de Vaux, as irmãs encorajam todo mundo. No momento de suas visitas de inspeção em 1649, em plena Fronda, quando se sucedem as más notícias, Vicente fica feliz de poder falar a Louise da "consolação que [ele] recebeu na visita a [suas] caras irmãs de Angers".[25]

Angers foi desde o início um sucesso de tal ordem que começam a chegar apelos prementes de outras cidades. Mas não faltam dificuldades e passos

---

23 Coste, *Correspondance*, op. cit., I, p. 526, carta n° 364, ao Sr. Lucas, padre da Missão em Joigny, datada de Paris no dia de Santa Luzia [13 de dezembro] de 1638.

24 Coste, *Correspondance*, op. cit., IX, p. 40, conferência de 16 de agosto de 1641, *Explication du règlement*.

25 Ibidem, III, p. 428, carta n° 1099, a Louise de Marillac, datada do dia de Saint-Méen, a 9 de abril de 1649.

em falso. A tentativa de fundação da unidade de Mans não dá em nada. A de Nantes (1646) começa no júbilo de uma partida de Louise e oito irmãs em carruagem, uma delas devendo assumir seu posto em Richelieu e as outras destinadas a Nantes. Recepção triunfal na chegada. Mas a lua de mel tinha acabado. Durante vários anos, elas tropeçariam de dificuldade em dificuldade: acusações falsas mas persistentes de "roubar o bem dos pobres", dissensões entre as Filhas, hostilidade do bispo... Depois de uma última crise em 1655, finalmente chegaria a calma.

Encontraremos as Filhas da Caridade em outros terrenos. Em toda parte elas levam a mesma vida, "todas vestidas da mesma maneira, como aldeãs",[26] com um simples toucado caindo nos ombros para protegê-las do frio. Iniciado às 4 horas, seu dia é ritmado pela oração, a missa, as leituras espirituais nas refeições entre suas atividades de atendimento aos pobres e doentes. O regulamento insiste no necessário recato de sua atitude, especialmente nas ruas. E se mostra vigilante no capítulo da castidade: elas devem evitar contatos inúteis com os homens, não permitir a entrada de ninguém em seu quarto — Vicente diz inclusive, numa *Conversa*, que se ele próprio pretendesse um dia entrar, elas teriam a obrigação de expulsá-lo —, manter-se vigilantes diante de qualquer complacência em relação aos sentidos e à qualidade das relações entre elas. Quanto à castidade, por sinal, Vicente tem as mesmas exigências com os padres da Missão, aconselhando-os com um robusto bom senso e uma grande confiança em Deus, no terreno das tentações que sentem ao confessar.[27]

Vicente não ignora o heroísmo cotidiano pressuposto na tarefa das irmãs: "E como a maioria de seus trabalhos é muito penosa, e os pobres por ela atendidos, muito difíceis, [...] elas tratarão com todas as suas possibilidades de juntar uma boa provisão de paciência e orar diariamente a Nosso Senhor para que lhes dê essa virtude em abundância e lhes comunique a

---

26 Ibidem, XIII, p. 554, documento nº 145, *Règlement des Filles de la Charité* (1645). As citações seguintes são extraídas do mesmo documento.

27 Por exemplo, em Coste, *Correspondance*, op. cit., II, cartas nº 424 e 477.

que ele próprio exerceu em relação aos que o caluniavam, esbofeteavam, flagelavam e crucificavam."

No seu equilíbrio e na sua delicadeza, o último parágrafo do regulamento merece destaque. Note-se que ele representa um eco fiel às intuições de Châtillon-les-Dombes, quase meio século antes: "Mas elas haverão de se lembrar que é necessário preferir sempre, a suas práticas de devoção, o atendimento aos pobres e outros trabalhos, quando a necessidade e a obediência as convocar; sabendo que, dessa forma, deixam Deus por Deus."

14

A partir de 1638
A obra das Crianças Abandonadas

Nesta altura de nossa exploração da vida de Vicente de Paulo em seu século, já pudemos avaliar a estreita ligação de seus atos, suas amizades e suas fundações com a contemplação da vida do Cristo. A esse respeito, uma das obras graças às quais ele ainda hoje é mais conhecido, a das Crianças Abandonadas, reveste-se de forte valor simbólico. É verdade que ela se situa num vastíssimo conjunto de obras de caridade. E por sinal é possível que os contemporâneos de Vicente ficassem mais sensibilizados com sua ação nos campos de batalha, por exemplo, pois beneficiava regiões inteiras mortalmente feridas em sua carne e sua alma. Mas as Crianças Abandonadas são os muito pequenos, inocentes e sem força própria, aqueles por excelência a cujo respeito disse o Cristo: "Aquilo que fizerdes aos menores dentre os meus, fareis a mim mesmo." Dedicado ao destino dos pobres, Vicente não podia ignorar uma solicitação tão radical. Na verdade, não só ele conduziria a obra praticamente sozinho, durante muitos anos, até que alcançasse seu ritmo de cruzeiro, como sua inesgotável ternura pelos pequenos saberia encontrar palavras para dizer o enraizamento dessa ternura no Menino Deus.

É em Notre-Dame de Paris que tudo começa. No passado, especialmente no século XVI, as crianças abandonadas eram conduzidas à catedral, onde havia permanentemente uma mulher para recebê-las. Eram inicialmente enviadas ao Hospital da Trindade na Rue Saint-Denis, hoje extinto, e em seguida entregues pela direção desse hospital a mulheres de reconhecida honestidade, que se comprometiam a alimentá-las e criá-las. Os recursos vinham em parte de impostos — contribuição anual dos senhores eclesiásticos que eram prestadores de justiça da cidade e do subúrbios —, em parte de esmolas. No início do século XVII, sabemos de que maneira a caridade pública era solicitada: "Os fiéis que entravam em Notre-Dame nos dias de festa podiam ver à esquerda vários bebês deitados num berço preso no chão, e, ao lado, duas ou três babás; uma voz suplicante pedia: 'Façam o bem a essas pobres crianças abandonadas', e as esmolas caíam em bacias ali colocadas para recebê-las."[1] Trezentas a quatrocentas crianças eram abandonadas por ano em Paris e seus subúrbios. As crianças encontradas nas ruas eram levadas por comissários de bairro, fazendo-se um registro policial. A partir de 1570, em virtude da decisão do capítulo de Notre-Dame, confirmada pelo Parlamento de Paris, de destinar algumas casas no porto de Saint-Landry ao acolhimento de crianças abandonadas, elas ficavam sob a tutela de cinco pessoas, "três mulheres e um burguês, incumbidos da guarda, alimentação e sustento das crianças, e um caixa encarregado de receber e guardar as contribuições monetárias".[2] Os habitantes de Paris referiam-se às casas de Saint-Landry pelo nome global de as Fraldas. Quando Vicente de Paulo passa a se interessar pelo caso das crianças abandonadas, sua situação nas Fraldas causa comoção.

Ele não é o único consciente disso, pois é por iniciativa dos Senhores de Notre-Dame que a conjuntura mudou. O próprio Vicente dá testemunho disso numa *Conversa com as Damas da Caridade*, cujo esboço chegou até

---

1 Coste, *Le Grand Saint...*, op. cit., t. 2, p. 453-454, com base em especial nos textos antigos citados por Léon Lallemand em sua obra *Un chapitre de l'histoire des enfants trouvés. La maison de la Couche à Paris*, H. Champion, 1885.
2 Ibidem.

A PARTIR DE 1638. A OBRA DAS CRIANÇAS ABANDONADAS 307

nós. Nela, Vicente faz um histórico do envolvimento das Damas:[3] "Nosso senhor as convocou para ser suas mães; e eis a ordem que estabeleceu: em primeiro lugar, fez com que fossem buscadas durante dois ou três anos pelos Senhores de Notre-Dame; em segundo, as senhoras realizaram várias assembleias com essa finalidade; terceiro, dirigiram grandes orações a Deus; quarto, se aconselharam com pessoas sábias; quinto, fizeram uma tentativa; por sexto e último, tomaram a decisão." Vicente então recapitula os seis motivos que levaram as Damas a essa resolução: havia nas Fraldas apenas uma babá para quatro ou cinco crianças; elas eram vendidas por oito soles cada a mendigos, que quebravam seus braços e pernas para fazê--las mendigar, ao mesmo tempo deixando-as morrer de fome; mulheres manteúdas, sem filhos, ficavam com elas, fazendo-se passar por suas mães; eram-lhes dadas pílulas de láudano para que dormissem; de tal maneira que não havia uma única viva passados 50 anos, exceto uma; por fim, várias morriam sem ser batizadas.

Os primeiros tempos da obra, em 1638, são modestos. Podemos acompanhá-los na correspondência entre Vicente e Louise. "Chegou-se à conclusão, na última assembleia [das Damas do Hôtel-Dieu], de que a senhora seria convidada a fazer uma experiência com as crianças abandonadas, para ver se haverá meios de alimentá-las com leite de vaca e de assumir a responsabilidade por duas ou três com essa finalidade."[4] Louise leva as crianças para sua casa. Duas cartas adiante, compelido por um doador, Vicente tem uma nova ideia: "Vamos então falar de três coisas. Das pequenas crianças abandonadas. Sou pressionado de uma maneira que não se pode imaginar, da parte do sr. Hardy. Ele me culpa por todo o atraso. A srta. Du Mée está no campo. Haveria inconveniente em a senhora comprar uma cabra e continuar fazendo uma experiência mais ampla?"[5]

---

3 Coste, *Correspondance*, op. cit., XIII, p. 798 sq., documento nº 195, *Canevas d'Entretien aux Dames sur l'œuvre des Enfants trouvés*, [entre 1640 e 1650].
4 Coste, *Correspondance*, op. cit., I, p. 417, carta nº 288, a Louise de Marillac, 1º de janeiro [1638].
5 Ibidem, I, p. 421, carta nº 290, a Louise de Marillac, [janeiro de 1638].

O estabelecimento das condições de funcionamento não é fácil, pois certas damas — à frente das quais a srta. Hardy — queriam que a Caridade se encarregasse das Fraldas sem mudar de local. Vicente, pelo contrário, quer algo novo, ao mesmo tempo permitindo que as Fraldas deem prosseguimento a suas atividades. Ele acabaria decidindo pela solução que lhe parece mais sábia. É alugada uma casa na Rue des Boulangers, doze crianças das Fraldas são sorteadas e para lá levadas, várias Filhas da Caridade se instalam a seu lado para cuidar delas. Aí é que têm início as dificuldades de toda sorte. Para começar, uma certa sra. Pelletier, verdadeira caricatura de dama de caridade, quer controlar tudo e acaba se afastando, depois de se indispor com toda a comunidade. Mais incômodas são as exigências da autoridade militar, que requisita compartimentos da casa para alojar militares (os habitantes são obrigados a hospedá-los em caso de necessidade). Consternada, Louise recorre a Vicente, que toma a frente das coisas: "Acabo de escrever à senhora chanceler e lhe envio sua carta e um pedido que enderecei, em nome das damas da Caridade do Hôtel--Dieu, ao senhor chanceler [Séguier], informando que elas alugaram uma casa para hospedar as Filhas da Caridade e as crianças abandonadas, que os habitantes lhes enviaram gendarmes, que eles não podem permanecer em sua casa, onde não há homens, sem risco para a pureza das moças, nem sem escândalo, e que, considerando-se isso, ele se disponha a proibir os habitantes de enviar os referidos soldados para sua casa e os soldados de irem para lá, rogando à senhora que a entregue ao senhor chanceler."[6]

Mas nada é muito simples. Dias depois, nova carta de Vicente a Louise: a chanceler não conseguiu nada, e ele se voltou para a duquesa d'Aiguillon, ainda sem resultado... Faltam-nos algumas cartas para acompanhar o episódio até o fim. Ao que parece, foi necessário alugar um quarto nas imediações para os soldados, para conseguir que se fossem. É pelo menos o que o capelão da duquesa d'Aiguillon sugere, na expectativa de uma

---

6 Coste, *Correspondance*, op. cit., I, p. 441, carta nº 301, a Louise de Marillac [fevereiro de 1638].

A PARTIR DE 1638. A OBRA DAS CRIANÇAS ABANDONADAS **309**

solução. Filosófico, Vicente concluiria, escrevendo a Louise: "Nada é certo quando depende dos grandes."

À medida que vão chegando os recursos, aumenta o número de crianças acolhidas. De tal maneira que, depois de dois anos de experiência, o senhor Vicente considera que a situação já amadureceu para uma generalização do sistema. A 12 de janeiro de 1640, a assembleia das Damas da Caridade do Hôtel-Dieu aceita em princípio. Dias depois, Vicente informa a Louise, que está em Angers: "A assembleia-geral das damas do Hôtel-Dieu realizou-se quinta-feira passada. A senhora princesa [Charlotte de Condé] e a senhora duquesa d'Aiguillon a honraram com sua presença. Nunca vi a companhia tão numerosa, nem tanta modéstia reunida. Foi resolvido receber todas as crianças abandonadas. Pode estar certa, senhorita, de que não foi esquecida."[7]

Como de costume, Vicente estruturou solidamente seu discurso para convencer, tratando ele próprio de enumerar as objeções para melhor refutá-las. Vamos aqui deter-nos em duas delas. A primeira diz respeito a um preconceito pseudorreligioso, assim enunciado por Vicente: "Que Deus amaldiçoa muitas dessas pequenas criaturas por causa do nascimento, e que será talvez por isso que não permite que a questão seja resolvida."[8] De passagem, o observador moderno pode espantar-se com um preconceito dessa natureza, numa época em que a ilegitimidade é ostentada nos brasões da alta nobreza. Mas além do fato de esse fenômeno não ser generalizado e de a Igreja não estar justificando o adultério, as crianças expostas à caridade pública vêm em sua maioria do mundo da criminalidade. Vicente devolve a bola: "Eu respondo [...] que é por ter sido o homem amaldiçoado por Deus por causa do pecado de Adão que Nosso Senhor encarnou e morreu, e que é fazer uma obra de Jesus Cristo cuidar dessas pequenas criaturas, ainda que amaldiçoadas por Deus." Por outro lado, prossegue o discurso, acaso se sabe

---

7 Coste, *Correspondance*, op. cit., II, p. 6, carta nº 419, a Louiseuísa de Marillac em Angers, de Paris, 17 de janeiro de 1640.
8 Ibidem, XIII, p. 775, documento nº 189, *Canevas d'entretien aux Dames sur l'œuvre des Enfants trouvés*, 12 de janeiro de 1640.

em que podem transformar-se essas crianças, que morrerão se não forem cuidadas? Ele então cita Rômulo e Remo, alimentados pela loba; Melquisedec, que não teve ascendência nem descendência; Moisés, bebê encontrado pela irmã do faraó — todos eles tendo tido um destino brilhante!

Segunda objeção de peso: as dificuldades financeiras da empreitada. As Damas já são ativas em outras frentes. Seria o caso de separar essa obra das outras, com novos dirigentes que não as Damas do Hôtel-Dieu? A sugestão não é ignorada, sendo debatida. Mas não convence, e acaba rechaçada. O fato é que pôr o dedo numa engrenagem pode levar todo mundo longe demais. Vicente o reconhece, citando números, e conclui: "O remédio é fazer o que se puder fazer."[9] Vai-se portanto avançar passo a passo.

Cabe notar que a obra das Crianças Abandonadas mobilizaria as três principais instituições de Vicente: as Damas da Caridade, que financiam e inspecionam; as Filhas da Caridade, que a ela se entregam de corpo e alma no cotidiano; e a Congregação da Missão, que controla o funcionamento e também financia a obra, pois São Lázaro muitas vezes seria chamado a socorrer para garantir os pagamentos, nos períodos de crise em que os recursos, mesmo permanentes, se revelariam escassos de forma cruel.

Obtida a 12 de janeiro de 1640 a concordância das Damas, não há lugar suficiente na Rue des Boulangers. Sendo assim, Louise de Marillac, nas semanas seguintes, acolhe algumas crianças em La Chapelle. As amas de leite vão aos dois lugares e algumas crianças são recebidas por famílias. Duas Damas da Caridade se alternam nas visitas diárias às duas casas infantis. Em 1645, Vicente resolveria o problema do alojamento, invariavelmente insuficiente em virtude das entradas, mandando construir ao lado da casa--mãe das Filhas da Caridade, na Rue du Faubourg-Saint-Denis (na época Faubourg Saint-Laurent), treze casinhas contíguas para as crianças, graças a uma doação de Luís XIII ao morrer. É interessante ver aqui a sucessão de circunstâncias que permitiu essa construção.

---

9 Coste, *Correspondance*, op. cit., XIII, p. 776, documento nº 189, *Canevas d'Entretien aux Dames sur l'œuvre des Enfants trouvés*, 12 de janeiro de 1640.

A PARTIR DE 1638. A OBRA DAS CRIANÇAS ABANDONADAS 311

O rei legara pessoalmente por testamento 64 mil libras às missões, das quais 24 mil especialmente destinadas a Sedan, ao mesmo tempo para consolidar a presença dos católicos e tentar converter os "heréticos". O restante das 40 mil libras seriam para atender outras missões, sendo o padre Dinet, confessor do rei, e Vicente de Paulo incumbidos conjuntamente de administrá-las ao longo de dez anos. Como o padre Dinet lavou as mãos, deixando este último como único responsável pelo uso da doação, o jovem rei Luís XIV, por intermédio da regente Ana da Áustria, transforma o conjunto em doação perpétua por um fato de 14 de junho de 1644. Ele anuncia a decisão de que "a referida soma de 64 mil libras, por meio do mencionado superior-geral da aludida Missão, seja inteiramente aplicada em pensões ou compras de heranças, para que os rendimentos daí decorrentes sejam, por ele e seus sucessores no dito generalato perpétuo, empregados para alimentação e manutenção dos padres e frades do corpo da mencionada Missão [de Sedan]".[10] Assim é que Vicente manda construir com uma parte desse valor as treze casinhas contíguas no Champ Saint-Laurent, um pouco acima de São Lázaro. Em seguida elas seriam cedidas por contrato de arrendamento às Damas da Caridade, para as Crianças Abandonadas, a 22 de agosto de 1645, mediante pagamento de 300 libras.[11] O teto dos recém-nascidos está garantido e os rendimentos são encaminhados à Missão.

Resta o problema das crianças desmamadas e das maiores, mas está fora de questão desampará-las depois dos primeiros meses, pois a obra se incumbe de toda a sua educação. Já em 1645, as Damas decidem solicitar à rainha o pequeno castelo de Bicêtre, propriedade real situada ao sul de Paris, perto de Gentilly, e abandonada há anos. Louise de Marillac opõe-se terminantemente, com argumentos que não carecem de fundamento: o castelo foi ocupado durante algum tempo por pessoas de má vida (suben-

---

10 Coste, *Correspondance,* op. cit., XIII, p. 303, documento n° 92, *Fondation de l'établissement de Sedan,* 14 de junho de 1644.
11 Archives de l'assistance publique, Hôpital des Enfants Trouvés, maço 10, citado por Coste, *Le Grand Saint...,* op. cit., t. 2, p. 471.

SÃO VICENTE DE PAULO

tendido: elas podem sentir-se tentadas a voltar); o tamanho da construção, por sinal em péssimo estado, requereria obras pesadas; a distância de Paris tornaria difíceis as idas e vindas das irmãs; e o que haveria de se fazer com as crianças para ir à missa em Gentilly, considerando-se a "impossibilidade de carregar as crianças nos braços e a grande dificuldade de levá-las em animais, tanto pelas terras cultivadas e caminhos ruins quanto por causa das chuvas, do granizo e da neve"?[12] Vicente ouve. Mas ainda assim a mudança é feita, pois não há outra solução. Os muito pequenos, contudo, não serão levados para Bicêtre — apenas os bebês desmamados.

Nas casinhas de Saint-Laurent e no castelo de Bicêtre, o regulamento observado pelas irmãs evidencia uma preocupação com a higiene e a proteção da saúde de contornos pioneiros para a época. Gaston Parturier, cujo estudo sobre *La vocation médicale de Saint Vincent de Paul* [A Vocação médica de São Vicente de Paulo] mencionamos acima,[13] considera que "[esse] regulamento é um autêntico Código de Higiene infantil". Assim, antes de aceitar as amas de leite, tratava-se de verificar se eram adequadas ao emprego. Só se recorria à mamadeira em caso de força maior. Em caso de doença contagiosa, as crianças eram separadas em três grupos: crianças sadias, crianças doentes, crianças sob suspeita — uma inovação para a época. Por fim, no que diz respeito aos maiores, o regulamento estabelece: "As irmãs cuidarão para que, no inverno, as crianças não fiquem tempo demais junto ao fogo, antes tratando de que os menores façam um pouco de exercício... Elas também impedirão que durmam ao sol ou em algum lugar insalubre."[14] Esse conjunto de normas detalhadas lembra o regulamento de Châtillon-les-Dombes, pelo qual a "servidora", antes de dar a refeição ao doente, o fazia lavar as mãos.

A partir do momento em que as crianças deixam a idade de amamentação, sua educação tem início. Vicente dá o maior valor à formação de

---

12 Coste, *Correspondance*, op. cit., II, p. 545-546, carta nº 770, de Louise de Marillac a Vicente, datada de 19 de agosto [entre 1643 e 1647].
13 Cf. p. 113, nota 11 (Capítulo 5).
14 Coste, *Le Grand Saint...*, op. cit., t. 2, p. 470.

A PARTIR DE 1638. A OBRA DAS CRIANÇAS ABANDONADAS   313

suas almas. Muito cedo elas aprendem a fazer suas orações, os principais conceitos do catecismo, ao mesmo tempo que são levadas a "conhecer suas letras". A formação moral, por sua vez, é tão cuidada quanto é estrita a higiene. Percebe-se pelas recomendações do regulamento que a tarefa não é fácil, pois uma série de maus hábitos facilmente toma conta dos pequenos se não se prestar atenção. Mas a pedagogia necessária tampouco carece de sutileza. Mais uma vez Vicente dá mostras do seu carisma de educador. Por exemplo, o século XVII considerava normal infligir castigos corporais às crianças, de quaisquer meios sociais: nas famílias nobres, era a chibatinha do preceptor que entrava em ação, mas ela não entrava em ação com menos rapidez nem menor força que a do pai de família camponês. Tanto mais interessante será então consultar, nesse terreno, o regulamento desenvolvido por Vicente e Louise: encontramos toda uma gradação de sanções antes de chegar à palmatória, a ser administrada "sem paixão, pouco tempo depois da falta cometida, e nunca na cabeça".

Meninos e meninas brincam e estudam separadamente. Em matéria de trabalhos manuais, os meninos tricotam e as meninas fazem rendas. Como a obra durou, podemos dizer o que acontece em seguida: os meninos partiam em torno dos 12 anos para iniciar algum aprendizado. As meninas ficavam mais tempo aos cuidados das irmãs, não raro até a idade de 15 anos, trabalhando então o dia inteiro. Em seguida, eram encaminhadas. Algumas haveriam de se fazer religiosas.

Assim apresentada, a obra das Crianças Abandonadas pode parecer muito simples e tranquila. Na verdade, deixou Louise de cabelos brancos e foi para Vicente uma eterna pedra no sapato. Muitas pessoas envolvidas consideravam que sua autoridade exigia que se imiscuíssem na vida cotidiana das Crianças Abandonadas, inclusive no que dizia respeito a sua formação religiosa: o chanceler, o capítulo de Notre-Dame, os altos provedores de justiça... Sua concepção das coisas não era necessariamente a de Louise, que se sentia tentada a abandonar tudo diante das exigências contraditórias. As amas de leites e os benfeitores tampouco eram fáceis de administrar. Por fim, as condições de alojamento em Bicêtre não eram

314 SÃO VICENTE DE PAULO

ideais, num prédio durante muito tempo abandonado. Não obstante todos os esforços, algumas crianças morreram. Em meio a tudo isso, a obra se debatia em enormes problemas de financiamento. A desastrosa situação econômica da França em meados da década de 1640, em virtude da guerra, e depois, no fim desse período, em consequência da Fronda, contribuía muito nesse sentido. Um rápido exame do financiamento da obra permitirá entender os motivos.

A renda inicial de 1,2 mil libras para as Crianças Abandonadas rapidamente haveria de se revelar insuficiente. Entre 1638 e 1643, cerca de 1,2 mil crianças já haviam sido assistidas pelas Filhas da Caridade, segundo lembra Vicente de Paulo numa conferência.[15] Para fazer frente às despesas, Vicente é levado em 1642 a pedir ajuda a Luís XIII. Terá sido por meio da rainha Ana da Áustria, por sua vez sensibilizada pela presidente de Herse, que acompanha a obra de muito perto? Não sabemos. A solução escolhida pelo rei e seu Conselho representa o único exemplo, entre as quantias encaminhadas a Vicente de Paulo para suas obras, de um rendimento decorrente do imposto da derrama. Diante disso, Luís XIII, mediante cartas patentes datadas de 9 de julho de 1642, confere uma renda anual às Crianças Abandonadas. No montante de 4 mil libras, 3 mil das quais para a alimentação das crianças e 1 mil para a alimentação e o sustento das irmãs que delas cuidam, essa renda é concedida com base no privilégio nobiliárquico da Castelania de Gonesse, que por sua vez está sujeita à coletoria-geral do Prebostado de Paris.[16] Em junho de 1644, Ana da Áustria, feita regente, acrescentaria uma nova renda anual de 8 mil libras, extraídas do rendimento de cinco grandes fazendas — renda esta que só começaria a ser desfrutada a 1º de janeiro de 1646.[17] Mas a despesa anual, segundo Abelly, já chegava então a mais de 40 mil libras.

---

15 Coste, *Correspondance*, op. cit., IX, p. 128-136, conferência nº 16 às Filhas da Caridade, *Sur l'œuvre des Enfants trouvés*, 7 de dezembro de 1643.
16 Archives nationales S 6160, original (extraído dos registros do Conselho de Estado). Cópia de B. Koch nos Archives de la Mission, Paris.
17 Abelly, op. cit., t. 1, p. 143, e Coste, *Le Grand Saint...*, citando Léon Lallemand, *Un chapitre de l'histoire des enfants trouvés*, op. cit., p. 5 sq.

A PARTIR DE 1638. A OBRA DAS CRIANÇAS ABANDONADAS

As Damas da Caridade, portanto, são regularmente solicitadas, com toques comoventes, pois Vicente fica consternado com o destino das "criancinhas abandonadas" e por nada neste mundo desejaria abrir mão do seu acolhimento. As Damas respondem, com facilidade doam o que lhes é supérfluo. Mas é do seu necessário que se precisaria. Pois o generalizado empobrecimento em meados da década de 1640, as dificuldades enfrentadas pela Coroa para recolher o imposto da derrama num país exangue no qual o esforço de guerra é cada vez menos suportado e, por fim, no início da Fronda, a crise de abastecimento tornam a situação insustentável.

Em fevereiro de 1649, Paris está sitiada pelas tropas do rei. Vicente de Paulo teve de se afastar da capital depois de uma iniciativa infrutífera em favor da paz junto à Corte, e vai visitar as casas da Missão.[18] Retido na propriedade de Fréneville pelo frio do auge do inverno, ele escreve às Damas da Caridade. Ao mesmo tempo que as exorta a não se permitir misérias particulares para se isentar do cuidado com as misérias públicas, ele afirma: "Solicitei ao sr. Lambert que enviasse um pouco de trigo [às Crianças Abandonadas] e escrevi à senhora presidente De Lamoignon, para que se disponha a se empenhar junto aos senhores da cidade para escoltar o trigo, dentro e fora da cidade."[19]

Pois à fome vem somar-se a insegurança. No mês de março, 12 a 15 mil soldados de Condé são distribuídos ao redor de Paris. Eles se encontram em Saint-Denis, bem perto da casa das irmãs, e em Bourg-la-Reine, perto do castelo de Bicêtre. Alguns tentam penetrar na casa das Crianças Abandonadas. Louise recomenda a Geneviève Poisson, responsável pela casa de Bicêtre, que trate de manter todo mundo junto e fazer com que as moças mais velhas não se afastem, mas o alarme é de tal ordem que Bicêtre seria provisoriamente evacuada. No dia 9 de abril, uma carta de Vicente registra a partida das crianças para outro lugar.

---

18 Ver adiante, Capítulo 18.
19 Coste, *Correspondance*, op. cit., III, p. 410, carta n° 1090, de Vicente de Paulo às Damas da Caridade, datada de Fréneville, 11 de fevereiro de 1649.

316 SÃO VICENTE DE PAULO

No que diz respeito ao que já agora passou a ser chamado de as "Treze Casas", a vida prosseguiria mais ou menos tranquila até o mês de maio de 1652. Nesse momento, contudo, estando as tropas de Turenne e Condé em confronto perto do estabelecimento, soldados começam a cair mortos diante da porta e as amas de leite, assustadas, saem todas com seus bebês... Mas felizmente o medo seria maior que o mal causado. Em compensação, as cartas de Louise de Marillac ao longo de 1649 refletem apenas desorientação. Em novembro, ela escreve a Vicente, de volta a Paris, que está faltando tudo, lençóis, roupa branca, amas de leite para as crianças que recusam a mamadeira. Ainda por cima, as Damas não ajudam, fazendo Louise suspeitar que as irmãs fazem seu trabalho em seu detrimento... Pressionada, ela só vê uma maneira de impedir a morte das crianças: "Que apresentemos uma solicitação ao senhor primeiro presidente [Mathieu Molé] para nos isentar de receber as crianças e incumbir disso quem lhe aprouver. Mas será necessário que as Damas concordem com essa ação, para não chocar ninguém: sem isso, parece-nos que estaremos em constante pecado mortal."[20]

Duas cartas depois, Louise insiste, e podemos percebê-la já quase sem forças diante da extrema miséria: "Meu honradíssimo padre, sei que sou inoportuna, mas realmente estamos num ponto em que precisamos de ajuda sem demora, para não largar tudo. Ontem foi necessário lançar mão de todo o dinheiro da despesa daqui, mais ou menos 15 ou 20 libras, para comprar trigo para as crianças de Bicêtre, e ainda tomar emprestado para conseguir até 4 sesteiros; e nada receberemos antes de um mês. [...] Por favor, é necessário que a assembleia das Damas de amanhã faça alguma coisa."[21]

É no contexto dessa assembleia da última chance que Vicente faz um discurso que se tornaria famoso. Cabe registrar que, apesar das recrimi-

---

20 Coste, *Correspondance*, op. cit., III, p. 509, carta nº 1154, de Louise de Marillac a Vicente de Paulo, novembro de 1649.
21 Ibidem, III, p. 511, carta nº 1156, de Louise de Marillac a Vicente de Paulo, novembro de 1649.

A PARTIR DE 1638. A OBRA DAS CRIANÇAS ABANDONADAS

nações perfeitamente compreensíveis de Louise, as Damas com frequência contribuem, e muito. Mas talvez não tenham tomado consciência do grau de miséria em que a guerra civil está mergulhando sua obra. Vicente vai direto ao ponto:

> Ora, pois, senhoras, a compaixão e a caridade levaram-nas a adotar essas pequenas criaturas como seus filhos; tornaram-se suas mães pela graça desde que as mães pela natureza as abandonaram; vejam então agora se também querem abandoná-las. Deixem de ser suas mães para se tornar agora suas juízas; sua vida e sua morte estão nas suas mãos; vou recolher os votos e sufrágios; está na hora de baixar a sentença e saber se não querem mais ter misericórdia por elas. Elas continuarão vivas se as senhoras continuarem a cuidar delas caritativamente; e, pelo contrário, morrerão infalivelmente se as abandonarem; a experiência não permite a respeito qualquer dúvida.[22]

As Damas voltam a manifestar um belo ímpeto de generosidade, e a obra é momentaneamente salva. Um registro redigido por Louise de Marillac mostra que em 1657, no *Relatório sobre o estado das obras* por ele apresentado na assembleia-geral das Damas da Caridade,[23] Vicente de Paulo constata que as finanças das Crianças Abandonadas estão quase equilibradas no que diz respeito ao ano anterior. Os cálculos de sua tesoureira da época, a sra. De Bragelonne, dão conta de uma receita de 16.248 libras e de uma despesa de 17.221 libras. As crianças socorridas, estejam ainda em idade de amamentação ou já maiores, são na época em número de 395. Vicente destaca que cerca de 365 crianças são abandonadas nas ruas anualmente.[24]

---

22 Coste, *Correspondance*, op. cit., XIII, p. 801, documento n° 196, *Résumé d'entretien aux Dames sur l'œuvre des Enfants trouvés*, citado também por Abelly como datado de aproximadamente 1648. As cartas de Louise permitem situar 1649 como a data certa.

23 Louise de Marillac, *Mémoire de ce qui est dû aux Enfants trouvés*, 1659, in *Documents des origines*, n° 750, publicado pelas Filhas da Caridade, Paris, citado pelo P. Koch em seu estudo inédito *Saint Vincent gestionnaire*, Paris.

24 Coste, *Correspondance*, op. cit., XIII, p. 807, documento n° 198, *Entretien aux Dames, Rapport sur l'état des œuvres*, 11 de julho de 1657.

318   SÃO VICENTE DE PAULO

A ternura de Vicente de Paulo pelas Crianças Abandonadas é tão lendária quanto a que sentia pelos galerianos. Mais uma vez, a emoção popular não pôde deixar de aflorar. Não, o senhor Vicente não saía à noite para recolher crianças na rua. Não, não foi de sua altercação com um mendigo, que deformava os membros de uma criança abandonada, que surgiu a obra de que falamos. A vida cotidiana de Vicente, relatada anteriormente, e as circunstâncias do início da obra desmentem esses episódios, evocados com tanta frequência, todavia, que nós mesmos os havíamos considerado intangíveis antes de examinar mais de perto a documentação. Em compensação, como no caso dos galerianos, devemos reconhecer que essas imagens simbolizam maravilhosamente a atitude interna e externa de Vicente.

Em sua conferência do dia 27 de dezembro de 1643 às Filhas da Caridade sobre a obra das Crianças Abandonadas, Vicente de Paulo, depois de ouvir as próprias irmãs sobre os motivos de amarem sua tarefa junto aos pequenos, encontra palavras tocantes para valorizá-la ainda mais. Essas criancinhas que só pertencem a Deus, já que foram abandonadas por pai e mãe, têm suas "almas razoáveis" confiadas às Filhas da Caridade. Deus tem enorme prazer no serviço que estas lhe prestam, "assim como em seus gorjeios, e mesmo em seus gritinhos e suas queixas. Cada um desses gritos enche de comoção o coração de Deus". E, por sinal, que honra para elas considerar-se mães dessas pequenas criaturas que têm Deus como pai! Desse modo, se assemelham à Santa Virgem, sendo ao mesmo tempo virgens e mães. É preciso que se habituem a encarar essas criancinhas de tal forma, conclui Vicente, o que facilitará a dor sentida junto delas, "pois bem sei que existe".[25]

Em Châtillon-sur-Chalaronne, durante nossa visita à "Casa São Vicente", tivemos a atenção atraída por um grande quadro do século XIX. Doado pelo imperador Napoleão III à cidade, pendurado inicialmente no hospital e depois cedido às Filhas da Caridade, o quadro representa Vicente na

---

25 Coste, *Correspondance*, op. cit., IX, p. 128-136, conferência nº 16 às Filhas da Caridade, *Sur l'œuvre des Enfants trouvés*, 7 de dezembro de 1643.

A PARTIR DE 1638. A OBRA DAS CRIANÇAS ABANDONADAS   319

rua, segurando uma criança. Levemente inclinado, ele estende um braço na direção do chão, onde se encontra outra criança, deitada na palha e como que banhada em luz. Os trajes dessa criança são azuis e vermelhos; o azul da humanidade, o vermelho da divindade. Desse modo, Cristo Jesus transparece por trás da criança pobre. A Filha da Caridade que nos serve de guia chama a atenção para a força paradoxal do quadro: Vicente nada tem, mas tudo pode, pois o amor de que dá prova lhe é entregue pela criança pobre e desamparada que une o Céu à terra.

Nos elementos que chegaram até nós da correspondência entre Vicente e Louise, encontramos pouquíssimas menções à obra das Crianças Abandonadas depois da Fronda, o que levou os biógrafos a supor que o trabalho se estabilizara. Ele tende inclusive a se ampliar ainda mais, pois a partir de 1654 as "Treze Casas" começam a receber — sempre gratuitamente — as crianças nascidas na maternidade do Hôtel-Dieu, de mães mortas após o parto ou que se foram sem levar o recém-nascido.[26]

Após a morte de Vicente de Paulo, essa obra tão próxima do seu coração continuaria viva, levada adiante pelos seus cobradores. Em 1670, quando as Crianças Abandonadas são submetidas pelo rei à autoridade dos administradores do Hospital Geral, fundado em 1656 para o isolamento dos pobres, as Damas não abandonariam as crianças e as Filhas da Caridade se manteriam em seu posto. "Elas só partiriam depois, expulsas por causa de seu hábito; uma primeira vez, em 1792; uma segunda vez, a 31 de março de 1886", observa Pierre Coste. Estavam lançadas as bases da moderna assistência pública.

---

26 Henriette Carrier, *Origines de la maternité de Paris*, Paris, 1888, p. 64, citado por Coste, *Le Grand Saint...*, op. cit., t. 2, p. 478.

15

Na fornalha da Guerra dos Trinta Anos 1636-1659

Vimos a atividade febril em que estava mergulhado São Lázaro na manhã de 15 de agosto de 1636, quando os regimentos reais lá se armavam às pressas para montar uma barragem diante dos espanhóis que invadiam a Picardia. A 9 de julho, estes tomaram La Capelle, e no dia 25, Le Catelet. A 5 de agosto, Roye capitulou. No dia 15 de agosto, cai por sua vez Corbie, o último baluarte na direção de Paris. A declaração de guerra de Luís XIII à Espanha, em 1635, era prematura. O motivo imediato era o fato de a Espanha ter feito prisioneiro o eleitor de Trêves, que se colocara sob a proteção da França. Mas as forças francesas não estavam prontas, e sua ofensiva-relâmpago de 1635 fracassou. Enquanto as praças da Picardia tombam uma após outra, os Croatas de Flandres Jean de Werth assumem o controle da Lorena e de Champagne, e os espanhóis invadem a Borgonha.[1]

O próprio Luís XIII ruma para a Picardia à frente de seus soldados. No dia 1º de setembro de 1636, uma carta de Vicente de Paulo a Robert de Sergis, padre da Missão que se encontra junto a um regimento do rei em

---

1 Hildesheimer, op. cit., p. 387 sq.

322   SÃO VICENTE DE PAULO

Luzarches, informa-nos que a presença física da congregação é solicitada para dar assistência espiritual às tropas francesas: "O senhor chanceler [Séguier] mandou-me dizer anteontem por emissário expresso que enviasse hoje ou amanhã vinte missionários a Senlis, que nos mandaria a ordem que teríamos de cumprir e que cuidaria de nós."[2] Vicente comunica ao correspondente a resposta que enviou ao chanceler: não lhe é possível fornecer tantos missionários, mas enviará doze ou quinze; também mandará alguém para receber as ordens do comando.

Como Luís XIII em pessoa está na cidade, o superior da Missão decide afinal comparecer ele próprio para oferecer seus serviços ao rei. Em seguida, deixa um de seus padres, incumbido de transmitir as ordens de Luís XIII aos outros missionários, aos quais será necessário enviar uma tenda, móveis e víveres. Alguns retornam depois de seis semanas. Os outros ficariam até a retomada de Corbie pelas tropas francesas a 14 de novembro, seguida da volta do rei a Paris no dia 21, triunfalmente. Corbie parece hoje em dia a "'batalha do Marne' do Grande Século"...[3]

Nova tarefa, novo regulamento. Para os missionários de Vicente, a ação junto a tropas em campanha é uma novidade. Mas para a França também. Até então, não existe na história exemplo de capelania militar constituída. Mais uma vez, Vicente de Paulo surge como pioneiro. Abelly conservou o regulamento estabelecido por Vicente para bem orientar seus capelães.[4] Os missionários estão ali para "ajudar as pessoas de guerra que estão em pecado a sair dele" e deixar os que vão morrer "em estado de salvação". Como homens da oração, eles rezariam pelo êxito e a conservação dos exércitos reais; teriam particular devoção pelo "Deus dos exércitos" das Escrituras; e também haveriam de lembrar que, se Nosso Senhor disse: "Não vim trazer a paz, mas a espada", foi decididamente "para nos dar a paz, que é o fim de toda guerra."

---

2 Coste, *Correspondance*, op. cit., I, p. 343, carta n° 235, a Robert de Sergis, padre da Missão em Luzarches, 1° de setembro de 1636.
3 Petitfils, *Louis XIII*, op. cit., p. 753.
4 Abelly, op. cit., t. 1, p. 155-157.

NA FORNALHA DA GUERRA DOS TRINTA ANOS

Em sintonia com o espírito cristão da época, Vicente de Paulo raciocina segundo o princípio da guerra justa, isto é, defensiva e proporcional. Não recua ante a ideia do combate, tanto mais por enxergar no flagelo da guerra, como seus contemporâneos, um castigo para o pecado dos homens. Mas, naturalmente, é a paz que se deve alcançar e pela qual se deve orar. Por surpreendente que pareça, um Richelieu não raciocina de maneira fundamentalmente diferente. Françoise Hildesheimer nota por exemplo que, quando o cardeal-ministro renegou em outubro de 1630 um projeto de paz negociado em Ratisbona por seus emissários, o padre Joseph e Brûlart de Léon, foi porque, a seus olhos, "o que foi negociado em Ratisbona em nada corresponde à definição da paz em função de seu objetivo ('garantir o repouso no futuro'), que é a sua definição; melhor ainda, esse tratado prematuro impossibilitaria a verdadeira paz — certa e generalizada — que ele pretende alcançar".[5] Em 1636, diante da invasão, o dever dos missionários é simples: salvar se possível as almas dos que são chamados a salvar a pátria. "[Os capelães] terão em mente que, não sendo capazes de extirpar todos os pecados do exército, talvez Deus lhes conceda a graça de diminuí-los em número".[6] O regulamento insiste em que pratiquem virtudes e mortificação, na missa cotidiana, no tempo de silêncio; na necessidade de discutir entre eles seus deveres e a maneira de se comportar durante os combates; na obediência ao superior que distribuir as tarefas: assistência aos doentes e feridos, confissões, intendência... Na medida do possível, os missionários viverão juntos; se tiverem de ser distribuídos por diferentes lugares (vanguarda, retaguarda ou corpo de exército), "o superior que os distribuir fará com que sejam alojados em tendas, se possível".

Várias cartas de Vicente permitem acompanhar o trabalho dos capelães militares.[7] Certo dia, ele cumprimenta um padre da Missão "por ter proporcionado o bom estado de trezentos soldados, que comungaram

---

5 Hildesheimer, op. cit., p. 229.
6 Abelly, op. cit., *Règlement pour les missionnaires envoyés à l'armée*.
7 Por exemplo, em Coste, *Correspondance*, op. cit., I, cartas nº 236, 239, 243, 244.

devotamente", anunciando-lhe que, na terça-feira anterior, "já contava novecentas confissões feitas em todas as outras missões do Exército". Comovido com o bem realizado, ele acrescenta: "Ó Deus! Senhor, como isto está acima das minhas expectativas! É necessário humilhar-se, louvar a Deus, prosseguir com coragem." De outra feita, Vicente envia um missionário a cavalo, com um frade, para prestar ajuda ao padre Lambert, que acompanha a cavalaria da vanguarda. Dá então a Robert de Sergis, convocado a campo junto ao chanceler Séguier, instruções precisas no sentido de respeitar o cerimonial das convenções sociais, ao mesmo tempo mantendo-se na humildade da missão. Nenhuma consideração do "mundo" deve perturbar a obra de Deus.

Mas a experiência do outono de 1636 seria única, provavelmente ligada ao caráter excepcional da situação e à presença do rei. No prosseguimento dos combates da Guerra dos Trinta Anos, não seria como capelães do exército, mas junto aos pobres vitimados pela passagem dos exércitos, que Vicente e os seus haveriam de se desdobrar. E, para começar, na Lorena.

"Em 1635, havia nesse pequeno recanto do Reino seis exércitos ao mesmo tempo: dois franceses, sob o comando do governador de Nancy e do marechal de La Force; dois corpos de imperiais de Gallas e de Jean de Werth; o exército do ex-duque Charles e, por fim, os suecos de Bernard de Saxe-Weimar."[8] Os exércitos da Guerra dos Trinta Anos não são exércitos nacionais no sentido moderno da palavra. Quase sempre põem em confronto chefes e tropas heterogêneos, que além do mais mudam de lado ao sabor das sucessivas alianças. Exércitos mercenários, cujos oficiais e contingentes — alemães, espanhóis e franceses, mas também suecos, escoceses, poloneses, croatas, húngaros, suíços... — são mal remunerados e mal alimentados, pois a pressão fiscal não basta para obter os créditos necessários, e a intendência não se mostra à altura. Vivendo de saques e pilhagem dos recursos das regiões onde combatem, liberando seus piores

---

8 Alphonse Feillet, *La Misère au temps de la Fronde et saint Vincent de Paul*, ou *Un chapitre de l'histoire du paupérisme en France*, Paris, Didier et Cie, 1862, p. 24.

instintos, tropas amigas e inimigas se confundem, do ponto de vista da população, num mesmo cortejo de pavor e horror.

À Guerra dos Trinta Anos não faltam heroísmo guerreiro e belos lances nos combates — que inclusive são numerosos. Para a França, a retomada de Corbie é um deles, como também, a 19 de maio de 1643, ainda na Picardia, a batalha de Rocroi. Pois o duque d'Enghien, futuro Grande Condé, tem apenas 21 anos quando leva a melhor nesse dia, pela audácia de sua cavalaria e seu gênio das manobras sobre o exército espanhol, numericamente muito superior. As perdas de Rocroi seriam pesadas, mas também seria enorme o orgulho de ter "ceifado" nos campos do Norte os famosos *tercios* espanhóis, a infantaria que desde a época de Carlos V era considerada a melhor da Europa. Esse é o lado brilhante da guerra, aquele que em qualquer época suscita coragem, gosto pelo sacrifício e pelas grandes proezas.

No caso de Vicente de Paulo e dos seus colaboradores, é sobre a outra vertente que nos debruçamos, a vertente dos sofrimentos infindáveis e inomináveis das populações civis. A obra de referência de Alphonse Feillet, *La Misère au temps de la Fronde et saint Vincent de Paul* [A Miséria na época da Fronda e São Vicente de Paulo] (que também trata dos anos anteriores e posteriores à Fronda) começa comentando terríveis gravuras de Callot sobre *Os desastres da guerra*. É verdade que Feillet, pretendendo mostrar que o regime monárquico só foi capaz de promover desgraças, opta por mencionar apenas as atrocidades, a bestialidade das tropas em campo, a fria crueldade e o egoísmo dos poderosos diante da pobreza, pintando um quadro uniformemente sombrio. Veremos adiante que nem todos os círculos de poder e influência estavam totalmente imunes à consciência. Mas o fato é que a objetividade clínica dos documentos apresentados (diários de tabeliães, de autoridades locais etc.), descrevendo torturas, crimes, estupros, sacrilégios, incêndios criminosos, devastação de cultivos, cometidos com refinada crueldade, aperta o coração do leitor mais calejado. Somadas à peste e à fome, essas violências transformam as paisagens de Lorena, Picardia, Champagne, Borgonha... — para mencionar apenas a França — em verdadeiros pesadelos apocalípticos.

SÃO VICENTE DE PAULO

É na Lorena que Vicente, abalado com os relatos dos colaboradores, começa a agir no fim da década de 1630. Já em 1635, de fato, padres da Missão foram convocados ao Hospital do Espírito Santo de Toul e puderam avaliar o alcance do desastre. Todas as calamidades se acumulam na Lorena há vários anos: más colheitas entre 1628 e 1630 provocaram terrível escassez; desde 1629, a peste vem devastando o ducado, e continuaria grassando até 1637; a partir de 1632, como vimos, os soldados franceses invadiram o território, e a repressão recai pesadamente sobre os recalcitrantes. O governador de La Ferté-Senneterre, por sinal brilhante oficial e futuro marechal, seria cognominado "o carniceiro da Lorena"; a partir de 1635, os diversos corpos de exército aqui enumerados, totalizando 150 mil, saqueiam e massacram. E como Lorena tem muitas igrejas e mosteiros, os suecos luteranos investem contra tudo que evoque a religião católica.

Em 1636, os missionários de Toul já não se limitam a seu papel inicial, transformando uma parte de sua casa em hospital para atender cerca de sessenta vítimas, por eles alimentadas e tratadas. Num local dos subúrbios, chegam a cuidar de uma centena.[9] É o início do engajamento. Em seu livro *A vocação médica de São Vicente de Paulo*, Gaston Parturier ressalta o interesse de Vicente pelo tratamento dos doentes de todo tipo, assim como o pragmatismo dos remédios por ele usados. Como profissional, o autor identifica nas lições do médico alquimista da Barbaria a provável origem da predileção de Vicente pelos métodos terapêuticos baseados na química e não sobretudo nas plantas, o que é uma inovação na época, sendo por sinal objeto de debate: "Nenhum terreno da medicina prática, seja pública ou privada, é indiferente [a ele]. Ele contempla todas as possibilidades: contágio e epidemias, especialmente a peste dessa época (em Marselha, entre os galerianos, na Lorena de 1629 a 1637), que seriam tratadas por seus missionários até na Polônia, com a ajuda de um pó cuja fórmula não chegou até nós ou pela utilização dos vomitórios, que acabavam de ser

---

9 Collet, op. cit., t. 1, p. 291.

NA FORNALHA DA GUERRA DOS TRINTA ANOS

introduzidos na terapêutica europeia."[10] À parte os métodos terapêuticos, é o método empírico de Vicente que atrai a atenção de Gaston Parturier. Observação, coleta de informações, intervenções junto aos que têm o poder de decidir e, por fim, um plano de ação de múltiplos desdobramentos: existe em Vicente de Paulo o carisma de um grande médico em tempo de crise.

As ações de socorro na Lorena são organizadas em grande estilo em 1639. Consciente do alcance da tragédia, Vicente buscou antes de mais nada agir sobre as causas. E de fato é por volta dessa época que, segundo Abelly — que não precisa uma data —, Vicente procura Richelieu para suplicar que "dê a paz à França". Aparentemente tocado, "tendo recebido bem sua repreensão, [o cardeal-ministro] diz-lhe que estava trabalhando nesse sentido, e que essa paz não depende apenas dele, mas também de várias outras pessoas, tanto do reino quanto de fora".[11] Ora, chegou até nós uma carta de Richelieu ao chanceler Séguier em 1638, na qual o cardeal lhe recomenda um padre amigo do "Senhor Vicente". E ela contém este espantoso *post-scriptum*: "Rogo-lhe que redobre suas orações pela paz, que desejo com tanta sinceridade e ardor que não temo pedir a Deus que venha a punir aqueles que a ela se opõem."[12] Podemos supor que a entrevista relatada por Abelly se situe nesse período e que a resposta de Richelieu a Vicente de Paulo não tenha se limitado à simples habilidade.

Vicente é o primeiro a contar com as orações, às quais junta a penitência. Desde a tragédia de Corbie, ele mandou suspender um prato de entrada em cada refeição em São Lázaro. Ante o sofrimento da Lorena, exige que seja servido à comunidade apenas pão preto — medida que seria mantida durante anos. E dá início à coleta e distribuição de ajuda. A assistência à Lorena duraria dez anos. De 1639 a 1643, ela se escora na presença permanente de missionários. Em seguida, até 1649, o auxílio seria mais pontual, outras necessidades requerendo ajuda. Mas globalmente o empreendimento

---

10 Parturier, op. cit., p. 69.

11 Abelly, op. cit., p. 169-170.

12 Citado por Roman, op. cit., p. 308, por sua vez citando P. Chevallier, *Louis XIII, roi cornélien*, Paris, Fayard, 1979.

terá sido enorme, mobilizando muito dinheiro e infinitos recursos de coração. A ação se dá em dois terrenos: o socorro aos habitantes na Lorena e a ajuda aos refugiados em Paris.

De 1639 a 1643, enquanto a obra das Crianças Abandonadas ganha força, as Filhas da Caridade são enviadas a várias cidades do Oeste e o Hôtel-Dieu de Paris e as Caridades das Damas solicitam constante apoio financeiro, não é fácil acrescentar o pesado encargo da ajuda à Lorena. Mas as Damas assumem a dupla tarefa de atender com recursos próprios uma parte das necessidades, solicitando a caridade de outros doadores. A Companhia do Santo Sacramento, por sua vez, também se mobiliza. Independentemente da ajuda aos refugiados que veremos adiante, os confrades, que vêm apoiando os lorenos desde 1635, recorrem amplamente, para a remessa de recursos, à famosa "caixinha" de sua companhia, na qual as doações são depositadas anonimamente durante as assembleias.

Ao lado de Vicente de Paulo, a gestão das Damas do Hôtel-Dieu é igualmente rigorosa. Várias cartas nos mostram um Vicente preocupado em que seus missionários lhe prestem contas, para transmiti-las às Damas. Os missionários vão à igreja e ao presbitério assim que chegam às cidades, estabelecem a lista dos pobres, avaliam as necessidades e procedem a distribuições de cidade em cidade por ordem escrita, pedindo quitação etc., "para nos prevenir de que, seja a que pretexto for, nem uma única mealha seja desviada nem aplicada em outro lugar".[13] Todos os meses, Vicente reúne as Damas para fazer um balanço do andamento da ajuda. É preciso garantir o abastecimento e o vestuário de populações literalmente esfomeadas e que não têm nada pra vestir; e é preciso tratar os doentes. Já em maio de 1639, Vicente escreve a um dos colaboradores: "Com a ajuda de Nosso Senhor, iniciamos a assistência aos pobres que estão na Lorena e para lá enviamos os senhores Bécu e Rondet, FF. Guillard, Aulent, Baptiste e Bourdet, dois

---

13 Coste, *Correspondance*, op. cit., II, p. 61, carta n° 456 de Vicente de Paulo a François du Coudray, padre da Missão na Casa do Espírito Santo de Toul [1640]. A mealha era uma pequena moeda de cobre.

em cada cidade de Toul, Metz, Verdun e Nancy. Espero fornecer-lhes duas mil libras por mês."[14] Em fevereiro de 1640, seriam necessárias 2,5 mil libras, e as necessidades não param de aumentar.

Sete cidades da Lorena teriam missionários em residência: Toul, Saint-Mihiel, Bar-le-Duc, Pont-à-Mousson, Nancy, Metz e Verdun. Em outros lugares, os padres e frades coadjutores da Missão seriam itinerantes. Cada um dos centros recebe uma subvenção mensal de 500 libras. Jean Dehorgny, um dos primeiros companheiros de Vicente, é enviado em visita em junho-julho de 1640 para verificar o trabalho. Em Saint-Mihiel, ele é recebido por Julien Guérin, padre de ardorosa caridade que voltaremos a encontrar na Missão de Túnis. Ao chegar à cidade, o padre Guérin encontrou horrorizado mais de seiscentos pobres, dos quais "trezentos nas piores condições [...]. Mais de cem... parecem esqueletos cobertos de pele [...]. Sua pele parece de mármore desgastado pelo tempo e de tal maneira retraída que os dentes aparecem completamente secos e descobertos [...]. Eles buscam no campo certas raízes para cozinhar e comer...". Antes de sua chegada, haviam comido cavalos mortos e serpentes. Em Pont-à-Mousson, os habitantes estão tão esfomeados que morrem ao engolir o primeiro pedaço de pão.

A ajuda básica é constituída de distribuição diária de pão e sopa a centenas de pobres nas mais diferentes cidades. Mas também há roupas e medicamentos. A fome leva à proliferação de enfermidades. Os doentes em sofrimento são recebidos na casa dos missionários e no hospital, sendo também tratados em suas próprias casas. Falta roupa branca, as micoses causam devastação, mas os missionários de Vicente aplicam um "remédio soberano" que as fazem desaparecer com rapidez. Em Bar-le-Duc, entrada da Lorena à qual afluem candidatos ao exílio, 25 doentes seriam curados com esse medicamento. Os missionários são levados por seu fervor a muitos atos de heroísmo — e outros semelhantes seriam vistos em Picardia e

---

14 Coste, *Correspondance*, op. cit., I, p. 542, carta nº 376, a Louis Lebreton, padre da Missão em Roma, 10 de maio de 1639.

330   SÃO VICENTE DE PAULO

Champagne. Assim é que o padre Germain Montevit viria a morrer em 1640, em Bar-le-Duc, aos 25 anos, de uma doença contraída no atendimento aos pobres. Seu comboio fúnebre, acompanhado por várias ordens religiosas, seria seguido por uma multidão de pobres em lágrimas.[15]

Paralelamente aos pobres visíveis, há também os "pobres envergonhados", membros da nobreza e da burguesia sem coragem de dizer que lhes falta tudo, e, entre eles, muitas jovens correndo risco de "vender a própria honra" por um pedaço de pão. Seu atendimento é uma constante preocupação. Há também as religiosas enclausuradas, que não recebem mais nada e são tentadas a deixar a clausura para não morrer de fome. A ajuda às religiosas — carmelitas, clarissas, beneditinas, visitandinas e muitas outras — provoca um grande movimento de generosidade em Paris. Uma carta de Vicente informa-nos que Luís XIII fez questão de participar: "Deus fez-nos a graça de também se servir dessa companhia para assistir os religiosos e as religiosas. O rei doa 45 mil libras, a serem distribuídas mensalmente, segundo ordem do senhor intendente da justiça."[16] A duquesa d'Aiguillon, com a morte de Richelieu, e a rainha Ana da Áustria, com o falecimento do rei, também fariam doações. Recibos passados no ano de 1647 mostram que, de 28 de janeiro a 8 de abril, os missionários repartiram 8.495 libras por 52 conventos.

Para estimular a generosidade de Paris, Vicente põe em circulação as cartas que lhe são enviadas pelos missionários em campo, assim como os depoimentos de confiança e as quitações das autoridades civis, preocupadas com a ideia de que a ajuda viesse a secar. É o caso dos vereadores de Metz, Pont-à-Mousson, Lunéville... Eis aqui Saint-Mihiel: "Todo o corpo da cidade de Saint-Mihiel e todos os membros desta em particular lhe dão um milhão de graças pelo trabalho e os cuidados que se dignou a tomar para o seu alívio, tanto pela distribuição de esmolas e assistência aos doentes

---

15 Abelly, op. cit., t. 2, p. 384.
16 Coste, *Correspondance*, op. cit., II, p. 80, carta nº 461, a Bernard Codoing, superior em Annecy, 26 de julho de 1640.

NA FORNALHA DA GUERRA DOS TRINTA ANOS

pobres e indigentes quanto pela descarga de uma parte do fardo da nossa guarnição; rogando-lhe humildemente que continue a transmissão de sua proteção e suas esmolas, das quais esta pobre e desolada cidade precisa mais que nunca; sendo muito verdadeiro que, por esse meio, uma infinidade de pessoas ainda hoje estão vivas, e não teriam continuado sem isso..."[17]

Os valores muito elevados a serem conduzidos até Lorena despertam cobiça. Mas felizmente a habilidade do frade Mathieu Regnard, conhecido como o "Raposa" por sua engenhosidade, desmonta todas as armadilhas. "Ele fez até 54 viagens, sem qualquer acidente. Nunca levava menos de 20 mil libras, e não raro levou até 10 e 11 mil escudos de ouro", precisa Collet. O relato de suas aventuras desapareceu, mas Collet, que o leu, deixou um resumo dos "dezoito riscos" principais dos quais o frade foi capaz de escapar.[18] Frade Mathieu fica tão famoso que a rainha Ana da Áustria manda chamá-lo para ouvir o relato de suas lendárias artimanhas. Dessa forma, um cavaleiro o ataca certo dia de pistola em punho, obrigando-o a caminhar à sua frente para revistá-lo mais adiante. Acontece que o "Raposa" está transportando 34 mil libras! Observando o cavaleiro, ele aproveita o momento em que este vira a cabeça para deixar cair sua bolsa. Cem passos adiante, começa a fazer enormes reverências diante do agressor, imprimindo fortemente as marcas de seus pés na terra de cultivo. O cavaleiro nada conseguiria numa revista em regra à beira de um precipício, à parte um facão, e, graças aos rastros, frade "Raposa", liberado, recuperaria seu tesouro. Escondida na lama, nos bosques e nos arbustos, a mochila sai incólume das piores emboscadas. De tal maneira que a condessa de Montgomery, atacada várias vezes nas estradas e devendo viajar de Metz a Verdun, pediria ao frade Mathieu que entrasse em sua carruagem, convencida de poder assim chegar a bom porto. "Nosso irmão Mathieu [...] opera maravilhas, segundo a graça muito especial que Nosso Senhor lhe deu", dizia Vicente.

---

17 Coste, *Correspondance*, op. cit., II, 369, carta n° 645, das autoridades de Saint-Mihiel a Vicente de Paulo, 1643.
18 Collet, op. cit., t. 1, p. 320-322.

332 SÃO VICENTE DE PAULO

Frade Mathieu também é incumbido de conduzir o fluxo do êxodo da Lorena a Paris. Humilhadas, indefesas e privadas de tudo, pessoas de todas as idades e condições chegam aos milhares à capital. A partir de setembro de 1639, Vicente dá especial atenção aos mais fracos, às crianças e às mocinhas. Hospedagem provisória nas Crianças Abandonadas e em São Lázaro, encaminhamento das moças para famílias, como criadas ou damas de companhia, montagem de um acampamento de refugiados em La Chapelle, com assistência espiritual e corporal dos padres da Missão e da Conferência das Terças-Feiras... Vamos agora focalizar a ação mais famosa.

Muitos refugiados da Lorena eram nobres, impedidos pela dignidade de sua condição de mendigar e sofrendo terrivelmente. De que poderiam aceitar ajuda, senão dos próprios pares? Por uma carta de Vicente à duquesa d'Aiguillon na primavera de 1640 — aproveitando para agradecer pela intensidade de sua ajuda —, ficamos sabendo de um encontro em São Lázaro entre o duque de Liancourt, o conde de Brienne, o marquês de Fontenay e "algumas outras pessoas de condição" para começar a trabalhar em favor dos nobres lorenos refugiados em Paris.[19] Já antes dessa reunião, Vicente entrou em contato com o barão de Renty, que conhece bem, para pedir que assumisse essa obra específica, e durante a reunião de São Lázaro o barão se incumbiria da investigação para o estabelecimento da lista das pessoas e respectivas necessidades. Durante sete anos, todos os primeiros domingos do mês, o levantamento da ajuda encaminhada seria feito numa reunião em São Lázaro. A influência de Gaston de Renty representaria para eles a possibilidade de uma excepcional fecundidade.

A personalidade e a ação de Gaston de Renty, muito pouco conhecidas, foram destacadas na biografia a ele dedicada em 1991 pelo político Raymond Triboulet, do Instituto de França. Normando como Renty, tendo-se interessado desde cedo pela originalidade do personagem, Triboulet escora-se na biografia de época do jesuíta Saint-Jure, mas sobretudo em

---

19 Coste, *Correspondance*, op. cit., II, p. 42, carta nº 444.

trinta anos de pesquisas pessoais que já haviam levado à edição, em 1978, da *Correspondência* de Gaston de Renty.[20]

Nascido em 1611 no castelo de Bény, na Normandia, afilhado do príncipe Gaston d'Orléans, Gaston de Renty vem de uma linhagem de grandes senhores, posicionados por alianças e relações no centro de uma importante rede de influências políticas e sociais. Filho único de Charles de Renty e Madeleine de Pastoureau, prima com quem se casou muito jovem, Gaston, aluno brilhante dos jesuítas de Caen, seria perito em matemática e ciências (autor de dois tratados), além de cavaleiro experiente. Encarnaria ainda as esperanças de descendência de sua família, sofrendo com lutos e casos de esterilidade. Mas em dezembro de 1630, depois de ler *A imitação de Jesus Cristo*, ele surpreende e preocupa os familiares com uma fuga, no intuito de entrar para a ordem dos cartuxos. Aceita retornar, mas nada mais seria como antes. O encontro com João Eudes, futuro superior do Oratório de Caen e na época ativo junto às vítimas da peste — especialmente nas cercanias de Vire, feudo da família De Renty —, é uma etapa importante no seu percurso. Ao longo da década de 1630, ele se aproxima, na corte de Gaston d'Orléans, do padre De Condren, confessor do príncipe. O superior-geral do Oratório e cofundador da Companhia do Santo Sacramento logo viria a se tornar seu diretor espiritual.

Em 1634, exortado pela família, Gaston de Renty desposa Elisabeth de Balzac d'Entragues, que lhe daria cinco filhos. Não queria casar-se, mas seria muito bom esposo e excelente pai. No fim da vida, escreveria a uma de suas "dirigidas" espirituais: "Sua vocação particular é buscar a perfeição cristã da sua condição."[21] Em 1639, influenciado pelo padre De Condren, ele se "converte" durante uma missão conduzida pelo Oratório nas proximidades de Paris, faz uma confissão geral, uma peregrinação a pé a Maule e decide dedicar-se totalmente a Deus. O espetáculo do

---

20 Triboulet, op. cit., e também *Gaston, Jean-Baptiste de Renty, Correspondance*, texto fixado e anotado por Triboulet, Paris, Desclée de Brouwer, col. "Bibliothèque européenne", 1978.
21 Ibidem, p. 175.

desperdício social da revolta dos Pés Descalços na Normandia — onde o chanceler Séguier, seu amigo cristão de convicções fortes, foi obrigado a exercer uma repressão reprovada pela própria consciência — desempenha um papel de catalisador. Entrando nesse mesmo ano para a Companhia do Santo Sacramento, Gaston de Renty seria de 1641 até sua morte, em 1649, seu humilde e incansável animador, sempre discreto, presente a todo momento. Ele instila na companhia um ardor místico que transforma esse período no auge da sua influência. Triboulet nota em particular um ponto que Voyer d'Argenson, nos *Anais* já mencionados, omite completamente, mas que é confirmado pela correspondência de Renty: o papel primordial da Companhia do Santo Sacramento na fundação do "Canadá cristão".

A ascensão espiritual de Gaston de Renty, ligado aos carmelos de Beaune e Dijon, por ele frequentados, acabaria por levá-lo a exercer um original e espantoso papel de direção espiritual para um leigo. Não cabe aqui insistir na questão, nem em outros aspectos de sua multiforme caridade. Mas com certeza uma personalidade dessa envergadura e dessa profunda humildade não podia deixar de encontrar pontos de convergência com Vicente de Paulo. Poucos traços escritos de seus contatos chegaram até nós. Em 1645, os dois seriam designados conjuntamente perante o preboste de Paris como executores testamentários do sr. De Chaudebonne, um dos principais oficiais de Gaston d'Orléans, membro da Companhia do Santo Sacramento em Marselha, frequentador do palacete de Rambouillet e profundamente devoto.[22] Também os veremos trabalhar pela convergência dos respectivos esforços quando da fundação do hospital dos galerianos de Marselha. A ajuda comum aos refugiados lorenos, portanto, é apenas um dos aspectos de sua cooperação.

Abelly e Collet afirmam, com base nos cálculos do frade Regnard, que a ajuda a Lorena chegou a 1,6 milhão de libras. Mas as remessas *in natura* (tecidos para os conventos, objetos de culto para as igrejas devastadas, alimentos para os refugiados etc.) não estão incluídas nesse total. O esforço

---

22 Triboulet, op. cit., p. 116 e 160.

financeiro foi considerável, e notável a capacidade de organização pelo bem comum revelada em Vicente.

O prosseguimento da guerra levaria Vicente de Paulo ao cerne das operações de socorro na Picardia e na Champagne, grandes zonas fronteiriças martirizadas por violências e combates. Pois se o Tratado da Vestfália põe fim em 1648 à Guerra dos Trinta Anos contra o Sacro Império, a guerra contra a Espanha prossegue. E prossegue num contexto profundamente conturbado pela concomitante explosão da Fronda. A bem da clareza do relato, trataremos num capítulo à parte dos acontecimentos da Fronda em Paris e na Île-de-France, mas é preciso ter em mente que, entre 1649 e 1652, fúria e desolação se abatem sobre cidades e aldeias de muitas regiões ao mesmo tempo.

Na Picardia e em Champagne, os missionários encontrariam pânico e sofrimento. Mesmas atrocidades e desgraças que na Lorena, mas agravadas pelo tamanho dos territórios, a fusão dos combates, o desastre moral dos chefes. As reviravoltas da Fronda corroboram a generalizada irresponsabilidade: é com o apoio dos efetivos trazidos por Turenne, já agora inimigo de Mazarin, que os espanhóis passam à ofensiva no norte da França em junho de 1650; em 1651, cabe a Condé, entrando em aliança com a Espanha contra as tropas do rei, que passaram a ser comandadas por Turenne, devastar na Picardia os territórios que havia libertado dez anos antes.

À frente das tropas do lado francês, um barão de Erlach, um Rosen, um Plessis-Pralin, um La Ferté; do lado espanhol, um Fuelsaldana, um Carlos da Lorena, o arquiduque Leopoldo... constatam sua impotência para conter os atos de violência, e até mesmo os estimulam ou, pior ainda, os fomentam. Alphonse Feillet reproduz declarações que dão calafrios na espinha.[23] É o caso da resposta do suíço Rosen, sucessor de Erlach e nomeado por Mazarin, às acusações de quatro generais franceses que, numa carta de 3 de janeiro de 1651, rogam ao cardeal-ministro que impeça as brutalidades de suas tropas: "Deram-me toda a região entre o Aisne e o Marne, para

---

23 Feillet, op. cit., p. 294 *sq*.

que a punisse." A desenvoltura de um Carlos da Lorena não parece mais reconfortante: "Cada um de meus soldados tem um diabo no corpo, e esse diabo, vendo uma pilhagem, se multiplica por três ou quatro, sendo então impossível domá-lo." Simone Bertière indica que, desde a ocupação de seu ducado pela França, o duque tornou-se "um empresário da guerra, vendendo a quem pagar melhor os serviços de suas tropas" por toda a Europa.[24] A respeito dos atos de brutalidade dos combatentes, Feillet por sua vez cita em várias oportunidades a coletânea feita por Nicolas Lehault, tabelião em Marle, cidadezinha da diocese de Laon, martirizada como tantas outras.[25] Uma peça de acusação tão fria quanto implacável, que seria confirmada pelos relatos dos emissários da Caridade.

É em julho de 1650, após o cerco de Guise pelos espanhóis, que Vicente de Paulo é alertado, como muitas outras pessoas e religiosos de Paris, para o número de mortos e feridos que o exército francês em retirada vai deixando para trás. Em entendimento com a presidente de Herse, ele envia à região dois missionários, com um cavalo carregado de víveres e 500 libras em dinheiro. Ajuda irrisória diante do desastre que se apresenta a seus olhos! Estradas cobertas de cadáveres, aldeias saqueadas, cidades sem pão nem dinheiro, nas quais se refugiam pobres desesperados: Vicente recebe um apelo angustiado de seus batedores. Imediatamente convoca as Damas da Caridade do Hôtel-Dieu. Uma primeira remessa de socorro parte de São Lázaro a 15 de julho de 1650. Mas todos têm consciência de que, em meio ao desânimo em que está mergulhada a França e no qual se debate Paris então, só a união de múltiplas forças pode permitir à caridade alcançar seu objetivo. Com vistas a essa união de forças, Vicente tem a experiência, a autoridade moral — inclusive perante os poderes públicos — e a humildade pessoal necessárias para ser sua alma. E haveria de se mostrar à altura do momento, sem concessão de privilégios pessoais.

---

24 Bertière, *Mazarin...*, op. cit., p. 564.
25 Nicolas Lehault, *Recueil contenant les désordres qui se sont passés dans le comté de Marle pendant la guerre (1635-1655)*, editado em Vervins em 1851, citado por Feillet, op. cit., passim.

E com efeito vão surgindo de todas as partes iniciativas caritativas, e um dos centros mais ativos durante a Fronda é Port-Royal. Como cenário, tem início a crise jansenista. Acontece que, no que diz respeito à assistência às províncias fronteiriças, a colaboração entre jansenistas, membros da Companhia do Santo Sacramento, Damas da Caridade e padres da Missão seria constante e eficaz até 1655. Haveria mais tarde alguns atritos, decorrentes da dinâmica adquirida pela disputa ideológica e da rarefação das doações, mas em 1650 todo mundo se mobiliza pela distribuição de panfletos para sensibilizar o público e coletar fundos. Editados em quatro páginas com tiragem de 4 mil exemplares — mensais entre setembro de 1650 e fevereiro de 1651, posteriormente mais espaçados — reunidos em 1655 numa *Coletânea*, esses panfletos, que poderíamos chamar de "publicitários" se seu conteúdo não fosse tão trágico, ficaram conhecidos pelo nome de *Relações*.[26]

Essa espécie de união sagrada em nome da caridade mereceria ter recebido destaque para a posteridade. Os primeiros biógrafos de Vicente, pelo contrário, trataram cuidadosamente de calar a seu respeito. Por motivos simétricos, os jansenistas fizeram o mesmo. Donde uma percepção tendenciosa da realidade, que viria mais de dois séculos depois a alimentar uma polêmica que vale a pena examinar.

A darmos crédito a Abelly e nos limitando às cartas que chegaram até nós por meio da *Correspondência* de Vicente, a assistência a Picardia e a Champagne de fato parece decorrer exclusivamente da iniciativa de Vicente de Paulo, e as *Relações* surgem então como sua obra exclusiva, com a ajuda das Damas da Caridade. Na verdade, o bom Abelly, feroz adversário do jansenismo, mais uma vez pregou uma peça na posteridade, coberto de boas intenções, porém causando um estrago. Pois ele se exime de falar do decisivo papel desempenhado na obra comum por Charles Maignart

---

26 *Recueil das Relations contenant ce qui s'est fait pour l'assistance des pauvres, entre autres, ceux de Paris et des environs et des provinces de Picardie et de Champagne pendant les années 1650, 1651, 1652, 1653 et 1654*, Paris, 1655.

338 SÃO VICENTE DE PAULO

de Bernières, magistrado, é verdade, de grande caridade, e também, cabe reconhecer, membro, como ele, da Companhia do Santo Sacramento... mas jansenista de carteirinha. Ao publicar uma biografia de Vicente de Paulo em 1664, no momento em que Luís XIV persegue os jansenistas e Maignart já morreu há dois anos no exílio, o bispo de Rodez certamente julgava agir com prudência. O fato, contudo, é que seu silêncio em relação a Maignart é injusto e falseia a perspectiva.

Ora, no século XIX, Alphonse Feillet descobre nos textos jansenistas o papel desempenhado por Maignart. Querendo fazer-lhe justiça, publica suas descobertas. Já no fim do ano de 1649, Charles Maignart vendeu seu cargo de *maître des requêtes*[27] para se dedicar à caridade. Como Paris atravessava seus anos negros, ele fundou uma associação para ajudar os habitantes dos subúrbios. Chegado o momento de prestar assistência na Picardia e em Champagne, o ex-magistrado, estreitamente relacionado a Port-Royal e especialmente à madre Angélique Arnauld, mobiliza-se na coleta de fundos. Teria se limitado a isso? Em julho de 1651 é publicado um opúsculo proveniente de Port-Royal, intitulado *A esmola cristã* e exortando à caridade a partir de textos das Escrituras. Acontece que o prefácio, escrito por Antoine Le Maistre, homenageia um "piedoso magistrado" cujo nome não é mencionado, mas que é identificado como organizador da assistência às províncias martirizadas, sem esquecer elogios exaltados ("toda Paris ficou cheia de admiração ao ver surgir a abundância em meio à pobreza").[28] Le Maistre acrescenta: "[Como] a miséria distante muitas vezes não chega ao conhecimento de muitos, por não ser publicada por escrito, esse magistrado, unindo ao zelo a prudência, tomou a iniciativa de torná-la conhecida em toda Paris e mesmo em todas as grandes cidades da França através das *Relações* muito verdadeiras e muito exatas que se deu ao trabalho de estabelecer

---

27 Alto cargo judiciário e administrativo suscetível de ser comprado, sob condição de ter exercido funções durante pelo menos seis anos numa corte superior. [*N. do T.*]
28 Citado por A. Feillet, op. cit., p. 259-260.

ele próprio, compondo uma narrativa de vários trechos das cartas que lhe são endereçadas semanalmente por todos aqueles que assistem aos pobres nesses lugares...".

Pode-se notar que essas linhas não contêm uma única palavra sobre Vicente de Paulo, que no entanto é o principal destinatário das mencionadas cartas, já que provêm dos padres da Missão. Estavam reunidos os ingredientes de uma controvérsia histórica. E de fato, em 1930, o historiador Alexandre Féron, escorando-se ao mesmo tempo em Feillet, no prefácio da *Esmola cristã* e em suas próprias pesquisas, retoma a questão em tom polêmico. O estudo por ele publicado contém a reprodução de uma caderneta de contas pessoal de Maignart.[29] Essa caderneta, encontrada nas profundezas de um castelo de família, abarca apenas uma parte do período. Mas prova que Maignart, em contato direto com a gráfica, era o editor das *Relações*, cuja síntese, ainda por cima, vimos que ele próprio redigia, segundo Le Maistre. Por fim, a menção na caderneta de contas de duas ou três doações diretas de Maignart aos padres da Missão, que se encontravam em campo, mostra que ele estava em estreito contato com eles. Surfando sobre suas próprias conclusões, Féron, apesar de ter corretamente frisado que Maignart não brilha pela precisão de suas contas nem pela exatidão de suas somas, dá a entender que é ele o verdadeiro organizador da assistência às províncias em calamidade. Deixando-se levar pelo entusiasmo, chega inclusive a sugerir que as Damas — a cujo respeito não pode negar que dirigem a coleta de doações, que devem ser enviadas ao endereço pessoal de duas ou três delas — talvez não sejam assim tão independentes quanto parecem, podendo não passar de correia de transmissão da Companhia do Santo Sacramento. Essas afirmações de Féron lhe valeriam objeções tão justificadas quanto indignadas do padre Coste, mas sem que por isso a apresentação posterior do episódio em *Le Grand Saint du grand siècle* nos satisfaça plenamente. Pois se essa apresentação faz justiça ao importante

---

29 Alexandre Féron, *La Vie et les œuvres de Charles Maignart de Bernières (1616-1662). L'organisation de l'assistance publique à l'époque de la Fronde*, Rouen, Lestringant, 1930.

papel de Maignart — hoje reconhecido por todos os historiadores —, não deixa de situá-lo numa posição subordinada que não nos parece corresponder à sua iniciativa nem aos princípios de Vicente.

É bem verdade que Vicente e as Damas da Caridade participam diretamente das *Relações*, através da fonte quase única das cartas dos padres da Missão; através do seu desaguadouro quase único, também, à parte alguns párocos (a caixa central da Caridade do Hôtel-Dieu); e, por fim, através do ardor com que apoiam sua difusão. Em compensação, tudo indica que Charles Maignart, compilador e editor das *Relações*, também foi seu instigador. É verdade que Vicente tinha a experiência das cartas da Lorena, mas não gostava de fazer alarde do papel da "modesta companhia". Numa carta de 1657 a um padre da Missão que imprimiu um resumo de apresentação da congregação, ele manifesta uma "dor tão sensível que nem posso expressá-la, pois é uma coisa muito oposta à humildade publicar o que fazemos [...] nós, que somos desgraçados, ignorantes e pecadores, devemos nos esconder como inúteis de qualquer bem e indignos de que pensem em nós. Por isso, senhor, é que Deus me concedeu a graça de me manter firme até o momento no sentido de não permitir que mandassem imprimir alguma coisa que fizesse a companhia ser conhecida e estimada, muito embora tenha sido muito pressionado neste sentido."[30] E ele cita o exemplo das cartas recebidas de Madagascar, da Barbaria e das Ilhas Hébridas. Também poderia ter mencionado as *Relações* de Champagne e da Picardia, pois não destacam a Missão como tal. Na verdade, podemos supor que o entusiasmo de Maignart convenceu Vicente da necessidade de dar publicidade em grande escala ao combate comum da caridade, mas que este só aceitou tal projeto com a condição de que o ex-magistrado fosse o único a assumir sua responsabilidade, com uma necessária discrição a respeito do papel desempenhado pela Missão. Vicente tampouco desejava, provavelmente, que em plena batalha jansenista o esforço comum viesse

---

30 Coste, *Correspondance*, op. cit., VI, p. 177, carta nº 2203, a Guillaume Delville, padre da Missão em Arras, 7 de fevereiro de 1657.

NA FORNALHA DA GUERRA DOS TRINTA ANOS

a ser poluído por considerações estranhas ao atendimento aos pobres. Com sua transparente alusão a Maignart, Antoine Le Maistre não foi capaz por sua vez de evitar uma deselegante contorção dos fatos, que acarretaria o erro de avaliação de Féron sobre a organização geral das atividades de socorro.

Quanto à suspeita do mesmo Féron sobre a dependência das Damas da Caridade do Hôtel-Dieu, explica-se exclusivamente por um preconceito persistente sobre a incapacidade das mulheres de administrar de maneira autônoma. Talvez os "Senhores" do Santo Sacramento tenham tentado sobrepor-se às Damas. No dizer do próprio Vicente, o exercício da responsabilidade feminina em alto nível em matéria de caridade era uma inovação social. Resta o fato de que, de Châtillon à Caridade do Hôtel--Dieu, as Damas doaram do coração e da bolsa sem outro "tutor" que não o mestre por elas próprias escolhido.

Vicente inaugura outra coisa na Picardia e em Champagne: o envio de Filhas da Caridade, além dos missionários, para cuidar dos doentes, inclusive nos hospitais militares. Entre setembro de 1650 e março de 1651, ele organiza a assistência aos pobres *in loco* e a distribuição de recursos: de dois missionários, passa-se a dezoito, padres e frades. Eles se estabelecem nas dioceses de Soissons, Noyon, Laon, Reims e Châlons. As *Relações* repetem os nomes das cidades e aldeias atingidas pelas catástrofes da guerra: Guise, La Fère, Marle, Vervins, Rosay, Saint-Quentin, Reims, Rethel, Mézières, Charleville... Segundo Abelly, podem ser avaliadas em mais de duzentas as localidades visitadas e socorridas. Até os mortos suscitam o heroísmo da caridade. Em dezembro de 1650, o exército de Turenne, derrotado pelo exército real perto de Saint-Souplet, deixou mais de 1,5 mil mortos no terreno de combate. O ar está impregnado de infecção. Ao receber a notícia, Vicente escreve a Edme Deschamps, que cuida dos pobres nas imediações, para providenciar o enterro dos mortos. O relatório feito pelo encarregado da missão é comovente. Incomodados no fim pelo degelo, os coveiros — entre os quais ele próprio — tiveram dificuldade de desempenhar sua tarefa. Mas o padre Deschamps proclama sua alegria por ter obedecido,

342 SÃO VICENTE DE PAULO

pois "dessa maneira esses pobres corpos, todos destinados a ressuscitar um dia, estão agora enterrados no seio de sua mãe".[31]

Como fazia o padre Dehorgny na Lorena, o padre Berthe faz em 1651 1652 a visita aos lugares onde os missionários têm sua base. A sopa continua sendo o socorro básico. As receitas de caldos procuram tirar partido dos ingredientes, e basta aumentarem as esmolas para que seja acrescida carne ao pão e aos legumes (*Relação* de outubro de 1650). O atendimento médico é um elemento essencial do socorro. Os missionários reorganizam vários hospitais e criam outros. Nos hospitais de Rethel e Saint-Etienne-à-Arnes, as Filhas da Caridade atuam como enfermeiras. Em Bazoches, visitam os doentes em domicílio, levando sopas, medicamentos e praticando sangrias se necessário. Para tratar a disenteria, utilizam alguns pós de incrível eficácia (*Relação* de outubro de 1650). São tantos os doentes que muitas vezes elas não têm mãos a medir. Solícito, Vicente pede-lhes que guardem algum tempo para elas próprias e para a oração. Confiantes, elas nada temem, enfrentando as epidemias. Mas Vicente faz questão das devidas precauções higiênicas. Aonde quer que vão os missionários, os cuidados necessários são tomados: em Reims, "cuidou-se de manter as ruas muito limpas; diariamente, batíamos às portas, à uma hora da tarde, para avisar que estávamos varrendo".[32]

A pedido da rainha Ana da Áustria, as Filhas da Caridade também realizariam um trabalho inédito de enfermeiras nos hospitais militares, em Châlons, Sainte-Ménehould, Sedan, La Fère, Stenay e, por fim, depois da batalha das Dunas, em Calais. Mais uma vez, a direção espiritual de Vicente vai direto ao cerne. A 23 de julho de 1654, quatro irmãs partem para Sedan, entre elas Anne Hardemont, uma das fortes personalidades das Filhas da Caridade. Vicente, que lhes fornece um plano de ação, frisa para começo de conversa a nobreza de sua tarefa: elas vão imitar Nosso

---

31 Coste, *Correspondance*, op. cit., IV, p. 144, carta n° 1316, de Edme Deschamps, padre da Missão, a Vicente de Paulo, [dezembro de 1650 ou janeiro de 1651].

32 Citado por Coste, *Le Grand Saint...*, op. cit., t. 2, p. 651.

NA FORNALHA DA GUERRA DOS TRINTA ANOS

Senhor, que veio consertar o que Adão destruíra. A 9 de junho de 1658, numa conferência às irmãs, ele é ainda mais explícito: "Eis que a rainha lhes pede que sigam para Calais e aliviem os pobres feridos. Que oportunidade de se humilharem ao ver que Deus quer usá-las em coisas tão importantes! Ah, Salvador! Os homens vão para a guerra matar homens; e vós ides à guerra para reparar o mal que eles fazem! Que bênção de Deus!"[33]

O abismo de desolação das províncias fronteiriças brada aos Céus. Mas os homens de guerra não têm piedade. Não temem atacar os socorristas e saquear os socorridos, e as tropas reais não são as que mais resistem a esse jogo sinistro. Abalado, Vicente recorre em voz alta à regente Ana da Áustria. Daí adviria o impressionante Édito Real de 14 de fevereiro de 1651, descoberto e publicado por Feillet em sua obra, e hoje famoso. Nele se recomenda expressamente que as autoridades civis e militares respeitem e protejam os responsáveis pelo transporte às províncias devastadas dos gêneros que impeçam de morrer de fome. "Sua Majestade, por recomendação da rainha regente, sua mãe, proíbe expressamente [...] hospedar ou permitir que seja hospedado qualquer homem de guerra nas aldeias das referidas fronteiras da Picardia e da Champagne para as quais os mencionados padres da Missão solicitaram proteção para assistir aos pobres e doentes e fazer a distribuição das provisões que para lá conduzirem, de tal maneira que tenham plena e total liberdade de nelas exercer a caridade da maneira e em benefício daqueles que bem lhes aprouver. E Sua Majestade também proíbe que os homens de guerra tomem outras coisas aos mencionados padres da Missão e às pessoas por eles ou com eles empregadas, sob pena de morte, tomando-as sob sua proteção e salvaguarda especial..."

Até agosto de 1652, os missionários estão presentes em campo sem interrupção. Uma trégua de seis meses nos combates lhes permitiria aliviar as desgraças da Fronda em Paris, mas já em janeiro de 1653 a situação volta a piorar. Eles retornam, menos numerosos, tendo como coordenador o frade

---

33 Coste, *Correspondance*, op. cit., X, p. 507, conversa nº 97, *Sur la confiance en la Providence*, 9 de junho de 1658.

Jean Parre, personagem menos pitoresco que o frade Mathieu Regnard, mas muito capaz em matéria de organização, autêntico "braço direito" de Vicente a distância. Ele não só envia informações, recebe e reparte os recursos, como funda confrarias da Caridade em Reims e depois em Saint--Quentin. Numa assembleia de Damas em que Vicente lê suas cartas em voz alta, a sra. Talon, viúva do advogado-geral, que acaba de fazer uma viagem ao local acompanhada do filho, de tal maneira confirma os feitos do frade Parre, que outra dama exclama: "Se os frades da Missão são abençoados no fazer o bem com toda a graça que se acaba de relatar, o que não serão capazes de fazer os padres!" Sabemos de tal episódio por meio de Vicente, pois a reação provocada nele por essa apreciação não lhe agradou, o que ele comunica aos colaboradores, a título de exemplo: "E foi, miserável como sou, o que provocou em mim essa complacência que mencionei, à qual me entreguei, em vez de remeter tudo a Deus, de quem vem todo o bem."[34]

Em 1651, a ajuda às províncias já incluía a repartição de ferramentas agrícolas e grãos para a semeadura, para permitir que se virassem sozinhos os que disso fossem capazes. Em 1659, Vicente escreve ao frade Jean Parre que é necessário ajudar também os mais pobres que não têm terras: "Dando aos homens algumas ferramentas para trabalhar e rodas de fiar às moças e mulheres, além de filaça ou lã, e isso apenas aos mais pobres. Na hora em que vier a paz, cada um terá como se ocupar, e como os soldados não lhes tirarão mais o que tiverem, poderão juntar alguma coisa e se recuperar aos poucos. Para tanto a assembleia considerou que é necessário ajudá-los nesse início e dizer-lhes que não deverão mais esperar nenhuma ajuda de Paris."[35] Os cofres estavam exangues.

Como na Lorena, as cartas dos vereadores são comoventes na avaliação do trabalho realizado. Poderíamos citar as de Rethel ou de Reims. Mas vamos deixar a última palavra com o tenente-geral de Saint-Quentin.

---

34 Coste, *Correspondance*, op. cit., XI, p. 339-340, *Entretiens aux Missionnaires*, conferência de 9 de junho de 1656, *Sur les avertissements* [correção fraterna].
35 Ibidem, VIII, p. 73, carta nº 2936, a Jean Parre, frade da Missão, em Saint-Quentin, 9 de agosto de 1659.

Sua bela expressão ao se referir ao "pai da pátria" sempre foi muito citada. Lembrando mais uma vez a extrema miséria de milhares dos seus conterrâneos, ele conclui assim sua carta de agradecimento: "É o que me obriga, na posição que ocupo e pelo conhecimento que tenho a respeito, a rogar-lhe muito humildemente que continue sendo o pai desta pátria, para manter em vida tantos e tantos pobres moribundos e abandonados, que seus padres assistem, disso se desincumbindo muito dignamente."[36]

---

36 Ibidem, V, p. 378, carta nº 1871, do sr. de La Font, tenente-geral de Saint-Quentin, a Vicente de Paulo, [entre 1650 e 1655].

QUARTA PARTE

O papel nacional e internacional de Vicente de Paulo 1643-1660

16

A França e Vicente de Paulo
por volta de 1643

Para acompanhar a ação de Vicente nos diversos ambientes a que o impelia a Providência, avançamos muito no tempo. Devemos agora voltar um pouco atrás para abordar outros aspectos da sua influência. Pois o decênio de 1643-1653 vem somar a suas atividades um papel no qual não o esperávamos, na encruzilhada do político com o religioso. De sua entrada para o Conselho de Consciência da regente Ana da Áustria (1643) a seu afastamento desse mesmo Conselho por volta do fim da Fronda (outubro de 1652), Vicente é um "ministro dos Cultos" sem ter o título, como veremos no capítulo seguinte. E também é muito mais. Pois os debates apaixonados da crise jansenista, iniciada em 1640 com a publicação do *Augustinus* e prolongada em 1643 com a obra *Da frequente comunhão*, de Antoine Arnauld, o deixam intensamente ocupado até 1653, levando-o a assumir um magistério moral no seio da Igreja na França.

Paralelamente, a agitação da Fronda mobiliza nele o incansável apoio aos pobres, mas também o homem de Deus com suficiente entrada nas altas esferas para bem avaliar seu dever de intervir em favor da pacificação. Suas tentativas fazem parte da História. O decênio 1643-1653 finalmente assiste

350 SÃO VICENTE DE PAULO

à ampliação de suas obras pela Europa (Itália, ilhas britânicas, Polônia) e além-mar (Barbaria e Madagascar).

Antes de tratar desse tema, o ano de 1643 é uma boa plataforma para observar tanto alguns pontos fortes da vida do reino quanto a maneira como Vicente administra os homens e as coisas. Antes de mais nada, 1643 é o ano da morte de Luís XIII e do início da regência de Ana da Áustria. Para entender o contexto, cabe aqui evocar os últimos tempos do reinado.

Na *Correspondência* de Vicente, a primeira menção a Ana da Áustria encontra-se numa carta a Antoine Lucas, de 30 de janeiro de 1638: "Rogo-lhe que ore e faça orar pela gravidez da rainha."[1] No mesmo dia, a *Gazette de France* anunciava oficialmente a expectativa de Ana: "No dia 30, todos os príncipes, senhores e homens de condição foram regozijar-se com Suas Majestades em Saint-Germain em torno da esperança concebida de uma felicíssima notícia que dentro de pouco tempo haveremos de comunicar, com a ajuda de Deus." Sabemos da enorme explosão de alegria que sacudiria a França quando da confirmação oficial a 28 de abril, pela mesma *Gazette*, dessa "gravidez já agora indubitável pelo movimento dessa criança real que Sua Majestade sentiu todos os dias desde o 22º deste mês". Depois de 22 anos de um casamento marcado por profundos desentendimentos, dois abortos de Ana com poucos anos de intervalo e a fúria do rei após a descoberta, a 9 de agosto de 1637, do caso de Val de Grâce,[2] o acontecimento era tão imprevisível quanto bem-vindo.

Os últimos anos do reinado são agitados. Embora Ana traga ao mundo um segundo filho, Filipe, a 21 de setembro de 1640, sua hostilidade a Luís XIII e Richelieu não cede. Esses dois "doentes de Estado", cuja decadência física piora a olhos vistos, e que se dilaceram em reciprocidade embora se

---

1 Coste, *Correspondance*, op. cit., I, p. 432, nº 294, ao Sr. Lucas, padre da Missão, estando presente em Soudé ou Mesnil ou Bergues, de Paris, 30 de janeiro de 1638.
2 A descoberta da existência de uma correspondência secreta de Ana da Áustria — por intermédio da superiora do convento — com a Espanha e especialmente com seu irmão, o cardeal-infante em Bruxelas, fica parecendo uma traição em plena guerra "aberta". Humilhada, a rainha seria privada por Luís XIII do convívio com os parentes e os que a apoiam.

A FRANÇA E VICENTE DE PAULO POR VOLTA DE 1643

saibam politicamente indispensáveis um ao outro, enfrentam com vigor a guerra externa. Mas as conspirações se multiplicam internamente. A última delas, urdida por Cinq-Mars, o ambicioso e leviano favorito de Luís XIII, é um golpe de misericórdia para o rei e para seu ministro. Já na primavera de 1642, Richelieu vem a ser informado por sua polícia da iniciativa de alta traição cuja confirmação teria em junho, ao receber por vias misteriosas uma cópia do documento: a assinatura de Gaston d'Orléans num tratado secreto com a Espanha, cujos dispositivos equivalem a uma capitulação incondicional da França. Gaston tem a colaboração do duque de Bouillon e do marquês de Cinq-Mars. Entre os conspiradores está o marquês de Fontrailles, inimigo jurado de Richelieu. O complô é acompanhado de um projeto de assassinato do cardeal-ministro, como atestariam o interrogatório de Cinq-Mars e de outros conjurados.

Não cabe aqui descrever as reações do rei duplamente traído, a execução de Cinq-Mars e de Thou, a fissura na cúpula do reino.[3] Notemos apenas que Richelieu poupa Ana da Áustria — apesar de uma frase do tratado que leva a supor que ela estava informada —, defendendo sua inocência junto a Luís XIII. E de fato ele só vê uma solução, para salvaguardar as conquistas do reinado e permitir um dia a paz "estável, segura e geral": favorecer uma regência de Ana da Áustria, tendo a seu lado o cardeal Mazarin. Richelieu sabe que Mazarin compartilha sua visão política: segundo ele, ante uma Espanha que não abriu mão de seu sonho de monarquia universal e julga poder voltar atrás, é necessário, para alcançar uma paz duradoura, levar em conta a nova situação política e religiosa na Europa e resolver de uma vez por todas a situação dos países protestantes.[4] No período de regência que terá início, Mazarin também é o único com estatura de governante. Por sua vez, "Ana da Áustria entendeu a quem deve sua salvação. E sua atitude mudou".[5] No outono de 1642, o embaixador de Veneza observa "a

---

3 Ver os historiadores do período, especialmente Bertière, *Mazarin...*, op. cit., p. 207-225

4 Ibidem, p. 174.

5 Ibidem, p. 219.

352 SÃO VICENTE DE PAULO

mais estreita correspondência" entre ela e Richelieu. E por sinal a rainha tanto mais entra nos planos de Richelieu na medida em que, desde o nascimento do delfim, seus sentimentos em relação à França evoluem em grande velocidade. Desde a morte de Luís XIII, ela teria apenas um desejo: dispor de todos os trunfos para que seu filho alcance a maioridade institucional (em 1651) num reino sob firme controle.

Desde a época em que era um brilhante diplomata a serviço do papa Urbano VIII, Mazarin seduziu Richelieu por sua inteligência. Aureolado por várias tentativas bem-sucedidas de paz (entre elas a de Casal em 1630, que o tornou conhecido), núncio em Paris de 1634 a 1636, Mazarin voltou no fim de 1639 a oferecer seus serviços a Luís XIII e ao cardeal-ministro. Obtendo a naturalização e se tornando francês de coração, ele de tal forma sabe tornar-se útil — conquistando os príncipes de Savoia para a causa francesa em dezembro de 1640, obrigando o duque de Bouillon a entregar o principado de Sedan em troca de seu perdão após a descoberta da conspiração de Cinq-Mars — que Luís XIII, consciente de sua capacidade de trabalho e sua clareza intelectual, não hesita em seguir a recomendação de Richelieu: já a 5 de dezembro de 1642, dia seguinte à morte do cardeal--ministro, ele convida Mazarin a participar de seu Conselho. No dia 21 de abril de 1643, chega inclusive a fazer um gesto simbólico: nessa ocasião, o delfim, que segundo a tradição foi apenas ungido ao nascer, recebe solenemente o batismo, tendo como padrinho Mazarin.

É bem verdade que o testamento de Luís XIII, feito três semanas antes de sua morte, organiza um governo colegiado que tolhe a futura regência de Ana e aparentemente não deixa Mazarin em posição privilegiada. Mas o fato é que o rei, no leito de morte, teria feito Ana prometer que manteria Mazarin à frente dos negócios, impedindo-o de se retirar para Roma.[6] Sabemos o que viria depois, comportando a anulação do testamento. A 18 de maio de 1643, quatro dias depois da morte de Luís XIII, Ana da Áustria vai ao Parlamento de Paris para uma sessão solene, consagrada pela presença do

---

6 Petitfils, op. cit., p. 843.

A FRANÇA E VICENTE DE PAULO POR VOLTA DE 1643

pequeno rei de 4 anos e meio. "Por unanimidade, o Parlamento confere à regente 'a administração livre, absoluta e integral dos negócios do reino' e a faculdade de escolher 'as pessoas de probidade e experiência que julgar adequadas' para assisti-la nos seus Conselhos, sem a obrigação de seguir 'a pluralidade de votos'. Atenta a todos os detalhes, na mesma noite, [...] ela declara que nomeia Mazarin ministro principal."[7]

Ninguém o esperava, pois a evolução de Ana da Áustria se mantivera secreta. Mas tudo convergiu nessa direção. Além do mais, durante as semanas de agonia do rei, a rainha, muito presente a seu lado, também teve tempo de consultar embaixadores, personalidades independentes e os padres nos quais confia: o núncio apostólico, monsenhor Potier e... Vicente de Paulo. Todos elogiam Mazarin. Os historiadores frisam que em todos os memorialistas vamos encontrar os últimos nomes — tendo o do "padre Vicente" bem em evidência — como estando na origem da boa vontade encontrada a favor do cardeal.

Por que toda essa confiança? Certamente em virtude das antigas funções de Mazarin como enviado pontifício em benefício da paz, que lhe valem uma simpatia *a priori* do meio devoto, como já fora o caso com o padre Joseph no início. Cabe lembrar que Mazarin, apenas tonsurado, nunca foi padre; em compensação, podia ser feito cardeal. Candidato da França, foi nomeado por Urbano VIII em dezembro de 1641 e recebeu o barrete a 26 de fevereiro de 1642 das mãos de Luís XIII. Aos olhos de Vicente de Paulo, cuja preocupação com a Providência conhecemos, o fato de o pequeno Luís XIV ser afilhado de Mazarin certamente também terá surgido como um sinal. Ao peso do sacramento vem somar-se a vontade do rei agonizante, à qual Vicente certamente se mostra tanto mais sensível na medida em que assiste Luís XIII em seus últimos momentos.

Os historiadores dispõem de depoimentos diretos sobre a morte de Luís XIII. Entre eles está uma carta de Vicente de Paulo, que citaremos adiante. Além dos depoimentos de um infante da Câmara do Rei, Jacques Antoine,

---

7 Bertière, *Mazarin...*, op. cit., p. 250.

e de seu pajem Marie Dubois, senhor de Lestourmière, o relato de seu confessor, o padre Dinet, jesuíta, nos introduz na intimidade dolorosa desse rei que morre em meio a atrozes sofrimentos físicos — seu corpo, minado entre outros pela doença de Crohn, já não passava de podre deterioração —, mas com uma firmeza espiritual de autêntico cristão.

Segundo o depoimento do padre Dinet, é a rainha Ana, desejosa de ver Vicente de Paulo na cabeceira do moribundo, que propõe ao rei chamá-lo. Por uma questão de tato, o rei consente apenas se seu confessor não achar inconveniente, e o padre Dinet, sensibilizado, apressa-se a concordar. Chamado às pressas, Vicente chega a Saint-Germain-en-Laye no dia 23 de abril. Ele se aproxima do rei com a palavra das Escrituras: *"Timenti Deum bene erit in extremis"*, ao que o monarca responde, concluindo o versículo: *"Et in die defunctionis suae benedicetur."*[8] O estado do doente mantém-se estacionário até a manhã seguinte. Na tarde de 24, o rei, que sempre gostou de música e também compõe, canta com quatro senhores melodias por ele compostas sobre salmos de David, parafraseados por monsenhor Godeau. Ele realmente parece melhorar, e assim Vincent deixa Saint-Germain para voltar a São Lázaro. O fim de abril transcorre sem novo alerta grave. Mas a 12 de maio, a chamado da rainha, o "padre Vicente" volta a acorrer a Saint-Germain. Dessa vez, não se ausentaria antes da morte de Luís XIII, dois dias depois. No quarto do monarca, Vicente encontra o bispo de Lisieux, o de Meaux, o primeiro capelão de Luís XIII e seu confessor, o padre Dinet. Preocupado em fazer uma boa passagem para o além, o rei questiona sucessivamente os padres que o assistem. Vicente, a quem ele pergunta qual seria a melhor preparação para a morte, responde com tanto entusiasmo que a melhor de todas é a do Cristo, dando testemunho de sua total submissão a seu Pai, que o rei exclama: "Oh, Jesus, também o desejo de todo coração!" Pouco depois, questionado sobre o bom uso das graças

---

8 Citado por Abelly, op. cit., t. 1, p. 171, e Coste, *Le Grand Saint...*, op. cit., t. 3, p. 90. Referência: Eclesiástico, 1, v. 13, "Para o que teme o Senhor, tudo terminará bem/no dia de sua morte será abençoado." (Bíblia de Jerusalém).

A FRANÇA E VICENTE DE PAULO POR VOLTA DE 1643

de Deus, Vicente volta a tocar o coração de Luís XIII, de tal maneira que ele declara: "Oh, senhor Vicente, se eu recobrasse a saúde, os bispos ficariam três anos com o senhor."[9] Certamente será o caso de ligar essa frase, reproduzida fora do contexto, à preocupação do rei de ver preenchidas nas melhores condições as muitas sés episcopais então vacantes. Alguns dias antes, uma carta de Vicente nos informa que o rei pediu-lhe por meio do padre Dinet uma relação daqueles "que [lhe] parecem capazes dessa dignidade",[10] como fizera Richelieu quase dez anos antes.

Antes de passarmos à carta de Vicente, duas imagens fortes. Na primeira, vemos o rei, deitado, contemplando pela janela de seu quarto o campo ao redor: "Veja, senhor Vicente", diz ele, com os olhos voltados para a Abadia de Saint-Denis, cujo campanário via ao longe, "meu corpo logo será levado para lá." Em seguida, levantando o braço descarnado, ele deixa escapar estas palavras: "E isto é o braço de um rei?"[11] A segunda imagem confirma a aceitação da morte próxima, e também é uma oportunidade de observar a firme doçura de Vicente diante do rei moribundo. Os médicos insistem para que ele coma ovos e tome sopa. Luís sabe que vai morrer, e começa recusando, pois a comida pesa muito no seu estômago e "não é um pouco de sopa que vai devolver[-lhe] a vida". Mas é então acometido de remorso. Volta-se para Vicente: "Que me aconselha?" Resposta de Vicente: "Senhor, os médicos recomendaram que se alimente, pois entre eles têm como princípio fazer sempre com que os doentes se alimentem. Enquanto lhes resta algum sopro de vida, eles esperam sempre encontrar algum momento em que possam recuperar a saúde. Por isso é que, se for do agrado de Vossa Majestade, será bom que aceite o que o médico recomendou."[12] Luís XIII pediu um pouco de sopa e a tomou.

---

9 Citado por Abelly, op. cit., t. 3, p. 88.

10 Coste, *Correspondance*, op. cit., II, carta n° 658, a Bernard Codoing, superior dos padres da Missão em Roma, datada de Paris, 17 de abril de 1643.

11 Robineau, ms, p. 73.

12 Coste, *Correspondance*, op. cit., X, p. 342-343, conferência às Filhas da Caridade, *Sur le service des malades et le soin de sa propre santé*, 11 de novembro de 1657.

O episódio marcou Vicente, pois o relato que acabamos de ler foi extraído de uma *Conversa com as Filhas da Caridade*, quase quinze anos depois. Pregando a simplicidade ("Minhas irmãs, eu e vocês viemos de famílias pobres. Sou filho de lavrador, fui alimentado de maneira rústica..."), ele exclama: "Com que acham que os reis se alimentam quando estão doentes? Com ovos e sopa." Ele então retoma o relato acima reproduzido, para concluir: "De tal maneira, portanto, minhas irmãs, que, se tiverem ovos e sopa, serão tratadas da mesma maneira que os grandes desta terra."

No dia seguinte à morte do rei, em carta a um dos colaboradores, Vicente presta este depoimento:

> Aprouve a Deus dispor do nosso bom rei, e é o dia no qual ele havia começado a sê-lo, há 33 anos. [...] Desde que estou nesta terra, não vi ninguém morrer de maneira mais cristã. [...] Nunca encontrei maior elevação a Deus, mais tranquilidade, mais apreensão diante das menores partículas que parecessem pecado, mais bondade nem mais discernimento numa pessoa nesse estado. Anteontem, como os médicos o vissem adormecido e de olhos revirados, recearam que tivesse feito a passagem e o disseram ao padre confessor, que imediatamente o despertou e lhe disse que os médicos consideravam que havia chegado o momento em que ele deveria fazer a recomendação de sua alma a Deus. No mesmo instante, esse espírito, cheio do espírito de Deus, abraçou afetuosa e longamente esse bom padre e lhe agradeceu pela boa notícia que lhe dava; e imediatamente, levantando os olhos e os braços para o céu, disse o *Te Deum laudamus* e o concluiu com tanto fervor que a simples lembrança me enternece muito no momento em que lhes falo.[13]

Essa proximidade, numa época de profunda transformação para o reino, explica a confiante entrega da rainha. Muito comovida, com efeito, ela teria declarado a Vicente, que foi consolá-la após a cerimônia de luto: "Não

---

13 Coste, *Correspondance*, op. cit., II, p. 393-394, carta n° 660, a Bernard Codoing, superior dos padres da Missão em Roma, 15 de maio de 1643.

A FRANÇA E VICENTE DE PAULO POR VOLTA DE 1643

me abandone; eu lhe entrego minha alma; oriente-me pelo caminho da perfeição; quero amar e servir a Deus."[14] Nos anos anteriores à Fronda, considerados "da boa regência" (Saint-Evremond), anos de falsa tranquilidade em que os grandes não se cansam de reivindicar favores, clamando de maneira hipócrita "A rainha é tão boa!", sem se dar conta de que estão dançando num vulcão, Ana da Áustria, devota, segue docilmente os conselhos religiosos de Vicente. A 12 de março de 1644, em carta a Servien, embaixador em Münster para as negociações de paz, um membro do círculo de Mazarin deixa transparecer o mau humor da Corte a esse respeito: "O senhor Vicente [...] exerceu tanto poder em detrimento dos médicos, que haviam ordenado que a rainha fizesse o jejum branco, que ela o observa com austeridade."[15] Desse mesmo ano de 1644, data a improvisação do poeta mundano Voiture, ao cruzar com o caleche da rainha nas alamedas do Parque de Rueil, na propriedade da duquesa d'Aiguillon. Respondendo em algumas estrofes audaciosas e encantadoras a pergunta de Ana: "Em que está pensando?", Voiture faz em meias palavras o elogio da frivolidade:

> Je pensois — nous autres poètes,
> Nous pensons extravagamment —
> Ce que, dans l'état où vous êtes Vous feriez, si dans ce
> moment Vous avisiez en cette place Venir le duc de
> Bouquinquant,[16]
> Et lequel serait en disgrâce,
> De lui, ou du Père Vincent.[17]

---

14 Citado por Coste, *Le Grand Saint...*, op. cit., p. 98.

15 Archives du ministère des Affaires étrangères, *Mémoires et Documents*, v. 849, f° 116, citado por Coste, *Le Grand Saint...*, op. cit., t. 3, p. 98. O jejum branco era feito sem jejuar, apenas com esmolas.

16 Buckingham. Era costume na época afrancesar os nomes estrangeiros.

17 Eu pensava — nós, poetas, / Pensamos de maneira extravagante — / No que, no estado em que se encontra, a Senhora faria se neste momento visse aproximar-se nesta praça o duque de Bouquinquant, / E em quem cairia em desgraça / Ele ou o Padre Vicente.

Nessa data, contra sua vontade mas com uma humilde confiança nos desígnios da Providência, Vicente entrou para o Conselho de Consciência. Ninguém subestima, ao lado desse papel oficial, o peso de sua influência espiritual em Ana da Áustria, de quem é um dos confessores. Nesse período, além disso, a rainha faz muitas doações — em dinheiro e mesmo em joias, uma vez ou outra — às obras de caridade do senhor Vicente, acompanhando-as atentamente.

A duquesa d'Aiguillon, em cuja propriedade de Rueil Ana gosta de ir buscar produtos frescos, também se mostra muito ativa em 1643-1644 em favor de Vicente de Paulo e de suas obras comuns. Algumas palavras então, inicialmente, sobre a Missão de Richelieu e a cidade propriamente dita.

Uma visita hoje em dia à "cidade do Cardeal" — uma cidade nova saída inteirinha da cabeça de Richelieu — é impressionante sob vários aspectos. Primeiro, pelo aspecto Bela Adormecida desse quadrilátero de traçados retilíneos, no qual, da Porta de Chinon à praça do castelo, a elegância arquitetônica não se alterou desde o século XVII. Para quem sobe a Grande Rue, da Place des Religieuses à imponente Place du Marché, passando pelos palacetes semelhantes construídos a partir de 1633 com base em projetos dos srs. Thiriot e Barbet, é fácil entender a visão ideal que o cardeal teve, concebendo a cidade como prolongamento do suntuoso castelo que mandara construir. Do arco do primeiro pátio do castelo, seu olhar devia alcançar tudo, até a outra extremidade da cidade.

Sabemos que os grandes funcionários do Estado, convidados de maneira cortês a comprar um palacete na Grande Rue e a frequentá-lo regularmente, fizeram-no sem grande entusiasmo. De certa maneira entendemos sua relutância em assumir o papel da guarda de honra. Mas o cardeal não os incomodou muito, pois nunca ia ao seu castelo, cuja construção só foi concluída pouco tempo antes de sua morte. Quase nada resta hoje da suntuosa construção, e é esse o segundo ponto que impressiona. A notável reconstituição apresentada no Espace Richelieu permite entender o deslumbramento do jovem Luís XIV, passando pelo castelo em 1650 ao se dirigir a Bordeaux. Ele veria ali um modelo para Versalhes, pelo menos

A FRANÇA E VICENTE DE PAULO POR VOLTA DE 1643

tanto quanto em Vaux-le-Vicomte mais de dez anos depois. Paradoxalmente, no entanto, o elemento mais vivo do século XVII na Richelieu de hoje é a Igreja de Notre-Dame, não sobretudo por sua fachada barroca, mas porque, uma vez atravessado o pórtico, somos recebidos por "São Vicente". A paróquia dos missionários de Vicente vive hoje sob sua proteção, e travamos conhecimento com o sr. Lambert, seu primeiro superior, já no fundo da igreja.

A Missão de Richelieu foi desejada pelo cardeal, e encontraria meios de se perenizar graças à obstinação conjugada de Vicente de Paulo e da duquesa d'Aiguillon em 1643. Detenhamo-nos por um momento neste ponto: ele é revelador da engenhosidade que era necessária para colocar uma gestão a médio e longo prazos a serviço da caridade. Instalados em "duas casinhas construídas na cidade" após o contrato assinado em Rueil em 1638, e depois numa casa maior que ainda está em obras à morte do cardeal, os padres da Missão vivem na época dos rendimentos do cartório de Loudun. O cardeal-ministro também pretendia confiar-lhes a casa paroquial de Richelieu — fato excepcional para a congregação, dedicada aos pobres do campo —, o que no entanto só seria feito em 1646, sendo portanto padres diocesanos que se incumbem de inaugurar a casa paroquial. Em compensação, Vicente sem demora dá início em Richelieu a uma ampla gama de tarefas (missões no campo, exercícios de ordenandos, retiros, confrarias da Caridade, atendimento dos doentes pelas Filhas da Caridade, instrução de menininhas, desenvolvimento de uma extensão em Luçon...). Vai visitar pessoalmente em novembro de 1638, novembro de 1639, no início de 1641, em junho de 1642... Essa fundação, tendo o padre Lambert aux Couteaux como primeiro superior de alta qualidade entre 1638 a 1645 — e ele voltaria a ser superior em 1650-1651 —, evidentemente é de grande importância para Vicente.

Ora, em dezembro de 1642, as coisas não funcionam mais: "A Providência permitiu que Richelieu não seja fundada", escreve Vicente (antecipando-se um pouco, como veremos) a Bernard Codoing. Com efeito, o cardeal vendeu o cartório de Loudun, pretendendo "aplicar o valor em fundos de terra" em proveito da Missão. Mas não teve tempo de assinar esse projeto, enviado a Vicente três dias antes de sua morte.[18] A abertura de seu testamento deveria em princípio tranquilizar o superior da Missão. Nesse texto, redigido em Narbonne em maio de 1642, o cardeal pede aos seus executores testamentários que "mandem consertar, preparar e ornamentar a casa dos PP. da Missão [que ele] fundou em Richelieu, e fazê-los comprar um jardim no interior da cidade de Richelieu, o mais próximo possível de sua casa, do tamanho que [ele] ordenou", concedendo aos missionários 60 mil libras, a serem usadas na compra de heranças para suas missões em Poitou. Mas as dívidas da sucessão do cardeal-ministro fazem com que as coisas se arrastem.

É então que Vicente envia uma solicitação aos comissários encarregados pelo rei de liquidar essas dívidas. "Nela, ele lembra a obrigação de concluir os alojamentos e transformar em bens imóveis o rendimento do cartório de Loudun, conforme a promessa do cardeal. Acrescenta que as despesas para a construção, a enfermaria e outras finalidades chegam a 101.360 libras, e que seria justo reembolsar a Missão, ao mesmo tempo atendendo aos encargos futuros."[19] Os comissários dão parecer favorável à solicitação e a remetem à duquesa d'Aiguillon, um dos dois executores testamentários do cardeal. A duquesa imediatamente entra em ação: concede aos lazaristas "uma renda anual de 5,5 mil libras que será realizada pela transferência a eles do baronato de Saint-Cassien, da grande quinta e da pequena, do dízimo, do prebostado e do forno de vassalagem, além de algumas outras propriedades de menor importância. Por fim, 'para liquidar completamente o passado, acabar de pagar pelas obras, permitir a ampliação necessária com uma enfermaria e remunerar novos encargos e missões em [suas] terras, em Aunis e Saintonge', ela acrescenta, por um lado, 15,6 mil libras,

---

18 Coste, *Correspondance*, op. cit., II, p. 321, carta nº 633, a Bernard Codoing, superior dos padres da Missão em Roma, 25 de dezembro de 1642.

19 L.A. Bosseboeuf, *Histoire de Richelieu et des environs, au point de vue civil, religieux et artistique*, Tours, 1890, p. 297-298, citado por Félix Cantassot, *L'Etablissement des lazaristes à Richelieu avant la Révolution (1638-1792)*, Étude documentaire, Paris, 1970.

e, por outro 30,8 mil libras, em pistolas espanholas, luíses e outras moedas, destinadas à compra de imóveis no ducado de Richelieu, com usufruto dos direitos senhoriais anexos".[20]

Assim equipada, a casa de Richelieu transforma-se num ponto de apoio importante para a Missão. Durante a Fronda, seria uma espécie de "segundo São Lázaro", servindo de base de apoio ao seminário interno. Nela, Vicente passaria longos meses nos períodos trágicos de 1649. A terra de Richelieu é um vínculo a mais entre a duquesa d'Aiguillon e ele, voltado para a obra comum.

Outro vínculo entre os dois se concretiza em 1643, com a fundação da Missão de Marselha. E por sinal essa Missão — que viria a desempenhar um grande papel — não é apenas um ponto de partida. Ela é a culminância de uma série de iniciativas notáveis da parte de personalidades fortes.

Voltemos atrás por um momento. Encontramos Vicente de Paulo pela última vez como capelão-geral das galés, sob o generalato de Philippe--Emmanuel de Gondi, conduzindo a missão de Bordeaux em 1624. Nas décadas seguintes, embora a intensidade de suas ocupações não lhe permita mais estar em contato direto com os galerianos, ele se mantém fiel a suas responsabilidades espirituais na cúpula, inspecionando e coordenando o trabalho dos capelães. Em 1632, embora a prisão parisiense dos forçados não esteja sujeita à Marinha, mas ao procurador-geral de Paris, Vicente obtém do rei e dos vereadores da capital consentimento para mandar transferir mais uma vez os galerianos para um lugar mais salubre. De tal forma, eles são levados de Saint-Roch para a paróquia de Saint-Nicolas--du-Chardonnet, numa torre quadrada erguida no Quai de la Tournelle e flanqueada por duas torrinhas. Na época, a Companhia do Santo Sacramento é muito ativa em favor dos forçados, tanto no que diz respeito à melhora de sua alimentação quanto na remuneração de guardas em número suficiente para permitir que os prisioneiros passeiem no pátio. Entretanto, por ter avançado sobre as prerrogativas de capelania dos párocos de Paris, a

---

20 Ibidem.

Companhia do Santo Sacramento teria de suspender suas atividades nesse terreno em 1634, por ordenança episcopal.

Em 1639, o inesperado testamento do sr. Cornuel, antigo intendente de Finanças e presidente do Tribunal de Contas, permite outra forma de assistência. Cornuel legou uma renda de 6 mil libras aos galerianos, e sua filha é incumbida de administrar o legado. Como seu marido a incite a negligenciar esse dispositivo, Vicente consegue, num trabalho de conciliação, que o valor necessário para se garantir a renda seja confiado ao procurador-geral Mathieu Molé, na qualidade de administrador perpétuo. A renda serviria para manter uma comunidade de Filhas da Caridade dedicadas ao atendimento aos forçados, e por outro lado 300 libras são transferidas anualmente aos padres da paróquia.[21] A partir de 1640, duas ou três Filhas da Caridade são mandadas para a toca do leão, munidas por Louise e Vicente de um sólido regulamento, mas às voltas com o assédio verbal dos galerianos enquanto os alimentam, lavam sua roupa, esfregam as salas, preparam seus pertences para a corrente... Barbe Angiboust deixaria a lembrança de uma excepcional têmpera revelada nesse exercício, mantendo uma paciência de anjo em meio às violências.[22] Vicente saberia dizer a suas Filhas o quanto seu papel junto a esses homens, rejeitados por todos, as transforma em servidoras do Cristo.

Uma vez a bordo das galés e ao chegarem ao porto de Marselha, os forçados passam no plano espiritual à responsabilidade de Vicente, sob a autoridade do bispo local. Ora, a situação espiritual dos forçados não é boa por volta de 1640, e Vicente pensa numa missão. Por outro lado, uma filial local da Companhia do Santo Sacramento é fundada em Marselha em 1639 por iniciativa de monsenhor Antoine Godeau, o petulante bispo de Grasse, na ocasião de passagem pela cidade. A companhia de Marselha logo contempla a possibilidade de um hospital para os galerianos: "Já a

---

21 Abelly, op. cit., t. 1, p. 128; Collet, t. 1, p. 177-178; Coste, *Correspondance*, op. cit., II, carta nº 426 a Louise de Marillac em Angers, 10 de fevereiro de 1640.

22 Ibidem, X, p. 645, conversa nº 109, *Sur les vertus de Sœur Barbe Angiboust*, 27 de abril de 1659.

A FRANÇA E VICENTE DE PAULO POR VOLTA DE 1643 363

29 de setembro de 1639, Marselha pede [à companhia de Paris] recursos para estabelecer um hospital para os forçados doentes."[23] Nesse mesmo ano, a duquesa d'Aiguillon funda o Hospital de Quebec. Ela se dispõe a ouvir a sugestão de um estabelecimento de atendimento aos galerianos de Marselha, principalmente porque o general das galés na ocasião é seu sobrinho, o jovem duque de Richelieu.

Sabemos que esse projeto de hospital tivera uma realização embrionária em 1618 graças ao general De Gondi e a Vicente de Paulo. Por falta de financiamento, o caso dera em nada. Dessa vez, o projeto avança em 1640-1641, paralelamente a outras iniciativas da Companhia do Santo Sacramento *in loco* (refúgio para prostitutas...). A Companhia de Paris passa a apoiar a ideia à medida que Gaston de Renty torna-se pela primeira vez, em 1641, superior de toda a Companhia, tomando a frente da questão. No início da década de 1640, Vicente e Renty agem em conjunto em favor dos lorenos e se encontram regularmente. Os dois unem seus esforços por Marselha.

Monsenhor Gault chega nesse momento. Os contemporâneos nos deixaram uma lembrança comovida desse bispo de radiosa caridade, oratoriano de reflexos franciscanos que em poucos meses deixaria marcas em Marselha para sempre. Sagrado em Paris no outono de 1642, Jean-Baptiste Gault chega a Marselha em janeiro de 1643, recusando uma entrada solene, preocupado em visitar os sofredores, tocado em particular pela situação dos galerianos. Vivamente interessado pelo projeto de hospital, ele contempla a possibilidade de vender sua baixela de prata para garantir o financiamento se o valor prometido pela duquesa d'Aiguillon não for suficiente. Esta acabaria por fornecer 9 mil libras para a conclusão das obras e o início do funcionamento do hospital. Outra personalidade generosa apoia monsenhor Gault: Gaspar de Simiane de la Coste (1607-1649), cavaleiro de Malta, ativo na Companhia do Santo Sacramento de Marselha e que seria

---

23 Raoul Allier, *La Compagnie du très Saint-Sacrement de l'autel à Marseille*, Paris, Ed. Champion, 1909, p. 184, citado por Triboulet, *op. cit.*, p. 214.

o principal pilar da fundação do hospital. O cavaleiro de la Coste conhece bem Vicente, que é seu diretor espiritual. Estão reunidos os ingredientes para uma ação comum.

Ela assume inicialmente a forma de uma grande missão nas galés, no início de 1643. A envergadura dessa missão leva o bispo a recorrer a várias congregações. Ao lado dos missionários de Vicente, temos padres da congregação do padre d'Authier de Sisgau, implantada localmente, mas também oratorianos e jesuítas, completando-se o grupo com alguns padres italianos. A missão duraria vinte dias. É com alegria que monsenhor Gault também entra nas galés e participa dos trabalhos, coroados de um belo êxito, pois muitos "heréticos" e "turcos" se convertem, tendo a maioria dos forçados católicos, por sua vez, "cumprido seus deveres religiosos". Como se fosse o caso de ver aí o sinal de que um autêntico sucesso apostólico só pode se enraizar na Cruz, contudo, uma notícia abala a cidade algumas semanas depois: a 23 de maio, monsenhor Jean-Baptiste Gault vem a falecer, vítima de uma doença contraída nas galés durante a Missão. Toda Marselha em lágrimas manifestaria por ele uma afetuosa veneração.

Vicente enviara a Marselha quatro missionários e um frade coadjutor para a Missão nas galés. Mas eles não partiram apenas com essa finalidade. Dirigindo-se para o sul, eles deviam matar dois coelhos com uma cajadada só, pois se perfilava no horizonte um novo projeto. Leiamos o trecho da carta de Vicente que o anuncia a Bernard Codoing em fevereiro, pois nos permite vislumbrar o primeiro esboço desse projeto: "Os senhores du Coudray e Boucher partirão dentro de dois dias para a Barbaria, e os senhores Brunet e Candelou estarão com eles e um frade cirurgião para participarem juntos das missões nas galés da França, e o cirurgião, para dirigir uma espécie de hospital para os pobres galerianos em Argel, tendo assim direito de lá permanecer e se comportar à maneira dos que estão no Canadá. [...] Rogo-lhe que o recomende a Deus e não fale a respeito."[24]

---

24 Coste, *Correspondance*, op. cit., II, p. 368-369, carta nº 644, a Bernard Codoing, superior em Roma, 20 de fevereiro de 1643.

A FRANÇA E VICENTE DE PAULO POR VOLTA DE 1643   365

Mas sobrevém um contratempo, pois os missionários não chegariam nesse ano à Barbaria. Lendo essa carta, contudo, entendemos o alcance da convenção estabelecida em Paris cinco meses depois, a 25 de julho de 1643, na propriedade da duquesa d'Aiguillon, entre a duquesa, por um lado, e, por outro, Vicente de Paulo e quatro dos seus missionários — Antoine Portail, François du Coudray, René Alméras e Emerand Bajoue. Essa convenção é o ato de fundação da Missão de Marselha.[25]

Nela se afirma que a duquesa doa 14 mil libras, a serem empregadas da melhor maneira para renderem o máximo, com a finalidade de alojar e sustentar em caráter perpétuo quatro padres da Missão em Marselha. Estes terão prioridade sobre todos os capelães e outros eclesiásticos no que diz respeito às missões nas galés, com possibilidade de mudá-las se necessário (para tanto, Vicente obteria do rei autorização de delegar sua função de capelão real ao superior de Marselha). De cinco em cinco anos, os quatro padres realizarão uma missão em cada uma das galés nos diferentes portos da França. Paralelamente, terão de dar assistência espiritual aos doentes do hospital dos galerianos de Marselha. Por fim, a convenção contém este parágrafo: "Igualmente, com o encargo expresso de enviar pelos referidos padres da Missão sempre e em caráter perpétuo, quando julgarem adequado, padres da referida congregação da Missão à Barbaria, para consolar e instruir os pobres cristãos cativos detidos nos referidos lugares na fé, no amor e no temor de Deus, através deles realizando ali as missões, o catecismo, as instruções e exortações, missas e orações a que estão acostumados."

As missões na Barbaria só teriam início dois anos depois. Mas as fundações da obra foram lançadas. Intuição de Vicente, lembrando-se de seu cativeiro 35 anos antes e aproveitando a oportunidade para reconfortar os que não tiveram sua sorte? Entusiasmo evangelizador da duquesa, para quem a experiência do Canadá representa um poderoso estímulo? Notamos

---

25 Ibidem, XIII, documento n° 90, *Fondation de l'établissement de Marseille par la duchesse d'Aiguillon*, 25 de julho de 1643 (Archives nationales S 6707, cópia autenticada).

que Vicente, na carta recém-citada, refere-se expressamente ao exemplo canadense. Segundo Abelly, contudo, Luís XIII é que teria tido em 1642 a ideia de dar assistência aos pobres escravos na Barbaria, voltando seus olhos para Vicente com essa finalidade e pondo-lhe nas mãos 9 mil ou 10 mil libras com vistas a um futuro envio de missionários.[26] Só faltava então um empurrão da Providência.

Como vemos, o ano de 1643 é um ano decisivo. Além disso, ele começa depois de um acontecimento que assinala uma etapa importante para a congregação: sua primeira assembleia-geral, inaugurada em São Lázaro a 13 de outubro de 1642.[27] Vicente convocou para ela superiores das casas próximas ou já bem estabelecidas: Jean Dehorgny (Colégio dos Bons Meninos), Jean Bécu (Toul), Lambert aux Couteaux (Richelieu), Jean Bourdet (Troyes), Pierre du Chesne (Crécy, diocese de Meaux). Nos casos de Notre--Dame de la Rose, na diocese de Agen, e de Luçon, Saintes e Annecy, seja em virtude da distância, seja por causa da instalação por demais recente do superior, os representantes são Antoine Portail, François du Coudray, Antoine Lucas, Léonard Boucher — e René Alméras como suplente. Todos eles são pioneiros da congregação, homens de valor e fidelidade. Vicente sabe que pode contar com eles. A assembleia examina algumas questões, entre elas um esboço de regras do porvir e a forma de eleição do futuro superior-geral e de seu vigário. Vale destacar dois fatos nessa primeira assembleia: primeiro, Vicente apresenta ajoelhado sua demissão, pedindo que eleja um sucessor. Seus colaboradores terão a maior dificuldade para fazê-lo voltar atrás, em nome da obediência, de uma decisão que segundo ele tem como motivo o sentimento da própria indignidade. Mas a congregação sai fortalecida do episódio. O segundo fato marcante é a eleição, ao lado de Vicente, de dois assistentes para a "pequena companhia": Antoine Portail e Jean Dehorgny.

---

26 Abelly, op. cit., t. 2, p. 93.

27 Coste, *Correspondance*, op. cit., XIII, p. 287-298, documento n° 89, atas da Assembleia realizada em São Lázaro em outubro de 1642.

A FRANÇA E VICENTE DE PAULO POR VOLTA DE 1643

Nosso objetivo não é abordar a história da congregação, mas tentar mostrar de que maneira Vicente de Paulo inscreveu-se no seu século. A esse respeito, contudo, cabe frisar sua visão original de superior, que levaria anos para se afirmar, pois vai de encontro às concepções da Igreja em sua época: Vicente quer que a Missão seja uma congregação de padres seculares, mas também deseja que seus membros façam votos (de pobreza, castidade, obediência — e ele acrescenta a estabilidade na congregação), o que habitualmente cabe apenas aos padres regulares. Já a partir dos primeiros anos da Missão são feitos votos. Mas muitas discussões surgiram e continuariam a surgir em torno desse tema, em particular numa segunda assembleia-geral, em 1651. Por fim, seria buscada a arbitragem de Roma, sendo o padre Thomas Berthe, de 31 anos, prestigiado pelo papel de confiança que acaba de desempenhar na Picardia, incumbido de solicitar e negociar em 1653. O asilo concedido pela casa da Missão em Roma, em 1655, ao cardeal de Retz, em fuga após a Fronda, complicaria o desfecho das negociações, mas a morte de Inocêncio X e o advento de Alexandre VII, em abril de 1655, permitiriam ao novo negociador da Missão, o padre Edme Jolly, retomar a questão. A 22 de setembro, o breve apostólico *Ex commissa nobis* aprovaria os votos.[28] Votos simples, perpétuos, reservados ao sumo pontífice e ao superior-geral da congregação, que, por sua vez, não obstante essa decisão, não passa a constituir uma ordem religiosa, continuando a fazer parte do clero secular. Por fim, o breve faz à Congregação da Missão o favor de conceder-lhe isenção do Ordinário. Quanto a suas regras, como no caso das Filhas da Caridade, Vicente faz questão de que sejam experimentadas antes de uma adoção formal. Elas só seriam redigidas definitivamente em 1653, com aprovação do arcebispo de Paris nesse mesmo ano.

Devemos agora abordar brevemente a maneira como Vicente governa seus colaboradores. Em 1636, a Congregação da Missão tem menos de

---

28 Coste, *Correspondance,* op. cit., XIII, p. 380-382, documento nº 113, breve de Alexandre VII aprovando os votos da Congregação da Missão, 22 de setembro de 1655 (em latim).

SÃO VICENTE DE PAULO

cinquenta membros, padres e frades coadjutores. A partir de 1637, o estabelecimento do seminário interno, que dura dois anos, permite receber e formar muitos jovens. Por volta de 1645, a congregação tem aproximadamente duzentos membros ativos, e se calculou que ao longo da vida Vicente de Paulo terá admitido "614 aspirantes, dos quais 425 clérigos e 189 frades coadjutores".[29] Mas ele não procura apressar o movimento, mostrando-se exigente quanto às qualidades dos missionários, e também considerando que cabe a Deus fazer o chamado. Fora de questão atrair para a Missão padres interessados em ir para outro lugar. As cartas de Vicente são claras nesse sentido, pois a "modesta companhia" não deve dar ares de importância a si mesma. Em compensação, o superior-geral da Missão se mostra exigente e detalhista quanto à denominação e às exigências próprias de sua congregação. Um projeto de união com a Congregação do Santíssimo Sacramento fundada pelo padre d'Authier de Sisgau não resultaria em nada por causa das diferenças de visão, e Vicente lutaria incansavelmente para que o nome "Missão" permanecesse ligado à sua congregação e só a ela, para evitar confusões.

A julgar por suas cartas, Vicente é um superior-geral de austera e exigente autoridade. Não hesita em censurar os que só querem fazer o que lhes dá na cabeça e faz questão de que, em caso de conflito, os protagonistas possam dirigir-se diretamente a ele, em caráter confidencial. Mas toda manifestação de autoridade é acompanhada de uma expressão de proximidade — quase uma ternura — na qual o superior se apaga por trás do amor de Cristo, seu mestre. Um texto de sua autoria sobre a vida em comunidade será mais eloquente, nesse sentido, do que qualquer comentário: "Quem quer que pretenda viver em comunidade deve decidir-se a viver como um peregrino na terra; a fazer-se louco por Jesus Cristo, a mudar de hábitos, humilhar todas as suas paixões, buscar a Deus puramente, sujeitar-se como o mais humilde de todos; convencer-se de que veio para servir, e não pra

---

29 Roman, op. cit., p. 164.

A FRANÇA E VICENTE DE PAULO POR VOLTA DE 1643 369

governar; para sofrer e trabalhar, e não para viver nas delícias e no ócio. Deve saber que aqui somos experimentados como o ouro na fornalha, que não podemos perseverar se não quisermos nos humilhar por Deus, e convencer-se de que, assim fazendo, teremos um verdadeiro contentamento nesse mundo e a vida eterna no outro."[30]

Às vezes o teste vem de fora. Em 1646, a abadia bretã de Saint-Méen, entregue pelo bispo de Saint-Malo aos padres da Missão para a fundação de um seminário, seria objeto de uma verdadeira rixa com os beneditinos de Saint-Maur. Seria demasiado longo relatar esse conflito de episódios meio rocambolescos, meio consternadores, que mobilizou o parlamento da Bretanha e os cavaleiros do marechal de la Meilleraye, provocando o confronto entre padres e religiosos em campos opostos, a fuga em pânico do superior regional da Missão e o encarceramento do seu substituto, o padre de Beaumont, que permaneceu no local. O caso, discutível no âmbito do direito canônico, levou anos para ser resolvido. Advertido após o início das hostilidades e consciente do escândalo, Vicente teria preferido convocar seus colaboradores de volta. Por respeito ao bispo, que não queria ceder e tinha movido um processo, ele acompanhou, para não ser ingrato.[31] Mas Vicente não gostava de processos. "Nosso senhor envolveu-se num único, e o perdeu", costumava lembrar. Mas teria de sustentá-los na gestão dos bens de sua comunidade, o que faria com competência, distanciamento... nem sempre com sucesso.

Num interessantíssimo estudo sobre a atividade administrativa de Vicente de Paulo, o padre Koch não hesita em falar de uma "espiritualidade da gestão".[32] É algo que salta aos olhos do leitor da *Correspondência*.

---

30 Citado por Abelly, op. cit., t. 1, p. 162 e Collet, op. cit., t. 1, p. 275.

31 Coste, *Correspondance*, op. cit., III, p. 36-40, carta nº 850, a Jean Bourdet, superior em Saint-Méen, 1º de setembro de 1646.

32 Koch, *Vincent de Paul gestionnaire*, op. cit. (resumo inédito de estudos realizados entre 1995 e 2013). B. Koch cita em várias oportunidades René Wulfman, *Charité publique et finances privées, M. Vincent gestionnaire et saint*, Paris, Ed. Septentrion, 1997.

Vicente integra com espantosa naturalidade os encargos pesadíssimos que lhe cabem à dinâmica íntima de sua caridade. Numa *Conversa com as Filhas da Caridade* já no fim da vida, ele frisa que o bem dos pobres é o próprio bem de Deus, pois foi Deus que induziu nos doadores o desejo de doar. E acrescenta: "Vejam bem, minhas irmãs, uma das coisas que mais temi [...] é que haja na Companhia pessoas que não cuidam fielmente do bem dos pobres. O motivo é que é difícil manusear bem o dinheiro, e mesmo os mais sábios têm dificuldade de se eximir de se apropriar do que não é deles, ainda que fossem santos, como os apóstolos."[33] Mas Vicente não hesita em comparar aquele que se apropria dos bens dos pobres a Judas, apanhado na engrenagem que o leva a trair Jesus. Do furto ao sacrilégio, para quem fez voto de pobreza, é apenas um passo.

Em sentido inverso, ao longo de toda a sua vida de superior, Vicente faz muito mais que cuidar dos bens dos pobres, fazendo-os frutificar. Pois uma coisa são as esmolas. Mas para manter as 27 casas que a Missão totalizaria em sua vida; sustentar o estilo de vida de São Lázaro, com sua multidão de pensionistas permanentes; assegurar a assistência a inúmeros pobres em suas portas; preencher pelo menos em parte o abismo financeiro das Crianças Abandonadas etc., são necessários recursos estáveis. Pelos exemplos de Richelieu e Marselha, já vimos a maneira como esses recursos chegam e a preocupação que causam em Vicente. Mas é uma preocupação permanente, pois são muitas as medidas tomadas e não faltam críticas insidiosas. O padre Koch identifica três tipos de ocupações que necessitam de Vicente. Primeiro, verificar e fazer registrar na presença de um tabelião as doações e legados, arrendamentos, procedimentos e "transações": "Multiplicam-se nos arquivos centenas desses atos, assinados por ele... de cinco a catorze por mês, certa vez nove num único dia, até o fim de 1659." Também é necessário consultar financistas e banqueiros. Nesse aspecto, como nos demais, Vicente sabe pedir conselhos. Assim, os srs. Lumague

---

33 Coste, *Correspondance*, op. cit., X, p. 304 sq., conversa nº 83, de 26 de agosto de 1657, *Ménager le bien des pauvres et de la communauté.*

A FRANÇA E VICENTE DE PAULO POR VOLTA DE 1643 **371**

(pai da srta. Poulaillon) e Mascarini, banqueiros em Lyon, aparecem regularmente na *Correspondência*, ajudando Vicente em numerosas operações (transferências de dinheiro para Marselha, Itália etc.) e acompanhando as taxas de investimento. Por fim, é preciso responder a processos quando surgem contestações no momento da mudança de proprietário da fonte de certas rendas.

Vicente revela-se muito capaz — não fossem as raízes camponesas — quando se trata de aumentar o rendimento dos cultivos e juntar pequenas propriedades de terra mediante compras e trocas. Seus dois grandes êxitos são Fréneville e sobretudo Orsigny, "onde a propriedade inicial é ampliada com terras de uma outra fazenda contígua e de duas outras não muito distantes, totalizando 120 hectares à morte de São Vicente". O padre Koch contou dezessete lavouras possuídas pela Missão na Île-de-France e em Champagne à morte de Vicente, em 1660. As propriedades em torno de Paris servem nas épocas de escassez para alimentar centenas de pobres e congregações de religiosas enclausuradas.

A partir de 1642, Vicente também faz algumas aplicações em empresas de coches. Quarenta e três linhas de coches — por água e por terra — fazem na época o transporte para Noyon, Saint-Quentin, Orléans e Rouen, algumas oferecendo partidas diárias. Muitas congregações religiosas investem nas empresas de coches, cada uma delas comprando sua parte segundo seus recursos. Eventualmente, Vicente as coordena. Nos dias 25, 27 e 29 de outubro de 1644, ele e as superioras das Filhas da Caridade (Louise de Marillac), das Filhas da Providência (a srta. Poulaillon), das Filhas da Cruz (a sra. de Villeneuve) e algumas outras compram os coches de Paris a Rouen por arrendamento de nove anos.[34] Foi de Vicente o maior investimento, em proveito nominal das casas da Missão em Roma e Marselha.

---

34 Bernard Koch faz uma apresentação detalhada do arrendamento (op. cit., p. 58-60) com base numa fotocópia do certificado.

372 SÃO VICENTE DE PAULO

Em suas *Conversas*, ele não hesita em comparar uma boa gestão dos bens à maneira de proceder... da própria Providência! Vejamos este trecho:

Oh, meu Deus! A necessidade nos obriga a ter esses bens perecíveis e manter na Companhia o que Nosso senhor nela colocou; mas devemos cuidar, como o próprio Deus cuida, de produzir e conservar as coisas temporais para o ornamento do mundo e o alimento de suas criaturas, de tal maneira que ele cuida de suprir até um ácaro; o que não impede suas operações internas, pelas quais ele gera seu Filho e produz o Espírito Santo; ele realiza essas e não esquece as outras. Como então é o prazer de Deus suprir de alimentos as plantas, os animais e os homens, os que têm a responsabilidade nesse pequeno universo da Companhia também devem suprir as necessidades dos particulares que a compõem. De fato é preciso, meu Deus; caso contrário, tudo que a vossa Providência deu para o sustento deles haveria de se perder, o vosso serviço cessaria e nós não poderíamos ir gratuitamente evangelizar os pobres.[35]

---

35 Coste, *Correspondance*, op. cit., XII, p. 110-111, conversa n° 90, *Des membres de la congrégation de la Mission et de leurs emplois*, 13 de dezembro de 1658 (avaliação das regras comuns).

17

Vicente e o Conselho de Consciência
A questão do jansenismo

A chegada de Vicente ao Conselho de Consciência significa para ele a obrigação de frequentar a Corte. Ele tenta inicialmente esquivar-se, mas a rainha lhe impõe como uma obrigação, e nosso herói se inclina. Mas para ele é difícil: "Nunca fui tão digno de compaixão quanto agora, nem precisei tanto de orações quanto neste momento, na nova função que tenho. Espero que não seja por muito tempo. Orem a Deus por mim..."[1]

O Conselho de Consciência não é uma instituição nova, tendo sido criada por Richelieu alguns anos antes. Cuidando da regulamentação das questões eclesiásticas, ele toma conhecimento de tudo que diga respeito à vida religiosa pública. E sobretudo é incumbido da designação dos titulares dos grandes benefícios, bispados ou abadias. No início da década de 1640, a Reforma católica se afirma, porém num contexto desigual: muitas dioceses continuam assoladas por abusos ou entregues à indiferença. Assim, para a Igreja, as decisões do Conselho de Consciência se revestem de importância estratégica.

Já a partir dos meses de maio e junho de 1643, cartas de amigos a Vicente mostram a diversidade das expectativas. Assim, Jean-Jacques Olier, pároco

---

1 Coste, *Correspondance*, op. cit., II, p. 406, carta nº 672, a Bernard Codoing, superior em Roma, 18 de junho de 1643.

do Santo Sulpício, suplica-lhe que interfira junto à rainha para conseguir reparação pela afronta de um senhor de aldeia que "espancou e feriu a bordoadas" o seu pároco, "na presença dos paroquianos e na porta da igreja".[2] Frisando o fato de esse pároco ser "um homem de bem", o padre Olier estende sua solicitação a medidas de repressão geral das humilhações a que uma certa nobreza ateia submete os humildes padres. Por sua vez, monsenhor De Solminihac, bispo de Cahors, do qual voltaremos a falar, expressa em duas cartas sucessivas sua preocupação com nomeações justas, sem favoritismo, pelo bem da Igreja.

O Conselho de Consciência é presidido por Ana da Áustria. Além de Mazarin e Vicente de Paulo, convocou a ele o chanceler Séguier, os bispos de Beauvais (monsenhor Potier) e Lisieux (monsenhor Cospéan), além de Jacques Charton, grande penitenciário de Paris. Outros membros seriam acrescentados eventualmente, entre eles o príncipe de Condé. Ao contrário do que afirma a sra. De Motteville em suas *Memórias*, o conselho é dirigido por Mazarin, e não por Vicente. Em compensação, este desempenha nele o papel de relator, rapidamente se tornando seu personagem-chave. Para começar, por sua influência espiritual; mas também por seu conhecimento de muitas personalidades religiosas: em 1643, a Conferência das Terças--Feiras já tem dez anos de existência.

Vicente conseguiu da rainha autorização para não residir na Corte e só se apresentar diante dela por convocação expressa, para desempenhar suas funções de confessor e para as sessões do Conselho. Quando comparece, é com seu hábito comum, grosseiro e gasto. De tal maneira que certo dia Mazarin, "pegando-o pela cintura, que estava toda rasgada, mostrou-a aos presentes e disse, rindo: 'Vejam como o senhor Vicente se veste para vir à Corte, e a bela cintura que traja.'"[3] O príncipe Henri de Condé seria mais cortês. Como Vicente se recusasse, por humildade, a

---

2 Coste, *Correspondance*, op. cit., II, p. 403 *sq.*, carta n° 670, de J.-J. Olier a Vicente de Paulo, Paris, junho 1643.
3 Abelly, op. cit., t. 3, p. 273-274.

sentar a seu lado ("monsenhor, é uma honra enorme que Vossa Alteza me aceite em sua presença, eu que não passo do filho de um pobre guardador de porcos"), o senhor príncipe responde com os versos do poeta: *Moribus et vita nobilitatur homo*,[4] e acrescenta: "Não é de hoje que conhecemos o seu mérito." Durante a sessão, propondo a Vicente algumas questões religiosas controvertidas — com os "heréticos", e depois sobre um elemento de direito canônico —, o príncipe ficaria maravilhado com o fato de esse homem que se declara ignorante resolver "em duas palavras" questões com que se debatem as melhores inteligências. O episódio, relatado por Abelly,[5] permite entender o fascínio exercido por Vicente sobre os grandes.

A pobreza do seu aspecto vai de par com a vontade de manter sua congregação pobre e abnegada. Não só Vicente nada pede para ela como ainda declara, quando certo alto personagem promete bens a São Lázaro para conseguir um benefício eclesiástico para um membro de sua família: "Nem por todos os bens da terra eu faria algo contra Deus, nem contra minha consciência. A Companhia não vai morrer de pobreza; se lhe faltar a pobreza é que receio venha a morrer."[6] Ele haveria de se manter fiel a essa linha de conduta. Fidelidade tanto mais digna de nota na medida em que, na sociedade da época, tudo funciona por redes de clientela e serviços prestados.

O mais belo exemplo de sua independência de espírito a serviço da Igreja é sua atitude no caso Molé. Em 1646, Mazarin apoia por motivos políticos a candidatura ao bispado de Bayeux de Edouard Molé, filho do primeiro presidente do Parlamento de Paris. Edouard Molé não é digno do cargo. Mas Mazarin põe Vicente diante de um fato consumado, numa carta em que lhe denuncia a decisão tomada pela rainha para "reconhecer os serviços do padre".[7] A amizade entre Vicente e Mathieu Molé, em vez

---

4 "Por seus costumes e sua vida é que o homem se enobrece."
5 Abelly, op. cit., t. 3, p. 210.
6 Citado por Abelly, ibidem, t. 3, p. 278.
7 Coste, *Correspondance*, op. cit., II, p. 563, carta n° 783, do cardeal Mazarin a Vicente de Paulo, fevereiro de 1646.

de calá-lo, o leva a aproveitar uma última oportunidade: ele vai ao encontro do primeiro presidente e apela para sua consciência, mostrando-lhe que a decisão é grave aos olhos de Deus. O primeiro presidente fica abalado, mas a idade avançada e os muitos filhos para criar o levam a encontrar uma solução de compromisso. "Oh, senhor Vicente! Quantas noites de sono não me tirou!", confessa ao amigo que volta a procurá-lo. Mas isso para acrescentar que, podendo seu filho cercar-se de uma boa equipe para cumprir seus deveres, não vê motivo de abrir mão.[8] Edouard Molé seria um bispo catastrófico, até morrer cinco anos depois.

Quanto ao âmbito de suas intervenções, a deodontologia de Vicente também é firme: apenas o espiritual, tal qual o caso da Missão. Como o superior da Missão em Sedan quisesse ir em socorro judicial de um católico contra um huguenote num caso civil, ele solicita que não interfira em questões seculares, acrescentando: "Como pode saber se o católico tem base para cobrar na justiça o que cobra? Existe uma grande diferença entre ser católico e ser justo." Fala então do Conselho de Consciência: "São tais considerações e outras semelhantes que fazem com que, na função que aprouve à rainha conferir-me em seu conselho das coisas eclesiásticas, eu só interfira nas que são desta natureza e que também digam respeito ao estado religioso e ao dos pobres, por mais que as outras questões que me são propostas tenham aparência de devoção e caridade."[9]

Por sugestão de Vicente, o Conselho já em suas primeiras sessões aprova as resoluções que constituem a regra de distribuição de benefícios.[10] Elas contêm seis normas precisas, entre as quais a exigência de idade mínima para as abadias de homens e mulheres. A terceira resolução, particularmente delicada, diz respeito ao perfil dos candidatos: "Em terceiro lugar, que não serão concedidas cartas patentes para a obtenção de benefícios devolutos de que não se dispusesse antes [...] atestados de

---

8 Abelly, op. cit., t. 2, p. 451-452.

9 Coste, *Correspondance*, op. cit., II, p. 447-448, carta nº 701, a Guillaume Gallais, superior em Sedan, 13 de fevereiro de 1644.

10 Abelly, op. cit., t. 2, p. 444.

VICENTE E O CONSELHO DE CONSCIÊNCIA. A QUESTÃO DO JANSENISMO   377

vida, costumes e capacidade dos que fizerem a solicitação; e, no caso de não apresentarem as qualidades necessárias, serão escolhidos outros nos quais elas sejam encontradas..."

Vicente estabelece uma lista de aspirantes por ordem de mérito, capacidades e necessidades. O trabalho pode então ter início. Pierre Coste nota que as atas das sessões, muito lacônicas, não permitem avaliar realmente o tom dessas conversas e o que nelas está em questão. Felizmente dispomos de outras fontes. Os historiadores do período encontraram nos *Carnets* de Mazarin uma dúzia de anotações a respeito de Vicente, todas do primeiro ano da regência (1643-1644). Elas refletem uma certa desconfiança. Nessas linhas redigidas em estilo telegráfico, o padre De Gondi, "a Maignelay" — ou seja, sua irmã, a muito caridosa marquesa — e alguns outros parecem preocupar Mazarin por sua capacidade de mobilizar o meio devoto contra ele. Ele imagina Vicente como uma correia de transmissão. Em 1644, boatos na Corte dão a entender sua próxima queda em desgraça. Mas Vicente, como Bernard Codoing o questione a respeito, responde: "É verdade que certas coisas pareciam indicar que não me deixariam mais no cargo, mas meus pecados fazem com que se decida de outra maneira."[11] No trabalho em comum, as relações de Vicente com Mazarin revelaram-se quase frias. O cardeal-ministro aprecia a competência de Vicente, sabe pedir-lhe conselhos e o apoia quando nada o contraindique. Mas sua lógica pessoal decorre exclusivamente de considerações de poder político e interesse. Daí resultam abusos gritantes, contra os quais Vicente precisa constantemente lutar.

Dois exemplos, para clarear as ideias. O primeiro é do mês de agosto de 1646. No contexto da afirmação do catolicismo ante o protestantismo, a sé episcopal de Maillezais é transferida para La Rochelle, sendo o bispo de Maillezais nomeado para Bordeaux, e o de Saintes, para La Rochelle. Vicente escreve a Mazarin a 20 de agosto: os interessados "avalizam o tratado", mas "meu referido senhor [de] Maillezais gostaria que aprouvesse à

---

11 Coste, *Correspondance*, op. cit., II, p. 499-500, carta nº 737, a Bernard Codoing, de São Lázaro, 4 de janeiro de 1645.

bondade [de Vossa Eminência] dar-lhe a esperança de alguma abadia com [um benefício], para compensar a diminuição da renda por [ele] sofrida nesse tratado, de tal maneira que, não obstante, ele se submete à vontade de V[ossa] E[minência]. Ele atuou muito bem em [Maillezais] e se propõe a fazer ainda melhor em Bordeaux."[12] Resposta de Mazarin: "Senhor, transmiti à rainha o que o senhor decidiu com o sr. de Maillezais. Ela o aprova integralmente [...]. Envio-lhe com esta finalidade a carta patente de nomeação que ela fez da pessoa do referido senhor de Maillezais ao arcebispo de Bordeaux, não duvidando de que, por sua vez, ele se disponha a entregar em suas mãos a sua demissão." Estão todos de acordo quanto à pessoa, as coisas transcorrem bem.

O segundo caso é espinhoso. Numa carta de 1647, Mazarin faz alusão a uma carta de Vicente ao sr. De Lionne (diplomata e confidente do cardeal-ministro) a respeito da promoção ao episcopado de Charles-Louis de Lorraine, abade de Chailli, proposta pelo bispo de Condom. Vicente opõe-se por motivos sérios. Mazarin retruca: "Como a dificuldade pelo senhor encontrada consiste numa questão de fato, e tendo-me informado cuidadosamente, descobri que a coisa que lhe foi dita nunca ocorreu [...] rogo-lhe por sua vez, sem perda de tempo, fazer as diligências que julgar necessárias para a satisfação de seu espírito [...], desejando Sua Majestade, por várias considerações importantes, que lhe diga em nosso primeiro encontro que essa questão seja encerrada sem mais demora."[13]

A expressão carrancuda é quase palpável. Vicente bate o pé: o bispado de Condom é entregue a Jean d'Estrades, bispo de Périgueux. Mas quem irá para Périgueux? Embora não nos traga a resposta, uma carta de Monsenhor De Solminihac a Vicente permite-nos entender que este não age sozinho e que, por trás das decisões em causa, toda uma estratégia de evangelização regional pode ser posta em questão pelas táticas do interesse: "Senhor,

---

12 Coste, *Correspondance*, op. cit., III, p. 15-16, carta n° 835, ao cardeal Mazarin, Paris, 20 de agosto de 1646.

13 Ibidem, III, p. 248, carta n° 994, do cardeal Mazarin a Vicente, 10 de outubro de 1647.

dou-lhe graças de todo coração pelo trabalho que teve para nos dar o senhor De Sevin como bispo de Sarlat. [...] Deus seja a sua recompensa! [...] O senhor d'Estrades, nomeado para o bispado de Condom, escreveu--me recentemente que o senhor resistiu fortemente no Conselho a que o abade sobre o qual lhe havia escrito fosse nomeado bispo de Périgueux. Não posso entender como é possível que se pense em conferir um bispado a pessoas desse tipo, e um bispado tão importante quanto o de Périgueux, e ainda mais no estado em que se encontra, pelo que bem sabemos [...] e a necessidade de para lá mandar um homem apostólico; e então lhe rogo que se empenhe e nunca se canse de uma obra tão santa."[14]

Uma de nossas alegrias na leitura da *Correspondência* de Vicente de Paulo é a descoberta de suas trocas epistolares com o bispo de Cahors. Existe entre eles uma amizade rara, numa mistura de franqueza e delicadeza, com total confiança mútua. A ação de Vicente no Conselho de Consciência só pode ser plenamente entendida à luz dessa correspondência.

Devemos aqui travar conhecimento mais aprofundando com o monsenhor de Cahors. Alain de Solminihac (1593-1659), beatificado em 1981 pelo papa João Paulo II e querido na antiga província de Quercy há mais de três séculos, ficou conhecido a partir de seu episcopado como "o Borromeu francês".[15] Essa referência ao arcebispo de Milão, São Carlos Borromeu — grande figura do período posterior ao Concílio de Trento, que por sua dimensão pastoral, sua íntima união com Deus e seu heroísmo durante a peste de Milão (1576) despertou o entusiasmo de seus contemporâneos e serviu de modelo à Reforma católica —, bem diz da influência de Alain De Solminihac. Desde que não se vá erguer prematuramente uma estátua ao discípulo, para poder descobri-lo em toda a sua encantadora e forte humildade.

Nascido no castelo de Belet, perto de Périgueux, numa família da pequena nobreza aliada aos Montaigne, o jovem Alain sonhava tornar-se

---

14 Coste, *Correspondance*, op. cit., III, p. 255, carta nº 1001, de Alain de Solminihac, bispo de Cahors, a Vicente de Paulo, de Mercuès, 4 de dezembro de 1647.
15 Raymond Darricau, *Au cœur de l'histoire du Quercy. Alain de Solminihac, évêque de Cahors*, Chambray-lès-Tours, Éditions CLD, 1980.

cavaleiro de Malta. Mas como um de seus tios, abade dos cônegos regulares da abadia de Chancelade, no Périgord, quisesse ser sucedido pelo sobrinho, Alain faz profissão perpétua em 1616 e recebe a ordenação sacerdotal em 1618. De início alimenta o desejo de pôr ordem na casa, meio arruinada e que já agora só dispõe de um professo, o padre Lamic. Mas sobretudo está convencido de que nada poderá fazer de bom sem uma sólida formação espiritual. Parte para Paris com o padre Lamic e lá permanece de 1618 a 1622. Ora, em 1618 Francisco de Sales está em Paris. Alain de Solminihac é introduzido em sua convivência, e o bispo lhe dá conselhos, tanto no que diz respeito a sua vida pessoal quanto em relação à reforma de sua abadia. Durante os quatro anos da estada de Alain, seus professores são o dr. André Duval, na época diretor espiritual de Vicente, e Philippe de Gamaches. Frequentando no noviciado dos jesuítas o padre Antoine Le Gaudier, grande mestre de teologia espiritual, Alain faz os Exercícios Espirituais sob sua direção em 1619. Informa-se com o cardeal de La Rochefoucauld, incumbido de reformar as ordens religiosas na França, sobre as possíveis maneiras de renovar a abadia de Chancelade. Ao retornar ao Périgord, vai com a convicção de que um cônego regular é "um religioso que se compromete a reproduzir a vida dos apóstolos, segundo o exemplo de Santo Agostinho".[16]

De 1623 a 1636, ele transfigura a abadia, que logo passa a atrair muitas vocações. Sua influência é de tal ordem que ele passa a ser chamado por toda parte. Profundamente humilde, recusa bispados, até o momento em que, em 1636, é obrigado a aceitar o importante bispado de Cahors. Seu aceite é apenas com a condição de continuar como abade regular de Chancelade até a total consolidação da reforma iniciada. Continuaria sempre como bispo e abade — caso raríssimo — e atrai uma pequena comunidade de Chanceladais para o bispado. Vive ali como um monge, ao mesmo tempo que que lança um sínodo diocesano, uma reforma do clero, visitas pastorais, seminários, instituições caritativas. Para além da sua diocese, sua

---

16 Darricau, *Au cœur de l'histoire du Quercy*, op. cit., p. 18.

atenção se volta para toda a vida da Igreja na França. Ele enfrenta a revolta (à mão armada!) de um pequeno grupo de padres de Bas-Quercy hostis a suas reformas, uma guerra de pasquins, processos. Sua serenidade de um homem da oração jamais se alteraria. Muito apegado a Notre-Dame de Rocamadour, totalmente entregue aos seus durante a peste de Quercy no início da década de 1650, ele morre em 1659, depois de se despojar de todos os seus bens. Hoje, em sua catedral de Santo Estêvão, onde é venerada a Sagrada Coroa, a capela dedicada a monsenhor De Solminihac de fato abriga o relicário do ourives Goudji. Na capela profunda, contudo, seu túmulo austero e sombrio passa despercebido. Uma humildade que tem tudo a ver com ele.

Sua correspondência com Vicente dá testemunho da simplicidade do bispo de Cahors, que não hesita em expor ao amigo seu caso de consciência pessoal durante a epidemia de peste, pede seus conselhos quanto à coroa de espinhos que às vezes é a própria vida de sua diocese, confiando-lhe a complicada equação de sua sucessão em Chancelade etc. Em tais condições, não surpreende a qualidade de seu trabalho em comum pela Igreja. Um breve bilhete de 1649 nos fala de sua união espiritual. Monsenhor De Solminihac não consegue encontrar um bom diretor para o mosteiro das ursulinas de Cahors. Recorre então a Vicente: "Sabendo que o senhor nunca se cansa de trabalhar pela glória de Deus [...]. Tenho tanta confiança no senhor [...]. Gostaria que [esse diretor] tivesse pelo menos 40 anos, com experiência na condução das religiosas, e que fosse um homem de oração."[17]

Mais ou menos à mesma época, monsenhor De Solminihac não mede palavras ao informar Vicente da súplica que enviou à marquesa de Senecey, dama de honra da rainha e governanta dos infantes reais. Trata-se de, através dela, levar ao conhecimento de Sua Majestade "o deplorável estado da diocese de Rodez, que está quase tão arruinada quanto a de Périgueux, com a ressalva de que, nela, as igrejas não estão tão arruinadas e de que

---

17 Coste, *Correspondance*, op. cit., III, p. 469, carta n° 1.123, de Alain de Solminihac a Vicente de Paulo, de Mercuès, 26 de julho de 1649.

há mais eclesiásticos, cujos costumes são tão depravados que logo depois da morte de monsenhor de Rodez eles abandonaram o hábito clerical. Uns penduravam suas batinas nas janelas dos cabarés, outros bebiam à sua saúde, e aqueles que haviam abandonado suas concubinas voltaram a tomá--las."[18] Alain conta com Vicente para encontrar "um homem apostólico" que possa ser nomeado pela rainha para o bispado. Após um grave acidente de saúde em 1651, sua própria diocese é que seria motivo de preocupação para ele. Quatro anos antes, ele suplicou à rainha que lhe desse um bom sucessor quando viesse a morrer, mas nada sabe dos seus projetos e não está tranquilo. Um pouco depois, teria a alegria de ser convidado por Ana da Áustria a lhe dar conhecimento de sua escolha para o futuro. Seria o bispo de Sarlat, o fervoroso Nicolas Sevin.

Outros amigos de Vicente também são auxiliares valiosos, chamando a atenção para desordens a serem remediadas, apontando soluções. É o caso de Nicolas Pavillon, bispo de Alet, cujas cartas estão sempre cheias de um deferente afeto — ele se formou na Conferência das Terças-Feiras. A 12 de julho de 1645, ele propõe a Vicente enviar-lhe um pequeno texto recapitulativo. Não é o único a lamentar abusos. Em Aix-en-Provence, a procissão de Corpus Christi transcorre em meio a representações escandalosas dos sete pecados capitais, com direito a cupidos, demônios e obscenidades. O Conselho de Consciência toma conhecimento e Vicente é incumbido de traduzir sua vontade a quem de direito: "O Conselho das coisas eclesiásticas roga ao senhor De Brienne que escreva por meio do seu servidor Vicente ao senhor conde de Alais no parlamento e aos cônsules da cidade de Aix, na Provença, que mandem cessar as ações escandalosas que ofendem a Deus e às pessoas de bem, que são praticadas há algum tempo na procissão de Corpus Christi realizada em Aix, e cuja infeliz prática fora abolida há alguns anos por ordem do falecido rei, tendo recomeçado no ano passado."[19]

---

18 Coste, *Correspondance*, op. cit., III, p. 293, carta nº 1.026, de Alain de Solminihac a Vicente de Paulo, de Mercuès, abril de 1648.
19 Ibidem, II, p. 527, carta nº 755, ao conde de Brienne, datada de São Lázaro, 2 de junho de 1645.

VICENTE E O CONSELHO DE CONSCIÊNCIA. A QUESTÃO DO JANSENISMO   383

Vicente serve com a mesma força de trabalho à reforma das abadias e à dos bispados. Mostra-se igualmente eficaz na mobilização da fina flor do clero da França — por exemplo, contra os duelos, em 1651. Ao ser afastado do Conselho de Consciência no outono de 1652, expressando seu alívio ao bispo de Cahors, receberia esta resposta: "Quero crer que o senhor não perde, particularmente, pelo fato de se ver livre da preocupação em que se encontrava, mas a Igreja perde muito; de modo que seria desejável que o senhor continuasse na função."[20] Na verdade, essa avaliação não se aplica apenas ao papel desempenhado por Vicente na organização das questões eclesiásticas. Os dois amigos estão intimamente ligados em sua luta contra "as novas opiniões" — leia-se, o jansenismo. Para entender como e por quê, é indispensável voltar a Saint-Cyran.

Jean Duvergier de Hauranne (1581-1643) despertou muitas paixões. Os trabalhos de Jean Orcibal, historiador do catolicismo e especialista do jansenismo, permitem hoje em dia entender melhor a personalidade complexa desse místico de alto coturno, discípulo apaixonado de Bérulle, ouvido por toda uma elite, diretor espiritual de grande influência — tanto junto às religiosas de Port-Royal, já em 1635, quanto a partir da prisão no fim da vida —, homem de oração abeberado no *Tratado do amor de Deus* de Francisco de Sales, homem de fé atraído pela pureza da Igreja primitiva. Mas também polemista por temperamento e escolha, próximo de Jansénius, inspirador de Antoine Arnauld e portanto na origem de um terremoto teológico. Espírito paradoxal, temerário, às vezes violento, Duvergier de Hauranne gosta de fazer segredo. Explorador calejado dos tesouros da Igreja, sempre convencido de estar com a razão, ele não poupa seu desprezo em relação às inteligências que considera menores ou menos documentadas e não hesita em provocar como abusivos os que o taxam de heresia.

Nascido numa família rica em Baiona, em 1681, tonsurado aos 10 anos, ele estuda em Agen e Paris, e então vai fazer sua teologia com os jesuítas de

---

20 Coste, *Correspondance*, op. cit., IV, p. 491, carta n° 1558, de Alain de Solminihac a Vicente de Paulo, de Mercuès, 2 de outubro de 1652.

SÃO VICENTE DE PAULO

Louvain (1600-1604), onde seu professor Juste Lipse lhe inspira o amor pelos Pais da Igreja. O encontro com o flamengo Cornelius Janssen — conhecido como Jansenius e futuro bispo de Ypres —, e em seguida seu trabalho conjunto no País Basco, de 1611 a 1616, os leva a mergulhar nas obras dos Pais, e sobretudo Santo Agostinho. Ordenado padre em 1618, Duvergier de Hauranne recebe a comenda da Abadia de Saint-Cyran em 1620 do bispo de Poitiers. A partir de agora, será designado apenas por esse título. Nos anos subsequentes, durante os quais frequenta assiduamente Bérulle e o oratório, Saint-Cyran já polemiza com um jesuíta, o padre Garasse, ao publicar *A Suma dos pecados do P. Garasse* (1626) para corroborar *As Grandezas de Jesus*. Mais tarde (em 1633-1634), ele apoiaria a madre Agnès Arnauld e o padre De Condren contra a censura na Sorbonne do *Rosário secreto* redigido pela madre Agnès. Seu percurso é marcado por outros textos e atos polêmicos, entre os quais o apoio ao terrível panfleto de Jansénius contra a política exterior de Richelieu, *Mars Gallicus* (1635). Em 1635-1636, o padre Joseph, o cisterciense Prières e o bispo de Langres, Sébastien Zamet, o criticam por sustentar falsos princípios sobre a Igreja, a confissão, a comunhão. Em 1637, Saint-Cyran prepara em Port-Royal os primeiros solitários. Richelieu preocupa-se. Certamente não aprecia nada a influência de Saint-Cyran, mas sobretudo o considera heterodoxo e acredita que ele recusa a cidade terrestre ("Acaso sabe de que homem está falando? Ele é mais perigoso que seis exércitos", diz ao príncipe de Condé). Manda então prendê-lo no castelo de Vincennes a 15 de maio de 1638. Na busca efetuada em seus documentos, é encontrada a cópia de uma carta a Vicente de Paulo datada de 20 de novembro de 1637.

A partir de 1624 e até 1632, Saint-Cyran e Vicente eram amigos e se encontravam com frequência. Tinham em comum suas raízes no Sudoeste, o papel espiritual junto a eles representado por Bérulle, as grandes amizades da Reforma católica. Mas depois da instalação em São Lázaro, a partir de 1634, quase já não se veem. Vicente provavelmente desconfia do misticismo exaltado do amigo, do qual também desconfia o dr. Duval. As teses rigoristas de Saint-Cyran e sua dureza em relação à Igreja de seu tempo

VICENTE E O CONSELHO DE CONSCIÊNCIA. A QUESTÃO DO JANSENISMO   385

provavelmente se chocam, em Vicente, com o ardor missionário, atento aos pobres, inclusive no plano espiritual, e mais preocupado em irradiar sua fé e sua ação que em condenar. Saint-Cyran, por sua vez, com sua visão crítica da Congregação da Missão, certamente não vê com bons olhos a estima de Vicente pelos jesuítas que tão ferozmente ataca.

Em outubro de 1637, Vicente vai ao encontro de Saint-Cyran em sua casa, "em frente aos cartuxos", preocupado em comunicar-lhe "boatos que correm a seu respeito, informar-se de opiniões ou ações contrárias à prática da Igreja que afirmam ser sustentadas por ele".[21] O abade está para partir para o Poitou, na casa de monsenhor de la Rocheposay. A conversa não transcorre bem. Saint-Cyran se coloça na defensiva, irritadiço, de tal maneira que, no fim, Vicente se desculpa docemente, pedindo que aceite um cavalo para a viagem. É da residência do bispo de Poitiers que Saint--Cyran escreve-lhe um mês depois a carta mencionada há pouco.[22]

O tom é de um homem ofendido. Ele menciona, sem especificá-las, "quatro coisas" que Vicente lhe teria de recriminado — que elas constituiriam o cerne dos respectivos interrogatórios no processo.[23] Por esses quatro "erros" ele se sente tão pouco culpado que, segundo afirma, essas "verdades católicas" que professa servirão inclusive para aliviar junto a Deus o peso de seus pecados. Quase chegou a ponto, segundo afirma, de tentar desiludir Vicente. Só não o fez por estar convencido de que Vicente só o recriminava para se desculpar por não o ter apoiado na perseguição; além do mais, ficou indignado por ser acusado em sua própria casa.

---

21 Coste, *Correspondance*, op. cit., XIII, p. 87, documento nº 32, *Témoignage de Vincent de Paul au sujet de l'abbé de Saint-Cyran* (31 de março, 1º e 2 de abril de 1639).
22 Ibidem, I, p. 401, carta nº 281, do abade de Saint-Cyran a Vicente de Paulo, de Dissay, 20 de novembro de 1637.
23 Cabe notar que não houve um "processo" de Saint-Cyran propriamente dito, pois não houve julgamento. Tendo seus textos sido incriminados, Richelieu manda deter Saint--Cyran a 14 de maio de 1638 e encarcerá-lo em Vincennes. Um procedimento é iniciado, com interrogatórios e depoimentos diversos, mas nunca se chegou à confrontação, não se podendo concluir com certeza pela culpa. Saint-Cyran, contudo, permaneceria detido por vontade de Richelieu. Após a morte deste, Mathieu Molé conseguiu a libertação do prisioneiro por falta de provas suficientes.

Jactando-se do apoio de altas personalidades do reino, o abade acrescenta: "E ouso dizer que não há nenhum desses senhores prelados que rondam seu círculo com o qual eu não esteja de acordo e do qual não possa obter passagem e autorização para todas as minhas opiniões quando bem quiser falar-lhes a respeito." Apresentando-se como vítima, ele fala de perdoar, e em seguida contra-ataca fazendo alusão a críticas sobre a Missão que teria manifestado a Vicente se visse a morte aproximar-se (ele havia estado muito doente). Segue-se uma alusão um tanto azeda aos "grandes personagens que o senhor consulta" (em seu interrogatório, ele esclareceria que tinha em mente o dr. Duval, que morrera nesse intervalo, em 1638). Sua argumentação é concluída com uma citação de Francisco de Sales.

Vicente não responde a essa carta; simplesmente vai ao encontro de Saint-Cyran ao retornar, para humildemente agradecer-lhe pelo esclarecimento. Os dois jantam, sem mais falar da controvérsia. Mas ao ser aberto o processo de Saint-Cyran, Richelieu quer entender os subentendidos da carta e faz menção de mandar o juiz Laubardemont interrogar Vicente. Vicente recusa-se a depor perante um leigo, e certamente a sinistra reputação de Laubardemont — juiz iníquo do caso Grandier em Loudun em 1634 — desempenhou um papel nessa recusa. O próprio Richelieu então interroga Vicente, duas vezes. Sem resultado concludente. De tal maneira que Vicente acaba comparecendo perante o juiz eclesiástico Lescot nos dias 31 de março, 1º e 2 de abril de 1639. As atas do seu interrogatório, dadas a público pelos jansenistas no século XVIII, foram durante muito tempo consideradas apócrifas, até que o padre Coste, constatando que delas constava a verdadeira data de nascimento de Vicente (até então ignorada por qualquer eventual falsário), autentifica o texto.

Por que apócrifo? Porque, ao contrário das severas acusações que seriam expressas por Vicente cerca de dez anos depois, esse texto cheio de escapatórias — "não sei", "não me lembro bem", "parece-me" — tampouco carece de circunstâncias atenuantes.[24] É verdade que Vicente esclarece

---

24 Coste, *Correspondance*, op. cit., XIII, p. 87 sq., documento nº 32, depoimento de Vicente de Paulo sobre o abade de Saint-Cyran.

que nunca chamou Saint-Cyran de seu mestre e que guardou sua carta para mostrar, em caso de necessidade, que não compartilhava as ideias e práticas do abade. Mas o define como "um dos maiores homens de bem que [ele] jamais conheceu", eximindo-o de toda culpa. O fato, porém, é que os principais pontos da acusação, tal como se apresentam em seu interrogatório e no de Saint-Cyran,[25] levantam questões graves. Segundo o abade, a Igreja há quinhentos ou seiscentos anos já não seria mais a verdadeira Igreja, e o próprio Deus haveria de destruí-la pela ausência de vocações; os cânones do Concílio de Trento não seriam legítimos; dar a absolvição sem penitência *prévia* seria um abuso; o justo precisaria apenas dos movimentos interiores da graça etc. Mas em seu depoimento, Saint-Cyran multiplica negativas, e Vicente é bem-sucedido na sua separação do joio do trigo, reconhecendo certas afirmações e ao mesmo tempo banalizando o que pudesse chocar. Do seu depoimento não se pode extrair nada para condenar o abade, que no entanto permanece encarcerado durante cinco anos.

Libertado a 6 de fevereiro de 1643, dois meses depois da morte de Richelieu, Saint-Cyran morre de um ataque de apoplexia no dia 11 de outubro. Mas sem esquecer o essencial do que lhe dizia o abade. Acontece que em 1640 foi publicado em Louvain o *Augustinus, ou Doutrina de Santo Agostinho sobre a saúde, a doença e a medicina da alma* — livro póstumo de Jansénius, morto em 1638 —, e Saint-Cyran, da prisão, apoiou a obra sem hesitação. Jean Orcibal considera que houve entre eles um mal-entendido fundamental, pois Saint-Cyran teria lido Santo Agostinho como discípulo de Bérulle e encontrado no *Augustinus* antes de mais nada uma base para a humildade, embora Jansénius se mostre muito mais rígido.[26] E, por sinal, o estado de seus olhos não teria permitido a Saint-Cyran, prisioneiro em Vincennes, ler de fato o livro. Mas o fato é que os dois partilharam a ges-

---

25 Coste, *Correspondance*, op. cit., XIII, p. 93 sq., documento nº 33, interrogatório do abade de Saint-Cyran, 14 a 31 de maio de 1639.
26 Jean Orcibal, *Saint-Cyran et le jansénisme*, Paris, Seuil, col. "Maîtres spirituels", 1961, p. 46-48.

tação da doutrina e Saint-Cyran já disseminou seu espírito. Ora, trata-se de um *casus belli* teológico e moral.

O tema do presente livro não nos permite entrar na análise detalhada do jansenismo, e por isso nos desculpamos pelo esquematismo desse apanhado histórico. Tratamos acima dos debates e mesmo dos dilaceramentos da liberdade humana e da graça, e das duas tendências — o "humanismo cristão" e a "sensibilidade agostiniana" — que se afirmam no início do século XVII como duas correntes de um mesmo fervor. No século XVI, durante o Concílio de Trento e em seus desdobramentos, a Igreja salvou o equilíbrio, fazendo calar as polêmicas entre "molinistas" e adeptos do agostinismo e condenando apenas os extremos, como Baïus, que arruinava a liberdade humana para exaltar o papel da graça. Mas ao longo do século XVII as posições voltam a se exacerbar.

Na visão humanista defendida pelos jesuítas, o homem sempre tem uma graça suficiente para fazer o bem, dependendo então de seu livre-arbítrio que essa graça torne-se eficaz. "De modo que a graça nunca falta ao homem, é o homem que falta à graça" (J. Calvet). Posição de liberdade, mas que torna vulnerável a vida cristã. Os jansenistas acusariam os jesuítas de ter tão bem exaltado o homem em detrimento de Deus que adaptaram as exigências do absoluto às conveniências de um mundo em parte pagão. Diante desse "desvio", sua postura é radical, tanto no plano teológico quanto no moral. Com efeito, os jansenistas sustentam que o homem, degradado pelo pecado original, é por si mesmo totalmente incapaz de alcançar sua salvação, exceto se a graça divina se impuser a ele de maneira irresistível. Ora, essa graça "eficaz" não é concedida a todos os homens, sendo reservada por Deus a seus eleitos por toda a eternidade. Visão extremamente pessimista da natureza humana e da salvação, que lembra as ideias de Baïus e também remete às de Calvino. Os jansenistas sempre haveriam de negá-lo, e por sinal a fervorosa devoção de Port-Royal na adoração do Santo Sacramento e sua afirmação de fiel filiação à Igreja católica impedem qualquer conclusão apressada. Mas o fato é que o jansenismo, a partir do *Augustinus*, estira Santo Agostinho até o rompimento do equilíbrio. E é acompanhado por um extremo rigor moral. A recusa de adequação à vida mundana em nome da preocupação com Deus é encarnada com incontestável grandeza na atitude dos "senhores de Port-Royal", que optaram por se separar da sociedade para dar tudo à alma. Mas esses "solitários" também são recriminações vivas para os confessores jesuítas e seus penitentes, que aceitam a encarnação. Da recriminação muda à imprecação seria preciso apenas um passo.

Ainda mais considerando que a imprecação é recíproca. A polêmica contra as "opiniões novas" se incendeia já a partir de 1641, de tal maneira que o papa Urbano VIII reitera na bula *In Eminenti*, de 6 de março de 1642 e publicada em julho de 1643, as antigas proibições de discussões públicas sobre a graça. Mas a Sorbonne está muito pouco preocupada em obedecer. A concomitante publicação em 1643 do livro de Antoine Arnauld, *Da frequente comunhão*, incendeia definitivamente a polêmica.

A família Arnauld, muito numerosa e velha representante da toga, galicana de coração, cheia de talentos e inteligência, profundamente cristã e cultivando a erudição, encontrou em Antoine Arnauld (1612-1694), conhecido como "Grande Arnauld" pelos amigos, o mais prestigioso de seus representantes. Mas não devemos esquecer que ele é irmão de Angélique Arnauld, grande reformadora de Port-Royal; da madre Agnès, religiosa na abadia; de Robert Arnauld d'Andilly, pai de família numerosa que se tornou um dos mais famosos solitários, e cuja tradução das *Confissões* de Santo Agostinho ainda hoje é uma referência editorial para o grande público; e da sra. Le Maistre, mãe de Antoine Le Maistre e do sr. De Saci. E estamos mencionando apenas alguns dos membros mais conhecidos da família.

Essa excelência e essa influência explicam que Arnauld, o discípulo mais próximo e mais brilhante de Saint-Cyran, tendo-se tornado chefe do grupo jansenista, conferisse ao debate uma acuidade e um alcance dignos de sua paixão doutrinária. Arnauld leu o *Augustinus* fervorosamente. Como Saint-Cyran, é um homem que sempre tem razão e faz questão de prová-lo. "Ele escreve o seu o *Tratado da frequente comunhão* num clima de vigília de armas" (Jean Calvet). Ante toda a oposição, unificando os diferentes aspectos do combate, Arnauld toma a frente de um "partido". Logo veremos as consequências.

Vicente está no Conselho de Consciência nos anos em que o livro de Arnauld, por sua vez, incendeia as paixões. O prólogo escrito por Martin Barcos, sobrinho de Saint-Cyran, parece defender a doutrina de uma igualdade hierárquica entre Pedro e Paulo, "as duas cabeças da Igreja". Quanto ao livro propriamente, a pretexto de reconduzir a prática da confissão à disciplina dos primeiros tempos da Igreja e a da comunhão ao respeito que lhe é devido, acaba afastando os fiéis dos sacramentos. O debate se radicaliza na Sorbonne. Os oponentes denunciam o livro a Roma, enquanto os amigos de Arnauld mandam uma delegação para defendê-lo.

Tendo à frente Mazarin, o Conselho de Consciência assume posição quase unânime contra as "opiniões novas", sendo monsenhor Potier o único a hesitar em condená-las. Que fará Vicente? A situação o afeta diretamente. Durante o julgamento de Saint-Cyran, preocupado em não pressionar o amigo, concedendo-lhe tanto mais o benefício da dúvida na medida em que a política interferia no debate, ele subestimou a carga de dinamite das ideias do abade. Agora que, depois de sua morte, os acontecimentos esclareceram o alcance de sua doutrina, Vicente considera seu dever combatê--la. E por sinal a aura que a prisão acabou conferindo a Saint-Cyran e a elevação intelectual e moral de Arnauld e seus amigos seduzem muitos colaboradores de Vicente. Todos os Gondi simpatizam com o jansenismo, assim como Mathieu Molé, e os Liancourt, e vários membros eminentes da Conferência das Terças-Feiras. Mais grave ainda: da delegação que foi a Roma defender o livro de Arnauld faziam parte os srs. Jean Bourgeois e Jérôme Duchesne. O padre Bourgeois é amigo de Jean Dehorgny, superior da Missão em Roma e homem de confiança de Vicente, ao passo que o padre Duchesne é um dos companheiros das primeiras missões e exercícios dos ordenandos. O perigo não é exterior e distante, ameaçando a Missão em seu próprio coração.

Para conhecer o pensamento profundo de Vicente, dispomos de vários elementos, e, para começar, duas cartas pessoais e confidenciais a Jean

VICENTE E O CONSELHO DE CONSCIÊNCIA. A QUESTÃO DO JANSENISMO   391

Dehorgny, escritas em junho e setembro de 1648. Respondendo à objeção do padre Dehorgny — "que erramos ao nos declarar contra as opiniões da época" —, Vicente não teme fornecer motivos para acusar. Chega inclusive a fazer uso da ironia, o que não lhe é habitual. Na primeira carta, justifica seu engajamento. Depois de lembrar a impossibilidade de se manter neutro no Conselho de Consciência, ele evoca Saint-Cyran: "O segundo motivo é o conhecimento que tenho dos objetivos do autor dessas opiniões novas, de aniquilar o estado presente da Igreja e deixá-la sob o seu poder. Ele me disse um dia que o objetivo de Deus era arruinar a Igreja presente, e que aqueles que se empenhavam em apoiá-la iam de encontro a sua vontade."[27] Vicente lembra em seguida a condenação por "três ou quatro papas" das "opiniões de Baïus, apoiadas por Jansénius". Dehorgny admira o erudito conhecimento dos jansenistas sobre Santo Agostinho e a questão da graça? Considera os padres da Missão pequenos demais para pretender opor-se a eles? Vicente retruca que é possível ler muito e permanecer no erro, quando a perspectiva é falseada, e que convém submeter-se aos papas, aos concílios e aos santos, "explicando Santo Agostinho pelo Concílio de Trento, e não o concílio por Santo Agostinho, pois este é infalível, e aquele, não". Quanto à objeção de que as ideias de Molina têm apenas setenta anos de idade, não representando portanto as "opiniões antigas da Igreja", Vicente reage vivamente: as ideias de Molina sobre a "ciência média" não constituem artigo de fé, e não é essa a questão. A doutrina combatida por Jansénius é o fato de Jesus Cristo ter morrido por todo mundo. Acontece que isso está em São Paulo e em São João, e é preciso proclamá-lo: "Rogo-lhe, senhor, que tolere que lhe diga [...] que é de grande importância que todos os cristãos saibam e acreditem que Deus é tão bom que todos os cristãos podem, com a graça de Jesus Cristo, efetuar sua salvação [...] e que isso manifesta e amplia muito a infinita bondade de Deus". Por outro lado, Vicente reafirma sua vontade de que os padres da Missão não entrem nas disputas teológicas,

---

27 Coste, *Correspondance*, op. cit., III, p. 319, carta n° 1043, a Jean Dehorgny, de Paris, 25 de junho de 1648.

calando-se com um só coração. Ao concluir a carta, ele esclarece encantadoramente que não pediu ajuda para essa argumentação, acrescentando que isso fica patente em seu estilo! Caso seu correspondente ainda assim encontre no texto algo que pareça ter sido tomado de empréstimo, eis a explicação: "Confesso-lhe, senhor, que procedi a um pequeno estudo sobre essas questões, sendo este o tema habitual das minhas modestas orações." Tal estudo de uma dezena de páginas, manuscrito por ele e inacabado, foi conservado nos arquivos da Missão.[28] Recapitula a história da polêmica desde Agostinho e Pelágio, mostrando por que "a opinião antiga da Igreja", a saber, que "Deus confere a todos os homens, sejam fiéis ou infiéis, graças suficiente para se salvar, sendo possível aceitar ou recusar essas graças", deve merecer a adesão sem reservas dos cristãos.

Já em sua primeira carta ao padre Dehorgny, Vicente também trata de *A frequente comunhão*, sendo esse o único tema da segunda carta. Arnauld pretende estabelecer a penitência *pública* para pecados mortais privados, a pretexto de que tal prática teria sido a dos primeiros séculos; exige uma perfeita contrição e a realização da penitência *antes* da absolvição dos pecados; exorta ao adiamento da comunhão para se mostrar mais digno dela — sendo o supremo ato de virtude adiá-la até a morte — etc. Vicente fica indignado. Escorando-se em números, nota a queda da prática sacramental em Paris: "Não se vê mais aquela obsessão com os sacramentos que víamos antigamente, nem sequer na Páscoa [...] Quase não se vê mais ninguém que os aborde nos primeiros domingos do mês e nas boas festas, ou só muito poucos [...] exceto um pouco entre os jesuítas. De modo que foi exatamente o que o falecido sr. de Saint-Cyran pretendeu para desacreditar os jesuítas."

Como advogado dos pobres, Vicente não suporta essa maneira de entender os sacramentos que esquece que o Cristo veio pelos pecadores. Como missionário pregando pelas confissões gerais, não admite que se transforme a reconciliação com Deus numa corrida de obstáculos. A

---

28 Coste, *Correspondance*, op. cit., XIII, p. 908, *De la Grâce* (por volta de 1648), anotado por B. Koch, in *Documents ajoutés* à edição de Coste.

VICENTE E O CONSELHO DE CONSCIÊNCIA. A QUESTÃO DO JANSENISMO   393

confissão e a comunhão não são privilégios, são "remédios e alimentos", feitos para atender às necessidades da alma! Por trás da visão de Arnauld, Vicente identifica "a base das máximas do autor e de todas essas doutrinas, que [é] reduzir a Igreja a seus primeiros costumes, dizendo que a Igreja deixou de existir desde essa época",[29] e ele retruca que se o dogma não muda, a Igreja, em compensação, não tem uma tradição imutável em matéria de disciplina. Sem deixar-se intimidar, enumera as contradições de Arnauld. E se exalta:

> Para mim, confesso francamente que, se desse ao livro do sr. Arnauld a mesma importância que o senhor, não só renunciaria para sempre à santa missa e à comunhão, por espírito de humildade, como ainda teria horror do sacramento, sendo verdadeiro que ele representa, em relação aos que comungam com os procedimentos habituais que a Igreja aprova, uma armadilha de Satã e um veneno que envenena as almas [...]. Haverá na terra um homem que tenha em tão alta conta sua própria virtude que se julgue em condições de comungar dignamente? Isso é privilégio do sr. Arnauld, que, tendo colocado esses procedimentos tão alto que até um São Paulo teria receado comungar, não deixa de se vangloriar várias vezes em sua apologia de dizer a missa todos os dias...

Toda a carta vibra. E conclui assim: "Vou neste momento celebrar a santa missa, para que apraza a Deus dar-lhe a conhecer as verdades que estou dizendo, pelas quais estou disposto a dar minha vida." Lendo estas linhas, vem-nos à lembrança o *Sermão sobre a comunhão* de Joigny, em 1616. Nele, Vicente dava a medida do seu deslumbramento: "Oh, digna e admirável instituição, superior à capacidade de entendimento humano, [...] que um Deus infinito queira rebaixar-se tanto para se deixar conter numa criatura finita, que aquele que o céu não pode entender, que é carregado nas asas do vento, queira abreviar sua admirável grandeza numa pobre alma

---

29 Coste, *Correspondance*, op. cit., III, p. 363, carta nº 1064, a Jean Dehorgny, de Orsigny, 10 de setembro de 1648.

modesta, que o próprio sol confine seu esplendor num pequeno antro oco do peito humano!"[30]

O contra-ataque de Vicente começou pelas tarefas habituais do Conselho. Por exemplo, em 1646, em ação conjunta com o grande penitenciário Jacques Charton, ele indica a Mazarin que os jansenistas "fazem grande intriga" para eleger um dos seus para o lugar de um professor de teologia da Sorbonne que acaba de morrer, propondo ao cardeal-ministro, em entendimento com "os que participam da opinião comum da Igreja", outro candidato muito erudito, de múltiplas qualidades, mas que será necessário convencer, pois é muito solicitado. A argumentação é hábil, e o objetivo seria alcançado.

Mas Vicente também age no fundo da questão. Em 1648, dedica duas ou três sessões da Conferência das Terças-Feiras à advertência contra as "opiniões novas". Nesse mesmo ano é realizada em São Lázaro uma reunião entre o penitenciário Jacques Charton, Nicolas Cornet, síndico da faculdade de teologia da Sorbonne, e os Drs. Péreyret e Coqueret.[31] Eles dão início à elaboração das famosas "Cinco Proposições", resumindo o sentido do livro de Jansénius, que Nicolas Cornet levaria a Sorbonne a condenar a 1º de julho de 1649. Como uma forte oposição se elevou contra essa decisão, a Assembleia Geral do Clero decide em 1650 solicitar a condenação das Cinco Proposições à própria Santa Sé, em carta redigida pelo bispo de Vabres, Isaac Habert. O pedido é impresso e enviado a cada diocese para ser assinado pessoalmente pelo bispo. Em entendimento com o padre Dinet, confessor do rei, e com a ajuda ativa do monsenhor De Solminihac, Vicente envia aos bispos uma carta justificando o recurso ao papa e pedindo que apoiem a solicitação.[32]

---

30 Coste, *Correspondance*, op. cit., XIII, p. 32, Sermão de Vicente de Paulo sobre a Comunhão.

31 Coste, *Le Grand Saint...*, op. cit., p. 176 *sq.*

32 Coste, *Correspondance*, op. cit., IV, p. 148, carta nº 1320, a alguns bispos da França, fevereiro de 1651; ibidem, IV, p. 171, carta nº 1341, ao padre Dinet, 14 de abril de 1651 (para obter cópias adicionais da carta); passim, várias trocas entre Vicente de Paulo e Alain de Solminihac.

VICENTE E O CONSELHO DE CONSCIÊNCIA. A QUESTÃO DO JANSENISMO

Haveria uma certa reticência, recusas de assinar, uma contracarta. Vicente insiste. Assim, escreve ao bispo de Luçon, Pierre Nivelle, que os espíritos se exaltam e que é necessário que a Santa Sé aplaque tudo isso.[33] Não se pode acreditar que o papa não seja obedecido: "Isso pode ser verdade em relação a alguns, que fizeram parte da cabala do falecido senhor [de Saint-Cyran], que não só não se dispunha a se submeter às decisões do papa como sequer acreditava nos concílios; eu bem o sei, monsenhor, por ter convivido muito com ele." Mas aqueles que acompanham o movimento na certeza de estar procedendo bem haverão de se submeter — Vicente não duvida disso. A rainha dispõe-se a escrever ao papa. E o primeiro presidente comunicou ao núncio "que, desde que a bula da Santa Sé não afirme ter sido baixada por decisão da Inquisição de Roma, será recebida e verificada no Parlamento".

Podemos para avaliar o alcance do drama espiritual em desdobramento lendo a carta que Vicente envia a Nicolas Pavillon e François de Caulet.[34] São amigos, por ele formados, e no entanto não assinaram. Vicente suplica: "As consciências não podem mais suportar a perturbação e a inquietação nascente dessa dúvida que se forma no coração de cada um, saber se Jesus Cristo morreu por ele ou não, e outras semelhantes. Houve aqui pessoas que, ouvindo que outros diziam a moribundos, para consolá-los, que tivessem confiança na bondade de Nosso Senhor, que morrera por eles, diziam aos doentes que não se fiassem por isso, pois Nosso Senhor não morreu por todos." Mas os dois bispos não assinariam, dizendo a Vicente, numa carta cortês e desolada, que para eles era melhor ganhar tempo.[35]

A fase seguinte transcorre em Roma, para onde as duas partes enviaram representantes. A 9 de junho de 1653, Inocêncio X publica a bula condenando as Cinco Proposições. O alívio de Vicente é imenso. Ele confessaria

---

33 Coste, *Correspondance,* op. cit., IV, p. 175, carta n° 1345, a Pierre Nivelle, bispo de Luçon, de Paris, 23 de abril de 1651.

34 Ibidem, IV, p. 204, carta n° 1367, aos Srs. Pavillon e Caulet, [junho de 1651].

35 Ibidem, IV, p. 265, carta n° 1417, de Nicolas Pavillon, bispo de Alet, a Vicente de Paulo, de Alet, 26 de outubro de 1651.

um dia, numa *Conversa com os missionários*, seu permanente temor "de se encontrar no nascimento de alguma heresia", vendo "a grande devastação feita pela de Lutero e Calvino".[36] Mas sua alegria é destituída de espírito de vingança. A 5 de julho, dando a notícia a monsenhor De Solminihac, ele comemora a vontade quase generalizada dos simpatizantes do jansenismo de se submeteram ao julgamento de Roma.[37] Preocupado em poupá-los de uma humilhação, ele exorta seus colaboradores a evitar qualquer triunfalismo, visita Port-Royal e procura convencer os recalcitrantes.

Sabemos que a batalha recomeçaria: distinção de Arnauld entre *o direito* e *o fato*; entrada em campo de Pascal, com as *Provinciais* (1656), e luta mortal entre jansenistas e jesuítas em torno das questões morais; caso do Formulário e feroz perseguição política dos jansenistas por Luís XIV, até a dispersão das religiosas de Port-Royal-des-Champs e a destruição do convento, em 1709-1710... A continuação do que viria a ser uma autêntica tragédia para a Igreja escapa aos limites cronológicos do nosso tema. E também escapa à implicação de Vicente de Paulo. Em 1653, ele já não está no Conselho de Consciência e Roma se pronunciou. Com a sensação de dever cumprido, Vicente a partir de então só se preocuparia em manter os seus — e todos aqueles que nele confiam — na obediência à Igreja e no silêncio da oração, longe do fragor das batalhas.

---

36 Coste, *Correspondance*, op. cit., XI, p. 37, extraído da conversa nº 22; Abelly, op. cit., t. 2, p. 409.

37 Ibidem, IV, p. 620, carta nº 1636, a Alain de Solminihac, bispo de Cahors, 5 de julho de 1636.

18

Senhor Vicente em meio à Fronda
1648-1653

A paisagem humana da Fronda já ficou clara para nós. A Picardia e Champagne não foram devastadas apenas pelas tropas estrangeiras, mas também pelas forças antagonistas de um Condé e de um Turenne. Também vimos as Crianças Abandonadas expostas aos riscos de violência de suas tropas. Devemos agora abordar o cerne da questão, descrever a sucessão de acontecimentos que, de 1648 aos primeiros meses de 1653, fizeram o poder vacilar. Pois Vicente não se manteve inerte. Mas só podemos avaliar suas ações a serviço dos pobres e da paz contra o cenário de um conhecimento preciso do desenrolar dos fatos históricos.

Os chamados anos da "boa regência", separando o advento do pequeno Luís XIV do início das hostilidades parlamentares em 1648, foram anos de abusos sociais, absurda pressão fiscal e expedientes financeiros. O inusitado esforço de guerra solicitado aos franceses há mais de 25 anos, com a guerra "encoberta" e depois a "guerra aberta", já levou a revoltas em todas as camadas da sociedade. "Com os primeiros anos do ministério de Mazarin e a disciplina imposta às finanças do Estado pelos arrematantes de rendas públicas, parece ter-se chegado a um ponto de ruptura."[1] No início de 1648, sete novos decretos fiscais tentam quebrar a resistência do Parlamento de Paris. A 15 de janeiro, numa sessão solene solicitada por Mazarin mas considerada anormal pelo Parlamento, em virtude da minoria do rei, o procurador-geral Omer Talon faz um virulento discurso contra o governo. A tensão aumenta nos meses seguintes, até o *arrêt d'union* de 13 de maio, decisão pela qual as cortes soberanas pretendem reunir-se na Câmara São Luís do Palácio de Justiça para dar início a projetos de reforma. Na verdade, além das reivindicações pontuais, nem os parlamentares nem o espírito público reconhecem os avanços do ministeriado desde Richelieu, e contestam a lei fundamental da monarquia, a saber, "que existe apenas um senhor em título e função; de tal maneira que será sempre vergonhoso para o príncipe e danoso para seus súditos que um particular participe demais do seu afeto ou da sua autoridade, devendo aquele ser transmitido a todos, e esta pertencendo apenas a ele".[2] A personalidade de Mazarin tampouco ajuda. Sua origem estrangeira, sua cautela, sua duplicidade, que se opõe à moral da glória, cristalizam o ódio. Na extraordinária complexidade dos acontecimentos da Fronda — e remetemos aos historiadores do período para uma compreensão mais aprofundada —, a silhueta do cardeal se agita como a *muleta* na arena.

A historiografia costuma distinguir duas Frondas sucessivas: a Fronda parlamentar (1648-1649) e a Fronda dos príncipes (1650-1653). O fator desencadeador da primeira é a falsa habilidade de Mazarin, querendo aproveitar a vitória de Lens, alcançada a 19 de agosto de 1648 pelo jovem príncipe de Condé — Louis de Bourbon, o ex-vitorioso de Rocroi, então no auge da glória —, para intimidar o Parlamento com a detenção do conselheiro Broussel. Os leitores das *Memórias* do cardeal de Retz haverão de se lembrar das vibrantes páginas por ele dedicadas ao episódio: levantamento

---

1 Hubert Carrier, artigo "Fronda", in *Le Dictionnaire du Grand Siècle*, op. cit., p. 624-626, do qual extraímos o resumo dos acontecimentos. Sobre o conjunto do período, ver Michel Pernot, *La Fronde, 1648-1653*, Tallandier, col. "Texto", 2012.

2 *Remontrance au Roi et à la Reine*, 21 de janeiro de 1649.

SENHOR VICENTE EM MEIO À FRONDA

de barricadas pelos parisienses, confrontos, volta triunfal de Broussel... O outono é agitado, e a Declaração de Saint-Germain serve para ratificar as conquistas parlamentares com as quais a rainha e Mazarin só concordaram muito a contragosto. Donde sua decisão extrema: no momento em que a França acaba de assinar com o Império a Paz da Vestfália (24 de outubro), Ana da Áustria e seu ministro tentam quebrar pela fome a resistência dos parisienses. É o bloqueio de Paris (janeiro-março de 1649), antecedido da partida às escondidas do jovem rei, de dez anos, e da Corte para Saint-Germain, na noite de 5 para 6 de janeiro. Enquanto as tropas reais comandadas por Condé efetuam o bloqueio, a sra. de Longueville (Anne de Bourbon, irmã de Condé e Conti) e monsenhor Jean-François-Paul de Gondi, coadjutor de Paris, apresentam-se como alma da resistência, ao passo que o Parlamento decreta o banimento de Mazarin (8 de janeiro). Mas as conferências de Rueil (4 a 11 de março) e Saint-Germain (16 a 30 de março) permitem a chegada, a 1º de abril, da paz em Saint-Germain. O bloqueio é suspenso. Mas ocorrem distúrbios no interior — em Aix-en--Provence e Bordeaux —, enquanto em Paris uma campanha de panfletos derrama toneladas de lixo na cabeça de Mazarin, as famosas mazarinadas. O príncipe de Condé, por sua vez, torna-se insuportável. Suas absurdas pretensões a título de cobrança pelo apoio que deu a Mazarin no bloqueio levam o cardeal a se aproximar dos *frondeurs*. Um acordo é assinado entre eles a 14 de janeiro de 1650, e essa reviravolta na aliança desemboca na detenção, a 18 de janeiro, do príncipe de Condé, de seu irmão, o príncipe de Conti, e o cunhado de ambos, o duque de Longueville. Um fato inédito, que dá o pontapé inicial na Fronda dos príncipes.

De janeiro de 1650 a janeiro de 1651, sublevações nas províncias, cavalgadas fantásticas das amazonas da Fronda — a duquesa de Longueville vai mobilizar a Normandia, para em seguida dirigir-se à Lorena, onde Turenne, seu amante do momento, vai a seu encontro —, assédio de Bordeaux pelas tropas reais, paz de compromisso... As tropas do rei levam a melhor sobre Turenne em Rethel a 15 de dezembro de 1650, mas *frondeurs* e príncipes se aproximam. Numa nova reviravolta da situação, o Parlamento solicita ao rei a libertação dos príncipes (20 de janeiro de 1651), enquanto se realiza a união das duas Frondas, pela assinatura de um tratado secreto entre Gaston d'Orléans, tenente-general do reino durante a minoridade do rei, os *frondeurs* e os partidários dos príncipes. O objetivo do tratado, além da libertação dos príncipes, é conseguir a expulsão de Mazarin.

No início de fevereiro, Gaston d'Orléans rompe publicamente com o cardeal, que foge de Paris. Mais uma vez, o Parlamento fulmina contra Mazarin um decreto de banimento. Ana da Áustria resolve então libertar os príncipes, que fazem uma entrada triunfal, a 16 de fevereiro, na capital, onde eram odiados um ano antes. Mas já no mês de abril ocorre o rompimento entre as duas Frondas. O motivo imediato — a anulação do projeto de casamento entre o príncipe de Conti e a srta. de Chevreuse — é emblemático da futilidade criminosa que preside às intrigas da época: disputas de clãs arrastando seus "clientes", choque de ambições, lances teatrais contra o cenário de paixões amorosas e heroísmo corrupto. Enquanto Mazarin, do seu exílio em Brühl, perto de Colônia, governa a distância, correspondendo-se com a rainha Ana, Condé exige em julho a demissão dos três secretários de Estado (Servien, Le Tellier e Lionne), intercepta em agosto um tratado secreto entre a Corte e os *frondeurs* e deixa Paris na véspera da maioridade do rei (7 de setembro de 1651) em direção a Berry e depois à Guiana, onde mobiliza tropas. Passando à rebelião declarada, ele firma um tratado com a Espanha, combate na Charente contra as tropas reais, luta na Île-de-France e até em Paris.

A última fase da Fronda é um abismo de sofrimento e horrores. Tendo Mazarin voltado à França à frente de um pequeno exército no fim de dezembro, o Parlamento põe sua cabeça a prêmio. Gaston d'Orléans junta-se a Condé, enquanto Mazarin chega a Poitiers (28 de janeiro de 1652). Depois dos combates no Loire, o partido dos príncipes está perdendo terreno militarmente, mas resulta daí uma espécie de fúria devastadora: cerco de Etampes (27 de maio a 7 de junho), combate do Faubourg Saint-Antoine (2 de julho), massacres e incêndio do Hôtel de Ville de Paris (4 de julho)... A capital é invadida por refugiados miseráveis, num verdadeiro caos de

SENHOR VICENTE EM MEIO À FRONDA

insurreições exacerbadas pela fome. A 20 de julho, o Parlamento declara Gaston d'Orléans tenente-general do reino, o que já não era, legalmente, desde a maioridade do rei. Mas a transferência do Parlamento de Paris para Pontoise por iniciativa de Luís XIV mudaria a situação, muito embora nem todos obedeçam. Afinal, sob a presidência de Mathieu Molé, o Parlamento vai em deputação procurar o rei a 7 de agosto para exigir respeitosamente o afastamento de Mazarin.[3] Luís XIV faz questão de divulgar uma declaração elogiando os méritos de seu padrinho, ao mesmo tempo que promete afastá-lo para restabelecer a paz. A 19 de agosto, depois de se demitir do ministério, Mazarin deixa a Corte. Passando por Reims e Sedan, vai-se retirar no bispado de Liège, passando a residir no castelo de Bouillon, perto da fronteira, na expectativa dos acontecimentos. A 21 de outubro, em meio aos gritos de alegria e alívio dos parisienses, embriagados pelo sofrimento e cansados das perturbações, o rei volta a Paris com a mãe. Manda para o exílio Gaston d'Orléans e os principais *frondeurs*, anistia os outros e revoga a Declaração de outubro de 1648. No fim do mês, manda chamar Mazarin. A Fronda parisiense chegou ao fim. Ainda haveria um rabo de cometa na Guiana, violento e atípico, no primeiro semestre de 1653. Mas também haveria de se apagar ante a maioridade do rei.

Esse rápido resumo da guerra civil não nos fala da situação dos pobres. Mas Vicente a conhece. Desde o início do bloqueio de Paris, ele avalia o alcance da tragédia que se anuncia e imediatamente toma medidas de salvaguarda: os seminaristas são retirados para Richelieu (mais tarde, também, para Mans), o Colégio dos Bons Meninos é fechado, os estudantes do "pequeno São Lázaro" que dispõem de meios de subsistência são mandados de volta para casa.[4] Tudo é feito para permitir que São Lázaro se entregue inteiramente ao atendimento dos pobres. No fim de janeiro de 1649, retido em Fréneville, Vicente escreve ao padre Lambert aux Couteaux, encarregado do priorado em sua ausência. Diante da ameaça de fome, os

---

3 Pernot, op. cit., p. 312.
4 Collet, op. cit., p. 467 sq.

vereadores de Paris pediram que os que dispõem de trigo abaixem os preços de venda. Mas está fora de questão vender o trigo de São Lázaro! Mais vale "emprestá-lo por usura ao Bom Deus, dando esmola aos pobres".[5]

Oito dias depois da fuga noturna do rei e da Corte para Saint-Germain, Vicente tomou outra iniciativa, desta vez de caráter político. Caberia estranhá-lo, se lembrarmos sua firme determinação de não intervir nas questões seculares. Mas já estranharemos menos se considerarmos que, com o bloqueio de Paris, a guerra civil está declarada; que os pobres e os pequenos que são toda a vida de Vicente vão morrer na sua porta; e, por fim, que ele próprio não está destituído de armas espirituais diante do governo real. Confessor da rainha, ele sabe que a bisneta de Carlos V tem o orgulho melindroso, a cólera fácil e que pode mostrar-se muito dura quando sua autoridade está em jogo. Também conhece sua profunda devoção e seu temor a Deus. Por fim, não ignora que muitas vezes ela o ouve. Quanto a Mazarin, nem sempre se mostra surdo a seus argumentos. Abalado com o bloqueio e convencido, depois dos distúrbios do ano de 1648, de que só o distanciamento do ministro poderia acalmar os ânimos em Paris, Vicente parte a cavalo para Saint-Germain, ao alvorecer de 14 de janeiro, ainda escura a noite, acompanhado apenas do frade Ducournau. Não falou com ninguém sobre suas intenções. Entretanto, para não correr o risco de que ocorra no Parlamento uma interpretação infeliz de seu comportamento, deixa a seu primeiro assistente uma carta a ser levada a Mathieu Molé. "Em duas palavras, ele dizia que Deus o exortava a ir à corte, para trabalhar pela paz; e que, se não tivera a honra de encontrá-lo antes de partir, fora unicamente para assegurar à rainha que a procurava por iniciativa própria, e que não se havia entendido com ninguém sobre o que devia dizer-lhe."[6]

Paris está em armas, montam-se guardas nos subúrbios e ainda está escuro quando Vicente chega à barreira de Clichy. Na véspera, cavaleiros

---

5 Coste, *Correspondance*, op. cit., III, p. 401, n° 1086, carta a Lambert aux Couteaux, padre da Missão, em São Lázaro, de Fréneville, [28 de] janeiro de 1649.
6 Collet, op. cit.

alemães saquearam a aldeia e os habitantes fizeram uso de lanças e fuzis para dissuadir qualquer novo ataque, dando o alerta. Ao relatar a aventura, o frade Ducournau confessa que "tremeu de medo". Mas Vicente se sente em casa e avança; com razão: mal se dissipou a escuridão, e ele é reconhecido por um camponês, que assinala sua presença aos outros. Dando mostra ao antigo pároco de seu respeito e mesmo de sua veneração, os habitantes de Clichy apressam-se a lhe indicar os caminhos a serem tomados para não deparar com soldados inimigos, e Vicente prossegue em sua rota. Em Neuilly, transbordando o Sena, a ponte por ele atravessada está um tanto submersa, mas ele chega são e salvo por volta de 9 ou 10 horas a Saint--Germain, sendo recebido demoradamente pela rainha.

Vicente argumenta enfaticamente para dissuadir Ana da Áustria do cerco de Paris, mostrando-lhe a injustiça de matar de fome tantos inocentes para punir vinte ou trinta culpados. Chega a arriscar que, parecendo ser a presença do cardeal-ministro o motivo da agitação, seria necessário afastá--lo por algum tempo. Não sabemos como a rainha reagiu, mas Vicente confidenciaria dois dias depois ao frade Ducournau que nunca teve êxito com um discurso áspero, o que tende a indicar que Sua Majestade no mínimo ficou surpresa com o tom. De qualquer maneira, é novamente com sua habitual suavidade que Vicente, passando em seguida na residência de Mazarin, lhe fala essencialmente a mesma linguagem. Consciente do caráter desinteressado da iniciativa, Mazarin procura tratar com deferência seu interlocutor: "Pois bem, nosso Pai, eu me vou, se o sr. Le Tellier também for da sua opinião",[7] responde a Vicente de Paulo. Como Le Tellier é uma criatura de Mazarin, este não corria grande risco. No mesmo dia, a rainha convocou um conselho para tratar dos motivos expostos por Vicente. Concluiu-se, "por razão de Estado", que não havia motivos para atender.

Três dias depois, Vicente de Paulo partia de Saint-Germain, sem que sua iniciativa deixasse qualquer ressentimento. Le Tellier, a quem pediu um passaporte, enviou-lhe um providenciado pelo próprio rei, e o jovem Luís

---

7 Citado por Collet, op. cit., t. 1, p. 470.

XIV ofereceu-lhe uma escolta para levá-lo até Villepreux, aonde Vicente decidiu ir. Uma carta a Antoine Portail, datada de Villepreux poucos dias depois, nos dá conta de seu estado de espírito: "Parti de Paris no dia 14 deste mês para ir a Saint-Germain, com o objetivo de prestar um pequeno serviço a Deus; mas meus pecados não me fizeram digno dele; e depois de três ou quatro dias de estada, vim para este lugar, de onde partirei depois de amanhã para visitar nossas casas. Quis Deus que já agora eu seja inútil para qualquer outra coisa."[8]

A passagem de Vicente pela Corte chegou ao conhecimento geral. Como ninguém sabe em Paris o teor de suas propostas nem das respostas recebidas, ele passa a ser considerado um "mazarin". Um *frondeur*, dizendo-se autorizado pelos "Senhores do Parlamento", obtém as chaves de São Lázaro, manda apreender uma parte do trigo dos celeiros para vendê-los e instala no prédio oitocentos soldados, os quais fazem terríveis estragos e em seguida acendem fogueiras no pátio. Informado *in extremis* do que é cometido em seu nome, o Parlamento daria ordem de evacuar a turba. Não mandaria consertar os destroços, mas a cidade ordenaria ao coronel De Lamoignon que diariamente enviasse soldados a São Lázaro "para sua segurança e conservação". Desse modo, o priorado poderia continuar desempenhando seu papel.

Mas tudo é difícil. Na mencionada carta a Antoine Portail, Vicente ainda não está informado do saque, mas as dificuldades financeiras de São Lázaro já aparecem: "Estamos impossibilitados de lhe fornecer algo, como tampouco às outras casas que recebem rendimentos dos coches, que não funcionam mais; e, ao que tudo indica, por muito tempo não extrairemos grande coisa deles, como tampouco do que os agricultores nos devem. Os benfeitores também não nos pagarão mais, enquanto prosseguirem os conflitos. E nada disso será suficiente para lhe dizer a grave situação em que se encontra o pobre São Lázaro." Em outra carta, contudo, um mês

---

8 Coste, *Correspondance*, op. cit., III, carta n° 1087, a Antoine Portail, padre da Missão em Marselha, de Villepreux, 22 de janeiro de 1649.

SENHOR VICENTE EM MEIO À FRONDA

e meio depois, Vicente faz questão de esclarecer, após relembrar o afastamento dos habitantes habituais de São Lázaro: "Apesar do pouco trigo disponível, diariamente são distribuídos três ou quatro sesteiros a 2 ou 3 mil pobres; o que representa para nós um consolo muito sensível e uma grande felicidade na grave situação em que nos encontramos."[9]

Com o fracasso de sua missão na Corte, Vicente resolveu então fazer uma turnê de visitas às principais casas da companhia. As cartas que chegaram a nós permitem acompanhá-lo passo a passo, servindo o relato do frade Ducournau — reproduzido por Collet — para preencher os vazios. É interessante dizer algumas palavras sobre essa viagem, primeiro porque, na idade de Vicente, não deixa de ser sob muitos aspectos extraordinária. Eis então um homem de quase 68 anos, sofrendo das pernas de tal maneira que não consegue caminhar comodamente, com frequência acometido de febre, e que parte a cavalo como um rapaz por estradas nada seguras, em pleno inverno, entregue aos riscos do caminho. E surpresas desagradáveis não faltariam. De Villepreux, onde foi visitar o padre De Gondi, Vicente segue para Fréneville, uma das fazendas de São Lázaro. O extremo rigor do inverno o obriga a permanecer ali durante todo o mês de fevereiro, catequizando nas imediações para não se sentir inútil. Quando está para partir para Le Mans, ele é informado de que um dos exércitos rivais saqueou a grande fazenda de Orsigny. Levando o trigo e as provisões, os soldados deixaram os animais dispersos no campo. O sangue do antigo pastorzinho sobe à cabeça. Ele se dirige para lá, e do alto do seu cavalo junta um a um 240 carneiros — o número é fornecido por ele mesmo[10] — e dois cavalos, conduzindo-os pelas estradas cobertas de neve. Pretendia levá-los até Richelieu, mas o estado dos caminhos o obriga a deixá-los em segurança no cercado de uma senhora amiga, não longe de Etampes. Ele então toma novamente a estrada na direção de Le Mans, seguindo depois para Angers,

---

9 Coste, *Correspondance*, op. cit., III, p. 417, carta nº 1094, a Antoine Portail, padre da Missão em Marselha, de Mans, 4 de março de 1649.

10 Ibidem, III, p. 412, carta nº 1091, a Denis Gautier, superior dos padres da Missão em Richelieu, datada de Orléans, 25 de fevereiro de 1649.

Rennes, Saint-Méen, Nantes, Luçon, Richelieu. Numa aldeia entre Le Mans e Angers, seu cavalo cai no rio, e ele teria se afogado sem a presença de espírito de um companheiro de viagem. Em Rennes, numa hospedaria, um partidário da Fronda ameaça dar-lhe um tiro de fuzil e vai esperá-lo no caminho que ele deve tomar. Os magistrados da cidade obrigariam Vicente a mudar de itinerário... Em Richelieu, ele fica tão gravemente doente que seria enviado para cuidar dele — sem que fosse ouvido — o enfermeiro de São Lázaro, o frade Alexandre Véronne.

Vários pontos se destacam nessa viagem, tanto no que diz respeito aos negócios de Vicente quanto no âmbito das lutas políticas. Sua visita às casas não era inútil. Ao alívio e à alegria de constatar que tudo vai bem, como em Angers, opõe-se a preocupação de encontrar a comunidade das Filhas da Caridade de Nantes em total desordem. Como vimos num capítulo anterior, elas é que são injustamente acusadas de se apropriar dos bens dos pobres. Vicente empenha toda sua energia no sentido de fazer com que sua inocência seja reconhecida. Mas também põe ordem nas dissensões internas, escrevendo a Louise de Marillac o seu diagnóstico das mudanças de pessoal a serem efetuadas. Quanto às questões da Fronda, uma carta da duquesa d'Aiguillon, datada de Saint-Germain a 2 de março, permite-nos avaliar o grau de confiança entre ela e Vicente. "Parece que Deus nos dá alguns motivos de esperar que deseja, por sua misericórdia, conceder-nos a acomodação [...] Os srs. do Parlamento enviaram deputados à rainha, que teve a bondade de conceder que lhes seria fornecido trigo para cada dia de duração da conferência, se quisessem enviar pessoas às quais confeririam poder absoluto para concluir os negócios [...]. Finalmente eles deram poderes, como se desejava, ao senhor primeiro presidente, e aos srs. De Mesmes, De Nesmond e Le Coigneux, presidente Viole, Longueil, Menardeau, Le Cocq, Bitault, Lefebvre. Essa conferência deverá realizar-se em Rueil na quinta-feira, com o comparecimento do senhor, senhor Príncipe, senhor cardeal, senhor chanceler e senhor de la Rivière [...]. Considero que seria bom que o senhor aguardasse em Orléans ou Le Mans o resultado dessa conferência, para o caso de, tendo ela êxito, como desejamos, não se

SENHOR VICENTE EM MEIO À FRONDA

deslocar para mais longe. Cuidarei de avisá-lo do que acontecer."[11] O tom de autoridade da duquesa e a exatidão das informações por ela fornecidas mostram que a anfitriã das negociações de Rueil não se limita a oferecer passivamente a hospitalidade do castelo às partes. Sua pressa no sentido de que Vicente retornasse, alarmada com a eventualidade de não receber notícias suas, também parece indicar que a política não a desvia das preocupações caritativas.

Vicente não iria além de Richelieu. Ele esperava seguir caminho até Marselha, onde a Missão, privada da renda dos coches, enfrenta problemas financeiros de tal ordem que ele pensa pedir que seus colaboradores embarquem como capelães nas galés, para dispor do soldo correspondente. Desejava pelo menos seguir até Cahors, onde monsenhor De Solminihac adoraria fazê-lo respirar "um dos melhores ares do reino", para que acabasse de se curar. Mas as cartas de Louise de Marillac são insistentes: ele é esperado em Paris, pelas Crianças Abandonadas. E a rainha Ana da Áustria pediu-lhe em várias oportunidades que voltasse. Está doente? Sente-se fraco? Não seja por isso, a duquesa d'Aiguillon envia-lhe uma carruagem, a carruagem que as Damas lhe deram alguns anos antes e que está lentamente enferrujando nos estábulos de São Lázaro. Desta vez, Vicente não pode recusar-se a entrar nela. De volta a Paris, quer devolver os cavalos à duquesa, mas todos, à frente o arcebispo, se juntam para que ele continue usando tanto os cavalos quanto a carruagem. O infeliz veículo seria batizado de "minha vergonha", e os cavalos, por sua vez, reduzidos, em suas muitas horas de lazer, à condição de cavalos de tração para as charretes de víveres. Quando o senhor Vicente vem a usar, a contragosto, a sua "infâmia" — outro nome predileto —, os pobres de Paris, caminhando exaustos pelas ruas sujas, não se eximiriam de fazer uso do estribo.

Vicente retorna a Paris nos primeiros dias de junho de 1649. Para acompanhar suas intervenções em favor da paz — ou pelo menos o que delas

---

11 Coste, *Correspondance*, op. cit., III, p. 414-415, carta nº 1092, da duquesa de Aiguillon a Vicente de Paulo, datada de Saint-Germain-en-Laye, 2 de março de 1649.

408 SÃO VICENTE DE PAULO

resta nos depoimentos escritos —, avancemos para o verão de 1652, e mais adiante voltaremos atrás no que diz respeito à situação geral. Dispomos de uma carta de Vicente a Mazarin, provavelmente escrita entre 4 de julho — data do incêndio do Hôtel de Ville de Paris — e 17 de julho, quando a Corte, que estava em Saint-Denis desde 29 de junho, parte para se estabelecer em Pontoise. Numa situação bloqueada e muito perigosa, Vicente tenta uma mediação entre os príncipes e a Corte, procurando convencer Mazarin da eventualidade de sua partida. A carta que dá testemunho disso merece ser citada na íntegra.

Rogo muito humildemente à Vossa Eminência que me perdoe por ter retornado ontem à noite [de Saint-Denis] sem ter tido a honra de receber suas instruções; fui obrigado a isso, pois não me sentia bem. O senhor duque d'Orléans acaba de me informar que me enviará hoje o senhor d'Ornano para me trazer a resposta, que ele quis acertar com o senhor príncipe. Eu falei ontem à rainha da conversa que tive a honra de ter com os dois separadamente, de maneira muito respeitosa e graciosa. Disse a Sua Alteza Real que, se fosse restabelecida a autoridade do rei e se baixasse um decreto de justificação, Vossa Eminência daria a satisfação que se espera;[12] que dificilmente seria possível resolver essa grande questão com deputações, e que seriam necessárias pessoas de confiança mútua, tratando das coisas diretamente. Ele me deixou claro pela fala e pelo gesto que isso lhe convinha e me respondeu que trataria da questão com seu conselho. Amanhã pela manhã, espero estar em condições de levar a resposta à Vossa Eminência, com a ajuda de Deus.[13]

Mas os acontecimentos se precipitam. A 20 de julho, aceitando Gaston d'Orléans o título de tenente-general do reino conferido pelo Parlamento de Paris, está consumado o rompimento com a Corte. Nesse mesmo mês

---

12 Ou seja, sua partida.
13 Coste, *Correspondance*, op. cit., IV, p. 423, carta n° 1518, ao cardeal Mazarin [entre 29 de junho e 17 de julho de 1652]; e Abelly, op. cit., t. 1, p. 206.

SENHOR VICENTE EM MEIO À FRONDA

de julho, Vicente voltaria a enfrentar todos os riscos ao oferecer secretamente ao chanceler Séguier, próximo de Mazarin e bloqueado em Paris, uma passagem por São Lázaro, para ir ao encontro da Corte em Pontoise. Desta vez, o objetivo é solicitar à rainha e a seus generais, entre eles Turenne, proteção contra a pilhagem das colheitas pelos soldados, que assim impedem a entrada do trigo em Paris.

Mas não basta agir sobre as consequências. Consternado por ver que as negociações entre a Corte e a Fronda estão estagnadas, enquanto Paris e a Île-de-France estão mergulhadas na violência, Vicente recorre ao papa. A 16 de agosto de 1652, ele envia a Inocêncio X uma súplica da última chance.[14] Descrevendo em termos enérgicos "o estado lamentável e certamente bem digno de piedade da nossa França", a divisão da casa real, a guerra em Paris e nas províncias, os assassinatos, as torturas, a bandidagem, os sacrilégios etc., ele recorre humildemente à mediação do sumo pontífice: "Já não resta [...], Santíssimo Padre, outro remédio para nossos males senão o que pode chegar-nos da solicitude paterna, do afeto e da autoridade de Vossa Santidade." Na verdade, a animosidade entre o papa e Mazarin tornava a intervenção de Inocêncio X problemática. A situação seria resolvida sem interferência de Roma.

Uma derradeira iniciativa de Vicente teria contribuído para a pacificação final? A 11 de setembro, ele envia a Mazarin uma carta que começa assim: "Monsenhor, dou-me a confiança de escrever a Vossa Eminência; rogo-lhe tolerar que lhe diga que vejo agora a cidade de Paris de volta ao estado em que se encontrava, para apelar ao rei e à rainha insistentemente; e que não vou a lugar nenhum nem encontro ninguém que não me tenha a mesma fala. Nem mesmo as Damas da Caridade, que são fundamentais em Paris, se eximem de me dizer que, se Suas Majestades vierem, elas formarão um regimento de damas para ir recebê-las em triunfo. E assim sendo, monsenhor, creio que Vossa Eminência fará um ato digno de sua

---

14 Coste, *Correspondance*, op. cit., IV, p. 458, carta n° 1539, a Inocêncio X, de Paris, 16 de agosto de 1652.

bondade ao aconselhar o rei e a rainha que voltem para tomar posse de sua cidade e dos corações de Paris..."[15] Carta surpreendente, tanto no que diz respeito às circunstâncias quanto por seu conteúdo como um todo. Mazarin está exilado na fronteira do reino, mas Vicente com toda evidência não duvida de sua influência no curso dos acontecimentos. Não falta pertinência à demonstração em seis pontos que se segue à introdução, como tampouco audácia. É uma argumentação em objeções e respostas, e Vicente decide sem medo. Haveria uma divisão em Paris a respeito do desejo de retorno do rei e da rainha? Não, Vicente não conhece ninguém que seja de opinião contrária, e os indiferentes serão arrastados pela multidão. Caberia temer que a presença dos chefes do partido adverso determinasse a volta dos dias de sublevação? Na verdade, um deles (o duque d'Orléans) ficaria encantado com a oportunidade de se reconciliar com o rei, e o outro (o príncipe de Condé) haveria de se submeter, ao constatar que Paris aderiu à obediência. Alguns acaso aconselhariam Sua Eminência a "castigar Paris para fazê-la comportar-se"? Chegam vários exemplos históricos mostrando que os reis que rapidamente conseguiram dominar revoltas são os que optaram pela suavidade. A solução seria que Sua Eminência firmasse a princípio a paz com a Espanha, para em seguida "triunfalmente entrar em Paris e submetê-la à razão"? Longe de ser uma boa solução, servirá para atiçar o ódio se forem devolvidas à Espanha suas possessões, como se suspeita Sua Eminência quer fazer; e caso negocie com a Espanha antes da volta do rei, Paris será incluída no tratado, "e receberá o bem de sua anistia da Espanha e dos meus referidos senhores, e não do rei, ficando tão reconhecida a eles que haverá de se declarar por eles na primeira oportunidade". Haverá quem diga a Sua Eminência que é do seu interesse que a guerra prossiga e que o rei não volte a Paris sem ela, para bem demonstrar que não é ela que fomenta os distúrbios? "Eu respondo, monsenhor, que não importa tanto que a volta de Vossa Eminência ocorra antes ou depois da volta do rei, desde

---

15 Ibidem, IV, p. 473 *sq.*, carta nº 1551, ao cardeal Mazarin, 11 de setembro de 1652.

SENHOR VICENTE EM MEIO À FRONDA

que ocorra, e que, tendo-se o rei estabelecido novamente em Paris, Sua Majestade possa mandar vir Sua Eminência quando lhe aprouver." Aliás, ao contribuir para a paz, Sua Eminência haverá de conquistar as pessoas. Por fim, se é verdade — como se diz — que Mazarin deu ordem de não dar ouvidos a ninguém dentre os opositores e impedi-los de se aproximar de Suas Majestades, cabe temer que o povo manifeste sua indignação; pelo contrário, se o cardeal aconselhar ao rei que retorne a Paris, conquistará os corações daqueles que conhecem sua influência junto ao rei e à rainha. Concluindo, Vicente esclarece que não falou a ninguém da sua iniciativa e não tem "nenhuma comunicação com seus antigos amigos que alimentam sentimentos contrários à vontade do rei". É evidente que a alusão visa ao sr. coadjutor, monsenhor Jean-François-Paul de Gondi.

Dias depois, Mazarin afasta Vicente do Conselho de Consciência, sem que saibamos como a coisa se fez, pois não dispomos de nenhum documento a respeito, à parte a carta de monsenhor De Solminihac citada no capítulo anterior, que registra o fato na data de 2 de outubro em resposta à notícia dada por Vicente. Considera-se em geral que o afastamento de Vicente seria uma vingança por sua carta a Mazarin. Mas temos nossas dúvidas. Primeiro porque os acontecimentos haveriam de se desdobrar exatamente da maneira como sugeria Vicente; depois porque o cardeal era suficientemente capaz de sutileza para se dar conta de que Vicente recorria com exclusividade à sua inteligência para resolver a situação; por fim porque já vimos pelos exemplos anteriores que não era a primeira vez que Vicente tentava contribuir para a pacificação. Ora, ele jamais agira à revelia de Mazarin, e sempre se comportara com discrição — e o ministro o sabia.

Talvez as coisas sejam ao mesmo tempo mais sutis e mais simples. Mais sutis: como as recomendações de Vicente na realidade corroboravam a análise pessoal de Mazarin (sua partida em agosto, a pedido do rei, tinha como objetivo precisamente permitir um pacificação por etapas), o cardeal provavelmente desejava agir sem parecer estar obedecendo a sugestões de um rival em influência. Mais simples: o cargo de Vicente no Conselho de Consciência correspondia a seu ofício de confessor da rainha. Como agora Luís XIV era maior de idade, seu próprio confessor, o padre Dinet é que devia entrar para o Conselho. Provavelmente as circunstâncias precipitaram a sucessão. Mas também sabemos que era exatamente o que Vicente queria.

Desde o início da guerra civil, os pobres foram para ele a primeira e maior preocupação, tal qual para numerosíssimas pessoas dedicadas de corpo e alma ao alívio dos males causados pelos grandes. Como em todas as guerras civis, o horror das brutalidades aumenta pelo fato de os golpes não serem assestados por estrangeiros, mas por integrantes do mesmo povo. Cabe frisar, no entanto, que se não faltam exemplos de irresponsabilidade criminosa, a caridade por sua vez se manifesta em superabundância, com uma dignidade, uma coragem e uma abnegação que honram esse período. Desde o bloqueio de Paris em 1649, a miséria na cidade e o afluxo de refugiados levaram o arcebispo a mobilizar as congregações religiosas para o socorro. O terrível inverno de 1651-1652, durante o qual foi necessário alimentar 10 mil pobres em Paris, e depois os combates fratricidas de 1652, a partir do mês de maio, ao redor de Paris e dentro de Paris, levam monsenhor J.-F. de Gondi a dar mais um passo. Ele divide o território da diocese em dez distritos, cada um confiado a uma comunidade religiosa: Corbeil é entregue aos capuchinhos, Villeneuve-Saint-Georges inicialmente aos padres de Saint-Nicolas-du-Chardonnet e depois aos jesuítas, Gonesse e Luzarches aos dominicanos reformados, Saint-Denis aos recoletos etc. Os missionários de Vicente entrariam em ação em Lagny e Juvisy, para em seguida deixar Juvisy aos cuidados dos jesuítas e se dedicar a Etampes — que não pertence à diocese de Paris, mas onde a gravidade da devastação brada aos céus — e mais adiante a Palaiseau, onde a situação não é melhor.

Por sua vez, o mosteiro de Port-Royal, sob a égide da madre Angélique Arnauld, generosamente compartilha com os mais miseráveis, em Paris e no campo, os parcos alimentos de que dispõe, repartindo entre os pobres as doações que lhe são enviadas. As cartas de madre Angélique à rainha da Polônia, Louise-Marie de Gonzague — de quem falaremos no capítulo seguinte —, representam um testemunho vibrante dos sacrilégios, atos de

SENHOR VICENTE EM MEIO À FRONDA

crueldade e privações impostos aos aldeãos próximos de Port-Royal-des-
-Champs e às próprias religiosas. Essa correspondência também mostra
a incansável caridade das monjas, ardorosas no preparo e na distribuição
da "sopa dos pobres". Por sua vez, a Companhia do Santo Sacramento
realiza um trabalho qualificado por Vicente, numa carta, de "maravilha".
Florescem as iniciativas. Já mencionamos, a respeito das províncias arruinadas, Charles Maignart de Bernières, que também se mostra muito ativo
em Paris. Outra personalidade marcante é Christophe du Plessis, barão
de Montbard. Ele tem a ideia de centralizar a distribuição de ajuda para a
Île-de-France, fundando uma instituição, o Armazém da Caridade, que
numa segunda etapa também daria seu nome a uma brochura de pedido
de doações, ao lado das *Relações*. Esse Armazém da Caridade é constituído
por dois "armazéns gerais". Eles recebem artigos das paróquias de Paris,
tendo cada um deles sob sua incumbência uma zona da diocese para a qual
as doações são encaminhadas. Um dos armazéns é instalado na residência
da sra. De Bretonvilliers, na extremidade da Île Saint-Louis, cujas margens
são propícias ao carregamento da ajuda que parte por via aquática para
os subúrbios. O outro armazém fica no Hôtel de Mandosse, perto do Hôtel
de Bourgogne. Aceita-se de tudo: medicamentos, gêneros, roupas, roupa de
cama, móveis, utensílios de cozinha, ferramentas, objetos sagrados, livros...
Chegando-se ao destino, os religiosos fazem a distribuição.[16]

Por sua experiência das províncias em guerra, os missionários de
Vicente e as Filhas da Caridade servem de referência para os outros
religiosos no que diz respeito ao atendimento a ser feito nas áreas de
combate. E pagariam pesado tributo às epidemias. Em Etampes, "onde o
exército dos senhores príncipes permaneceu muito tempo, deixando um
ar corrompido",[17] as ruas estão cheias de cadáveres de homens e animais
misturados. Vários padres da Missão morreriam em ação, em particular

---

16 Abelly, op. cit., t. 1, p. 194-195.
17 Coste, *Correspondance*, op. cit., IV, p. 438, carta nº 1528, a Patrice Valois, de Paris,
25 de julho de 1652.

o jovem padre David, de 25 anos, em julho de 1652, apenas quinze dias depois de chegar do enterro de uma dúzia de cadáveres em Etrechy, onde haviam acampado as tropas de Turenne, para em seguida partir na direção de Palaiseau. No mês de setembro, todos os missionários de Etampes estão doentes. Os padres Watebled — ex-diretor do seminário interno de São Lázaro — e Edme Deschamps cairiam em outubro, assim como uma Filha da Caridade. Esta agonizava quando uma pessoa lhe foi levada para uma sangria. Juntando suas últimas forças, irmã Marie-Joseph levantou-se, fez a sangria e faleceu. Sobre ela, certo dia, Vicente diria às irmãs: "Essa boa filha pode ser chamada de mártir da caridade."[18]

Em janeiro de 1653, a revista do Armazém da Caridade mostrava o alcance do trabalho em Etampes: "O número de pobres e doentes é muito grande para fazer uma lista." Mas de qualquer forma se registrava que os padres da Missão tinham conseguido restabelecer o funcionamento do hospital, montar em Etampes uma cozinha para duzentos pobres e abastecer com ela cerca de quinze aldeias próximas. Também sabemos de forma precisa o que São Lázaro fornecia diariamente a Palaiseau, onde todos os missionários enviados caíam enfermos uns após os outros. Como a charrete de víveres que fazia o transporte chamasse nas portas de Paris a atenção dos sentinelas — que tomavam o condutor por um traidor ou contrabandista —, Vicente teve de emitir um certificado:

Eu, abaixo assinado, superior dos padres da Congregação da Missão, certifico [...] que, considerando [...] que metade dos habitantes de Palaiseau estava doente, morrendo dez ou doze por dia, [...] enviamos para lá quatro padres e um cirurgião para assistir essas pobres pessoas; e que lhes enviamos, [...] todo dia, excetuando um ou dois, dezesseis grandes pães brancos, quinze pintas de vinho, ovos e, ontem, carne, e que tendo-me dito os referidos padres da Companhia que é necessário enviar farinha e uma pipa de vinho [tanto] para a assistência das refe-

---

18 Ibidem, X, p. 510, *Entretiens aux Filles de la Charité* nº 17, conferência de 9 de junho de 1658, *Sur la confiance en la Providence.*

SENHOR VICENTE EM MEIO À FRONDA

ridas pessoas doentes quanto das pessoas das aldeias circunvizinhas, providenciei hoje a partida de uma charrete com três cavalos, carregada com quatro sesteiros de farinha e duas pipas, para a assistência dos referidos doentes de Palaiseau e das aldeias próximas. [...] Em Saint--Lazare-lez-Paris, no quinto dia de junho de 1652.[19]

Paris por sua vez não podia estar em piores condições na primavera de 1652. A colheita de 1651 fora desastrosa. Com milhares de refugiados, "o preço dos cereais sobe rapidamente. Alcançou níveis recorde [...]. O sesteiro do melhor trigo, vendido a 28 libras no dia 21 de abril, chega a 32 libras e 10 soles no dia 24, quando se fica sabendo que o exército dos príncipes tomou Etampes, o mercado de cereais de La Beauce. E sobe para 34 libras no dia 27 de abril. Chegaria a valer 45 libras em meados de julho."[20] "Estamos aqui mais do que nunca enfrentando problemas. Paris é um formigueiro de pobres", escreve Vicente ao superior da Missão em Saintes, Philippe Vageot, a 22 de maio. Em 13 de maio ocorreram no Faubourg Saint-Denis, diante das portas das "Treze Casas" das Crianças Abandonadas, sangrentos combates entre as tropas de Turenne e de Condé. Em São Lázaro, jejua-se, ora-se, passam-se longas horas diante do altar em expiação dos terríveis sacrilégios cometidos por toda parte por tropas desatinadas.

Em junho, resta apenas Genoveva, a padroeira de Paris, a jovem intrépida que rechaçou os hunos, para tentar aplacar a loucura dos homens. O arcebispo de Paris ordenou procissões particulares, e elas são encerradas pela procissão de Santa Genoveva, a 11 de junho de 1652. Monsenhor Godeau deslocou-se de Grasse, trazendo uma enérgica *Exortação sobre o socorro aos pobres* endereçada aos parisienses. O cofre com as relíquias da padroeira de Paris é carregado solenemente de Saint-Etienne-du-Mont à Catedral de Notre-Dame, na presença dos príncipes e das cortes soberanas, dos membros do Parlamento trajando túnica vermelha e dos outros orga-

---

19 Coste, *Correspondance*, op. cit., XIII, p. 362, documento nº 108, passe para os missionários enviados por Vicente de Paulo a Palaiseau, 5 de junho de 1652.
20 Pernot, op. cit., p. 296.

nismos oficiais da cidade em trajes de cerimônia. Os habitantes de Paris, desesperados, acorreram numerosos, e realmente clamaram. Dias depois, escrevendo a dois amigos doutores da Sorbonne que foram solicitar ao papa a condenação das Cinco Proposições, Vicente testemunha: "[que] para pedir a Deus o fim dos sofrimentos públicos, pela interseção dessa santa [...] nunca se viu em Paris maior número de pessoas, nem maior exteriorização de devoção. O efeito disso foi que, antes do oitavo dia, o duque da Lorena, que tinha seu exército às portas de Paris e estava pessoalmente na cidade, levantou acampamento para voltar a sua região, tendo tomado tal decisão no momento em que o exército do rei estava para atacar o seu. Desde então, também se continua a tratar da paz com os príncipes, e esperamos da bondade de Deus que ela se faça. [...] Diariamente damos sopa a 14 ou 15 mil, que sem essa ajuda morreriam de fome."[21] Vicente acrescenta que oitocentas a novecentas jovens foram recolhidas em casas particulares, e também se providenciou a proteção de religiosas. Sabemos por uma carta da madre Angélique que homens emboscados nas portas de Paris estavam à espreita dos jovens refugiados.

Ainda haveria o combate fratricida do Faubourg Saint-Antoine, a 2 de julho, tomando a Grande senhorita, filha de Gaston d'Orléans, a providência de mandar abrir a Porte Saint-Antoine para permitir que os remanescentes do exército de Condé, acuados contra a parede, escapulissem em Paris. Para impedir as tropas de Turenne de perseguir as de Condé *intramuros*, a senhorita chega inclusive a cometer o irreparável em relação a Luís XIV: manda disparar o canhão da Bastilha contra as tropas reais e, "para completar, uma dúzia de balas são disparadas contra a colina onde a Corte se instalou".[22] Na noite da véspera, os dois exércitos circulando ao redor de Paris se aproximaram das muralhas de Saint-Lazare. "O Seminário de São Carlos teria sido saqueado não fossem dois homens, enviados

---

21 Coste, *Correspondance*, op. cit., IV, p. 401-402, carta n° 1510, a François Hallier e Jérôme Lagault em Roma, de Paris, 21 de junho de 1652.
22 Pernot, op. cit., p. 303.

SENHOR VICENTE EM MEIO À FRONDA

por Deus, que, depois de obrigar oito soldados a devolverem o butim que haviam tomado, os expulsaram e impediram a entrada de outros. Esses dois homens nos eram desconhecidos, como nós deles; por isso digo que foi Deus que os enviou, para defender esta casa muito a propósito",[23] relata Vicente a Lambert aux Couteaux, na é época superior da Missão em Varsóvia. Na mesma carta, escrita a 5 de julho, ele faz alusão ao terrível dia 4: "É de recear que [Paris] se destrua ela própria. E começou ontem na casa da cidade, onde o sr. Le Gros passou a noite, em grande risco de ser morto ou ferido, assim como muitos outros. O Parlamento não ousa mais voltar, temendo os sediciosos." O sr. Le Gros, padre da Missão, estava entre os vinte representantes de comunidades religiosas enviados em deputação ao Hôtel de Ville para a assembleia de 4 de julho.

O dia 4 de julho de 1652 ficou conhecido na história pelo nome de Dia da Palha, pois aqueles com jurados e amotinados usavam um tufo de palha em sinal de adesão. O fato é consequência direta dos combates da Porte Saint-Antoine: "Na noite de 2 de julho de 1652, graças ao gesto de sua prima, que retardou o fim da Fronda, Condé é senhor de Paris, ao custo de 2 mil mortos."[24] O senhor Príncipe quer tirar ainda mais vantagem, conseguindo que os notáveis reunidos proclamem a união com os príncipes, concedam plenos poderes a Gaston d'Orléans e formem um governo de príncipes de sangue para colaborar com o Parlamento e a cidade. Para se certificar bem, Condé passou o dia 3 de julho, com a ajuda do duque de Beaufort e de alguns parlamentares, reunindo potenciais amotinados e disfarçando de civis centenas de soldados de seu exército, para reparti-los no dia seguinte na Place de Grève. A 4 de julho, as trezentas ou quatrocentas pessoas convocadas "para três horas da tarde" ao Hôtel de Ville terão de enfrentar uma enorme multidão de manifestantes indignados contra "o Mazarin". Mas as coisas não transcorrem como previsto. O

---

23 Coste, *Correspondance*, op. cit., IV, p. 420-421, carta nº 1516, ao sr. Lambert, superior dos padres da Missão na Polônia, em Varsóvia, 5 de julho de 1652.
24 Pernot, op. cit., p. 304. Seguimos sua análise do dia 4 e dos desdobramentos posteriores.

duque d'Orléans, o príncipe de Condé e o duque de Beaufort só chegam no fim da tarde e não fazem propostas claras, limitando-se a afirmar que a partida de Mazarin vai restabelecer a paz. Ora, em resposta, a prefeitura não exige os príncipes no poder e não se declara solidária à revolta. Declara simplesmente que deseja enviar uma deputação à Corte para conseguir o retorno do rei a Paris sem o cardeal.

Esse recurso ao rei não é o que os príncipes esperavam. No momento em que eles se retiram, decepcionados, pessoas do seu séquito incitam a multidão reunida na Place de Grève, declarando que a união ficou adiada e que o Hôtel de Ville está cheio de "mazarins". Um primeiro tiro é disparado de uma das janelas. O populacho investe contra as portas do Hôtel de Ville, ateia fogo, começam os massacres. Os notáveis que não conseguem fugir passariam uma noite de pavor em esconderijos improvisados. Um pedido é enviado para que o senhor venha acalmar a rebelião. Mas o duque d'Orléans passa o bastão para Condé, que não se mexe. O duque de Beaufort e a Grande senhorita finalmente chegariam por volta de onze horas, libertando o preboste das mãos dos mercadores e mandando apagar os últimos focos de incêndio. Mesmo longe do fogo, o calor é sufocante, e Beaufort ordena que tragam tonéis de vinho para acalmar os mais violentos.

As responsabilidades por esse desastre jamais seriam definidas com clareza. Sabe-se que houve premeditação de uma reviravolta da situação política e manipulação da multidão. O movimento em seguida provavelmente escapou ao controle de Condé, mas ele nada fez para conter a violência. O historiador Michel Pernot observa, contudo, que o 4 de julho só lhe ofereceria uma vitória de Pirro. É verdade que, por proposta de Broussel, o Parlamento a 20 de julho declara Gaston d'Orléans tenente-general do reino e um governo *frondeur* é instaurado a 26 de julho. Mas a Corte já se instalou em Pontoise, o novo procurador-geral, Nicolas Fouquet, e vários presidentes juntaram-se a ela; o rei vai reassumir o controle e a opinião pública, revoltada com o derramamento de sangue, só pensa na paz. A anistia real de 22 de outubro faria o resto.

Três dias depois, Vicente de Paulo escreve a um dos seus colaboradores: "Convido-o a agradecer a Deus por ter trazido de volta o rei e a rainha a Paris. A alegria dessa volta é tão grande de ambas as partes que chega a ser inimaginável. Não se nota nem mais um traço dos distúrbios passados; o que nos dá grande motivo de esperar a total cessação da agitação intestina do reino."[25]

---

25 Coste, *Correspondance*, op. cit., IV, p. 514, carta nº 1565, ao sr. Blatiron, superior dos padres da Missão em Gênova, 25 de outubro de 1652.

19

A Missão sem fronteiras
Itália, ilhas Britânicas, Polônia,
Madagascar, Barbaria
1645-1660

Por intenso que fosse, o papel nacional de Vicente não deve ocultar a aventura estrangeira. Dizemos "aventura" por haver nessa extensão do âmbito da caridade o atrativo do desconhecido característico da mentalidade da época, particularmente no que diz respeito às missões de além-mar.

Tudo começa em Roma. Já encontramos Vicente de Paulo em Roma em sua juventude. O longo convívio com o Dr. André Duval certamente acentuou seu senso da "romanidade", essa qualidade específica da capital da cristandade que a abre para as dimensões do mundo. Entre 1631 e 1635, François du Coudray atua em Roma como embaixador de uma Congregação da Missão que ainda busca reconhecimento. Uma vez obtido este, Louis Lebreton seria enviado a Roma por Vicente, em 1639, para a aprovação dos votos. Sua missão é de longo fôlego — e a propósito ele morreria dois anos depois sem tê-la levado a termo —, mas aproveitou os meses de inverno para sair em missão junto aos pastores no campo romano. Pouco tempo depois, diante do desejo de Vicente de ver estabelecida em Roma uma casa da missão exercendo as mesmas tarefas que na França, seria dada autorização e dois ou três missionários seriam enviados, tendo à frente Bernard Codoing. A duquesa d'Aiguillon prometera fazer uma doação quando da doença de seu tio. Pois é ela que financia a partir de 1642 os exercícios dos ordenandos em Roma. Outros recursos viriam. Mas a Missão só teria uma casa própria em 1659, até então hospedando-se "pobremente e na casa dos outros". E por sinal a situação não desagrada a Vicente, que gosta de se referir a "Nosso Senhor, quando dizia não ter um lugar para repousar a cabeça".

A partir da casa de Roma é que a Congregação da Missão se expande na Itália. O cardeal Durazzo, arcebispo de Gênova, encantado com a ação de Bernard Codoing, pede missionários a Vicente em 1645, põe à disposição deles uma casa nova cujo contrato é assinado em 1647, participa dos Exercícios Espirituais e acompanha as missões. O cardeal Durazzo mostra-se muito presente no que resta da correspondência de Vicente, podemos perceber de sua parte constante solicitude e admiração. Na verdade, ao enviar como superior a Gênova o padre Etienne Blatiron, representante de uma ideal mistura de dinamismo e sabedoria, Vicente fez excelente escolha. Depois de anos de trabalho, o padre Blatiron morreria em Gênova cuidando de vítimas da peste, como Antoine Lucas, outro pilar da Missão.

Gênova leva a Turim alguns anos depois. Em 1654, o marquês de Pianezza, principal ministro do ducado de Savoia-Piemonte, na época sob a regência de Cristina da França, irmã de Louis XIII, solicita o envio de padres da Missão, por tê-los visto trabalhar em Annecy. Surgiriam algumas dificuldades quanto ao objetivo, pois o marquês quer seis padres para pregar e confessar na própria cidade de Turim. O senso pedagógico do padre Blatiron e um cortês esclarecimento de Vicente, lembrando que a vocação da Missão está no campo, removeriam o obstáculo. A Missão de Turim tem início em 1655 sob a direção de Jean Martin, que integrou a equipe de Roma, e depois a de Gênova, e que opera maravilhas em Turim. Vicente deposita nele grande confiança e conhece sua diligência, a ponto de insistentemente pedir que poupe a própria saúde, de tal maneira é necessário. Numa tocante carta ao frade cozinheiro da Missão de

A MISSÃO SEM FRONTEIRAS   423

Turim, Vicente de Paulo — idoso, doente e mal conseguindo ele próprio
se alimentar — recomenda com ternura paterna a seu correspondente que
prepare para o padre Martin "caldos de capão para alimentá-lo e sustê-lo
em sua prostração".[1]

Devemos creditar aos padres Blatiron e Martin a missão cumprida na
Córsega a pedido do Senado de Gênova, em 1652. Eles são acompanhados
por cinco outros missionários, em Campo Lauro, Cotone, Corte e Niolo.
Numa carta a Vicente, o padre Blatiron deixou um saboroso relato da
missão de Niolo. Foi um grande sucesso do "pequeno método" e da perseverança. O relato começa como um ponto: "Niolo é um vale de aproximadamente 3 léguas de comprimento e meia légua de largura, cercado de
montanhas, cujos acessos e caminhos são os mais difíceis que jamais vi,
seja nos montes Pirineus ou na Savoia; o que faz desse lugar uma espécie
de refúgio de bandidos e maus elementos da ilha, os quais, dispondo desse
retiro, praticam impunemente seu banditismo e seus assassinatos, sem
temor dos oficiais da justiça."[2]

Esses estranhos paroquianos lembram-se vagamente de ter sido bati-
zados, mas entre eles o vício passa por virtude, as crianças aprendem a
se vingar assim que começam a falar e andar, cada um faz justiça pelas
próprias mãos, concubinatos e incestos proliferam, maus-tratos e perseguições não faltam. Os missionários arregaçam as mangas, dão-se "três
semanas para instruir o povo das coisas necessárias à salvação" e iniciam
as confissões gerais. O mais difícil é levar as pessoas a se reconciliarem.
Em quinze dias, um único rapaz perdoa um outro que lhe dera um tiro
de pistola na cabeça. Todos os homens comparecem armados à prédica, "a
espada na cintura e um fuzil no ombro", no caso dos indivíduos comuns,
tendo os bandidos e outros criminosos, além disso, "duas pistolas e dois
ou três punhais na cintura". Basta falar-se de perdão, e eles se retiram.

---

1 Ibidem, VIII, p. 36, carta n° 2912, a Aubin Gautier, frade da Missão em Turim, de
Paris, 18 de julho de 1659.
2 Ibidem, IV, p. 411-416, carta n° 1515, de Etienne Blatiron, superior em Gênova, a
Vicente de Paulo [julho de 1652].

Por uma súbita intuição, o padre Blatiron brande certo dia o crucifixo, declarando que os convida, em nome de Nosso Senhor, a ir beijar a cruz para dar testemunho de seu desejo de perdoar os inimigos. Os eclesiásticos são os primeiros a ceder: um pároco cujo sobrinho fora morto perdoa o assassino, outros seguem o exemplo. No dia seguinte ocorre uma reconciliação geral, com registro por tabelião para marcar bem o fim de certos litígios. Lágrimas e abraços. "Nos outros países, é habitual ver os penitentes chorarem aos pés dos confessores; mas na Córsega, é um pequeno milagre", maravilha-se o padre Blatiron. Niolo, glorificada por Vicente numa *Conversa* com seus missionários, ficaria como um exemplo para a companhia.

A Missão nas ilhas Britânicas é de tonalidade bem diferente. Os enviados de senhor Vicente vão enfrentar perseguição, num contexto de implacáveis lutas políticas e religiosas — a começar pela Irlanda. Em 1645, Roma pede a Vicente, por meio da Congregação da Propagação da Fé, que envie missionários à Irlanda para fortalecer e ampliar o movimento de renascimento católico iniciado durante a rebelião irlandesa de 1641. Nesse movimento, vários bispos foram nomeados, sendo dois deles, o bispo de Killala e o de Limerick, consagrados na Igreja de São Lázaro em Paris. Segundo Abelly, Vicente fizera uma tentativa junto a Richelieu em 1641, pedindo que desse apoio militar aos católicos irlandeses — iniciativa que, no contexto do esforço de guerra na Europa, dera em nada. Desse modo, o pedido de Roma a Vicente merece dele pronta resposta. Como a congregação dispõe de cerca de quinze padres irlandeses refugiados, Vicente escolhe seis, que serão acompanhados por três franceses, entre os quais o superior, padre Duchesne.

Chegando à Irlanda em 1647, os missionários se dividem em duas equipes, nas dioceses de Cashel e Limerick. Fervor é o que não falta, mas o ataque externo esmagará a todos. Para começar, a diocese de Cashel é devastada e submetida a terríveis violências pelo aventureiro O'Brien, sendo queimados vivos 1,5 mil fiéis na catedral em que se refugiaram. Os missionários franceses e o padre White — cujo nome é afrancesado por Vicente em suas cartas, como sr. Le Blanc — retornam à França em 1648. No ano seguinte, a diocese de Limerick é vitimada. Em fevereiro de 1649, o

A MISSÃO SEM FRONTEIRAS

rei Stuart Carlos I da Inglaterra foi executado, e Cromwell,[3] o novo senhor da situação, desembarca em Dublin com um grande exército, perseguindo os rebeldes e tentando destruir os católicos a ferro e fogo.

Os quatro missionários de Vicente que permaneceram na Irlanda cumprem uma missão em Limerick em 1651, mais uma vez comovente por seu fervor, segundo depoimento do bispo local. Mas dessa vez é o genro de Cromwell que impõe à cidade um terrível cerco de seis meses, durante o qual 8 mil pessoas morrem de peste e os padres são perseguidos. Os missionários irlandeses conseguiriam fugir, exceto um, o mais jovem, frade Thaddée Lee: refugiado em sua aldeia e descoberto pelos ingleses, ele teria mãos e pés cortados pelos torturadores na presença de sua mãe e, em seguida, a cabeça esmagada. O jovem frade Thaddée, que seria sempre muito estimado ao coração de Vicente, é o primeiro mártir da Missão em sua aventura de caridade além das fronteiras do reino da França.

Entre os missionários que voltaram da Irlanda, os padres Duiguin (Duggan) e Le Blanc (White) mal podem esperar o momento de retornar, dessa vez para a Escócia e as ilhas Hébridas, onde sua prática da língua gaélica representa um trunfo. Por uma carta de 7 de outubro de 1650 ao cardeal Barberini, prefeito da Propagação da Fé, Vicente obtém a autorização da viagem. Esperando em Anvers um navio holandês que os levaria à Escócia disfarçados de comerciantes, os padres Duiguin e Le Blanc encontram um nobre escocês, A. Mac Donald, senhor de Glengarry, que os protege e viria a hospedá-los em seu castelo à chegada. Duiguin parte em seguida para as ilhas Hébridas, enquanto Le Blanc permanece no altiplano da Escócia, onde um terceiro missionário, o escocês Lumsden, junta-se a ele em 1653.

---

3 Oliver Cromwell (1599-1658), puritano fanático transformado em chefe de guerra, em violenta oposição a Carlos I, consegue "depurar" o Parlamento de Londres à frente de suas tropas. Esse "Parlamento remanescente" (*Rump Parliament*) vota o processo e apoia a execução do rei em 1649, em seguida instaurando a República. Para levar o novo regime à Escócia e à Irlanda, que resistem, Cromwell investe violentamente contra os dois países. Ditador Todo-poderoso em 1653 sob o título de "lorde protetor da República da Inglaterra, da Escócia e da Irlanda", ele não conseguiria instaurar sua dinastia. Menos de um ano depois de sua morte, os Stuart estão de volta ao trono.

426 SÃO VICENTE DE PAULO

Os missionários da Escócia levam uma vida errante, semiclandestina, trabalhando ao mesmo tempo para fortalecer pobres católicos que esqueceram tudo e converter "heréticos", numa grande solidão, pois não podem confiar no correio. Quando o padre Duiguin morre em maio de 1657, pranteado "como seu pai"[4] pelos insulares, Vicente só fica sabendo seis meses depois. Isolados nas montanhas, os padres Le Blanc e Lumsden tampouco escrevem muito. Lumsden, que se dedica às regiões mais setentrionais, consegue no entanto informar Vicente dos êxitos de conversão e fortalecimento da fé obtidos pela prédica e os sacramentos. Mas seus sucessos e os dos outros padres enviados pela Propagação da Fé provocam a ira dos ministros protestantes, que os denunciam. Informado das conversões, Cromwell ordena buscas e detenções em toda a Escócia.

Detido perto de Edimburgo em fevereiro de 1655, o padre Le Blanc é inicialmente levado para a prisão em Aberdeen, cidade onde se encontra o padre Lumsden. Numa *Conversa* com seus missionários, Vicente imagina que Lumsden irá dar assistência ao colega. Mas nem por isso deixa de mencionar a possibilidade do martírio, com sentimentos confusos: é uma honra ser considerado digno, por Deus, de se tornar mártir, "mas, por outro lado, é o nosso colega sofrendo [...]. De minha parte, confesso que, pela natureza, fico muito aflito com isso, e a dor me é extremamente sensível; mas, pelo espírito, considero que devemos agradecer a Deus como uma graça muito especial".[5] Libertado, o padre Le Blanc logo trataria de voltar ao altiplano da Escócia.

No caso da missão na Polônia, é um contexto totalmente diferente de atividades que mobiliza Vicente, pois tudo depende de Louise-Marie de Gonzague (1611-1667), que subiu ao trono da Polônia. Os vínculos de Vicente com essa princesa de destino nada banal haveriam de levá-lo a reagir em grande comunhão às desgraças da Polônia. Quanto a Louise-Marie,

---

4 Coste, *Correspondance*, op. cit., VI, p. 602, carta nº 2457, a Edme Ménestrier, superior em Agen, 11 de novembro de 1657.
5 Ibidem, XI, p. 174, extraído da conversa nº 114, abril de 1655, *Nouvelles de François Le Blanc, missionnaire en Ecosse.*

A MISSÃO SEM FRONTEIRAS

tem uma personalidade representativa das ambivalências e dos entusiasmos do primeiro século XVII. E seria engrandecida pelo sofrimento.

Filha de Charles de Gonzague, duque de Nevers e mais tarde de Mântua, e de Catarina da Lorena, Louise-Marie pertence a uma antiga família guelfa, de brilhantes alianças europeias. Tem entre seus antepassados os Paleólogos, imperadores de Bizâncio. Seu pai alimentara durante certo tempo — com o padre Joseph — a ideia de uma cruzada de novo tipo para reconquistar Constantinopla. Louise-Marie também sonha alto. Em 1627, Gaston d'Orléans, viúvo, apaixona-se profundamente pela moça e ela se dispõe a desposá-lo, mas Maria de Medici se opõe e a exila em 1629 na região de Nevers. Dois anos depois, Richelieu tenta uma operação política, sugerindo Louise-Marie como esposa ao rei Ladislau IV da Polônia, que no entanto opta pela aliança austríaca, com Cécile-Renée de Habsbourg. Em 1637, Louise-Marie retorna a Paris e frequenta o meio devoto. Sua cultura e sua beleza atraem a atenção no palacete de Rambouillet, que na época já fervilhava com o amor ao mesmo tempo puro e ardente entre o duque de Enghien e a jovem Marthe du Vigean, grande amiga de Louise-Marie. A própria duquesa de Nevers é alvo de uma louca paixão por parte de Cinq--Mars, o favorito de Luís XIII, e tal sentimento que parece ser correspondido. Cinq-Mars sonha desposá-la, muito embora a corte e a cidade não aceitem a ideia desse casamento. Após a execução dele em 1642, Louise--Marie refugia-se em Nevers. É lá que Ladislau IV, já agora viúvo, mandará buscá-la em 1645 para desposá-la. Ela já passou dos 30 anos e seu futuro marido, dezessete anos mais velho, vai muito mal de saúde, mas ela seria rainha da Polônia... O casamento é celebrado em Paris, por procuração, a 6 de novembro de 1645. No dia 10 de março de 1646, Louise-Marie de Gonzague é sagrada e coroada em Varsóvia.

A nova rainha conhece bem o "senhor Vicente", que gosta de chamar de "meu bom Padre" em suas cartas. De sincera devoção pessoal, ela está decidida a atrair missionários para a Polônia. Mas a questão levaria mais tempo que o previsto. Para começar, ela tem outras preocupações. O reino da Polônia, no qual a Coroa é eletiva, é um Estado fraco, cuja nobreza se mostra arrogante e rebelde. O pai de Ladislau IV, Sigismundo III **Vasa**, pretendeu à coroa da Suécia no fim do século anterior, e Ladislau em princípio não abriu mão dela. O resultado é uma hostilidade latente entre suecos e poloneses, que logo levaria a um ataque por parte da Suécia, no qual o fanatismo religioso dos soberanos suecos também encontrava desaguadouro. O território da Polônia estende-se até a Lituânia, a Rússia Branca e uma parte da Ucrânia. A guerra também viria desse lado. Já em 1648, os cossacos da Ucrânia se revoltam, e alguns anos depois pedem ajuda ao czar de Moscou, Aleixo I. Doente, Ladislau morre nesse mesmo ano de 1648. Seu jovem irmão João II Casimiro é jesuíta, mas por razões de Estado o papa o dispensa de seus votos para que possa desposar Louise-Marie, que por sinal ele ama imensamente. Pouco preparado para o mundo, João Casimiro abdicaria em 1668, um ano após a morte da esposa, para retornar à vida religiosa. Enquanto isso, terá sido fortemente abalado pelo "dilúvio" de calamidades que se abate sobre a Polônia, enquanto Louise--Marie tentava em vão uma reforma do Estado para devolver poder ao rei perante os grandes.

Uma carta de Vicente à rainha, datada de setembro de 1651, assinala o início da missão polonesa: "Senhora, eis finalmente seus missionários que se vão prosternar aos pés de Sua Majestade sagrada e oferecer-lhe seus muito humildes serviços. Eles são apenas três ou quatro, embora o desejo fosse enviar-lhe oito ou nove."[6] Na ideia de Vicente, outros logo haveriam de se seguir. De qualquer maneira, para atender ao pedido da rainha, ele não hesita em enviar como superior da pequena equipe o caro padre Lambert aux Couteaux, a cujo respeito dissera anos antes que separar-se dele seria como "arrancar um olho ou cortar um braço". O padre Lambert é acompanhado por um outro, o padre Desdames, além de dois clérigos e um frade coadjutor. Os missionários não falam polonês, mas vão aprender, e, como dominam bem o latim, poderão formar colegas na Polônia. A ideia

---

6 Coste, *Correspondance*, op. cit., IV, p. 246 sq., carta n° 1401, a Louise-Marie de Gonzague, rainha da Polônia.

A MISSÃO SEM FRONTEIRAS

de um seminário ganha corpo. Por outro lado, a rainha quer mandar vir religiosas da Visitação, e também gostaria de Filhas da Caridade. Estas e aquelas viriam, superando todos os obstáculos. E, na verdade, haveria dificuldades de todos os tipos, a começar para a Missão. Jansenista de coração, a rainha da Polônia tem como capelão o abade de Fleury, notório jansenista. Como os missionários de Vicente têm boas relações com ele, os jesuítas poloneses começam a desconfiar de sua ortodoxia, dissuadindo o arcebispo de Vilnius de lhes confiar um seminário. Seriam necessários vários anos — e a ajuda dos jesuítas franceses — para acabar com essa ambiguidade. Enquanto isso, a rainha entrega uma casa paroquial ao padre Desdames em Sokolka, na Lituânia. O padre Lambert e seus colegas vão com a Corte para Cracóvia.

Têm início as provações. Para começar, abate-se sobre a Cracóvia uma epidemia de peste, violenta e tanto mais devastadora na medida em que os serviços sanitários são inexistentes. Os missionários saem em socorro das vítimas com o ardor habitual, e o padre Lambert cai doente. É quando se fica sabendo que o flagelo atingiu Varsóvia. Parcialmente restabelecido, o sr. Lambert acorre para lá, e, ajudado pelo frade Guillot, organiza a ajuda na capital. Ninguém enterrava os mortos, entregues aos cães vadios; os doentes não eram separados das pessoas em bom estado de saúde etc. O padre Lambert faz o possível para remediar a desastrosa situação. Abalada, a rainha escreve a Vicente: "O bom sr. Lambert, vendo o receio que os poloneses têm da peste, foi a Varsóvia organizar melhor o atendimento aos pobres. Dei ordens para que ele fosse hospedado no castelo, no próprio quarto do rei."[7] Na mesma carta, Louise-Marie anuncia a chegada a Varsóvia, dois dias antes, das Filhas da Caridade, que lhe parecem "excelentes moças". Mais tarde, surgiriam atritos. Vicente seria obrigado a constatar que o exercício da caridade a pedido de uma rainha requer que também seja manifestada em relação a ela, pois não existe Corte em que

---

7 Coste, *Correspondance*, op. cit., IV, p. 487, carta n° 1556, de Louise-Marie de Gonzague, rainha da Polônia, a Vicente de Paulo, setembro de 1652.

não prevaleça o espírito do mundo... Mas os problemas de Louise-Marie e da Polônia o sensibilizam muito. Em 1652, a rainha, que já perdeu uma filhinha, traz ao mundo um príncipe herdeiro que morre três meses depois. Podemos acompanhar pelas cartas de Vicente a alegria e depois a tristeza desses acontecimentos, ao mesmo tempo que a peste assola o país e uma guerra no horizonte se perfila.

A Missão também sofre. Em janeiro de 1653, os soberanos poloneses se transportam para a fronteira oriental, e o padre Lambert os acompanha. Indo visitar o padre Desdames em Sokolka, bem perto dali, o padre Lambert cai doente e morre em três dias, aos 47 anos. Tristeza de todos aqueles que o conheciam. "Se não me mandar um outro P. Lambert, não saberei o que fazer", escreve a rainha a Vicente. Já em agosto de 1653, Vicente envia o padre Ozenne, que era superior em Troyes, juntamente com um clérigo, Nicolas Duperroy, e as primeiras religiosas da Visitação. Todos eles, tendo embarcado em Dieppe, seriam vítimas de um pirata inglês, levados para Dover e libertados somente depois de várias semanas. Os missionários conseguiriam chegar à Polônia em janeiro de 1654, mas as religiosas só alcançariam seu destino em julho.

Naquele ano, as missões têm início, a paróquia da Santa Cruz de Varsóvia é entregue aos enviados de Vicente e uma outra paróquia em Skuly, perto de Varsóvia, é acrescentada no mês de maio. No outono, multiplicam-se os projetos: o bispo de Posen pretende enviar seus ordenandos à Santa Cruz, um príncipe polonês se oferece para fundar uma casa da Missão perto de Gdansk, a criação de uma confraria da Caridade em Vilnius é solicitada e a ideia de um seminário volta à tona. A guerra varreria todos esses projetos. Enquanto os russos ocupam a Lituânia, a invasão das tropas de Carlos Gustavo X, sobrinho de Gustavo Adolfo e novo rei da Suécia, leva à ocupação de Varsóvia em setembro de 1655. Os poloneses reconquistam sua capital no ano seguinte, mas quase imediatamente ela volta a cair nas mãos dos inimigos. As cartas entre os missionários e Vicente mostram-no à espera da decisão das armas e orando pelo êxito dos soberanos da Polônia, a seus olhos indissociável da proteção da Igreja

A MISSÃO SEM FRONTEIRAS

e do futuro do catolicismo na Europa central. É a propósito da Polônia e do risco de "que esse reino também seja retirado à Igreja", depois dos países da Europa que se passaram para o protestantismo, Vicente lança a ideia — posteriormente retomada como uma justificação adicional das missões em terras distantes — de um possível desmoronamento da fé católica na Europa: "É bem verdade que o Filho de Deus prometeu que estaria em sua Igreja até o fim dos séculos; mas não prometeu que essa Igreja estaria na França, ou na Espanha etc."[8]

O padre Ozenne e as Filhas da Caridade acompanharam a Corte até a Silésia, vagando com ela em função do avanço das tropas, cuidando dos feridos da melhor maneira possível. Os srs. Desdames e Duperroy ficaram em Varsóvia. Ferido, Duperroy quase foi repatriado. Em junho de 1657, estando Varsóvia sob violento ataque dos suecos, bairros inteiros são destruídos e o padre Desdames, que lá permaneceu, escapa por pouco da morte. Em Skuly, a igreja foi incendiada e o pároco, assassinado. Vicente se compadece fortemente das dores da Polônia. Respondendo ao padre Ozenne, que lhe anuncia que os missionários perderam tudo, ele não poupa palavras de estímulo, mas acrescenta: "Não seria justo que vocês fossem isentados da enfermidade pública; e Deus, que a permitiu, terá a bondade, se lhe aprouver, de restabelecer essas perdas no devido tempo."[9] Quando o padre Ozenne vem a morrer de uma febre repentina aos 46 anos, no dia 14 de agosto de 1658, a homenagem de Vicente, por mais comovida, seria sóbria: "Ele era muito singelo, doce e exemplar. Deus é hoje a sua recompensa." Pois o heroísmo cristão, para Vicente, não passa de um aspecto da obediência, e, sob diferentes formas, todos são chamados a prestá-la. Referindo-se à doença dos srs. Duperroy e Desdames em Varsóvia, ele exclama: "Que foi que eles passaram nesse país? Fome? Ela existe. Peste? Ambos a tiveram, um deles, duas vezes. Guerra? Eles estão no meio dos

---

8 Abelly, op. cit., t. 2, p. 197.
9 Coste, *Correspondance*, op. cit., VII, p. 5, carta nº 2479, a Charles Ozenne, superior dos padres da Missão de Varsóvia, 7 de dezembro de 1657.

exército e passaram pelas mãos dos soldados inimigos. Por fim, Deus os experimentou com todos os flagelos. E aqui estaremos nós, como preguiçosos sem coração nem fervor! Veremos os outros se expondo aos riscos no serviço de Deus, mostrando-nos tímidos como galinhas molhadas! Oh, miséria! Oh, mesquinhez!"[10]

Em 1656, quando João Casimiro consagra seu reino à Virgem Maria em Czestochowa, Vicente tenta sensibilizar os bispos franceses para a necessidade da "ajuda temporal" a lhe ser prestada. Mas o pedido de ajuda enviado pela rainha Louise-Marie à Assembleia do Clero da França a 17 de fevereiro de 1657 tem como resposta apenas uma confissão de impotência. Vicente também se esforça por apoiar a rainha em sua busca de um sucessor a ser entronizado ainda em vida de João Casimiro: sem herdeiros, os soberanos querem evitar a anarquia de um interregno, e Louise-Marie pensa em casar uma das suas sobrinhas com um príncipe francês. A tentativa não dará frutos, porém mais uma vez Vicente abraçou a causa da Polônia além da Missão. Quatro meses antes de morrer, ele manifestaria ao padre Desdames sua alegria por saber que a paz foi restabelecida.[11] Com efeito, a Paz de Oliva, ou Paz do Norte, é assinada a 3 de maio de 1660 pelos soberanos da Polônia, da Suécia, de Brandeburgo e do Sacro Império — graças à mediação de Mazarin. Meses antes, a 7 de novembro de 1659, o Tratado dos Pireneus entre França e Espanha pôs fim à Guerra dos Trinta Anos.

A guerra na Europa não impediu as expedições distantes, e a França fundou na primeira metade do século — graças ao interesse de Luís XIII e Richelieu pela marinha e pelo comércio exterior — várias companhias comerciais encarregadas de montar entrepostos além-mar e colonizar territórios. Assim é que a Companhia da Nova França foi fundada já em meados da década de 1620. Em 1642, a Companhia das Índias Orientais, ou Sociedade do Oriente, é criada por uma associação de personalidades

---

10 Coste, *Correspondance*, op. cit., XI, p. 411-412, extraído da conversa nº 170 [1657].
11 Ibidem, VIII, p. 298, carta nº 3133, a Guillaume Desdames, superior em Varsóvia, 28 de maio de 1660.

A MISSÃO SEM FRONTEIRAS

parisienses entre as quais se encontra o presidente De Lamoignon. O marechal de La Meilleraye, primo de Richelieu, funda uma companhia concorrente. Objetivo comum: Madagascar, aliás ilha de São Lourenço — nome do santo comemorado no dia em que ela foi descoberta.

Como na Nova França, são enviados pioneiros: em 1642, por ordem do huguenote Jacques de Pronis, de La Rochelle, oitenta franceses atracam no sul da ilha, onde fundam Fort-Dauphin. As companhias deviam fornecer padres para o serviço religioso dos colonos e a evangelização dos habitantes. Em 1648, assim, a Companhia das Índias pede padres para Madagascar ao núncio em Paris. O núncio ignora que, em Roma, a Propagação da Fé já confiou essa missão aos carmelitas descalços; ele recorre então à Congregação da Missão, e Vicente aceita a proposta. Esse mal-entendido faria com que, numa primeira etapa, os padres da Missão tivessem de se limitar ao serviço religioso dos colonos franceses. Mas logo a renúncia dos carmelitas descalços os levaria a assumir a plena responsabilidade pela evangelização na ilha.

A ideia de dar a conhecer o Cristo em terras distantes enche de alegria o coração de Vicente. A 22 de março de 1648, quando ele escreve a Charles Nacquart, na Missão de Richelieu, para informar que foi escolhido, juntamente com o padre Gondrée, para dar início à Missão em Madagascar, sua carta vibra com indisfarçável alegria: "A companhia voltou os olhos para o senhor, como sendo a melhor hóstia de que dispõe, para com ela prestar uma homenagem ao nosso soberano Criador [...] com um outro bom padre da companhia. [...] Oh, meu mais que caríssimo senhor, que diz o seu coração desta notícia? Teria ele a vergonha e a perplexidade necessárias para receber semelhante graça do céu?"[12] Charles Nacquart tem a perplexidade necessária, e sobretudo o entusiasmo que seria o mesmo de todos os missionários enviados por Vicente a Madagascar, em sucessivas levas, pois a dureza do clima rapidamente leva a melhor sobre suas forças e sua vida. No navio no

---

12 Coste, *Correspondance*, op. cit., III, p. 279, carta nº 1020, a Charles Nacquart, padre da missão em Richelieu.

qual embarcou com o novo governador da colônia, Etienne de Flacourt, o padre Nacquart já estuda a língua do país. Chegando a 4 de dezembro de 1648 a Fort-Dauphin, depois de uma viagem marítima de seis meses e meio, ele dominaria tão rapidamente o idioma malgache que em meio a todas as suas tarefas de evangelização encontraria maneira de redigir um breve manual da doutrina cristã nessa língua, antes de morrer de esgotamento, a 29 de maio de 1651. Já em 1649, o padre Gondrée, acometido de febre maligna, morreu em quinze dias. Em longa carta enviada a Vicente a 27 de maio de 1649, Charles Nacquart relata a doença e a morte do colega. Ambos se entregaram completamente à vontade de Deus.

Em sua carta de missão do dia 22 de março de 1648, Vicente expunha o espírito da prédica: "fazer com que essas pobres pessoas, nascidas nas trevas da ignorância de seu Criador, entendam" as verdades da fé cristã a partir de sua própria experiência: Deus deixou marcas nelas, trata-se então de desenvolvê-las, pois foram apagadas pela corrupção do pecado: "Quero fazê-las ver as doenças da natureza humana através das desordens que elas próprias condenam; pois elas têm leis, reis e castigos." Plano de ação de tom perfeitamente moderno, e que mostra a preocupação de Vicente de se informar sobre o país. A utilização do "eu" é reveladora. No fim de sua carta, ele confessa "que não existe condição que mais eu deseje na terra, se me fosse permitido, que a de ir servir como seu companheiro no lugar do sr. Gondrée".

Em fevereiro de 1650, duas correspondências sucessivas de Charles Nacquart a Vicente nos dão a conhecer o contexto da Missão em Madagascar. Primeiro, com data de 5 de fevereiro, temos uma longuíssima carta em que o missionário, depois do completo relato da travessia e da chegada um ano antes, descreve o país e seus habitantes. É impressionante constatar as semelhanças desse texto — como, mais tarde, os textos do padre Toussaint Bourdaise — com as *Relações* dos jesuítas na Nova França,[13] publicadas

---

13 *Relations des jésuites contenant ce qui s'est passé de plus remarquable dans les missions des pères de la compagnie de Jésus dans la Nouvelle-France* (obra publicada com patrocínio do governo canadense), Quebec, Augustin Coté, gráfica e editora, 1858.

A MISSÃO SEM FRONTEIRAS

anualmente em Paris desde 1632. Naturalmente, os povos são diferentes, mas os missionários de Vicente — aos quais ele solicita, no embarque, que "se pautem pela viagem do grande santo Francisco Xavier" — se inspiram nos métodos dos jesuítas em matéria de observação, compreensão e exposição dos costumes e crenças indígenas. Em Madagascar, a devoção aos "olis", pequenos deuses inferiores dos quais os habitantes trazem no corpo representações em madeira talhada, atribuindo-lhes poderes mágicos, associa-se à fé num "espírito" mau mais forte que tudo, especialmente que o "espírito" criador. Algumas crenças e práticas islâmicas, trazidas por comerciantes árabes, misturam-se à religião autóctone. Os "ombiasses", os únicos que sabem escrever, feiticeiros onipotentes na proteção dos bons "olis", dominam os camponeses com a sutileza de seus rituais. Numa população miscigenada, os "negros" recebem com simpatia os missionários franceses, pela amabilidade e o afeto de que dão mostra, já se mostrando os "brancos", que são seus reis tradicionais, mais relutantes. Mas todos se mostram desconfiados em relação às operações de força das autoridades da colônia, cuja brutalidade se reflete na percepção dos padres franceses por parte dos malgaches. E, por sinal, os confrontos entre católicos e huguenotes deixam os habitantes desconcertados.

Já na chegada a Madagascar, os padres Nacquart e Gondrée se desiludiram quanto às qualidades do sr. De Flacourt. No navio, ele parecia disposto a apoiar a evangelização. Na verdade, é o que menos o preocupa. A história registrou uma imagem interessante e positiva de Flacourt, a quem se deve um dos primeiros autênticos mapas de Madagascar, e que, nomeado "comandante-geral da ilha" e sucedendo a um Jacques de Pronis detestado por seus caprichos e abusos, confere uma real consistência à presença francesa na ilha. "Durante cinco anos (1649-1655), Flacourt equipa e fortalece a posição, estendendo a influência da companhia no Sul e em Betsileo."[14] Partindo em seguida para Nantes e Paris para solicitar reforços, "ele realiza uma exemplar ação de propaganda, publicando em particular

_____

14 André Weisrock, artigo "Madagascar", in *Dictionnaire du Grand Siècle*, op. cit., p. 929.

sua *Relação da grande ilha de Madagascar*, insistindo em sua riqueza e já demonstrando sua importância estratégica". Quatro dias depois da carta de 5 de fevereiro de 1650 acima citada, contudo, uma missiva confidencial de Nacquart a Vicente — entregue separadamente da correspondência oficial, aos cuidados de um amigo que parte para a França — revela uma face menos gloriosa do quadro. Pouco empenhado em cumprir suas obrigações materiais em relação aos missionários, o conde De Flacourt cria obstáculos para o padre Nacquart no serviço litúrgico aos franceses, permite que a licença moral se instaure abertamente entre eles e afirma pesadamente sua autoridade política.

Cuidar dos franceses de Fort-Dauphin, assim, revela-se uma pedra no sapato para a Missão, sem resultado frente a pessoas relutantes. Em compensação, não faltam na carta confidencial do padre Nacquart projetos para os autóctones. O missionário estabeleceu vínculos com reis locais, entre eles Andian Ramach, batizado em Goa pelos portugueses. Ele gostaria de estabelecer em Fanshese uma comunidade de seis padres e um seminário, de fundar em Matatane outro posto com doze missionários; queria quatro frades coadjutores — um alfaiate, um professor, um cirurgião, um administrador —, Filhas da Caridade para formar as jovens malgaches etc. Também solicita um intérprete, sistematicamente recusado pelo sr. De Flacourt. E, sobretudo, gostaria de ter um superior, pois se sente fraco estando sozinho...

Em sua humildade, ele é visionário. Mas após sua morte haveriam de se passar três anos até que, a 16 de agosto de 1654, os padres Mousnier e Bourdaise e um frade coadjutor finalmente desembarcassem em Madagascar. Não há mais coisa alguma. Os recém-chegados constatam consternados a morte do padre Nacquart, o incêndio de Fort-Dauphin, a desordem na colônia... A afeição demonstrada pelos indígenas os estimula. Mas o padre Mousnier, o superior, morre depois de nove meses, por consequência de uma desgastante expedição a pé. Toussaint Bourdaise, alma de fogo, põe mãos à obra com enorme dedicação. O padre Nacquart tinha celebrado poucos batismos, querendo certificar-se da solidez dos neófitos.

A MISSÃO SEM FRONTEIRAS

Trabalhando em terreno já semeado, o padre Bourdaise batizaria mais. E também celebra alguns casamentos sólidos, especialmente entre franceses e indianas. Mas as provações continuam. Dos três missionários enviados como reforço em 1656, um, o padre Belleville, morre na travessia, e os dois outros, os padres Dufour e Prévost, viriam a morrer nos três primeiros meses de estada por terem negligenciado, em seu afã, as precauções impostas pelo clima. Dando a Vicente essas tristes notícias, Bourdaise, carvalho que se manteve de pé na tempestade, deixa entrever a desorientação em seu coração: "[...] sou esse miserável servidor que ficou sozinho para lhe dar a notícia".[15] A 25 de junho de 1657, ele também vem a sucumbir a um ataque de disenteria. Vicente morreria sem nada saber, pois uma sucessão de naufrágios impede durante vários anos os contatos com a ilha. A incerteza quanto ao destino de Bourdaise extraiu de Vicente um clamor que se tornou famoso. No dia 11 de novembro de 1658, mobilizando todos os seus para orar pelos colegas em perigo, entre eles os de Túnis e Argel — casos que logo examinaremos —, ele acrescenta, inesperadamente: "O sr. Bourdaise, meus irmãos, o sr. Bourdaise, que está tão longe e tão sozinho, e que, como ficaram sabendo, trouxe para Jesus Cristo, com tanta dificuldade e tanto cuidado, grande número dessas pobres pessoas do país em que se encontra, oremos também por ele. sr. Bourdaise, acaso ainda está vivo ou não? Se estiver, queira Deus conservá-lo em vida; se estiver no céu, reze por nós!"[16]

A correspondência de Vicente sobre a Missão de Madagascar dá testemunho da incrível sucessão de tragédias marítimas da época. Para agravar as coisas, a rivalidade entre a companhia do marechal de La Meilleraye e a Companhia do Oriente torna-se aguda em meados da década de 1650. Vicente tenta ser diplomático com as duas, mas o marechal de La Meilleraye, apoiado pela duquesa d'Aiguillon, exerce tal pressão que o superior da Missão acabaria por lhe conceder o monopólio do transporte dos seus

---

15 Coste, *Correspondance*, op. cit., VI, p. 195, carta nº 2215, de Toussaint Bourdaise, padre da Missão, a Vicente de Paulo, de Fort-Dauphin, 19 de fevereiro de 1657.
16 Ibidem, XII, *Entretiens aux Missionnaires*, repetição de oração nº 193.

colaboradores. Os navios do marechal tampouco escapam às tragédias do mar. Assim, o padre Nicolas Etienne, novo superior, partindo de Nantes no inverno de 1659 para embarcar em La Rochelle, veria o navio no qual viajava, com mastros e velas destruídos pela tempestade, jogado da costa espanhola para a costa francesa, acabando por encalhar em Saint-Jean-de--Luz, embora todos os julgassem naufragado e Vicente já tivesse discretamente nomeado seu sucessor. Reconhecendo a caligrafia do padre Etienne em duas cartas recebidas, Vicente sentiria uma das últimas grandes alegrias da vida após uma emoção contrária. Segundo testemunhas, contudo, ele teria recebido as duas com o mesmo autocontrole e a mesma tranquila entrega à vontade de Deus.

Raramente uma obra de Vicente terá custado tanto sacrifício e tenacidade quanto a de Madagascar, que no entanto permaneceria enraizada no cerne da Missão. Depois de Vicente, seu sucessor, René Alméras, levaria adiante o bastão. Com a partida dos últimos colonos, esse bastão deixaria a ilha até o século XIX, quando os lazaristas fariam questão de retornar. E lá estão até hoje.

Chegamos então ao caso da Barbaria. Deixamo-lo para o fim apesar de a aventura ter início em 1645, pois é possível entender melhor a originalidade desta Missão conhecendo as outras. Para começar, seu contexto administrativo é especial. Vicente queria encontrar meios de concretizar assim que possível o compromisso de envio de missionários à Barbaria assumido em 1643, para dar assistência aos pobres cristãos cativos.[17] Acontece que, por força de acordos entre o rei da França e o sultão de Constantinopla, os cônsules da França na África do Norte têm direito a um capelão. Vicente o sabe, e propõe ao cônsul da França em Túnis, Martin de Lange, que receba um missionário. O cônsul aceita, desde que não lhe custe nada. O padre Julien Guérin, acompanhado do padre François Francillon, chega a Túnis a 22 de novembro de 1645. Paralelamente, estuda-se o caso de Argel, e a duquesa d'Aiguillon já em 1646 compra diretamente o consulado da França

---

17 Ver p. 367-368.

A MISSÃO SEM FRONTEIRAS

para a Missão. Assim seria possível evitar eventuais atritos entre cônsul e missionário, que não têm os mesmos objetivos. Entretanto, como a solução limita-se a deslocar o problema — a Propagação da Fé, em Roma, não vê com bons olhos o exercício de responsabilidades tão terrenas por parte dos padres —, recorre-se a uma montagem: um frade coadjutor seria o cônsul, tendo a seu lado o padre responsável da Missão. Dessa forma, o frade Jean Barreau, ex-advogado no Parlamento de Paris, por algum tempo cisterciense e tendo depois entrado para a Congregação da Missão, chega a Argel em 1646 como cônsul da França, acompanhado pelo padre Louis Nouelly. Dois anos depois, à morte de Martin de Lange, a duquesa d'Aiguillon também compra o consulado da França em Túnis. Depois de um interregno a cargo do responsável pela Missão — na época o padre Jean Le Vacher —, o clérigo Benjamin Huguier, ex-procurador no Châtelet, toma a frente do consulado de Túnis de 1648 a 1653. Vem a ser sucedido por Martin Husson, jovem advogado no Parlamento. Jean Le Vacher e Martin Husson formam uma equipe fervorosa e unida que provoca a admiração de Vicente. Expulso pelas autoridades muçulmanas em 1657, Husson não seria substituído ainda em vida de Vicente de Paulo. Por algum tempo, o fardo das tarefas cotidianas voltaria a recair nos ombros do padre Jean Le Vacher.

Um comentário, agora, sobre o papel dos consulados. Vimos no capítulo sobre o cativeiro de Vicente qual era o contexto no Mediterrâneo. Os cônsules da França não representavam apenas os franceses junto às autoridades locais, mas também os cidadãos de outros países cristãos, exceto a Inglaterra, que tinha seu próprio cônsul. Denunciavam abusos e maus-tratos dos prisioneiros, negociavam resgates, arbitravam conflitos comerciais e, de maneira geral, atuavam como intermediários entre os cidadãos europeus e as autoridades muçulmanas. Os beis valiam-se desse papel como pretexto para responsabilizá-los pelas dívidas dos comerciantes. Quando as transações não eram honestas, os cônsules ficavam com o prejuízo. Já vimos os problemas enfrentados em Argel pelo frade Jean Barreau, vítima indireta de uma "gangue" marselhesa (Turbet-Delof). Se Martin Husson veio a ser expulso de Túnis pelo bei em 1657, foi por se

440 SÃO VICENTE DE PAULO

recusar a autorizar a venda aos muçulmanos, por esses traficantes, do tecido para vela de embarcação, que na época a Santa Sé e a França consideravam "material estratégico" (J.-M. Roman).

E a Missão? Antes que partissem para Argel, o padre Nouelly e o frade Barreau recebem as instruções de Vicente.[18] Além das habituais recomendações a todas as Missões, no caso voltadas para os escravos cristãos, cabe assinalar dois pontos. O primeiro: "Eles cuidarão de conviver com todas as precauções imagináveis com o vice-rei, o paxá e o divã, suportando de bom grado as ofensas que lhes forem feitas pelo povo." O segundo: "Haverão de se sujeitar às leis do país, à parte a religião, sobre a qual jamais discutirão, nada dizendo no sentido de desprezá-la." Vicente sabe que não pode incorrer em certos riscos. Em 1650, o padre Philippe Le Vacher, irmão de Jean, vai para Argel assumir o lugar do padre Dieppe, morto como seu antecessor, o padre Lesage, enquanto cuidava das vítimas da peste.

Por delegação da Santa Sé, os missionários também devem exercer o cargo de vigários gerais do arcebispo de Cartago, e portanto têm autoridade sobre os padres, religiosos e fiéis de seus distritos. Philippe Le Vacher é rigoroso e diligente. Vicente faz-lhe recomendações reveladoras de sua visão humilde e muito realista do que está em questão. Começa sugerindo amabilidade em relação aos padres e religiosos escravizados cujo comportamento deixe a desejar: "Rogo-lhe assim que se mostre tão condescendente quanto possível com a enfermidade humana; poderá conquistar melhor os eclesiásticos escravizados mostrando-se compassivo do que pela dureza e a correção. Não lhes falta luz, mas força..." E acrescenta:

Será necessário que contorne um outro obstáculo entre os turcos e renegados: em nome de Nosso Senhor, não tenha nenhuma comunicação com essas pessoas; não se exponha aos riscos que daí podem decorrer, porque, ao se expor [...] estará expondo tudo e causará grande mal aos

---

18 Coste, *Correspondance*, op. cit., XIII, p. 306-307, documento n° 93, Avis de Vincent de Paul à M. Nouelly et au frère Barreau avant leur départ pour Alger (1646, por volta de maio).

A MISSÃO SEM FRONTEIRAS

pobres cristãos escravizados, pois deixariam de ser assistidos e o senhor assim estaria fechando a porta no futuro à liberdade que temos atualmente de prestar algum serviço a Deus em Argel e outros lugares. [...] É mais fácil e mais importante impedir que vários escravos se pervertam que converter um único renegado. Um médico que preserva o mal é mais meritório que aquele que o cura. O senhor de modo algum está incumbido das almas dos turcos nem dos renegados, e sua missão não se estende a eles, mas aos pobres cristãos cativos.[19]

Essas necessárias precauções não impediriam a ocorrência de conversões, que no entanto só se dariam sem provocação. Também aconteceria de a caridade dos missionários tocar o coração das autoridades muçulmanas. Ao realizar sua missão nas galés de Bizerte e nas prisões de Túnis, onde instala capelas, o padre Guérin de tal maneira provoca a estima do bei que este o autoriza a mandar vir reforço da França: é assim que chega o padre Jean Le Vacher, então com apenas 28 anos.[20] Sermões, missas, catecismo, distribuição de alimentos — os corpos são tão cuidados quanto as almas: os missionários mostram-se incansáveis. Associações do rosário são fundadas, o Santo Sacramento é adorado, a comunhão é levada aos doentes com toda solenidade. Seja em Argel ou em Túnis, os padres afastam-se periodicamente das masmorras e galés para enveredar pelo interior do país, levando socorro aos escravos em minas e fazendas. Lembrando-nos da carta ao sr. De Comet, imaginemos o que não poderia sentir Vicente ao ler estas linhas do padre Guérin sobre a situação deles: "Diariamente eles são postos para trabalhar na serragem do mármore, expostos aos rigores do sol, que são de tal ordem que eu só poderia compará-los a uma

---

19 Coste, *Correspondance*, op. cit., IV, p. 120-121, carta nº 1297, a Philippe Le Vacher, padre da Missão em Argel [1650 ou 1651].

20 O padre Jean Le Vacher, missionário tão fervoroso quanto destemido, deixou seu nome na história. Nomeado cônsul da França em Argel após a morte de Vicente, morreria martirizado a 29 de julho de 1683, amarrado pelos "turcos" à boca de um canhão, meses depois do bombardeio de Argel por Duquesne. Seu incansável empenho no sentido de salvaguardar a paz não deu frutos e ele se recusou a renegar sua fé.

442

SÃO VICENTE DE PAULO

fornalha ardente [...]. E no entanto esses pobres escravos suportam seus males com uma paciência inconcebível e bendizem Deus em meio a todas essas crueldades que lhes são impostas [...]. Há outros escravos que não são tão maltratados, alguns vivendo sedentários nas casas de seus patrões e servindo a tudo noite e dia, como cozer o pão, lavar a roupa, preparar comida e bebida e outros pequenos serviços domésticos. Outros ainda são utilizados por seus patrões em serviços externos..."[21]

O mais comovente era o heroísmo dos jovens escravos. Não faltam exemplos de destemor evangélico. Assim, numa carta de junho de 1646 reproduzida por Abelly, o padre Guérin maravilha-se com a atitude de um pequeno escravo inglês de 11 anos que se converteu ao catolicismo na quinta-feira Santa desse ano. Seu senhor quer convertê-lo ao islã. Muito confiante na Santa Virgem, "que invoca constantemente, para que lhe conceda a graça de morrer para não renegar ou ofender Jesus Cristo", ele foi duas vezes coberto de bordoadas por seu senhor com esta finalidade. "Se nos pudessem enviar duzentas piastras haveríamos de livrá-lo desse perigo", sugere o padre Guérin, comovido com a maturidade e a coragem do menino, que declarou ao patrão: "Corte-me o pescoço se quiser, pois sou cristão e jamais serei outra coisa."[22]

Testemunhos dessa natureza se encontram a todo momento nos relatos dos missionários. É o caso do martírio sofrido pelo jovem Pierre Bourgoin (Borguny) a 30 de agosto de 1654 em Argel. Vicente o escolheu como tema de uma *Conversa com os missionários*, e a causa da beatificação do rapaz foi introduzida em Roma no século XVIII. Nascido em Maiorca, tendo na época 21 ou 22 anos, Pierre deve ser enviado por seu senhor às galés de Constantinopla. Assustado com a ideia, o jovem procura o paxá, que concorda que ele não seja enviado, com a condição de que aceite o turbante. O rapaz renega sua fé. Entretanto, permanecendo cristão no fundo do

---

21 Coste, *Correspondance*, op. cit., III, p. 138-139, carta nº 909, citada por Abelly, op. cit., t. 2, p. 118 [entre 1645 e maio de 1648].
22 Abelly, ibidem, p. 133.

A MISSÃO SEM FRONTEIRAS 443

coração, logo se convence de que "só pode expiar a própria covardia pela morte".[23] Toma a decisão e, tremendo de medo com a ideia das crueldades a que será submetido, fala abertamente no convívio diário da sua verdadeira fé, entregando seu medo ao amor de Deus: "Espero que Nosso Senhor me assista; ele morreu por mim, é justo que eu morra por ele." Pierre acaba voltando a procurar o paxá, declara que é cristão e, para deixar bem claro que renega "a religião dos turcos", joga seu turbante no chão e o pisoteia. "Em seguida, acrescenta: 'Sei que vai mandar matar-me, mas não me importo, pois estou pronto a suportar todos os tipos de tormentos por Jesus Cristo, meu Salvador'." Pouco depois, o paxá manda queimá-lo vivo. Concluindo seu relato, que recebeu do padre Philippe Le Vacher, Vicente frisa que o jovem, para juntar coragem, lembrava-se de que o próprio Cristo temera o suplício, mas o havia aceitado. Vendo em Pierre uma "alma pura como o ouro passado no crisol", Vicente conclui: "Eis aí, senhores, do que é feito um cristão, e eis a coragem que devemos ter para sofrer e para morrer, quando for necessário, por Jesus Cristo."

Mas nem todos os escravos têm a alma de fogo do jovem Pierre. Os riscos de apostasia são tão reais que os missionários de Vicente cuidam ativamente do resgate de cativos ao longo da década de 1650. Os padres trinitários, que, juntamente com os religiosos das Mercês, tradicionalmente se dedicavam a essa tarefa, "suspenderam suas redenções, havendo já dez anos que não fazem nenhuma".[24] O início das operações de resgate coincide mais ou menos com a nomeação do padre Firmin Get, em 1654, como superior da Missão de Marselha. Sólido, eficiente, de uma capacidade de trabalho do tipo que Vicente aprecia, o padre Get domina a correspondência de Vicente de Paulo nessa época com seus números e letras. Pois é ele que distribui na Barbaria, graças aos marinheiros e comerciantes que fazem a ligação entre as duas margens do Mediterrâneo, o dinheiro recebido de

---

23 Coste, *Correspondance*, op. cit., XI, *Entretiens aux Missionnaires*, extraído da conversa nº 163, Récit du martyre de Pierre Borguny à Alger (1654 ou 1655).
24 Ibidem, V, p. 85, carta nº 1708, ao Sr. de La Haye-Vantelay, "conselheiro do rei em seus conselhos e seu embaixador no Levante", 25 de fevereiro de 1654.

banqueiros da Missão em Marselha, os irmãos Jean e Louis Napollon, que por sua vez recebem letras de câmbio e de seus colegas Simonnet, de Paris. O sr. Delaforcade, comerciante em Lyon, também aparece frequentemente na *Correspondência* como um contato para a remessa de cartas, pequenos valores, pacotes enviados nominalmente pelas famílias aos cativos, à espera de sua libertação. Vicente fica atento a tudo. Senão, vejamos. Ele acaba de mencionar numa carta o cônsul Benjamin Huguier. E acrescenta: "Escrevi--lhe que desse 3 libras a um forçado que está no *Richelieu*, chamado Jacques Moger, e 30 soles a Renaud Le Page, que está na galé da *Rainha*. Rogo-lhe que lhe entregue essas 4 libras e 10 soles, e nós acertaremos as contas com o senhor. Eis aqui uma letra de câmbio dos senhores Simonnet, através da qual poderá receber dos senhores Napollon 525 libras, para enviá-las, por favor, para serem resgatadas em Argel por Emme Guillaume, cirurgião de Vaucouleurs na Champagne e escravo na mencionada cidade."[25]

"Em parte por caridade, em parte por incumbência", mais de 1,2 mil escravos seriam resgatados por Vicente, ao preço total de 1,2 milhão de libras, esclarece Abelly.[26]

---

25 Coste, *Correspondance,* op. cit., V, p. 167, carta nº 2194, a Firmin Get, superior em Marselha, de Paris, 26 de janeiro de 1657.
26 Abelly, op. cit., t. 2, p. 143.

20

Ultima acta, ultima verba
1653-1660

O senhor Vicente levou muito tempo para envelhecer. Em 1653, tem 72 anos, e vai para Sevran em missão no campo. Sabemos disso porque ele escreve à duquesa d'Aiguillon: esse deslocamento o impede de assistir à assembleia das Damas, e ele pede que o desculpe pela ausência.[1] Preocupada com sua saúde, a duquesa mostra-se indignada numa carta a Antoine Portail: "Eu não poderia estar mais espantada com o fato de o sr. Portail e os outros bons senhores de São Lázaro aceitarem que o senhor Vicente vá trabalhar no campo com o calor que está fazendo, na idade que tem e exposto tanto tempo ao sol [...]. Muito se comenta contra [esses senhores] por seu tão pouco cuidado. Afirmam que não conhecem o tesouro que Deus lhes deu e a perda que poderiam ter."[2] Os infelizes assistentes de Vicente não merecem toda essa recriminação. Pelo contrário, não poderiam ser mais atenciosos. Mas "me parece que ofenderia Deus se não fizesse tudo que está ao meu alcance pela pobre

---

1 Coste, *Correspondance*, op. cit., IV, p. 586-587, carta n° 1614 à duquesa d'Aiguillon, de Paris, 14 de maio de 1653.
2 Carta de 20 de maio de 1653 da duquesa d'Aiguillon a Antoine Portail (incluída no processo de beatificação e citada por Coste, ibidem, IV, p. 586, em nota).

446 SÃO VICENTE DE PAULO

gente do campo neste jubileu", ponderou Vicente. Não era um argumento fácil de responder.

De 1633 até sua morte em 1660, as obras de Vicente cresceram como árvores de múltiplas ramificações, sem descontinuidade. Por que isolar os últimos anos de sua vida? Porque a saída do Conselho de Consciência, associada ao agravamento de seu estado de saúde, assinala para Vicente de Paulo a etapa da velhice. Não uma velhice recolhida, mas o tempo das realizações.

É antes de mais nada o ímpeto do tempo em direção à eternidade que vem traduzido na aprovação e na distribuição dos votos e regras das congregações da Missão e das Filhas da Caridade. Considerando-se sua originalidade no século, a obstinação de Vicente para fazer com que fossem reconhecidas é significativa da força de sua intuição. Tudo se concretiza na década de 1650. Em agosto de 1653, aprovação dos votos da Missão pelo arcebispo de Paris; a 22 de setembro de 1655, aprovação por Roma (o breve *Ex commissa nobis*). No caso das Filhas da Caridade, a 18 de janeiro de 1655, definitiva aprovação episcopal da confraria; em novembro de 1657, cartas patentes do rei; em 16 de dezembro de 1658, registro pelo Parlamento de Paris. No que diz respeito às Damas da Caridade, o regulamento definitivo seria adotado em 1660. De posse da aprovação das regras, Vicente as comenta em *Conversas* pedagógicas cheias de satisfação.

O livro das *Conversas com os missionários* tem início com a retomada pelo frade Ducournau da conferência pronunciada por Vicente a 17 de maio de 1658, quando da solene comunicação das regras a todos os missionários reunidos.[3] A emoção é grande de ambas as partes. As regras devem levá-los a "anunciar o Evangelho aos pobres, e apenas aos pobres [...], nossos senhores e nossos mestres", e há muito eram esperadas pelos padres da Missão: era necessário experimentá-las antes de formalizá-las. E, por sinal, segundo Vicente, tem-se aí uma questão muito mais divina

---

3 Coste, *Correspondance*, op. cit., XII, p. 1-14, *Entretiens aux Missionnaires*, n° 180, conferência de 17 de maio de 1658 sobre a observância das regras.

que humana, e ele julga estar sonhando, no sentido próprio: "É como o pobre profeta Habacuc, que é levado pelos cabelos por um anjo para bem longe, para consolar Daniel, que estava na cova dos leões, e em seguida o anjo o leva de volta ao lugar onde se encontrava e ele, vendo-se no mesmo local de onde havia saído, julgava ter sonhado tudo aquilo." E ele cita as obras uma após outra, dos ordenandos às Crianças Abandonadas: "Só Deus as inspirou à Companhia." Vicente entrega as regras a cada um, e então ora em voz alta, com fervor, ao Senhor que governa com sabedoria todo o universo. O frade Ducournau observa que Vicente os mergulhou num clima próximo do Discurso após a Ceia.

Entretanto, como sempre acontece com Vicente, a mais elevada união com Deus também se encarna nas dificuldades do cotidiano. Nesse mesmo ano de 1658 vêm a morrer o sr. e a sra. Norais, que tinham vendido a fazenda de Orsigny *en viager*[4] à congregação. Juntamente com a fazenda de Rougemont, a fazenda de Orsigny, reformada e ampliada, é o celeiro de São Lázaro. Acontece que os herdeiros dos Norais movem um processo contra Vicente, alegando que a fazenda deveria retornar a sua propriedade com a morte dos doadores. Como um exército de juristas declara ao superior da Missão que está no seu pleno direito e só pode ganhar, ele então entra no processo para apoiar o bem comum. Mas o Parlamento de Paris — que tenta impedir que propriedades particulares sejam transferidas à Igreja e que, com suas fortes simpatias jansenistas, não aceita bem a ação passada de senhor Vicente — pronuncia-se contra ele em setembro de 1658. Vicente perde o processo por apenas três votos. Mas por mais que supliquem, ele se recusa a insistir, inclinando-se diante da sentença como se fosse o julgamento de Deus. Num arrazoado em seis pontos endereçado ao sr. Desbordes, conselheiro no Parlamento, que não aceita o veredito,

---

4 Figura do direito francês que consiste num tipo de venda imobiliária pelo qual o vendedor cede o imóvel em troca de uma renda a ser percebida enquanto estiver vivo, eventualmente mantendo o direito de continuar a ocupá-lo até a morte. Nesse período, o comprador tem direito de usufruto. É notório o fato de que esse tipo de contrato francês dá origem a mal-entendidos e problemas jurídicos. [*N. do T.*]

448 SÃO VICENTE DE PAULO

Vicente faz com vivacidade uma "defesa" da sua decisão... de não voltar a se defender.[5] Um conselheiro da Grande Câmara acaba de morrer, legando a São Lázaro um valor equivalente ao da fazenda de Orsigny. Não seria um sinal da Providência?

A animosidade dos jansenistas do Parlamento evidencia que o combate religioso continua. Mas Vicente não é mais um dos seus protagonistas. Contudo, cabe lembrar sua reação a um panfleto escrito em 1659 por jesuítas radicais, *A apologia dos casuístas*. A ponto de morrer, monsenhor De Solminihac mobiliza suas últimas forças para chamar a atenção do amigo para essa "obra muito perniciosa, que tende a destruir o espírito do cristianismo" a pretexto de lutar contra o jansenismo, pedindo que impeça sua circulação.[6] O superior-geral dos jesuítas desautorizou a obra, mas seus autores se obstinam. Um mês depois da carta do bispo de Cahors, um bilhete de agradecimento por ele enviado a Vicente dá a entender que este — tampouco em muito melhor estado físico que seu amigo — atendeu ao pedido. Certamente o terá feito com toda discrição. Mas Vicente detestava a moral frouxa e a "excessiva indulgência". Tomaria conhecimento da condenação de *A apologia dos casuístas* com o mesmo alívio que havia experimentado quando da condenação do jansenismo.[7] Em momento algum, contudo, terá confundido a Companhia de Jesus com as opiniões laxistas de alguns de seus membros.

Discernimento pessoal, obediência à Igreja e senso das legitimidades essenciais misturam-se na atitude adotada por Vicente após a Fronda, e até o fim da vida, em relação ao cardeal de Retz. Durante a guerra civil, Jean-François-Paul de Gondi é coadjutor do tio. É também uma das pontas desse triângulo de ambição, poder e luta formado igualmente por Mazarin e Condé. Sedento de desempenhar um papel de primeiro plano no teatro

---

5 Coste, *Correspondance*, op. cit., VII, p. 404, carta n° 2752, ao Sr. Desbordes, conselheiro no Parlamento, de São Lázaro, 21 de dezembro de 1658.
6 Coste, *Correspondance*, op. cit., VII, p. 528-533, carta n° 2832, de Alain de Solminihac a Vicente de Paulo, de Mercuès, 3 de maio de 1659.
7 Ver Abelly, op. cit., t. 2, p. 440; Collet, op. cit., t. 2, p. 148.

ULTIMA ACTA, ULTIMA VERBA

político, mas muito mais agitador que estadista, Retz fracassou. Como sabemos, viria a saborear uma magnífica revanche com a obra-prima brilhante e parcial que são suas *Memórias*, apaixonante depoimento sobre a comédia do poder e seu reverso trágico. A 19 de dezembro de 1652, ainda coadjutor mas já cardeal há alguns meses, Gondi é detido por ordem de Mazarin e encarcerado em Vincennes. "Em boa justiça, o dossiê contra Retz era vazio. Todos os atos que lhe poderiam legitimamente ser recriminados eram anteriores à anistia de 22 de outubro de 1652", observa Simone Bertière a respeito do processo que Mazarin tentaria mover contra ele alguns anos depois, quando já se refugiara em Roma.[8] Em dezembro de 1652, portanto, a injustiça já é flagrante. Vicente tem consciência disso, e também se mostra sensível ao caráter ilegítimo do encarceramento, tendo em vista os direitos da Igreja. Já no fim do mês, ficamos sabendo por uma carta que ele foi consolar a infelicidade de seu filho De Gondi, confinado por Mazarin em Villepreux.[9] Algum tempo depois, dá-lhe notícias do prisioneiro: "O prisioneiro foi acometido de uma dor de dente; mas graças a Deus nada tem a temer. [...] O sr. de Buzay [...] celebrou a santa missa no dia de Páscoa com grande devoção. Os comentários correm soltos sobre sua libertação. Nosso Senhor fará o melhor para sua glória e para a salvação da pessoa em questão."[10]

O mais significativo é a alegria de Vicente quando inesperadamente o prisioneiro de Vincennes assume o arcebispado de Paris à morte de seu tio, a 21 de março de 1654. Numa carta ao padre Ozenne, Vicente observa a providencial precaução tomada por Retz, pouco antes da detenção, em fazer uma procuração e nomear dois vigários, pois "esses vigários, que são dois cônegos de Notre-Dame, atualmente exercem suas funções, e temos os ordenandos por comando deles. Todo mundo admira essa previdência

---

8 Bertière, *La Vie du cardinal de Retz*, op. cit., p. 528.
9 Coste, *Correspondance*, op. cit., IV, p. 535, carta nº 1581, a N..., 26 de dezembro de 1652; Collet, op. cit., t. 2, p. 475.
10 Coste, ibidem, IV, p. 574, carta nº 1606, ao padre Philippe-Emmanuel de Gondi [abril ou maio de 1653].

450 SÃO VICENTE DE PAULO

por ter sentido o seu efeito muito a propósito, ou melhor, a conduta de Deus, que não deixou esta diocese um único dia sem pastor, quando querem dar-lhe um outro que não o seu".[11] Na verdade, quando Le Tellier foi a Notre-Dame para impedir as formalidade habituais, já era tarde. O prisioneiro foi avisado da maneira mais romanesca. O capelão que dizia a missa na sua presença elevou a voz no momento de mencionar o bispo local, acrescentando ao prenome "Jean-François" o "Paul" que só podia ser dele. Desse modo, o cardeal de Retz entendeu que se tornara arcebispo de Paris.

Uma semana depois, furioso por ter sido passado para trás, Mazarin consegue forçá-lo à demissão. Mas o cardeal de Retz não considera válida essa renúncia ao arcebispado de Paris assinada a 28 de março de 1654, contra a concessão de sete abadias. Ele assina porque se sente em perigo, acreditando que não será aceita por Roma e que não sossegará enquanto não conseguir sua revogação. Enquanto isso, é transferido para o castelo de Nantes, sob a guarda do marechal de La Meilleraye. A 8 de agosto de 1654, ele foge, pulando o muro, quebra o ombro num acidente equestre, atravessa a França e a Espanha, embarca para Roma e chega a 28 de novembro, onde finalmente é operado do ferimento. Inocêncio X o recebe muito bem, convocando um consistório extraordinário a 2 de dezembro para entregar-lhe solenemente o seu chapéu cardinalício. Como Retz recusasse a perigosa honra de ocupar um apartamento no palácio pontifício (Luís XIV teria visto nisso uma provocação), o papa pede que a Missão o hospede. Pois um Gondi, ali, não se encontra espontaneamente em casa?

Não é a opinião de Mazarin. Uma ordem do rei proíbe os conventos franceses de hospedar o fugitivo. O embaixador da França intima Thomas Berthe, superior da Missão em Roma, a recusar hospitalidade ao ex--prisioneiro, enquanto o mordomo do papa frisa que o Santo Padre espera obediência. Retornando de uma missão desolada entre a embaixada e o palácio pontifício, o padre Berthe, que ainda não pôde ir ao encontro de

---

11 Ibidem, V, p. 109-110, carta n° 1722, a Charles Ozenne, superior em Varsóvia, de Paris, 27 de março de 1654.

ULTIMA ACTA, ULTIMA VERBA

Vicente, vê os empregados domésticos do cardeal descarregando suas bagagens na Missão. Vitória de curta duração, contudo, para Sua Eminência e Sua Santidade: dias depois, Hugues de Lionne desembarca em Roma com instruções categóricas. Por ordem do rei, o padre Berthe e os franceses de sua comunidade terão de deixar a cidade em caráter urgente. A 5 de fevereiro, em duas cartas que faz chegar a Vicente por vias diferentes, o padre Berthe o põe a par da situação.[12] O sr. De Lionne gostaria de vê-lo partir no mesmo dia! O padre Berthe ainda fez questão de deixar os papéis da Missão em lugar seguro com os beneditinos e enviar certos missionários para Gênova, outros para Notre-Dame-de-Lorette. Ele próprio não sabe para onde ir. Para a França? Não acredita que seja esse o desejo de Vicente. Mas se ficar na Itália, que consequências poderão ter as ameaças reais? Pois existem ameaças: "o referido senhor De Lionne me diz, depois de transmitir a ordem de Sua Majestade, que eu tome muito cuidado para não desobedecer, se não quiser dar motivos à Corte para fazer algo contra a companhia e contra sua pessoa", escreve o padre Berthe a Vicente.

A serenidade de Vicente não se altera. Ele extrairia a lição do episódio com uma ponta de humor: "Temos motivos de dar graças a Deus pelo que acaba de ser feito a respeito do monsenhor cardeal de Retz, que foi recebido na Missão de Roma: primeiro na medida em que assim tivemos um ato de reconhecimento em relação a nosso fundador e nossos prelado; segundo na medida em que tivemos para com o papa um ato de obediência, tendo ordenado ao superior da Missão de Roma que recebesse na Missão meu referido senhor, o cardeal; e, por fim, em terceiro lugar, porque ainda pusemos em prática um outro belo ato de obediência, ao obedecer à ordem do rei."[13]

---

12 Coste, *Correspondance*, op. cit., V, p. 270 sq., cartas n° 1834 e 1835, de Thomas Berthe, superior em Roma, a Vicente de Paulo, 5 de fevereiro de 1655. O historiador R. Chantelauze, que publicou os documentos diplomáticos relativos a esse caso (op. cit., p. 358 sq.), aparentemente não tomou conhecimento das duas cartas do padre Berthe.

13 Coste, *Correspondance,* op. cit., XI, p. 172, conversa n° 113, Repetição de oração do domingo, 4 de abril de 1655, *Sur l'hospitalité donnée au cardinal de Retz dans l'établissement de Rome.*

452 SÃO VICENTE DE PAULO

Quando sabemos, por outro lado, que os amigos jansenistas do cardeal de Retz não lhe negam seu apoio, podemos avaliar o equilíbrio de Vicente, para quem a legitimidade e o senso do dever — e provavelmente também o afeto — estabelecem o norte de uma atitude correta, à parte quaisquer considerações partidárias.

Em janeiro de 1659, supondo em virtude de um alerta de saúde que Deus "logo viria a dispor" dele, Vicente escreve aos Gondi, pai e filho, duas cartas de adeus. O De Gondi pai está abatido pelas provações: depois da fuga de seu filho em 1654, ele foi brutalmente exilado por Mazarin em Clermont, na região de Auvergne, para indignação de toda a França — e em Roma a injustiça cometida contra o digno velho inspira a seu filho uma belíssima carta aos bispos da França em seu favor. O De Gondi pai pôde retornar a Villepreux. Não surpreende que Vicente venha a lhe agradecer humildemente por seus inúmeros favores, pedindo "perdão pelas contrariedades que [lhe] deu com [su]a rudeza". A carta ao cardeal de Retz é mais inesperada, pela ligação quase afetuosa que nela se revela: "rogo muito humildemente à Vossa Eminência que me perdoe se a desagradei em alguma coisa. Terei sido miserável o suficiente para fazê-lo sem querer, mas jamais o fiz de propósito. Também tomo a confiança, monsenhor, de recomendar à Vossa Eminência sua pequena companhia da Missão, que fundou, manteve e favoreceu, e que, estando aos cuidados de suas mãos, também lhe é muito submissa e grata, assim como a seu pai e a seu prelado."[14] Fora de fato Gondi, então coadjutor, que aprovara a primeira versão das regras da companhia. Seis meses depois desse bilhete de despedida, tendo sido alterados alguns detalhes das regras, Vicente volta a escrever ao prelado — aos bons cuidados da Providência, pois o cardeal de Retz vive então na clandestinidade, destituído de tudo, errante por alguma região estrangeira próxima. Como se quisesse com certa doçura devolver-lhe um pouco da dignidade ferida, Vicente esclarece: "Não me dirijo a monsenhor seu pai

---

14 Coste, *Correspondance*, op. cit., VII, p. 436, carta n° 2772, ao cardeal de Retz, [9 de janeiro de 1659]. A carta n° 2771, ao padre De Gondi, tem a mesma data.

para receber sua recomendação, nem a nenhum poder da terra; é exclusivamente a vossa bondade que recorro."

Os últimos anos de Vicente são cheios de delicadeza. Ele cuida apaixonadamente das crianças muito pequenas. Também se debruça, na outra extremidade da vida, sobre os velhos pobres carentes de ternura e reduzidos à mendicância pela debilidade física. No início de 1653, um burguês de Paris faz-lhe uma doação de 100 mil libras para uma obra de sua escolha, com a única condição de se manter anônimo. Refletindo juntos, Vicente e Louise de Marillac voltam a pôr em pauta uma antiga ideia: criar um asilo entregue aos cuidados das Filhas da Caridade, no qual os idosos teriam suas necessidades atendidas e poderiam viver de maneira cristã, ao mesmo tempo se dedicando a um trabalho adequado a sua capacidade e a suas forças. No total, quarenta idosos — vinte homens e vinte mulheres —, deficientes ou em boas condições físicas, seriam recebidos na casa que Vicente comprou alguns anos antes não longe de São Lázaro, com a placa de "Nome de Jesus". Logo têm início obras para adaptar o local, separar dois pavilhões, preparar uma capela, mobilar os ambientes.

Como escolher os pensionistas? Vicente recorre à sabedoria de Louise. Segundo ela, devem ser escolhidas pessoas "de grande integridade", e não apenas mendigos. Além de pobres de verdade, seria o caso de receber, sobretudo no início, operários "de muito boa condição" que lá permaneceriam seis meses para ensinar seu ofício aos outros (tecelões, sapateiros, costureiras, rendeiras etc.). De maneira geral, não seriam escolhidas pessoas casadas ou com crianças a seu encargo. Em março de 1653, está tudo pronto, os velhos são convocados, novas roupas lhes são dadas, eles são instalados e a nova fundação é regularizada por contrato a 29 de outubro. A 15 de março de 1654, os vigários-gerais do cardeal de Retz a aprovam, e ela é confirmada em novembro por cartas patentes. Ao superior-geral da Missão cabe a direção espiritual e temporal da obra, assistido por dois burgueses de Paris por ele escolhidos. Em concordância com o caridoso doador, o orçamento de alimentação e manutenção dos pensionistas foi cuidadosamente fixado, constituindo-se uma renda de 60 mil libras, das quais 20 mil serão reservadas a uma eventual ampliação das instalações etc.

O doador anônimo insistiu muito na vida espiritual da casa e na instrução religiosa dos pensionistas. Ao lado do objetivo de não deixar ociosas as pessoas idosas lá recebidas, é esta a originalidade do Nome de Jesus. Já na primeira conversa, Vicente, que se refere meigamente aos pensionistas como "meus filhos", lhes fala de Deus, da Criação, da salvação. Em seguida, convida-os a reconhecer as graças que receberam para o corpo e a alma, enquanto muitos pobres, em Paris e outras cidades, não têm essa felicidade. "Tantos lavradores pobres que trabalham do amanhecer ao anoitecer não são tão bem alimentados quanto vocês! Tudo isso deve obrigá-los a trabalhar manualmente o quanto puderem, segundo suas forças, em vez de pensar: 'Não preciso mesmo me dar ao trabalho de fazer nada, tanto mais que tenho certeza de que nada me faltará.' Ah, meus filhos! Vocês devem mesmo evitar isso e dizer, isto sim, que é preciso trabalhar pelo amor de Deus, pois ele próprio nos dá o exemplo, trabalhando continuamente por nós."[15]

A atitude de Vicente em relação aos pobres jamais é de assistencialismo. Tudo visa a favorecer a autorresponsabilidade do pobre, graças às muletas dadas pelos que o amam. E os pobres não se enganam. A casa do Nome de Jesus faz enorme sucesso, reservando-se vagas com anos de antecedência. A única tristeza de Vicente é não poder receber mais gente. Nessa altura dos acontecimentos é que ressurge a ideia do Hospital Geral.

É uma ideia antiga, ligada ao problema recorrente da mendicância. Vimos que no início do século o "isolamento dos pobres" era uma questão frequente nas reflexões e nos trabalhos dos magistrados. A experiência de Mâcon em 1621 mostra que nenhuma cidade escapava ao flagelo da mendicância, mas a situação era pior em Paris. Havia na capital onze "pátios dos milagres" onde se encontravam sujeitos fora da lei, fora da fé, milhares de pedintes habituados a crimes e delitos. Os desastres da Guerra dos Trinta

---

15 Coste, *Correspondance*, op. cit., XIII, p. 156-163, documento nº 49, *Instruction donnée aux pauvres du Nom-de-Jésus* (verão de 1653).

Anos faziam com que chegassem sem trégua. Em 1640, havia em Paris 40 mil mendigos, um quinto dos habitantes! A 23 de fevereiro de 1653, no *Balé da Noite* em que o jovem Luís XIV dança para comemorar a volta da paz civil, os diferentes componentes do povo são encenados entre os heróis da mitologia em quatro *veilles* e 43 *entrées*, com versos de Benserade e a música dos três melhores compositores do reino. Há caçadores, pastores, comerciantes, ferreiros etc. E também, em lugar de destaque, os mendigos formando um corpo constituído.

É preciso acabar com isso. É o que se diz há tanto tempo... Já em 1636, a Companhia do Santo Sacramento, preocupada com a ordem pública, e não só com a caridade, lançou a ideia de um Hospital Geral. O barão De Renty a abraçou. Mas faltavam recursos para a concretização. Ora, no início de 1653, as Damas da Caridade declaram a Vicente durante uma reunião que o movimento gerado pelo Nome de Jesus requer desdobramentos mais amplos. É necessário criar uma grande instituição para isolamento de todos os pobres da capital, com alojamento, alimentação e trabalho para os que puderem. A duquesa d'Aiguillon, cabeça do projeto, promete 50 mil libras no início, uma outra dama, uma renda de 3 mil libras. Segue-se uma lista de adesões. Aos olhos das Damas, só Vicente tem condições de levar a cabo esse projeto. Mãos à obra! Mas Vicente joga uma ducha de água fria em seu entusiasmo: sugere reflexão e oração, pois não está convencido de que o projeto atenda à vontade de Deus. As Damas se irritam com essa lentidão. De fato, existe um projeto concorrente: segundo os *Anais* da Companhia do Santo Sacramento, a 5 de junho de 1653, os colegas incumbiriam o sr. Du Plessis-Montbard de cuidar "única e exclusivamente" da "obra do grande hospital". As Damas não querem perder a corrida.

Acontece que a questão é complexa, e o ponto de vista de Louise de Marillac pode nos ajudar a entendê-la. Louise sempre desconfiou da Companhia do Santo Sacramento por causa de sua lei do segredo. No caso em questão, sua colaboração parece-lhe inoportuna: o Hospital Geral é uma obra pública, e para empreender obras públicas não se deve contar com pessoas que querem manter-se escondidas. Em compensação, Louise considera que as Damas têm todo interesse em contar com a colaboração de piedosos personagens da magistratura, pois necessariamente haverá recursos na justiça para manter milhares de pobres na linha. Na verdade, em virtude de sua envergadura, o projeto transforma-se em questão de Estado. Num texto datado de agosto de 1653 e que foi conservado pelas Filhas da Caridade, Louise faz uma distinção entre obra política e obra de caridade.[16] Na qualidade de obra política de ordem pública, o Hospital Geral é uma questão dos homens. Como obra de caridade, em compensação, as mulheres podem empreendê-lo.

Seja como for, as Damas avançam. Já em 1653, obtêm da rainha a casa e o terreno de La Salpêtrière, então desocupados, para a construção do futuro hospital. Vicente as apoiou junto a Ana da Áustria, ao mesmo tempo que lhes pedia que não se precipitassem: as obras de Deus são feitas aos poucos. Além do mais, as Damas são favoráveis à internação dos pobres pela força, o que não agrada a Vicente. Ele gostaria que fosse feita uma tentativa modesta, com cem ou duzentos pobres voluntários, e que seu número fosse aumentando em resultado da satisfação demonstrada.[17] Mas os acontecimentos se atropelam. O Parlamento, que não vê com bons olhos o envolvimento das Damas, manda suspender as obras da Salpêtrière. Vicente escreve à duquesa d'Aiguillon: "O senhor grão-mestre mandou impedir os seus pedreiros que trabalham na Salpêtrière de prosseguir em seu trabalho, sob pena de prisão. Tendo comunicado o fato à senhorita Viole para saber a opinião do sr. Deffita [seu irmão], ela mandou-me dizer ontem à noite que ele é de opinião que eu a aconselhe neste caso e lhe suplique muito humildemente que faça uma pequena viagem até aqui para encontrar o sr. grão-mestre e resolver o que é preciso fazer [...]. A obra será suspensa se a sua caridade não entrar com seus bons serviços."[18]

Vicente entendeu que a vontade da Corte e do Parlamento de se apropriar do projeto não é negociável e que o objetivo de acabar com a mendi-

---

16 Citado por Coste, *Le Grand Saint...*, op. cit., t. 2, p. 497.
17 Abelly, op. cit., t. 1, p. 214 sq.
18 Coste, *Correspondance*, op. cit., V, p. 47, carta n° 1681, à duquesa de Aiguillon, 9 de novembro de 1653.

ULTIMA ACTA, ULTIMA VERBA

cância vai além das forças das Damas. E por sinal ele não consegue admitir esse objetivo, implicando a internação pela violência. O frade Robineau conta uma anedota reveladora.[19] Certo dia de 1655, indo a Villepreux visitar o padre De Gondi, Vicente para numa pousada de Saint-Cloud para a refeição. Começa então a ditar a seu secretário os motivos "pró" e "contra" a reclusão dos pobres, e hesita durante tanto tempo sem chegar a uma conclusão que se atrasa muito para o encontro com o padre De Gondi.

Ele acabaria recomendando às Damas que abrissem mão da direção do projeto. "O seu sacrifício foi generoso, quase heroico. Elas já tinham gasto 50 mil libras: 16 mil para reformar os prédios da Salpêtrière; 12 mil para pagar os carpinteiros que tinham trabalhado nas armações das camas; outros tantos na compra de tecidos; 10 mil para comprar roupa de cama, cobertas e utensílios. Além disso, tinham-se comprometido por contrato a fornecer 100 mil libras para a subsistência dos pobres."[20] Pelo decreto de 27 de abril de 1656, Luís XIV é que vem a fundar o Hospital Geral de Paris, reunindo La Salpêtrière, o castelo de Bicêtre, a Pitié, a casa Scipion e a fábrica de sabão de Chaillot. Outros prédios seriam agregados. À frente do Conselho de Administração, o primeiro presidente do Parlamento de Paris, Pomponne de Bellièvre, o procurador-geral Fouquet, o tenente de polícia e o preboste dos comerciantes: a Companhia do Santo Sacramento está discreta porém brilhantemente representada. Coberto de elogios pelos contemporâneos, o Hospital Geral não seria capaz de abrigar todos os pobres: muitos desapareceriam para permanecer livres, e voltariam a surgir problemas. Mas o estabelecimento de qualquer forma desempenharia um papel de salubridade pública.

Mas em compensação a mendicância é proibida em Paris. E está fora de questão hospedar no Hospital Geral pobres do campo e refugiados, a quem se pretende enviar de volta a seus lugares de origem. Vicente preocupa-se: Paris é "a esponja da França", a cidade que absorve a maior parte da riqueza

---

19 L. Robineau, *Remarques sur les vertus de saint Vincent*, p. 151-153.
20 Coste, *Le Grand Saint...*, op. cit., t. 2, p. 501.

458 SÃO VICENTE DE PAULO

do país. Acaso seria possível impedir os pobres que vêm de outras partes de se beneficiar dela? O decreto real seria afinal emendado, para serem expulsos apenas os que tivessem a possibilidade de algum acolhimento em sua região. Mas entendemos o espanto de Vicente de Paulo ao descobrir, pelo artigo XXIII do decreto, que "os padres missionários de São Lázaro são incumbidos da instrução espiritual dos pobres" no Hospital Geral. Quase um ano depois, em carta a Jean Martin na qual se refere aos preparativos para o Hospital, sua perplexidade ainda se manifesta. "Querem [...] que a pobre Missão fique com a direção espiritual; o rei e o parlamento a incumbiram disso, sob as boas graças do monsenhor arcebispo, e isso sem qualquer entendimento conosco, e também ordenaram que as Filhas da Caridade sejam utilizadas no atendimento a esses pobres. Queira Deus dar-nos graças para esse novo trabalho, se for sua vontade que nos envolvamos nele, pois de nossa parte ainda não estamos totalmente decididos!"[21]

A resolução final não ocorreria. Independentemente das objeções de fundo, destacar cerca de vinte missionários para o Hospital Geral significava abrir mão de várias Missões já em andamento e sobretudo riscar uma cruz em Madagascar, tão estimada ao coração de Vicente. Após consulta, a comunidade é unânime no apoio ao superior da Missão em sua recusa. No mês de março, Vicente escreve à duquesa d'Aiguillon para explicar as dificuldades. Apresenta desculpas consternadas, mas firmes.[22]

Faltavam apenas alguns meses para a inauguração do Hospital, e Vicente fez então questão de sugerir os nomes dos membros da Conferência das Terças-Feiras para desempenhar a função solicitada. Apesar dos problemas de saúde, Abelly concordou em tomar a frente do projeto por alguns meses. Por sua vez, as Damas e as Filhas da Caridade se dedicaram sem hesitação. Mas ainda faltavam algumas gotas do cálice para Vicente beber. Pois estando a mendicância proibida, ele teve de cancelar

---

21 Coste, *Correspondance*, op. cit., VI, p. 237, carta nº 2218, a Jean Martin, superior da Missão em Turim, 23 de fevereiro de 1657.
22 Ibidem, p. 251, carta nº 2226, à duquesa d'Aiguillon, [março de 1657].

as esmolas que eram distribuídas nas portas de São Lázaro há quase trinta anos. Indignado, um mendigo disse-lhe que na cidade ele era acusado de ser a causa de os pobres estarem sendo enclausurados no Grande Hospital. Sem tentar defender-se, Vicente limitou-se a responder suavemente que ia orar por eles.

Acabamos de mencionar novamente a Conferência das Terças-Feiras. No fim da vida de Vicente de Paulo, ela brilha como uma autêntica coroação. Disso dá testemunho a missão de Metz, cujos preparativos, desenrolar e desdobramentos pontuam a correspondência de Vicente durante todo o primeiro semestre de 1658. Metz é uma cidade episcopal, e portanto não faz parte das tarefas estatutárias da congregação. Mas a rainha Ana da Áustria, que lá se hospedou com a Corte em 1657 e deseja fortalecer os católicos nessa cidade sob influência huguenote, solicita insistentemente uma missão a Vicente. Ela seria confiada, portanto, a padres da Conferência das Terças-Feiras, sendo o coordenador local Bossuet, na época grande arquidiácono de Metz. Os obstáculos, numerosos, seriam superados um após os outros, permitindo o brilhante sucesso da iniciativa. As condições climáticas, em particular, são pavorosas. No momento da partida dos missionários, a França está mergulhada em frio agudo, seguido, com o degelo, de terríveis inundações: "em muitas ruas de Paris vemos passar mais barcos que carruagens",[23] observa Vicente, que, preocupado com os estragos, teme que os missionários tenham sido surpreendidos pelas inundações. Em Metz também é grande a preocupação. Graças a Deus, o frade Mathieu Regnard, que não se deixa abater por nenhuma adversidade, chega são e salvo à Lorena. Bossuet escreve a Vicente: "Frade Mathieu, que chegou aqui como por milagre em meio a um dilúvio que se abatia sobre nós de todos os lados, haverá de lhe prestar contas, senhor, do que preparamos para esses senhores."[24] A preparação material também era difícil: dezesseis

---

23 Coste, *Correspondance*, op. cit., VII, p. 94, carta n° 2542, a Firmin Get, superior da Missão em Marselha, 1º de março de 1658.
24 Ibidem, VII, p. 96, carta n° 2544, de Jacques-Bénigne Bossuet a Vicente de Paulo, em Metz, 2 de março de 1658.

paróquias em Metz, cerca de vinte missionários a serem alojados, alimentados etc. durante dois meses e meio. Mas tudo se passaria bem.

A maravilhosa caridade dos frades de Chandenier confere à missão de Metz uma coloração única. Louis de Chandenier, abade de Tournus, é o seu diretor, com a assistência de seu irmão Claude, abade de Moutiers Saint-Jean, além de colaboradores de primeiro plano como Omer de Champin, Nicolas Gédoyn, Claude de Blampignon e uma plêiade de eclesiásticos notáveis. De 6 de março a 22 de maio, os habitantes acorrem para ouvir os pregadores. Bossuet prega pouco na catedral. Reservou para si uma modesta igreja, Saint-Jean-de-la-Citadelle, cujo auditório é composto de soldados e operários. Temas abordados? Além do grande catecismo duas vezes por semana, a maledicência, a penitência, a honra, a caridade fraterna...

O fervor manifestado, a conversão espetacular de alguns huguenotes, o entusiasmo de Louis de Chandenier, solicitando reforços durante a Semana Santa, de tal maneira que os pregadores chegam a quarenta, o belo exemplo desses padres que "acreditam", a alegria de Bossuet, que se desdobra em agradecimentos em relação a Vicente após a partida dos missionários franceses... tudo concorre para tornar emblemática a experiência de Metz. Foi com emoção que ao longo das semanas Vicente leu para os colaboradores — e transmitiu à rainha — as cartas de Chandenier, de Blampignon, dando conta dos progressos da graça na velha cidade lorena. Podemos imaginar sua felicidade ao ler a carta em que Bossuet, como grande remate, anuncia que acaba de ser formada em Metz uma companhia de eclesiásticos com base no modelo da Conferência das Terças-Feiras.[25]

Mas a vida permanece sendo um combate, e Vicente também deve assumir até o fim as preocupações ligadas a seu envolvimento no atendimento aos pobres. O hospital dos galerianos de Marselha, que não está sob a responsabilidade material da Missão, mas cuja assistência espiritual é por ela supervisionada, enfrenta em 1657 sérias dificuldades financeiras.

---

25 Coste, *Correspondance*, op. cit., VII, p. 155, carta n° 2590, de Jacques-Bénigne Bossuet a Vicente de Paulo, em Metz, 23 de maio de 1658.

Seus subsídios vêm dos rendimentos dos coches, dificultados durante anos, de uma subvenção anual do rei cuja regularidade deixa a desejar e de um apoio dos intendentes no valor de 3 soles por galeriano, que também sofre eclipses. Graças à sra. Fouquet, mãe do superintendente de Finanças, Vicente se desdobra em iniciativas de apelo junto a este para incluir entre as gabelas da Provença as esmolas do hospital e os depósitos dos capelães, mas a duquesa d'Aiguillon espera em vão.[26] Quase dois anos depois, mais uma vez solicitado pela mãe, Nicolas Fouquet garante que o hospital dos forçados não será abandonado e promete a ajuda solicitada — o que significa que ainda não foi concedida.[27] Os capelães ameaçam cruzar os braços e os missionários, já mobilizados em suas próprias tarefas, não podem substituí-los. A bela obra não vai lá das pernas.

Quanto à Missão da Barbaria, devemos voltar aqui a tratar de suas dificuldades. Já em 1655, Vicente solicitou a Firmin Get que explorasse discretamente em Marselha a ideia de entregar os dois consulados nas mãos "de pessoas que deles possam tirar proveito",[28] ou seja, tirá-los das mãos dos clérigos da Missão. O principal motivo está ligado às humilhações sofridas pelo frade Jean Barreau, perseguido pelo bei de Argel, e às imprudências de sua gestão. Mas o afastamento em 1657 de Martin Husson, cônsul em Túnis, por se ter recusado a cobrir tráficos ilícitos, mostra que, qualquer que seja a atitude do cônsul, ela se volta contra a Missão. O que fazer? Em carta de junho de 1657, Vicente informa a Firmin Get — favorável, como Martin Husson, à venda dos consulados — que a duquesa d'Aiguillon por sua vez não vê com bons olhos a ideia de deixar essas incumbências nas mãos de "cônsules de interesse", que vão criar obstáculos para o trabalho dos missionários.[29] Três meses depois, no momento em que o padre

---

26 Ibidem, VI, p. 241, carta n° 2220, a Firmin Get, superior em Marselha, de Paris, 2 de março de 1657.

27 Coste, *Correspondance,* op. cit., VII, p. 388, carta n° 2739, a Philippe Le Vacher, padre da Missão em Marselha, de Paris, 6 de dezembro de 1658.

28 Ibidem, V, p. 364, carta n° 1864, a Firmin Get, superior em Marselha, 16 de abril de 1655.

29 Ibidem, VI, p. 315, carta n° 2279, a Firmin Get, 8 de junho de 1657.

Philippe Le Vacher vem de Argel a Paris para uma coleta destinada a livrar Jean Barreau de suas dívidas,[30] o bloqueio da situação leva Vicente a uma reviravolta de 180 graus.

Numa carta enviada a Edme Jolly, em Roma, ele explica, com efeito, que Jean Barreau, tendo-se livrado do problema, não deverá permanecer em Argel, mas que, como o rei não quer enviar outra pessoa, em virtude dos maus-tratos a que ele foi submetido pelos turcos, seria necessário que o padre Philippe Le Vacher, de volta a Argel, passe a exercer lá o cargo consular, como seu irmão em Túnis. Chegaria-se assim à solução rejeitada por Roma em 1645, mas que se tornou necessária com a evolução da situação: "Convém que o senhor faça compreender a Sua Santidade o quanto é importante que ela permita a esses dois padres o exercício do referido cargo, visto que o objetivo é assistir espiritual e corporalmente os membros em sofrimento de N.-S., e que sem essa permissão seria necessário abandonar mais de 20 mil cristãos escravizados só na cidade de Argel, muitos dos quais se fariam turcos, se não fossem estimulados e socorridos; de tal maneira que, mesmo depois que o mencionado senhor Le Vacher de lá se foi, veio a ser informado de que mais de trinta se perverteram."[31] Cabe lembrar que 1657 é o ano de publicação na França do livro de Emanuel d'Aranda. Em seu amável retrato da escravidão, Aranda garantia que os padres escravizados cumpriam perfeitamente seu papel junto aos cativos. Vicente, pelo contrário, fica alarmado com sua libertinagem, a ponto de se perguntar se os sacramentos que distribuem são válidos.[32] Assim é que ele considera vital a missão dos padres "livres".

Roma não decide. Mas no outono de 1658, Jean Barreau, que foi libertado, volta a ser encarcerado, desta vez em represália por uma demons-

---

30 Ver acima, cap. 3, p. 76 sq.

31 Coste, *Correspondance*, op. cit., VI, p. 442, carta nº 2365, a Edme Jolly, superior da Missão em Roma, 7 de setembro de 1657.

32 Ibidem, V, p. 85, carta nº 1708, ao Sr. de La Haye-Vantelay, conselheiro do rei em seus conselhos e seu embaixador no Levante, 25 de fevereiro de 1654; ibidem, VII, p. 116, carta nº 2562, a Firmin Get, superior em Marselha, 5 de abril de 1658.

tração de força do governador do Bastião da França, um certo Pecquet, que, recusando-se a pagar a Argel o habitual tributo, deteve os emissários do paxá, pôs fogo nos prédios e fugiu para a Itália. Vicente conseguiria a libertação de Barreau mandando soltar os referidos emissários, mas apesar de sua coragem ele não sabe mais como resolver as questões da Barbaria. Acontece que, entrementes, surgiu na paisagem o projeto militar do cavaleiro Paul.

A primeira alusão de Vicente a esse caso é encontrada numa carta a Firmin Get do início de fevereiro de 1658. "Dou graças a Deus pela proposta que o senhor cavaleiro Paul fez de ir a Argel, para obter justiça dos turcos. Peço-lhe que vá ao seu encontro de minha parte, para cumprimentá-lo por essa decisão; que só a ele são possíveis tais proezas; que ele já realizou outras muito belas; que a sua coragem, juntamente com sua boa conduta e suas boas intenções, fazem esperar um feliz êxito desse empreendimento; que me considero feliz por ter o seu nome e um dia lhe ter prestado reverência na residência do senhor cardeal [Mazarin], e que renovo as garantias de minha obediência."[33] Em *post-scriptum*, Vicente pede ao padre Get que informe o cavaleiro do tratamento infligido a Jean Barreau e lhe diga o quanto, ao reparar a França pelos insultos sofridos, estará fazendo obra agradável aos olhos de Nosso Senhor. Mas quem é esse cavaleiro Paul que Vicente tem em tão alta conta?

A priori, o exato oposto dele. Feita de violências e aventuras, a vida do cavaleiro Paul (1599?-1667) é um romance cheio de glória.[34] Nascido em plena tempestade numa embarcação a caminho do castelo de If, onde sua mãe lavadeira entrega a roupa do governador Paul de Fortia, o bebê de pai desconhecido vem a tornar-se afilhado do governador, que lhe dá seu nome e o protege. Chegando à idade das aventuras, o jovem Paul oferece seus serviços a um cavaleiro provençal que comanda um navio de guerra

---

33 Coste, *Correspondance*, op. cit., VII, p. 78-79, carta nº 2531, a Firmin Get, superior em Marselha, 8 de fevereiro de 1658.
34 Léon Vérane e o primeiro-tenente Chassin, *La Grande Légende de la mer. Le chevalier Paul*, La Renaissance du Livre, 1931.

de Malta. Faz tão brilhantemente seu aprendizado de soldado que, sendo jogado na prisão em Valeta em consequência de uma briga de pretexto galante, durante a qual matou seu superior, Paul de Fortia consegue que o comendador de Malta autorize sua saída da prisão e sua mobilização num bergantim.

Esse "d'Artagnan do mar"[35] acumula em seguida um currículo impressionante. A chamada torre do "capitão Paulo" por ele erguida na antiga Lesbos é temida pelos espanhóis e pelos turcos. Plebeu, ele não aspira às dignidades superiores da Ordem, mas o grão-mestre, cedendo às solicitações dos provençais, o nomeia *chevalier servant* em 1637. Mais tarde, Richelieu, que recorreu à grande comendadoria de Malta para recrutar pessoal — o bailio de Forbin, o cavaleiro d'Hocquincourt, o comendador De Razilly e o comendador des Gouttes haveriam de se distinguir a serviço da França —, impressionado com a reputação do cavaleiro, pede à Ordem o favor de dispor dele para a marinha real.

O cavaleiro Paul deixa Toulon em 1638 para se alistar na marinha do Poente. Tem então 40 anos. Sob as ordens do almirante-arcebispo De Sourdis, que admira pelo brilho das vitórias e a quem seria fiel na injustiça da desgraça, o cavaleiro participa da tomada de Fontarabie, travando conhecimento com a guerra de esquadras, volta a Malta, combatendo no caminho corsários barbarescos, e prossegue com as campanhas ao lado de Sourdis na esquadra do Levante, preferindo às grandes embarcações a sua pequena *Licorne*, a primeira a se juntar à nave capitânea depois de uma tempestade épica. "O corno da minha *Licorne* vai furar muitos corações inimigos", gostava de dizer. Para defender o Bastião da França, perto de Bône, onde os pescadores de coral costumam depositar seus tesouros e que muitas vezes é saqueado pelos barbarescos, o rei decide enviar o comendador De Montigny com três embarcações para o litoral argelino no início da década de 1640. Paul participa da expedição por causa de sua reputação junto aos turcos...

---

35 Esta bela expressão é da revista *Tintin*, na curta história em quadrinhos que dedicou ao personagem, n° 811, 16° ano, 7 de maio de 1964.

ULTIMA ACTA, ULTIMA VERBA

Quando o jovem duque de Maillé-Brézé, que sucedeu a Sourdis, reúne as esquadras do Levante e do Poente sob suas ordens no Mediterrâneo em 1643, o cavaleiro Paul, que vê nele um autêntico chefe, sem hesitar lhe presta obediência. A estima é recíproca: o duque entrega a esse marinheiro excepcional o comando de um navio novo de 600 toneladas, o *Grand Angloys*. Em 1647, Paul comandaria uma esquadra pela primeira vez. Deixemos de lado a continuação de suas aventuras. Ela é de tal ordem que Mazarin, fiel ao ponto de vista de Richelieu, decide enobrecê-lo. As cartas patentes do rei datam de novembro de 1649. Nelas, ele é designado como "Paul de Saumur", "*chevalier servant* da ordem de São João de Jerusalém e chefe de esquadra de nossos exércitos navais na residência da Provença". Ele se torna nobre e fidalgo, com título de escudeiro e brasão.[36] Uma vitória depois, o grão-mestre Lascaris, muito orgulhoso dele, o nomeia cavaleiro de justiça. Quando da maioridade de Luís XIV, em setembro de 1651, o cavaleiro Paul é convidado para a cavalgada promovida em Paris para comemorar o acontecimento. Os cronistas da época, liderados pela sra. De Motteville, são unânimes na constatação de sua impressionante figura. A 10 de março de 1654, mediante cartas patentes do rei, ele recebe o cargo de tenente-general dos exércitos navais dos mares do Levante, sob a autoridade do rei e de seu tio, o duque de Vendôme, e comandante na ausência deste. O sonho do cavaleiro Paul era ser comendador de Malta. A Ordem hesitava, temendo indispor os espanhóis ao recompensar abertamente um de seus mais cruéis adversários. Depois de muita insistência, Mazarin é que obteria para ele o grão-priorado de Saint-Gilles, a 8 de maio de 1659.

Estamos portanto diante de um grande personagem. Os biógrafos de Vicente às vezes fingem considerá-lo um aventureiro não muito digno de confiança, parecendo quase incomodados com o fato de o superior da Missão ter aparentemente confiado nele. Na verdade, Vicente, que não está na iniciativa do projeto, limita-se a aproveitar a deixa. Como de hábito,

---

36 Léon Vérane e o primeiro tenente Chassin, op. cit., p. 122 (*Archives des Bouches-du-Rhône*, série B.reg.102, F°320).

ele acredita na Providência, e como homem de seu tempo não rejeita logo de entrada uma perspectiva guerreira — foi o que vimos em Corbie e no caso da Polônia. Em compensação, mostra-se prudente. Entre abril e maio de 1658, a duquesa de'Aiguillon tenta mobilizar os cônsules de Marselha para financiar a expedição do cavaleiro Paul. E por sinal prefereria impor a presença do duque de Beaufort à sua frente, o que só aconteceria seis anos depois, desembocando num fracasso militar.

Vicente acompanha os preparativos por parte do cavaleiro Paul. No fim de maio, escreve a Firmin Get que tratou das questões de Argel "com os senhores De Verthamon e De Lamoignon, que são duas das melhores cabeças de Paris, e que consideram que, vá o senhor cavaleiro Paul a Argel ou não, será bom mandar para lá um homem para negociar a questão do cônsul e sua volta, fazendo com que o dinheiro seja empregado exclusivamente para o pagamento de seus credores, e não dos credores de Rappiot, nem de nenhum outro".[37] A 7 de junho, ficamos sabendo por uma nova carta que Firmin Get esteve com o cavaleiro Paul em Toulon, que se entenderam, mas que o cavaleiro espera que a cidade de Marselha mantenha seu exército durante dois meses, o que não parece certo. Ora, segundo Vicente, o cerco de Dunquerque, concomitante, por sua vez impediria o rei de entrar com sua ajuda. À espera, é preciso enviar alguém a Argel para reembolsar os escravos e negociar as dívidas de Barreau — e a preferência de Vicente é o sr. Huguier. Ele declara ao padre Get que, para isso, ele receberá 30 mil libras (produto das coletas) através dos srs. Simonnet e Napollon. O *post-scriptum* da carta é interessante: "O sr. De Brienne disse ao sr. De Lamoignon, que o reproduziu a mim, que incluiu entre as ordens secretas que ele envie ao senhor comendador Paul a ordem de ir a Argel. Aqui vão uma carta que o rei lhe escreveu e uma outra do senhor cardeal; o senhor as entregue, por favor, ou as faça entregar pelo sr. Huguier."[38] Vicente tem sempre um plano B.

---

37 Coste, *Correspondance*, op. cit., VII, p. 165, carta nº 2597, a Firmin Get, 31 de maio de 1658.
38 Ibidem, p. 174, carta nº 2602, a Firmin Get, 7 de junho de 1658.

ULTIMA ACTA, ULTIMA VERBA

A 21 de junho, Huguier ainda não se declarou pronto para a partida. Vicente comunica ao padre Get alguns valores adicionais para compra de escravos, mas lhe pede discrição a respeito das 30 mil libras, para que os credores do comerciante desonesto Rappiot não queiram "atirar-se em cima" indevidamente à chegada a Argel.[39] A 28 de junho, Vicente comemora a aceitação da letra de câmbio de 30 mil libras e o pagamento assim esperado por Firmin Get. Dessa vez, Huguier está pronto para partir para Argel no primeiro "barco".

Mas a 5 de julho é a opção do cavaleiro Paul que parece levar a melhor. Falta-nos na *Correspondência* uma ou duas cartas intermediárias para entender toda a situação. Pois Vicente faz alusão a uma carta do padre Get relatando uma segunda viagem a Toulon. Lá, ele teria encontrado o comendador Paul em excelente disposição para o empreendimento de Argel, porém solicitando ajuda financeira. Vicente responde: "Lamento não dispor de meios para fornecer o que ele pede, nem o que o senhor propõe. Já lhe disse que lhe daríamos 20 mil libras do dinheiro de que o senhor dispõe, mas isso é evidente, depois de ter libertado os escravos, retirado o frade Barreau e instalado um outro cônsul; pois se não for capaz de fazê-lo pelas armas, esse dinheiro deve servir para obter tais resultados pelo caminho habitual, que consiste em libertar esse frade e devolver aos pobres cristãos o que lhe forneceram, para que o utilizem no resgate."[40] Outra carta nos informa que Vicente consultou as Damas sobre essa ideia, e que elas estão de acordo. A 19 de julho, Vicente cumprimenta Firmin Get por seu empenho no sentido de convencer a cidade de Marselha e as outras cidades marítimas do reino a contribuir para o empreendimento do cavaleiro Paul, reitera seu desejo de se manter muito discreto com o cavaleiro sobre o valor que lhe pode ser pago e de qualquer maneira só prometê-lo uma vez obtida a libertação de todos os franceses cativos em Argel.

---

39 Ibidem, VII, p. 181, carta n° 2608, a Firmin Get, 21 de junho de 1658.
40 Coste, *Correspondance*, op. cit., VII, p. 197, carta n° 2617, a Firmin Get, 5 de julho de 1658.

468 SÃO VICENTE DE PAULO

A sucessão dessas cartas é esclarecedora, e merecia ser assinalada, pois no século XX houve uma polêmica a respeito das 20 mil libras propostas por Vicente ao cavaleiro Paul. Afirmou-se que, em entendimento com o meio devoto, muito favorável à expedição, Vicente desde o início teria previsto aplicar no empreendimento guerreiro o produto das coletas de Paris, o que redunda em acusá-lo de desvio de fundos. Escorando-se num estudo aprofundado da cronologia e do conteúdo das cartas de Vicente, Guy Turbet-Delof demonstrou o absurdo dessa tese.[41]

Entre 1658 e 1660, diversos imprevistos atrasam a partida da esquadra. Vicente preocupa-se, e o impasse é total. A 17 de setembro — dois dias antes de sua morte —, uma derradeira carta a Firmin Get dá a medida do seu tormento. Indo de encontro a seu hábito de passar de um tema a outro sem voltar atrás, ele fala duas vezes de sua preocupação: "Sinto ao vivo, como o senhor, o que acontece com nossos pobres colegas de Argel. Que angústia! Que violência nas atuais circunstâncias! Queira Deus protegê--los!", exclama. E mais adiante: "Estou numa inquietação que me causa dor indizível. Corre aqui o boato de que o comendador Paul mandou cercar Argel, mas não se conhece o resultado; e o senhor me informa que estão começando a partir para Argel, sem nada me dizer de nossos pobres colegas; em nome de Deus, informe-nos a respeito."[42]

O comendador Paul não cercou Argel. Tendo partido originalmente para efetuar um transporte de tropas para as ilhas Jônicas a serviço do príncipe de Módena, que fora em socorro de Cândia, cercada pelos turcos, Paul de fato dirigiu-se para a Barbaria depois da parada em Corfu. Mas durante vários dias foi impedido por ventos violentos de se aproximar do litoral da Barbaria, e, cansado, deu meia-volta, afastando-se das imediações

---

41 Guy Turbet-Delof, "Saint Vincent de Paul et l'expédition contre Alger du chevalier Paul, corsaire de Toulon", África, *Rivista trimestrale di studi e documentazione dell'Istituto Italo-Africano*, Ano XLI, nº 1, março de 1986, p. 128-137.

42 Coste, *Correspondance*, op. cit., VIII, p. 448-449, carta nº 3280, a Firmin Get, superior em Marselha, 17 de setembro de 1660.

ULTIMA ACTA, ULTIMA VERBA

de Argel. Chegando a nado a seus navios, cerca de quarenta escravos se libertaram por iniciativa própria. Um triste balanço.

Enquanto isso, o senhor Vicente deixava este mundo. Muitos biógrafos insistiram na extrema miséria física dos últimos anos de sua vida. Em 1656, fortes ataques de febre e o inchaço das pernas até a altura dos joelhos o deixaram muito debilitado. Mas Vicente é um eterno enfermo que não quer saber do assunto. Desde 1649 e o início dessa doença, mantendo-o algumas semanas entre a vida e a morte, em Richelieu, ele nunca mais voltou a montar. Alguns anos antes, em 1644, uma febre de extrema gravidade o mergulhara em delírio, e os próximos na ocasião atribuíram sua cura, inesperada, ao sacrifício de um jovem missionário doente no mesmo momento, que ofereceu sua vida a Deus. No início de 1658, um acidente de carruagem vem agravar ainda mais seu sofrimento: a mola do veículo quebrou-se, ele tombou, e a cabeça de Vicente bateu violentamente na calçada. Ao longo de 1659, feridas purulentas se abrem em suas pernas. Ele sofre de violentos distúrbios urinários. Há muitos anos já quase não dorme. A partir dos primeiros meses de 1660, não tem mais condições de deixar o segundo andar de São Lázaro, nem mesmo para ir à igreja, como fizera questão até então. Mas mesmo no fim haveria de celebrar suas missas — passando depois a ouvi-las apenas — na capela da enfermaria, à qual se dirigia com muletas, aceitando ser carregado numa cadeira apenas a partir do dia 15 de agosto de 1660. Ao morrer, a 27 de setembro seguinte, todo vestido, sentado em sua cadeira, da qual não se afastava mais, os próximos não param de lhe pedir todas as bênçãos possíveis. E ele as dá humildemente, voltado para o Céu.

Mais que esse desamparo físico e essa agonia corajosa e bela, cuja tranquila entrega a Deus impressionou os assistentes,[43] o que chama a atenção é a constância de sua atividade, enquanto as pessoas que mais ama vão aos

---

43 Disso dá testemunho o relato ao mesmo tempo sóbrio e detalhado das últimas semanas e dos últimos momentos de Vicente entre os seus, escrito pelo Sr. Gicquel, padre da Missão, e reproduzido em Coste, *Correspondance*, op. cit., XIII, documento nº 57, p. 175-193

poucos deixando a cena. Todos os capítulos de suas atividades — por nós isolados para melhor compreensão, mas vivenciados simultaneamente — vêm rematar, como uma onda, os últimos meses de sua vida. Moralmente, ele morreu de pé, uma oração nos lábios, a pena na mão, o espírito voltado para todos. A cada mês, no entanto, o deserto do amor foi-se tornando mais denso ao seu redor. Em 1657, "Deus dispôs" de seu amigo Jean-Jacques Olier, aos 48 anos apenas, esse mesmo padre Olier que ele guiou, formou, defendeu na adversidade. A 31 de dezembro de 1659, é a vez de Alain de Solminihac, o companheiro de fervor e lutas, aquele que foi uma parte da sua força nos anos do Conselho de Consciência. A 14 de fevereiro de 1660, é Antoine Portail que vem a falecer, o amigo de cinquenta anos, o confidente, o apoio em tantas iniciativas, e que se tornou um dos seus dois assistentes, por ele nomeado diretor das Filhas da Caridade. A 15 de março de 1660, o golpe é ainda mais rude: Vicente perde Louise de Marillac. Louise, a corajosa, que há tanto tempo é a alma gêmea com a qual ele sabe poder contar. Em 1647, já dizia, comentando sua saúde debilitada: "Eu [a] considero como morta naturalmente há dez anos; e vendo-a assim, dir-se-ia que está saindo do túmulo, de tal maneira seu corpo está fraco e seu rosto, pálido; mas Deus sabe qual não é a sua força de espírito."[44] Uma inflamação no braço esquerdo que evolui para gangrena, e a doente, acometida a 4 de fevereiro de 1660, passa o mês inteiro em grande sofrimento, próxima das suas Filhas, acompanhada das Damas da Caridade, dando ao filho — o grande tormento de sua vida —, à nora e à neta um adeus cheio de fortes e ternas recomendações. Louise não teria a alegria de rever Vicente, imobilizado em São Lázaro. Ele tampouco lhe escreve, por espírito de desapego. Limitaria-se a enviar um de seus missionários para dizer: "A senhora vai à frente; logo irei ao seu encontro no céu." Meses depois, ao fazer o elogio das virtudes de Louise para as Filhas da Caridade, seria possível avaliar a que ponto esse carvalho da Gasconha também é um ser de coração terno.

---

44 Coste, *Correspondance*, op. cit., III, p. 256-257, carta nº 1002, a Etienne Blatiron, superior em Gênova, 13 de dezembro de 1647.

ULTIMA ACTA, ULTIMA VERBA

As linhas tremem ao serem lidas: "Estava há pouco pensando diante de Deus e dizia: 'Senhor, quereis que falemos de vossa servidora', pois é a obra de suas mãos; e me perguntava: 'Que foi que viste nesses 38 anos em que a conheces? Que foi que viste nela?' Ocorreu-me algum pequeno zunido de imperfeição, mas pecados mortais, oh, jamais! [...] Era uma alma pura em todas as coisas, pura em sua juventude, em seu casamento, em sua viuvez. [...] Coragem! Tendes no céu uma mãe que tem muito crédito."[45]

O céu. O horizonte, o único horizonte da esperança de ambos. Aquele para o qual se voltaram juntos entre os ruídos do mundo, na ação, na contemplação, na formação — e antes de mais nada no serviço a esses pequenos e pobres que não interessam a ninguém, exceto ao Deus que os ama e que morreu por eles.

---

45 Ibidem, X, p. 716-717, *Entretiens aux Filles de la Charité*, n° 118, conferência de 3 de julho de 1660, *Sur les vertus de Louise de Marillac*.

Epílogo

Ele sonhava com um pequeno bosque. Feliz com o êxito de uma missão no campo ao receber notícias a respeito, Vicente confessa em 1654: "É verdade, senhor, não posso me conter: devo dizer-lhe simplesmente que me vêm novos e tão grandes desejos de poder, entre minhas pequenas enfermidades, terminar minha vida junto a um pequeno bosque, trabalhando em alguma aldeia, e que parece que seria bem feliz, se aprouvesse a Deus conceder-me esta graça."[1] Entendemos por que monsenhor Henry de Maupas du Tour, bispo de Puy, ao pronunciar a 23 de novembro de 1660 a oração fúnebre de Vicente de Paulo em Saint-Germain-l'Auxerrois, insiste sobretudo em sua humildade. Mas já não se pode dizer que os torneios da homilia estejam de acordo com o "pequeno método" estimado por Vicente. Há uma certa pompa, e algum rebuscamento. Mas monsenhor Du Tour pode ser desculpado; toda a França está presente. Todas as camadas da sociedade: os pequenos que Vicente amava, mas também o rei, a jovem rainha e a rainha-mãe, os grandes do reino, representantes das três ordens.[2] E há pérolas nesse discurso. Como por exemplo a evocação, diante da men-

---

1 Coste, *Correspondance*, op. cit., V, p. 203-204, carta nº 1786, a um padre da Missão, 17 de outubro de 1654.
2 O presidente De Lamoignon traduziu o sentimento geral com essa frase que ficou famosa: "Toda a França perdeu com a morte do Senhor Vicente."

cionada assembleia, de um episódio capaz de falar ao coração de mais de um: "Certo dia, solicitando um dos grandes do reino um benefício à Corte para um dos seus, e sabendo que, estando o senhor Vicente no Conselho, opusera resistência à sua pretensão, dirigiu-lhe esta recriminação: 'Mas como assim! Senhor Vicente, então é o senhor que resiste a mim?' Eis a resposta que ele lhe deu com absoluta doçura, e uma firmeza sem igual: 'Monsenhor, sei o respeito que lhe devo; mas pela graça de Deus, o senhor não tem nenhum poder sobre minha consciência.'"[3]

Vicente de Paulo não pode ser separado de seu século, que modelou sua mentalidade, nutriu sua caridade, apoiou suas iniciativas e até coloriu sua visão de Deus. Mas ele é inseparável sobretudo porque encarna sua consciência. Não é o único, mas é aquele em quem o dom da consciência é mais puro, pois nela o senso do absoluto está envolto em doçura e há algo infinitamente tocante em ver essa consciência reta e intrépida continuar sendo até o fim a consciência de um camponês de Landes, próximo de sua terra. Em termos atuais, diríamos que uma figura assim é "reveladora": permite discernir, para além dos artifícios da vida social, a humanidade nua.

Vendo Vicente evoluir entre os homens e as mulheres de sua época, contrastantes, violentos, atraentes, marcados por uma "sociedade de ordens" de contornos rígidos, mas não raro desarmantes em sua sede de Deus, ficamos pensando que não deixa de ser justo que Vicente de Paulo tenha feito parte desse século. Sim, o primeiro século XVII, ardoroso até nos seus erros, merecia esse homem simples que soube extrair dele, de mil e uma maneiras, o melhor que tinha a oferecer. Pensamos em particular nas mulheres, é claro. A quantas nobres Damas e humildes Filhas da Caridade Vicente não permitiu a autossuperação! A ele deve-se o fato de elas terem sido capazes de desempenhar, com finura e generosidade, esse papel de "civilizadora" que é o grande carisma da mulher, mas que só alguns períodos da História permitiram expressar-se em toda a sua graça:

---

3 Henry de Maupas du Tour, *Oraison funèbre à la mémoire de feu messire Vincent de Paul*, professor, fundador, e superior-geral dos padres da Missão, 23 de novembro de 1660.

EPÍLOGO

o século XIII no Ocidente cristão, por exemplo, quando a cortesia civilizou a cavalaria; e esse período francês barroco que vai do fim do reinado de Henrique IV ao início do reinado pessoal de Luís XIV. Vicente de Paulo sem as mulheres, as mulheres sem Vicente de Paulo...? Não imaginamos muito bem o quadro.

Mas devemos ser honestos, esse quadro não é o único. Toda uma galeria veio pouco a pouco a se impor à posteridade, até levar ao mito popular do "senhor Vicente", tão querido em particular à França, que se apropriou de sua imagem, dos vitrais ao cinema. Retornaremos ao tema.

Que nos sejam permitidas antes, porém, algumas palavras sobre a realidade concreta das obras nascidas dele. Em seu século, elas têm um peso de humanidade dificilmente expresso nos números. Mas vamos aqui repassá-los ainda assim: "Entre 1628 e 1660, 13 ou 14 mil ordenandos tinham participado dos Exercícios. Só a casa de São Lázaro realizara cerca de um milhar de missões. Vinte mil retirandos tinham sido hospedados em São Lázaro ou nos Bons Meninos. Cerca de 10 mil crianças tinham sido livradas de morte certa. Centenas de milhares de pobres haviam sido socorridos."[4] Depois da morte de Vicente, os seus "sustentariam".

Em outubro de 1659, em obediência à constituição da companhia, Vicente designou o vigário-geral da Missão e propôs dois candidatos para sucedê-lo no cargo de superior-geral. O vigário é René Alméras, companheiro de longa data, sobrinho dessa mesma sra. Goussault a quem devemos a iniciativa da Caridade do Hôtel-Dieu. Ele é que seria escolhido pelos missionários para estar à frente depois da morte de Vicente. Sob sua direção e sobretudo de Edme Jolly a partir de 1673, a "pequena companhia" passa por um desenvolvimento exponencial. Na época da Revolução, "a Missão tinha 168 casas. Na França, administrava 55 seminários, habitualmente acompanhados de uma paróquia ou de uma casa de missão. Totalizava na França 990 pessoas (508 padres, 262 coadjutores e cerca de duzentos clérigos)".[5] Hoje, os padres

---

4 Dodin, *Saint Vincent de Paul...*, op. cit., p. 56
5 Ibidem, p. 80.

da Missão, conhecidos na França como lazaristas, são aproximadamente 3,4 mil em todo o mundo, presentes em 66 países dos cinco continentes. O objetivo principal de sua missão continua sendo voltar-se para os pobres e os mais abandonados.[6]

Em 1660, à morte de Louise, Vicente fez questão de escolher pessoalmente a Filha da Caridade que a sucederia à frente da confraria: Marguerite Chétif. De maneira ainda mais forte que os padres da Missão, as Filhas da Caridade se multiplicaram, em toda parte ouvindo o pedido de ajuda dos pobres e infelizes, totalmente entregues, em sua simplicidade, ao amor que tudo alivia. Presentes em sessenta localidades da França em 1668, "meio século depois, elas estavam presentes em trezentas casas. Em 1790, a comunidade contava 450 casas, vinte delas na Polônia. Cento e vinte noviças encontravam-se na casa-mãe em Paris, e 4,3 mil irmãs, nas casas de caridade".[7] Como no caso da Missão, a Revolução Francesa desfere um terrível golpe contra as Filhas da Caridade, mas ambas as congregações se reerguem no século XIX. "A Companhia das Filhas da Caridade tem em 1960: 4.211 estabelecimentos e cerca de 45 mil indivíduos. Representa meio por cento das religiosas do mundo inteiro."[8] E como deixar de mencionar a casa mãe das Filhas da Caridade, hoje famosa no mundo inteiro no número 140 da Rue du Bac? Em pleno coração de Paris, sua capela atrai anualmente centenas de milhares de peregrinos de todos os horizontes, e sua medalha miraculosa, reproduzida em milhões de exemplares, reconforta sem distinção os pobres de coração. Tudo isso porque em 1831 uma Filha da Caridade, Catherine Labouré, teria recebido nessa capela a graça de uma aparição da Virgem Maria. Extraordinária fecundidade da Missão através dos séculos...

É verdade que à frente das duas congregações está um santo. A santidade de Louise só seria reconhecida pela Igreja em 1934, mas marca

---

6 *Mission Charité*, plaqueta de apresentação dos Padres da Missão e das Filhas da Caridade, Paris, 2009.

7 Dodin, *Saint Vincent de Paul...*, op. cit., p. 81.

8 Ibidem, p. 85.

EPÍLOGO

suas Filhas fortemente nos séculos que antecedem esse reconhecimento. Vicente, por sua vez, é beatificado em agosto de 1729 e canonizado em 16 de junho de 1737.

Não vamos aqui relatar as etapas e tropeços desse reconhecimento pela Igreja, pois estão fora dos limites temporais da presente obra. O fervor e a admiração dos que experimentaram sua caridade não impediram a oposição de certos galicanos e sobretudo dos jansenistas à causa de Vicente. Estes não tinham esquecido sua resistência às "ideias novas". Outras personalidades, em compensação, saberiam pôr em perspectiva sua atitude e o conjunto de sua ação. É o caso de monsenhor Fléchier, bispo de Nîmes, que escreve em 1705, na conclusão de uma homenagem entusiástica e comovida: "Assim foi Vicente. Nascido para grandes coisas, ou melhor, para remediar grandes males."[9]

Vicente de Paulo seria declarado pelo papa Leão XIII, a 12 de maio de 1885, "patrono universal de todas as instituições católicas de caridade que nele têm sua origem". Na verdade, o número de seus membros leva a pensar nas estrelas às quais Jeová compara, na Bíblia, a descendência de Abraão! Olhando para a descendência interna da própria Igreja, como deixar de saudar Frédéric Ozanam (1813-1853), beatificado por João Paulo II a 22 de agosto de 1997? Quando esse jovem professor da Sorbonne, chocando-se com a incredulidade racionalista de sua época e provocado pela recriminação de que a Igreja não se empenharia suficientemente nas obras, decide dedicar suas forças à ajuda aos mais desfavorecidos, a pequena sociedade que vem a fundar com alguns amigos da paróquia Saint-Etienne-du-Mont, chamada de Conferência da Caridade, coloca-se sob a proteção de São Vicente de Paulo. Cabe notar que ela é fundada em 1833, exatamente dois séculos depois do lançamento das Filhas da Caridade e da Conferência das Terças-Feiras. A Sociedade de São Vicente de Paulo de Frédéric Ozanam se escoraria na ajuda ativa da irmã

---

9 Cartas de Bossuet e Fléchier ao papa Clemente XI para pedir a beatificação de Vicente de Paulo, Pémartin, t. 1, p. 414-428.

Rosalie Rendu, Filha da Caridade, muito amada nos bairros pobres de Paris que conhece como a palma da mão e nos quais guia a generosidade dos senhores da Sociedade. Hoje, a Sociedade de São Vicente de Paulo (SSVP), reconhecida como de utilidade pública, ONG de status consultivo desde 2011 junto ao Conselho Econômico e Social das Nações Unidas, vive de doações e se dedica a ajudar pessoas sozinhas e desfavorecidas no contexto de uma "caridade de proximidade", num mesmo bairro, numa mesma paróquia. Conta com a participação de 800 mil voluntários, atuando em quase 150 países, dos quais 17 mil distribuídos por mais de mil conferências na França.[10]

E as equipes São Vicente! Herdeiras das confrarias da Caridade, as equipes hoje reunidas sob a sigla AIC (Associação Internacional das Caridades) ainda nem chegaram à décima linha do texto de seu site na internet e já fazem referência a Châtillon-les-Dombes em 1617. Para essa ONG essencialmente feminina, contando com mais de 200 mil voluntários, 6 mil equipes locais em 52 países, e que busca "desenvolver a corresponsabilidade social" ao mobilizar os mais desfavorecidos em sua própria inserção, a vontade de conferir um papel social ativo e reconhecido às mulheres, mesmo e sobretudo quando pobres, é um objetivo prioritário.[11] Bela fidelidade, séculos depois, àquele domingo de agosto em que as mulheres, indo e vindo pelos caminhos de Bresse para atender às necessidades de uma família em dificuldades, deram a Vicente de Paulo a ideia que viria a mudar a prática da caridade.

Mas ao lado da descendência de Vicente na Igreja há também a posteridade nas instituições de Estado e na sociedade como um todo. Na França, em particular, a assistência pública sob todas as suas formas inspirou-se em senhor Vicente quanto à obrigação interna de consciência que a fundamenta e desenvolve no período moderno. Em sua obra várias

---

10 www.ssvp.fr.
11 www.equipes-saint-vincent.com.

vezes citada,[12] Gaston Parturier evidenciou a variedade da paleta médica de que se valeu Vicente de Paulo. Médico do campo, médico clínico, das doenças contagiosas, dos alienados, médico dos campos de batalha, Vicente destacou-se sobretudo "como médico social, de uma inspiração antes de mais nada espiritual, e que não se contenta com o fato particular". Esse desejo de cuidar, a consciência de precisar fazê-lo, a ideia de que toda pessoa fraca merece que se cuide dela, de que existe um dever social de não se conformar com a miséria, de que sempre é possível se organizar, de que, nas piores calamidades, nada é impossível, foi impregnada pelo exemplo do senhor Vicente na França moderna, ainda que amplamente incrédula. Os *French doctors* — nos quais tantos países pobres hoje em dia confiam, na convicção de que irão até o fim de suas forças — talvez não tenham consciência disso. Mas nem por isso é menos verdade que há três séculos e meio se pode distinguir por trás da imagem da França o rosto do senhor Vicente.

O senhor Vicente pegando uma criança pela mão; o senhor Vicente abraçando um galeriano; o senhor Vicente debruçando-se sobre um ferido no hospital; o senhor Vicente pregando a caridade nas igrejas, repreendendo os egoístas e arrastando os generosos. O imaginário popular faz suas escolhas. Muitas facetas da personalidade de Vicente caíram em esquecimento desde 1660. De lá saem algumas periodicamente, outras parecem para sempre perdidas. No coração das pessoas de hoje, pelo menos das que dão valor aos símbolos, existe o *São Vicente de Paulo — O capelão das galeras* do filme de Maurice Cloche e existe o abade Pierre do inverno de 1954. Nenhum dos dois chega a ser Vicente de Paulo em todas as suas dimensões, e no entanto ambos julgaram encarnar a figura da caridade, num dos casos, e, no outro, o seu discípulo. Quando conhecemos o verdadeiro Vicente, podemos nos mostrar sensíveis a certas diferenças em relação ao original. Mas seria um equívoco fixar-se nelas.

---

12 Parturier, op. cit.

Na peça *O sapato de cetim*, de Claudel, esconde-se em meio a horas de representação esta maravilhosa fala de Dona Música: "Meu canto é aquele a que dou nascimento." O que o senhor Vicente faz nascer nos corações não lhe pode ser estranho. Neste livro, tentamos não omitir nenhum dos aspectos capazes de valorizar a estatura desse enorme "senhor" que não era propriamente um senhor. Mas a influência de Vicente toca cada um onde estiver e como for.[13]

Clichy, 30 de setembro de 2012. A cidade comemora o fim do ano de júbilo promovido pela paróquia de São Vicente de Paulo em homenagem aos 400 anos da chegada de seu pároco: missa solene na presença das autoridades religiosas e civis, concerto, projeção do filme *São Vicente de Paulo — O capelão das galeras*... O discurso do prefeito, Gilles Catoire, enfatiza a herança social da mensagem de Vicente de Paulo, numa cidade preocupada com a solidariedade em meio às tempestades de hoje em dia. O público é o do século XXI, com seus contrastes, suas diferenças, suas preocupações próprias. Por isso mesmo é mais comovente ainda a fala do prefeito: "Clichy sempre cumpriu seu papel de cidade muito apegada a sua história, preservando a memória de Vicente de Paulo. Além da mensagem religiosa, a identidade de Clichy forjou-se e continuará sendo construída em torno de uma vocação social. Foi em Clichy que o abade Guérin, Georges Quiclet e Jeanne Aubert fundaram en 1927 o movimento da Juventude Operária Cristã, que tinha como slogan 'Um jovem trabalhador vale mais que todo o ouro do mundo'..."[14]

A milhares de quilômetros dali, o padre Pedro fixou residência no enorme depósito de lixo de Tananarive, para ajudar os mais pobres a resgatar sua dignidade. Padre da Missão, Prêmio Nobel da Paz, esse "combatente

---

13 Na casa dos lazaristas, no número 95 da Rue de Sèvres em Paris, a capela que abriga os despojos de São Vicente de Paulo recebe as manifestações de fervor, preocupação e pobreza de milhares de pessoas de todos os horizontes.

14 "Il y a 400 ans, Vincent de Paul devenait curé de Clichy", *Clichy-Mag*, outubro de 2012, p. 20-21.

EPÍLOGO

da esperança"[15] não esquece que é um filho de São Vicente. Mas é possível que a multidão dos que amam e seguem o padre Pedro ignore que a ilha de Madagascar foi tão cara ao coração de Vicente que ele sonhava visitá-la, e que os primeiros passos da Missão foram uma ladainha de sofrimentos aureolada por incrível fervor.

De Vicente a Pedro, a caridade é um reino. Além dos mares e dos tempos, os pobres sempre serão seus príncipes. Mas só o sabem aqueles que têm a graça de buscar as pepitas de ouro em meio à lama em que apodrece a miséria.

---

15 Padre Pedro, *Combattant de l'esperance. Autobiographie d'un insurgé*, Paris, J.-C. Lattès, 2005.

Anexos

1. Ao senhor De Comet

Senhor,

Caberia supor, há dois anos, vendo-se a aparência dos favoráveis progressos de meus negócios, que o destino só se empenhava, contra meu mérito, em tornar-me mais invejado que imitado; mas infelizmente era apenas para representar em mim sua vicissitude e inconstância, convertendo sua graça em desgraça e sua felicidade em infelicidade.

Terá tomado conhecimento, senhor, sempre tão informado de meus negócios, de que encontrei ao retornar de Bordeaux um testamento deixado em meu favor por uma boa senhora de Toulouse, cujos bens consistiam em alguns móveis e algumas terras, que lhe haviam sido atribuídos pela câmara de Castres em virtude de trezentos ou quatrocentos escudos que um maldoso sem-vergonha lhe devia; e para extrair daí uma parte dirigi-me ao local para vender o bem, aconselhado pelos meus melhores amigos e pela necessidade que tinha de dinheiro para pagar as dívidas que contraíra, e uma grande despesa que senti ser do meu interesse fazer para encaminhar uma questão que minha temeridade não me permite especificar.

E estando no local, descobri que o sedutor deixara a região, por uma ordem de detenção que a boa mulher obtivera contra ele pela mesma dívida, e fui informado de que ele tocava seus negócios em Marselha e lá dispunha de muitos recursos. Pelo que meu advogado concluiu (como, por sinal, a natureza do caso na verdade exigia) que eu devia seguir para Marselha, considerando que, fazendo-o prender, eu poderia receber duzentos ou trezentos escudos. Não dispondo de dinheiro para tomar essa providência, vendi o cavalo que alugara em Toulouse, esperando pagar por ele na volta, que o infortúnio de tal maneira retardou que minha desonra é grande por ter permitido que meus negócios se atrapalhassem dessa forma; o que eu não teria feito se Deus me tivesse concedido nos negócios tão ditoso êxito quanto as aparências prometiam.

Fui-me então, seguindo tais conselhos, agarrei meu sujeito em Marselha, mandei-o para a prisão e recebi 300 escudos, que ele me pagou satisfeito. Quando estava para partir por terra, fui convencido por um fidalgo com quem me hospedara a embarcar com ele até Narbonne, dado o tempo propício; o que fiz, para lá estar o mais prontamente e para poupar, ou, melhor dizendo, para lá nunca chegar e tudo perder.

O vento nos foi tão favorável quanto precisávamos para chegar nesse mesmo dia a Narbonne, que ficava a cinquenta léguas, se Deus não tivesse permitido que três veleiros turcos que costeavam o golfo do Leão para capturar as embarcações que vinham de Beaucaire, onde havia uma feira considerada das mais belas da cristandade, não nos tivessem atacado com tanta violência que dois ou três dos nossos tendo sido mortos e todo o resto ferido, e eu mesmo, que recebi uma flechada que me servirá de relógio pelo resto da vida, não tivéssemos sido obrigados a nos entregar a esses malfeitores piores que tigres, cujas primeiras explosões de raiva foram cortar nosso comandante em mil pedaços, por terem perdido um dos principais deles, além de quatro ou cinco forçados dos seus, mortos pelos nossos. Feito isso, nos acorrentaram, depois de nos terem grosseiramente vendado, e prosseguiram em seu caminho, fazendo mil ladroeiras mas dando liberdade aos que se rendiam sem combate, depois de roubá-los. E, por fim, carregados de mercadorias, ao cabo de sete ou oito dias, tomaram o caminho da Barbaria, covil e antro de ladrões, sem permissão do Grande Turco, e lá chegando nos expuseram à venda, com relato de nossa captura, que diziam ter sido feita numa embarcação espanhola, pois sem tal mentira teríamos sido libertados pelo cônsul que o rei lá mantém para autorizar o comércio aos franceses.

ANEXOS

Seu procedimento na nossa venda foi que, tendo-nos deixado completamente nus, deram um par de calções a cada um, um agasalho de linho e um chapéu, e nos conduziram pela cidade de Túnis, aonde haviam ido expressamente para nos vender. Depois de nos obrigarem a dar cinco ou seis voltas pela cidade, de corrente no pescoço, levaram-nos para a embarcação, para que os mercadores fossem ver quem poderia comer bem e quem não poderia, para mostrar como nossas feridas não eram mortais; feito isso, levaram-nos à praça, onde os mercadores vieram nos ver, exatamente como se faz na compra de um cavalo ou de um boi, fazendo-nos abrir a boca para ver nossos dentes, apalpando nossas costelas, examinando nossas feridas e nos obrigando a caminhar, trotar e correr, e então a carregar fardos e ainda lutar para ver a força de cada um, e mil outros tipos de brutalidades.

Eu fui vendido a um pescador, que logo seria obrigado a se desfazer de mim, por não poder ser mais avesso ao mar, e depois pelo pescador a um velho, médico espagírico, prodigioso extrator de quintessências, homem muito humano e amável, que, pelo que me dizia, trabalhara cinquenta anos na busca da pedra filosofal, e em vão quanto à pedra, mas de maneira muito bem-sucedida numa espécie de transmutação de metais. Em vista do que muitas vezes o vi fundindo ouro e prata juntos, moldando-os em pequenas lâminas, para em seguida deitar um leito de pó, e mais outro de lâminas, e ainda outro de pó num crisol ou vaso de fundir de ourives, mantendo-o no fogo por 24 horas para depois abri-lo e encontrar a prata transformada em ouro; e com mais frequência ainda congelar ou fixar dinheiro vivo em prata fina, que vendia para dar aos pobres. Minha ocupação era manter o fogo em dez ou doze fornos; o que, graças a Deus, não me era mais penoso que prazeroso. Ele gostava muito de mim e muito apreciava discorrer sobre a alquimia e mais ainda sobre a sua lei, para a qual tudo fazia para me atrair, prometendo-me muitas riquezas e todo o seu saber.

Deus sempre operou em mim uma crença de libertação pelas orações assíduas que lhe dirigia e à Santa Virgem Maria, por cuja intercessão unicamente creio firmemente ter sido libertado. Assim sendo, a esperança e a firme convicção que tinha de voltar a vê-lo, senhor, me levaram a rogar-lhe assiduamente que me ensinasse a forma de curar as pedras na urina, coisa em que diariamente o via fazer milagres; o que ele fez; e até me fez preparar e administrar os ingredientes. Oh!, quantas vezes desde então não desejei ter sido escravo antes da morte do falecido senhor seu irmão e *commaecenas* no fazer-me bem, e ter disposto do segredo que lhe envio, rogando que o receba de coração tão aberto quanto é firme minha fé, pois se tivesse sabido o que lhe envio, a morte já não teria triunfado (não pelo menos desse modo), eis que se diz que os dias do homem estão contados diante de Deus. É verdade; mas não é porque Deus contara seus dias em determinado número, mas o número foi contado diante de Deus, pois assim foi; ou, para dizer mais claramente, ele não morreu quando morreu porque Deus assim o previra ou contara o número de seus dias como tal, mas ele o previra assim e o número de seus dias foi dado tal como foi, pois ele morreu quando morreu.

Assim foi que fiquei com esse velho desde o mês de setembro de 1605 até o mês de agosto seguinte, quando foi capturado e levado ao grande sultão para trabalhar para ele, mas em vão, pois morreu de tristeza no caminho. Deixou--me para um sobrinho seu, verdadeiro antropomorfita que me revendeu logo depois da morte de seu tio, por ter ouvido dizer que o sr. De Brèves, embaixador para o rei na Turquia, estava chegando, com boas e expressas cartas patentes do Grande Turco, para resgatar os escravos cristãos.

Um renegado de Nice, na Savoia, inimigo por natureza, comprou-me e me conduziu ao seu *temat*, que é como se chama o que se recebe como lavrador do Grande Senhor, pois o povo nada tem; tudo pertence ao sultão. O *temat* dele era na montanha, onde é extremamente quente e deserto. Uma das três mulheres que ele tinha (sendo greco-cristã, mas cismática) tinha belo espírito e muito me estimava; e mais no fim, uma naturalmente turca, que servia de instrumento à imensa misericórdia de Deus para tirar seu marido da apostasia e trazê-lo de volta ao regaço da Igreja, fez que me livrasse de minha escravidão. Curiosa de conhecer nosso estilo de vida, vinha ver-me diariamente nos campos onde eu cavava, e depois de tudo me pediu que entoasse louvores a meu Deus. A lembrança do *Quomodo cantabimus in terra aliena* dos filhos de Israel cativos na Babilônia me fez começar, com lágrimas nos olhos, o salmo *Super flumina Babylonis* e depois o *Salve, Regina*, e várias outras coisas; e ela então sentiu tanto prazer que a maravilha foi considerável. E ela não se eximiu de dizer à noite ao marido que ele errara ao deixar sua religião, que ela considerava extremamente boa, por um relato que eu lhe fizera de nosso Deus e alguns louvores que cantara

ANEXOS

em sua presença; no que, dizia ela, sentia um tão divino prazer que não acreditava que o paraíso de seus pais e aquele que ela esperava fosse tão glorioso, nem acompanhado de tanta alegria quanto o prazer que sentia enquanto eu louvava meu Deus, concluindo que havia nisso alguma maravilha.

Essa nova Caifás ou burra de Balaam fez, com sua fala, com que o marido me dissesse já no dia seguinte que só por comodidade dele não podíamos fugir para a França, mas que providenciaria tal remédio em pouco tempo, e que Deus assim seria louvado. Esses poucos dias foram dez meses nos quais ele me manteve nessa expectativa vã, mas ao fim concretizada, e ao cabo deles pudemos fugir com um pequeno barco e chegamos, no dia 28 de junho, a Aigues-Mortes e logo depois a Avignon, onde o monsenhor vice-legado recebeu publicamente o renegado, com lágrimas nos olhos e soluços na garganta, na igreja de São Pedro, para honra de Deus e edificação dos espectadores. Meu dito senhor reteve-nos a ambos para nos levar a Roma, aonde irá assim que tiver chegado seu sucessor na trienal que concluiu no dia de São João. Ele prometeu ao penitente fazê-lo admitir no austero convento dos *Fate bem fratelli*, onde ele se comprometeu e também comigo a providenciar para mim algum bom benefício. Ele me deixa honrado por muito me amar e acarinhar, por alguns segredos de alquimia que lhe ensinei, dos quais faz mais caso, segundo afirma, do que se *io li avesse datto un monte di oro*, pois trabalhou a vida inteira e não respira outra satisfação. Meu dito senhor, sabendo como sou homem de igreja, pediu-me que fosse solicitar as cartas de minhas ordens, assegurando que muito bem me faria e muito benefício proporcionaria. Eu não encontrava um homem de confiança para tanto, mas um amigo meu, da casa de meu dito senhor, enviou-me o senhor Canterelle, portador desta, que ia para Toulouse, a quem pedi que se dispusesse a cavalgar até Dax para entregar-lhe a presente e receber minhas mencionadas cartas, juntamente com as que obtive em Toulouse, de bacharel em teologia, que lhe rogo entregar-lhe. Para isso, envio-lhe um recibo. O mencionado senhor Cantarelle é da casa e tem expressa recomendação de monsenhor de se desincumbir ficlmente de sua missão e enviar-me os papéis a Roma, se já tivermos partido.

Levei duas pedras da Turquia talhadas em ponta de diamante pela natureza, uma das quais lhe envio, rogando que a receba de tão bom grado quanto humildemente a ofereço.

Não pode ser, senhor, que o senhor e meus parentes não se tenham escandalizado comigo por causa de meus credores, que em parte eu já teria atendido em 100 ou 120 escudos, que me foram dados por nosso penitente, se não tivesse sido aconselhado por meus melhores amigos a guardá-los até voltar de Roma, para evitar os acidentes que poderiam advir-me por falta de dinheiro (eis que disponho da mesa e da benevolência de monsenhor); mas quero crer que todo esse escândalo acabará bem.

Escrevo ao senhor d'Arnaudin e a minha mãe. Rogo-lhe que os faça receber minhas cartas por alguém que será pago pelo sr. Canterelle. Se porventura minha mãe houver apanhado as cartas, de qualquer maneira, elas se encontram na casa do sr. Rabel. E mais não digo senão que, rogando-lhe continuar a me conceder sua santa afeição, sou, Senhor, seu muito humilde e obediente servidor.

Em Avignon, neste 24 de julho de 1607.

DEPAUL

Endereçamento: Ao senhor De Comet, procurador na Corte presidial de Dax, em Dax.

2. Ao senhor De Comet

Senhor,

Escrevi-lhe duas vezes pelo ordinário da Espanha, que passa por Paris e Baiona, endereçando minhas cartas ao sr. De La Lande para encaminhá-las ao senhor procurador do rei, pois me recordo serem parentes, e não saber *cui altati vovere vota mea* para ter notícias suas, quando Deus, que, *etiamsi differat, no aufert tamen spei effectus,* me fez encontrar o venerável Padre religioso em seu embarque, através do qual espero desfrutar do bem do qual a perfídia daqueles aos quais confiamos as cartas me havia privado.

Esse bem nada mais é, senhor, que uma nova confirmação do seu bem-estar e também de toda a sua família, que rogo ao senhor seja recompensada com o máximo de suas graças. Eu lhe agradecia nas anteriores pelos cuidados paternos que lhe apraz ter por mim e por meus negócios, e rogava ao meu Deus, como continuo fazendo e farei pelo resto da vida, dispor-se a conceder-me a graça de me dar meios de retribuir com os meus serviços, de que o senhor se tornou credor ao preço de todo o bem que um pai pode fazer ao próprio filho.

Lamento extremamente só poder escrever-lhe muito sumariamente sobre o estado dos meus negócios, em virtude da apressada partida dos marinheiros pouco corteses com os quais o venerável Padre viaja, não para Dax, ao que me diz, mas para Béarn, onde, segundo ele, o Reverendo Padre Antoine Pontanus, que sempre foi um bom amigo meu, prega, e ao qual confio, como a alguém de quem se esperam bons ofícios, as minhas cartas, rogando-lhe dispor-se a lhe encaminhar a presente, e me enviar, se assim puder, como o Padre me disse que poderia, a resposta que, espero, o senhor se disporá a enviar-me.

Meu estado portanto é de tal ordem, numa palavra, que me encontro nesta cidade de Roma, onde dou prosseguimento a meus estudos, mantido pelo monsenhor vice-legado que era de Avignon, que me faz a honra de gostar de mim e desejar o meu progresso, por lhe ter mostrado muitas belas coisas curiosas que aprendi durante minha escravidão com o velho turco ao qual lhe disse por carta ter sido vendido, curiosidades entre as quais se encontram o início, mas não a total perfeição, do espelho de Arquimedes; um mecanismo artificial para fazer uma cabeça de morto falar, da qual esse miserável se valia para seduzir o povo, dizendo-lhe que seu deus Maomé o fazia ouvir sua vontade por essa cabeça, e mil outras belas coisas geométricas, que aprendi com ele, e das quais meu dito senhor é tão ciumento que nem quer que me aproxime de ninguém, por medo de que as ensine, desejando ter unicamente ele a fama de saber essas coisas, que por sua vez gosta às vezes de mostrar à Sua Santidade e aos cardeais. Essa sua afeição e benevolência promete-me assim, como ele próprio também me prometeu, os meios de fazer uma retirada honrosa, fazendo-me dispor, para essa finalidade, de um bom e honesto benefício na França; para o que me é extremamente necessária uma cópia de minhas cartas de ordens, assinada e selada por monsenhor de Dax, com um testemunho do meu dito senhor, que ele poderia obter mediante prévia investigação junto a alguns dos nossos amigos, que sempre me reconheceram vivendo como homem de bem, com todas as outras pequenas formalidades para isso necessárias. É o que diariamente meu dito senhor me exorta a obter. Portanto, senhor, é que lhe rogo muito humildemente dispor-se a fazer-me esse outro bem de se dignar a extrair uma outra página das minhas cartas e estender a mão para me permitir obter do meu dito senhor de Dax esse atestado, na forma acima mencionada, e enviá-lo a mim por meio do mencionado reverendo padre Pontanus. Poderia enviar-lhe dinheiro com essa finalidade, não fosse o temor de que o dinheiro levasse a carta a se extraviar. Por isso peço-lhe fazer com que minha mãe forneça o que for necessário. Suponho que serão necessários 3 ou 4 escudos. Eu dei dois, como esmola sem repreensão a esse religioso,

ANEXOS

que me prometeu entregá-los ao dito padre Antoine, para enviá-los com essa finalidade. Se assim for, rogo que os aceite; caso contrário, prometo enviar-lhe o que houver sido fornecido durante quatro ou cinco meses, por letra de câmbio, com o que devo em Toulouse; visto que estou decidido a saldar, pois quis Deus dar-me para tanto os necessários meios. Escrevo ao senhor Dusin, meu tio, rogando-lhe que se disponha a me ajudar nessa empreitada. Recebi, por meio daquele que foi procurá-lo de minha parte, as cartas de bacharel que lhe aprouve enviar-me, com uma cópia das minhas cartas, que foi considerada inválida, por não ter sido autorizada com a assinatura e a aposição do selo de meu dito senhor de Dax. Nada há de novo que lhe possa escrever, à parte a conversão de três famílias tártaras que vieram cristianizar-se nesta cidade, e que foram recebidas por Sua Santidade com lágrimas nos olhos, e a catolicização de um bispo embaixador dos gregos cismáticos. A pressa me leva a concluir aqui a presente maltraçada, com o humilde pedido que lhe faço de desculpar minha excessiva importunidade e crer que apressarei meu retorno o quanto me for possível para reembolsar o serviço que lhe devo; e nessa expectativa, sou sempre, senhor, seu muito humilde e obediente servidor.

De Roma, neste 28 de fevereiro de 1608.

DEPAUL

Endereçamento: Ao senhor De Comet,
procurador na Corte presidial de Dax, em Dax.

Bibliografia

Como a bibliografia e as biografias de São Vicente de Paulo são incontáveis, levamos em conta aqui apenas, além das biografias mais recentes, as obras que tiveram algum peso em nossa percepção do personagem e na elaboração do presente livro.

Obras de Vicente de Paulo

Correspondance, entretiens, documents, edição anotada e publicada por Pierre Coste, Paris, Lecoffre-Gabalda, 1920-1925, v. 14, completados em 1970 por um 15º volume reunindo as cartas descobertas depois de 1925.

A edição crítica de 1920-1925 compreende *Lettres* de Vicente de Paulo (t. I-VIII), *Entretiens aux Filles de la Charité* (t. IX-X), *Entretiens aux Missionnaires* (t. XI-XII), ao passo que os t. XIII e XIV contêm documentos de época e tabelas de referência.

A edição eletrônica, que consultamos, apresentada e completada pela Família Vicentina, está disponível no site: www.famvin.org.

Obras sobre Vicente de Paulo (biografias e estudos)

ABELLY, Louis, *La Vie du vénérable serviteur de Dieu, Vincent de Paul*, Paris, F. Lambert, 1664, três tomos em um volume.

BLANC, Charles (vice-presidente da Société de Borda), "La parenté de Monsieur Vincent", *Bulletin de la Société de Borda*, 1960.

CALVET, Jean (Monsenhor), *Saint Vincent de Paul*, Paris, Albin Michel, 1948.

CHALUMEAU, R. P., *Guide de Saint Vincent de Paul à travers Paris*, Paris, CEFAG, 1977.

CHANTELAUZE, Régis, *Saint Vincent de Paul et les Gondi*, Paris, Plon, 1882.

COLLET, Pierre, *La Vie de saint Vincent de Paul*, Nancy, 1748, v. 2.

COMBALUZIER, F., *L'Abbaye de Saint-Léonard des Chaumes et Saint-Vincent de Paul*, Annales de la congrégation de la Mission et de la compagnie des Filles de la Charité (1941).

COSTE, Pierre, *Le Grand Saint du grand siècle, Monsieur Vincent*, Paris, 1932, v. 3.

DEBONGNIE, P., "La conversion de saint Vincent de Paul", *Revue d'histoire ecclésiastique*, t. XXXII, 1936.

_____. "Vincent de Paul a-t-il menti?", *Revue d'histoire ecclésiastique*, t. XXXIV, 1938.

DODIN, André, "Saint Vincent de Paul", *Dictionnaire de Spiritualité. ascétique et mystique. Doctrine et Histoire*, Beauchesne, 1932-1995, t. 16.

_____. *Saint Vincent de Paul et la charité*, Paris, Seuil, col. "Maîtres spirituels", 1960.

_____. *François de Sales, Vincent de Paul, les deux amis*, Paris, Ed. Œil, 1984.

DUCOURNEAU, Jean-Yves, *Vincent de Paul. L'amour à l'infini*, Paris, Médiaspaul, 2000.

GLEIZES, Raymond, *Captivité et œuvres de Saint Vincent de Paul en Barbarie*, Lecoffre-Gabalda, Paris, 1930.

GRANDCHAMP, Pierre, "La prétendue captivité de Saint Vincent de Paul à Tunis (1605-1607)", *La France en Tunisie au XVIIe siècle (1651-1660)*, Túnis, 1928, t. 6.

_____. "Observations nouvelles", in Prefácio do t. 7, Túnis, 1929.

BIBLIOGRAFIA

———. "Du nouveau sur la captivité de Saint Vincent de Paul à Tunis", *Revue tunisienne*, 1931, p. 155-157.

———. "A propos de la prétendue captivité de saint Vincent de Paul à Tunis", *Revue tunisienne*, 1931, p. 294-300.

———. "Un document nouveau sur saint Vincent de Paul et l'abjuration du 29 juin 1607 à Saint-Pierre d'Avignon", *Revue tunisienne*, 1936, segundo trimestre, p. 80-84.

GUICHARD, Jean, *Saint Vincent de Paul esclave à Tunis. Étude historique et critique*, Paris, Desclée de Brouwer, 1937.

KOCH, Bernard, numerosos estudos inéditos (Archives de la Mission, Paris), entre os quais: *Saint Vincent expert en droit et en procédures; Saint Vincent de Paul gestionnaire*.

MAUPAS du TOUR, Henry de, *Oraison funèbre à la mémoire de feu messire Vincent de Paul*, pronunciada a 23 de novembro de 1660 na Igreja de Saint-Germain l'Auxerrois, Paris, 1661.

MAYNARD, Ulysse, *Saint Vincent de Paul, sa vie, son temps, son influence*, Paris, 1860, v. 4.

MIQUEL, Pierre, *Vincent de Paul*, Paris, Fayard, 1996.

NICLAS, Jean-Charles, *La Vente du comté de Joigny à Pierre de Gondi*, Paris, 1993 (estudo reproduzido em *L'Echo de Joigny* para o Comitê do Milênio, 16 de novembro de 1993).

PARTURIER, Gaston, *La Vocation médicale de saint Vincent de Paul*, Lyon, Ed. Cartier, 1948.

PUJO, Bernard, *Vincent de Paul, le précurseur*, Paris, Albin Michel, 1998.

REDIER, Antoine, *La Vraie Vie de saint Vincent de Paul*, Paris, Grasset, 1927.

———. "Péchés de jeunesse de Monsieur Vincent", *Revue hebdomadaire*, 12 a 19 de agosto de 1939, 48° ano, Plon.

RENAUDIN, Paul, *Saint Vincent de Paul*, Paris, 1927.

ROMAN, José-Maria, *Saint Vincent de Paul. Biographie*, 1981. Tradução francesa de André Sylvestre, Jules Vilbas e Jean-Marie Lesbats em 2001-2002; disponível no site da Família Vicentina: www.famvin.org.

SERPETTE, M., *Le Berceau de Saint Vincent de Paul, Documents inédits*, Le Berceau, 1906.

TURBET-DELOF, Guy, "Saint Vincent de Paul et la Barbarie en 1657-1658", *Revue de l'Occident musulman et de la Méditerranée*, n° 3, 1967, p. 153-165.

_____. "Saint Vincent de Paul a-t-il été esclave à Tunis?", *Revue d'histoire de l'Eglise de France*, t. LVII, n° 161, julho-dezembro de 1972, p. 331-340.

_____. "Saint Vincent de Paul et l'expédition contre Alger du chevalier Paul, corsaire de Toulon", *AFRICA, Rivista trimestrale di studi e documentazione dell'Instituto Italo-Africano*, XLI - n° 1, março de 1986, p. 128-137.

Obras do século XVII

ARNAULD, Angélique, *Lettres de la Révérende Mère Marie Angélique Arnauld, abbesse et réformatrice de Port-Royal*, in *Mémoires pour servir à l'histoire de Port-Royal*, t. II, Utrecht, 1742-1744.

ARNAULD, Antoine, *De la fréquente communion, où les sentiments des Pères, des Papes et des Conciles touchant l'usage des sacrements nous sont fidèlement exposés...*, Paris, 1643.

BERULLE, cardeal Pierre de, *Œuvres complètes*, Paris, Migne, 1856.

_____. *Discours de l'état et des grandeurs de Jésus*, "Œuvres de Pierre de Bérulle", t. 1 e 2, Paris, Cerf, 1996.

BREBEUF, Jean de, *Ecrits en Huronie*, apresentação de Gilles Thérien, Montreal, Bibliothèque québécoise, 1996.

BOSSUET, Jacques-Bénigne, *Sermons choisis*, Paris, 1894.

GODEAU, Antoine, *Exhortation aux Parisiens pour le secours des pauvres des provinces de Picardie et Champagne...*, Paris, 1652.

LEJEUNE, Paul, *Un Français au pays des "bestes sauvages"*, 1634, ed. Alain Beaulieu, Paris, Montreal, Agone, Comeau et Nadeau, 1999.

LUPPE DU GARRANE, Jean-Bertrand de, *Mémoires et caravanes*, seguido de *Mémoires* de seu sobrinho J.-B. de Larrocan d'Aiguebère, publicados pela primeira vez em Paris em 1865.

MOLE, Mathieu, *Mémoires*, ed. Aimé Champollion-Figeac para a Société de l'histoire de France, Paris, J. Renouard et Cie, v. 4, 1855-1857.

MOTTEVILLE, Françoise de, *Chronique de la Fronde*, apresentação e notas de Jean-Michel Delacomptée, Paris, Mercure de France, 2003.

BIBLIOGRAFIA

PASCAL, Blaise, *Les Provinciales, ou Lettres écrites par Louis de Montalte à un provincial de ses amis et aux RR. Pères jésuites*, ed. Pierre de La Vallée, Cologne, 1657.

RETZ, cardeal de, *Mémoires*, antecedido de *La Conjuration du comte de Fiesque*, ed. Simone Bertière, Paris, col. "Classiques Garnier", 1987, v. 2.

SÃO FRANCISCO DE SALES, *Œuvres. Introduction à la vie dévote, Traité de l'Amour de Dieu, Recueil des Entretiens spirituels*, textos apresentados e anotados por André Ravier, com a colaboração de Roger Devos, Paris, Gallimard, col. "Bibliothèque de la Pléiade", 1969.

VOYER d'ARGENSON, conde René de, *Annales de la compagnie du Saint-Sacrement*, 1696, publicados e anotados pelo R. P. Beauchet-Filleau, monge beneditino, Marselha, 1900.

Obras gerais

ALLIER, Raoul, *La Cabale des dévots*, Paris, 1902.

ARANDA, Emmanuel d', *Les Captifs d'Alger*, texto estabelecido por Latifa Z'Rari, Paris, Ed. Jean-Paul Rocher, 1997 (edição moderna estabelecida a partir da *Relation de la Captivité et Liberté du sieur Emanuel d'Aranda, jadis esclave à Alger*, Bruxelas, Jean Mommart, 3ª ed., 1662).

BENASSAR, Bartolomé e Lucile, *Les Chrétiens d'Allah, l'histoire extraordinaire des renégats, XVIe-XVIIe siècle*, Paris, Perrin, col. "Tempus", 2006.

BERGOIN, Georges, *Le chevalier Paul, Marseille, 1598, Toulon, 1667* in VERGE-FRANCESCHI Michel (dir.), *Guerre et commerce en Méditerranée (IXᵉ-XXᵉ siècle)*, Ed. Henri Veyrier, "Kronos", 1991.

BERTHELOT DU CHESNAY, Charles, *Les Missions de saint Jean Eudes. Contribution à l'histoire des missions en France au XVIIe siècle*, Paris, Procure des Eudistes, 1967.

BLET, Pierre, "L'Eglise de Paris et les Gondi", in *Recueil des travaux sur l'histoire de la cathédrale et de l'Eglise de Paris*, Paris, Librairie philosophique J. Vrin, 1967, p. 345-357.

————· *Le Clergé du Grand Siècle en ses assemblées (1615-1715)*, Paris, Cerf, 1995.

BLUCHE, François (dir.), *Dictionnaire du Grand Siècle*, nova edição revista e corrigida, Paris, Fayard, col. "Les indispensables de l'Histoire", 2005.

BONO, Salvatore, *Les Corsaires en Méditerranée*, Paris, Ed. Paris-Méditerranée, 1998, traduzido do italiano por Ahmed Somaï.

BRÉJON DE LAVERGNÉE, Matthieu, *Histoire des Filles de la Charité*, Paris, Fayard, 2011.

BRÉMOND, Henri, *Histoire littéraire du sentiment religieux en France depuis la fin des guerres de Religion jusqu'à nos jours*, Paris, Bloud et Gay, 12 t. publicados em sua primeira edição entre 1916 e 1933.

_____·*Histoire littéraire du sentiment religieux en France. Les mystiques français du Grand Siècle*, trechos escolhidos por Jean Duchesne, apresentação de Emile Poulat, Paris, Presses de la Renaissance, 2008.

CALVET, Monsenhor Jean (dir.), *Histoire de la littérature française*, Paris, J. de Gigord, 1938.

_____·*La littérature religieuse de François de Sales à Fénelon*, t. V da *Histoire de la littérature française*, Paris, Del Duca, 1938.

CANTASSOT, Félix, *L'Etablissement des lazaristes à Richelieu avant la Révolution (1638-1792)*, Etude documentaire, Paris, 1970.

CHAUNU, Pierre, *La Civilisation de l'Europe classique*, Paris, Arthaud, 1966.

COGNET, Louis, *Les Origines de la spiritualité française au XVIIe siècle*, Paris, Ed. du Vieux Colombier, 1949.

COMBALUZIER, F., *L'Hôpital général de Paris et saint Vincent de Paul*: Annales, 1949, p. 238-246.

DAN, Pierre, *Histoire de la Barbarie et de ses corsaires*, Paris, 1637.

DARRICAU, Raymond, *Au cœur de l'histoire du Quercy, Alain de Solminihac, évêque de Cahors (1593-1659)*, Chambray-lès-Tours, CLD, 1980.

DESCIMON, Robert, JOUHAUD Christian, *La France du premier XVIIe siècle*, Paris, Belin-Sup Histoire, 1996.

DULONG, Claude, *Anne d'Autriche, mère de Louis XIV*, Paris, Hachette, 1980.

FEILLET, Alphonse, *La Misère au temps de la Fronde et saint Vincent de Paul*, ou *Un chapitre de l'histoire du paupérisme en France*, Paris, Didier et Cie, 1862.

FÉRON, Alexandre, *La Vie et les œuvres de Charles Maignart de Bernières (1616-1662). L'organisation de l'assistance publique à l'époque de la Fronde*, Rouen, Lestringant, 1930.

BIBLIOGRAFIA

FOISIL, Madeleine, *La Vie quotidienne au temps de Louis XIII*, Paris, Hachette, 1992.

FONTENAY, Michel, *Les missions des galères de Malte (1530-1798)* in VERGE-FRANCESCHI Michel (dir.), *Guerre et commerce en Méditerranée (IXe-XXe siècle)*, Paris, Ed. Henri Veyrier, col. "Kronos", 1991.

FUMAROLI, Marc, *L'Age de l'éloquence*, Paris, Albin Michel, 1994.

GIRAUD, Yves (dir.), *Antoine Godeau, de la galanterie à la sainteté*, Actes des journées commémoratives de Grasse, 21 a 24 de abril de 1972, Paris, Klincksieck, 1975.

GOURVIL, Jean-Marie, *Jean de Bernières 1602-1659, mystique de l'école dionysienne et homme de confiance de Madeleine de la Peltrie*, in *Madeleine de la Peltrie et les pionnières de la Nouvelle-France*, Actes du Colloque d'Alençon, Universidade de Caen, Universidade de Mans, Perche-Canada, 2004.

GUÉRITEAU, Louis-Denis-Côme, *Notice biographique d'André Du Val*, Société historique du Vexin, 1909.

HOURS, Bernard, *L'Eglise et la vie religieuse dans la France moderne, XVIe-XVIIIe siècle*, Paris, PUF, 2000.

KERMINA, Françoise, *Les Montmorency. Grandeur et déclin*, Paris, Perrin, 2002.

LIVET, Georges, *La Guerre de Trente Ans*, Paris, PUF, 1963.

MOUSNIER, Roland, *Fureurs paysannes: les paysans dans les révoltes du XVIIe siècle, France, Russie, Chine*, Paris, Calmann-Lévy, 1967.

———. *La Vénalité des offices sous Henri IV et Louis XIII*, Maugard, Rouen, 1967.

ORCIBAL, Jean, *Les Origines du jansénisme*, t. III, *Jean Duvergier de Hauranne, abbé de Saint-Cyran et son temps (1581-1638)*, Paris, J. Vrin, 1948.

———. *Saint-Cyran et le jansénisme*, Paris, Seuil, col. "Maîtres Spirituels", 1961.

PERNOT, Michel, *La Fronde, 1648-1653*, Paris, Tallandier, col. "Texto", 2012.

PORSCHNEV, Boris, *Les Soulèvements populaires en France au XVIIe siècle*, Paris, Flammarion, 1972.

TALLON, Alain, *La Compagnie du Saint-Sacrement, 1629-1667*, Paris, Cerf, 1990.

TAPIE, Victor-Lucien, *La France de Louis XIII et de Richelieu*, Paris, Flammarion, 1967.

TRIBOULET, Raymond, Gaston, *Jean-Baptiste de Renty, Correspondance*, texto estabelecido e anotado por R. Triboulet, Paris, Desclée de Brouwer, col. "Bibliothèque européenne", 1978.

_____. *Gaston de Renty, 1611-1649. Un homme de ce monde, un homme de Dieu*, Paris, Beauchesne, 1991.

TURBET-DELOF, Guy, *L'Afrique barbaresque dans la littérature française aux XVIe et XVIIe siècles*, Genebra, Droz, 1973.

VERANE, Léon, Lt de vaisseau CHASSIN, *La Grande Légende de la mer, le chevalier Paul*, Paris, La Renaissance du livre, 1931.

VERGE-FRANCESCHI, Michel (dir.), *Guerre et commerce en Méditerranée (IXe-XXe siècles)*, Paris, Ed. Henri Veyrier, col. "Kronos", 1991.

Biografias de contemporâneos de Vicente de Paulo

BERTIÈRE, Simone, *La Vie du cardinal de Retz*, Paris, Fallois, 1990, reed. Le Livre de poche, 2010.

_____. *Mazarin. Le maître du jeu*, Paris, Fallois, 2007, reed. Le Livre de poche, 2010.

BLUCHE, François, *Richelieu*, Paris, Perrin, 2003.

BONNEAU-AVENANT, Alfred de, *La Duchesse d'Aiguillon, nièce du cardinal de Richelieu, sa vie et ses œuvres charitables, 1604-1675*, Paris, Librairie académique, Didier et Cie, Libraires-éditeurs, 1879.

CALVET, Jean (Monsenhor), *Louise de Marillac par elle-même. Portrait*, Paris, Aubier, 1960.

HILDESHEIMER, Françoise, *Richelieu*, Paris, Flammarion, col. "Grandes biographies", 2004.

PETITFILS, Jean-Christian, *Fouquet*, Perrin, 1998; col. "Tempus", 2005.

_____. *Louis XIII*, Paris, Perrin, 2008.

TEYSSIER, Arnaud, *Richelieu. L'aigle et la colombe*, Paris, Perrin, 2014.

Índice

Acarie (Barbe Avrillot, esposa de Jacques), conhecida pelo nome de Madame Acarie, em religião madre Maria da Encarnação, 51–53, 88, 90, 108, 181–182

Agostinho (Santo), bispo africano, doutor e Padre da Igreja, 174–175, 182, 189, 212, 272, 380, 384, 387–389, 391–392

Aiguillon (Marie de Wignerod de Pontcourlay, marquesa de Combalet depois duquesa d'), sobrinha de Richelieu, 72, 78, 157, 244, 275, 285, 291, 294, 296, 299, 308–309, 330, 332, 357–361, 363, 365, 406–407, 422, 437–439, 445, 455–456, 458, 461, 466

Alexandre VII (Fabio Chigi), papa, 367

Aligre (Isabelle Lhuillier, esposa de Etienne d', chanceler de França), Dama da Caridade do Hôtel-Dieu de Paris, 275, 288

Alix (Michel), vigário de Saint-Ouen, 267

Alméras (René), padre da Missão, 65, 365, 366, 438, 475

Ana da Áustria, rainha da França, 10, 12, 159, 230–231, 264, 266, 271, 285, 291, 301, 311, 314, 330–331, 342–343, 349–353, 357–358, 374, 382, 399, 400, 403, 407, 456, 459

Angiboust (Barbe), Filha da Caridade, 298–300, 362

Arbouze (Marguerite d'), abadessa, reformadora do Val de Grâce, 92

Arnaudin (sr. d'), tabelião em Dax, 58, 77, 488

Arnauld (Antoine, dito Grand Arnauld), teólogo, filho do anterior, 349, 383, 389–390, 392–393, 396, 496

Arnauld (Antoine), advogado, 92

Arnauld (Jacqueline, em religião madre Angélique), abadessa de

502 SÃO VICENTE DE PAULO

Port-Royal, irmã do anterior, 92, 183-184, 247, 338, 389, 412

Arnauld (Jeanne, em religião madre Agnes), irmã da anterior, à qual sucedeu como abadessa de Port--Royal, 384

Arnauld d'Andilly (Robert), magistrado, irmão do Grand Arnauld, 389

Attichy (Octavien Doni d'), tio de Louise de Marillac, 196, 198-199

Balzac (Jean-Louis Guez de), escritor, um dos primeiros membros da Academia Francesa, 267

Barreau (Jean), cônsul da França em Argel, 79-80, 439-440, 461-463, 466-467

Beauvillier (Marie de), abadessa de Montmartre, 92

Belin (padre), capelão dos Gondi, 155, 217

Bellarmin (cardeal Roberto Bellarmino, hoje São Roberto), jesuíta e teólogo do papa, 117

Bence (Jean), doutor da Sorbonne e um dos primeiros membros do Oratório, 100, 131-132

Bernières (Charles Maignart de), magistrado, 338, 413

Bernières (Jean de), tesoureiro da França, fundador de missões no Canadá, 251

Berthe (Thomas), padre da Missão, 342, 367, 450-451

Bérulle (cardeal Pierre de), escritor espiritual, fundador do Oratório, 52-53, 75, 88-89, 93, 99-100, 103, 108-109, 111, 128-129, 130-132, 141-142, 154, 178, 181-182, 184-186, 188, 197, 224, 229-230, 247, 270, 293, 383-384, 387

Béthune (Philippe de), embaixador da França em Roma, 222

Beynier (família, Jean e família), anfitriões de Vicente de Paulo em Châtillon-les-Dombes, 133-134, 139

Bèze (Théodore de), teólogo protestante, amigo e sucessor de Calvino, 175

Blatiron (Etienne), padre da Missão, 146, 422-424

Boileau-Despréaux (Nicolas), poeta e teórico francês, autor de A arte poética, 290

Boaventura (São), teólogo italiano, arcebispo, doutor da Igreja, 51

Bossuet (Jacques-Bénigne), bispo de Meaux, pregador, teólogo, arcebispo de Metz na época de Vicente de Paulo, 250, 271, 276, 459-460

Bourdaise (Toussaint), padre da Missão enviado a Madagascar, 434, 436-437

Bourdeille (François de), bispo de Périgueux, 44-46

ÍNDICE

Bourdoise (Adrien), pároco de Saint--Nicolas-du-Chardonnet, 100, 142, 202, 229–231, 279

Bourgoin (Pierre, dito Borguny), mártir na Barbaria, 442–443

Bourgoing (François), padre do Oratório, pároco de Clichy, 100, 102, 130

Brèves (François Savary de), embaixador da França em Constantinopla depois em Roma, 56, 63, 72–73, 85, 486

Brie (Charlotte de), tesoureira da Caridade em Châtillon-les-Dombes, 139

Brulart de Sillery (família), 52

Brulart de Sillery (Nicolas), ministro da Justiça e depois chanceler de França, 259

Brulart de Sillery (Noël), irmão do anterior, diplomata, comendador da ordem de Malta, 259

Callot (Jacques), gravador e desenhista loreno, 11, 245, 325

Calvino (João), reformador, 27, 388, 396

Camus (Jean-Pierre), bispo de Belley, 199–202, 272

Carlos Borromeu (santo), arcebispo de Milão, 46, 148, 379

Carlos I, rei da Inglaterra, da Escócia e da Irlanda, 185, 425

Carlos IV, duque de Lorena e de Bar, 245–246

Castiglione (Balthazar, conde), poeta e escritor italiano, amigo do pintor Rafael, famoso por seu livro *O cortesão*, 272

Caulet (François-Etienne de), bispo de Pamiers, 278, 395

Cervantes (Miguel de), romancista, poeta e dramaturgo espanhol, cativo em Argel de 1575 a 1580, 61

Champaigne (Philippe de), pintor do rei, testemunha de Port-Royal, 11, 183

Champlain (Samuel de), vice-governador e fundador do Canadá, 91, 242, 259

Chandenier de Rochechouart (Claude de), abade de Moutiers--Saint-Jean, sobrinho-neto do cardeal de La Rochefoucauld, 270, 460

Chandenier de Rochechouart (Louis de), abade de Tournus, irmão do anterior, 270, 460

Chapelain (Jean), letrado e cientista, um dos primeiros membros da Academia Francesa, 247, 267

Charton (Jacques), penitenciário de Paris, doutor da Sorbonne, 374, 394

Chétif (Marguerite), sucessora de Louise de Marillac à frente das Filhas da Caridade, 476

Cícero (Marcus Tullius Cicero), político e orador romano, 272

Cinq-Mars (Henri d'Effiat, marquês de), favorito de Luís XIII, 351, 352, 427

Clemente VIII (Ippolito Aldobrandini), papa, 29, 49, 52, 87

Cloche (Maurice), cineasta, diretor do filme *Monsieur Vincent* (*São Vicente de Paulo — O capelão das galeras*, 1947), 128, 130, 162, 479

Codoing (Bernard), padre da Missão, 40, 180, 261, 278, 295, 359, 364, 377, 422

Comet, o Jovem, 55, 57-59, 63, 64, 66-68, 72-73, 77, 80-81, 93, 94, 441, 483, 488-489

Comet, o Velho, 24, 30-35, 42, 44, 55, 57-59, 62-63

Concini (Concino), marquês de Ancre, marechal de França, 105, 128, 158

Condé (Charlotte de Montmorency, princesa de), mãe do Grande Condé, 287, 309

Condé (Henri II de Bourbon, príncipe de), senhor Príncipe, pai do Grande Condé, 115, 374, 384, 417

Condé (Luís II de Bourbon, duque de Enghien e depois príncipe de), dito o Grande Condé, recebe o título de "senhor Príncipe" após a morte do pai, 315, 325, 384, 397–399, 400–403, 410, 415–418, 448

Condren (reverendo padre Charles de), sucessor de Bérulle como superior do Oratório, autor de obras de espiritualidade, 182, 224, 249, 259, 268, 270, 333, 384

Conrart (Valentin), letrado, um dos primeiros membros da Academia Francesa, 267

Conti (Armand de Bourbon, príncipe de), irmão do Grande Condé, 249, 399–400

Corneille (Pierre), poeta e dramaturgo, 11, 247

Cornet (Nicolas), doutor da Sorbonne, 394

Coudray (François du), padre da Missão, 50, 218, 219, 224–225, 227, 231, 264, 364–366, 421

Cromwell (Oliver), lorde Protetor da "Commonwealth" da Inglaterra, da Escócia e da Irlanda, 425-426

Dehorgny (Jean), padre da Missão, 65, 219, 329, 342, 366, 390, 391, 392

Delaforcade (sr.), *comerciante* em Lyon, 444

Démia (Charles), padre, autor da investigação sobre Châtillon-les--Dombes, 128

Depaul (família), 21, 34, 43

Depaul (Jean, pai de Vicente de Paulo ou), 19–22, 29–31, 39, 94

Descartes (René), filósofo e cientista, 11, 247

ÍNDICE

Deschamps (Edme), padre da Missão, 341, 414

Desdames (Guillaume), padre da Missão enviado à Polônia, 428–429

Diharse (Salvat), bispo de Tarbes, 32, 37–38, 41, 45, 390, 424

Dinet (Jacques), jesuíta, confessor de Luís XIII e de Luís XIV, 311, 354, 355, 394, 412

Du Lou (Bertrand), juiz de Sore nas Landes, 86, 89

Duchesne (Jérôme), diácono de Beauvais, doutor da Sorbonne, 231, 232, 390, 424

Ducournau (Bertrand), frade da Missão, secretário de Vicente de Paulo, 14, 64–66, 257, 402–403, 405–446

Dufresne (Charles, senhor de Villeneuve), secretário da rainha Margot e depois de Philippe-Emmanuel de Gondi, 86, 88, 132, 159

Durazzo (cardeal Etienne), arcebispo de Gênova, 264, 422

Dusin (Dominique), tio de Vicente de Paulo, 59, 170, 491

Duval (André Du Val, ou), doutor da Sorbonne, conselheiro de Vicente de Paulo, 53, 93, 117–118, 181–182, 184, 226, 235, 238, 270, 280, 384, 386, 421

Epernon (Jean-Louis de Nogaret de La Valette, duque de), 48

Faÿ (Isabelle Hennequin du), prima de Louise de Marillac, Dama da Caridade do Hôtel-Dieu de Paris, 203–204, 287

Filipe II (filho de Carlos V), rei da Espanha, 28

Filipe Néri (São), padre italiano, fundador do Oratório, 100

Flacourt (Etienne de), governador de Madagascar, 434–436

Fouquet (família), 270

Fouquet (Marie de Maupeou, esposa de François IV Fouquet), mãe de Nicolas Fouquet, Dama da Caridade do Hôtel-Dieu de Paris, 270, 285, 461

Fouquet (Nicolas), procurador-geral e depois superintendente das Finanças, 270, 418, 457, 461

Francisco de Sales (São), bispo de Genebra, mestre de espiritualidade, escritor, 52, 92–93, 139, 149, 173, 175–180, 182–184, 197, 199–201, 259, 261, 270, 273, 288, 291, 300, 380, 383, 386

Francisco I, rei da França, 56, 105, 116

Francisco Xavier (São), jesuíta espanhol, fundador, ao lado de Inácio de Loiola, da Companhia de Jesus, missionário no Extremo Oriente, 183, 435

François (Simon), pintor de Tours, 254

506 SÃO VICENTE DE PAULO

Garron (família), habitantes de Châtillon-les-Dombes, 133–134, 140

Gasteaud (Jacques), doutor da Sorbonne, um dos primeiros membros do Oratório, 100, 114, 119

Gaston de Orléans ("senhor", irmão de Luís XIII), 214, 245–246, 333–334, 351, 400–401, 408, 416–418, 427

Gault (Jean-Baptiste), bispo de Marselha, declarado venerável em 1893 pelo papa Leão XIII, 363–364

Gellée (Claude, dito O Loreno), pintor e gravador, 245

Get (Firmin), padre da Missão, 80, 443, 461, 463, 466–468

Girard (Louis), vigário e depois pároco em Châtillon-les-Dombes, 132, 134

Godeau (Antoine), poeta, bispo de Vence e Grasse, 250, 267, 268, 354, 362, 415

Gondi (Albert, duque de), marechal de Retz, 102–103

Gondi (família), 11, 12, 88, 99, 103, 105, 106, 110, 111, 112, 113, 114, 115, 127, 128, 131, 132, 141, 142, 151, 154, 155, 156, 167, 173, 188, 190, 191, 192, 217, 266, 288, 390, 450

Gondi (Françoise-Marguerite de Silly), esposa de Philippe-Emmanuel de, 108–111, 113, 121, 123, 127, 132, 141–142, 166, 188, 192–193, 201

Gondi (Henri de), segundo filho de Philippe-Emmanuel e Françoise-Marguerite de Gondi, 53, 155

Gondi (Jean-François de, cardeal), primeiro arcebispo de Paris, em 1622, 107, 166, 188, 218, 237, 265, 399

Gondi (Jean-François-Paul de), abade de Buzay, segundo cardeal de Retz e memorialista, em 1652, 109, 166, 230, 265, 399, 411, 448, 450

Gondi (monsenhor Henri de, bispo de Paris, primeiro cardeal de Retz), 53, 155

Gondi (Philippe-Emmanuel de), conde de Joigny, barão de Montmirail, general das galés, em religião, padre, 75, 107, 108, 151, 156, 165, 166, 193

Gondi (Pierre de, cardeal), bispo de Paris, tio do anterior, 53, 107, 108, 118, 166

Gondi (Pierre de), primeiro filho de Philippe-Emmanuel e Françoise-Marguerite de Gondi, 166

Gondi (sr. e sra. de), 114, 190

Gondrée (Nicolas), padre da Missão enviado a Madagascar, 433–435

Gonzague (Carlos I de), duque de Nevers e Mântua, 85

ÍNDICE

Goussault (Geneviève Fayet, viúva de Antoine), presidente das Damas da Caridade do Hôtel-Dieu de Paris, 283-285, 296-297, 475

Gramont (família dos duques de), 38-39

Grandier (Urbain), padre, condenado à fogueira no julgamento do caso das "possuídas de Loudun", 248, 386

Guérin (Julien), padre da Missão, 329, 441, 442, 438

Guérin (Juste), bispo de Genebra--Annecy, 264, 278, 480

Guise (Carlos I, duque de), 28, 108, 164-166

Gustavo Adolfo, rei da Suécia, 188, 245, 430

Guyart (Marie, em religião madre Maria da Encarnação), fundadora das ursulinas no Canadá, 243

Hardemont (Anne), Filha da Caridade, 342

Henrique II, rei da França, 86, 106, 107

Henrique III, rei da França, 28, 38, 95, 101, 107

Henrique IV, rei da França, 9, 28, 29, 43, 51, 52, 56, 85, 86, 87, 90, 95, 107, 129, 175, 181, 200, 245, 292, 475

Herse (Charlotte de Ligny, viúva do presidente de Vialart de), Dama da Caridade do Hôtel-Dieu de Paris, 291

Hurault de L'Hôpital (Paul), arcebispo de Aix-en-Provence, 95, 97

Husson (Martin), cônsul da França em Túnis, 439, 461

Inácio de Loiola (Santo), fundador da Companhia de Jesus, 183

Inocêncio X (Giovanni Battista Pamfili), papa, 83, 367, 395, 409, 450

Jansenius (Cornelius Jansen, dito), bispo de Ypres, 383-384, 387, 391, 394

Jeanne-Françoise Fremyot de Chantal (Santa), 175, 176, 178, 203, 255, 259, 261

João de Brébeuf (São), jesuíta, mártir no Canadá, 242-244, 270

João de Deus (São), 84, 87, 101

João Eudes (São), 251, 333

João II Casimir (segundo marido de Louise-Marie de Gonzague--Nevers, rainha da Polônia), rei da Polônia, 428

Jolly (Edme), padre da Missão, 367, 462, 475

Joly (Marie), Filha da Caridade, 298

Joseph, pai, *ver* Tremblay (François--Joseph Leclerc du, dito padre Joseph), 188, 323, 353, 384, 427

Joyeuse (cardeal François de), arcebispo de Toulouse, 46

508 SÃO VICENTE DE PAULO

La Coste (Gaspar de Simiane de), cavaleiro de Malta, um dos fundadores do Hospital dos Galerianos de Marselha, 363–364

La Dauversière (Jérôme Le Royer de), fundador de Ville-Marie, futura Montreal, 251

La Meilleraye (Charles de La Porte, marquês depois duque de), marechal da França, primo de Richelieu, 249, 369, 433, 437, 450

La Peltrie (Madeleine de), fundadora do primeiro convento de ursulinas no Canadá, 243, 251

La Rochefoucauld (cardeal François de), grande capelão de França, 118, 182, 237, 270, 380

La Thane (Jean de), mestre de la Monnaie em Paris, 96, 100,–101

La Tour (Georges de), pintor, 245

Ladislau IV (marido de Louise-Marie de Gonzague-Nevers), rei da Polônia, 427–428

Lambert aux Couteaux, padre da Missão, 359, 366, 401, 417, 428

Lamoignon (Guillaume de), primeiro presidente do Parlamento de Paris, 290, 433, 466

Lamoignon (Madeleine de), irmã do anterior, Dama da Caridade do Hôtel-Dieu de Paris, 289–290

Lamoignon (Marie des Landes, esposa de Chrétien de, presidente à *mortier* do Parlamento Paris),

mãe dos anteriores, Dama da Caridade do Hôtel-Dieu de Paris, 285, 289, 296, 315

Lancelot (Claude), solitário de Port-Royal e gramático, 263

Lascaris-Castellar (Jean-Paul de), grão-mestre da Ordem dos Hospitalários de São João de Jérusalem (Ordem de Malta), 260

Laubardemont (Jean Martin, barão de), magistrado, 248, 386

Le Blanc (François White, dito), padre da Missão enviado à Irlanda e à Escócia, 424–426

Le Bon (Adrien), prior de São Lázaro, 234–236

Le Gras (Antoine), marido de Louise de Marillac, 175, 195, 198–199, 201

Le Gras (Michel), filho de Louise de Marillac, 198

Le Maistre (Antoine), magistrado e mais tarde solitário em Port-Royal, sobrinho da madre Angélique Arnauld, 92, 247, 338–339, 341, 389

Le Moyne (Pierre), jesuíta e escritor, 272

Le Tellier (Michel), ministro de Estado, 400, 403, 450

Le Vacher (Jean), padre da Missão enviado a Túnis, 80, 439, 441

Le Vacher (Philippe), padre da Missão enviado a Argel, irmão do anterior, 440, 443, 462

ÍNDICE

Leão XIII (Vincenzo Pecci), papa, 477

Lee (Thaddée), clérigo na Irlanda, primeiro mártir da Congregação da Missão, 425

Lejeune (Paul), jesuíta, missionário no Canadá e um dos primeiros autores das Relações, 243

Lellis (Camille de), fundador da Ordem dos Camilianos, 85

Lepeintre (Jeanne), Filha da Caridade, 298

Lescarbot (Marc), advogado, escritor, explorador da Acádia, 91

Lestocq (Nicolas de), pároco de Saint-Laurent-près-Paris, 234–236

Lhuillier (Anne Le Prestre, esposa de François), 114

Lhuillier (Hélène-Angélique, filha da anterior), superiora do primeiro Mosteiro da Visitação em Paris, 258, 288

Liancourt (Jeanne de Schomberg, duquesa de, esposa do seguinte), 254, 390

Liancourt (Roger du Plessis, duque de), 249, 254, 332, 390

Lionne (Hugues de), ministro, secretário de Estado de Relações Exteriores, 378, 400, 451

Lombard (Pierre), teólogo escolástico, cônego de Notre-Dame de Paris, 50–51

Longueville (Anne-Geneviève de Bourbon-Condé, duquesa de), irmã do Grande Condé, 399

Louise de Marillac (Santa), fundadora das Filhas da Caridade, 10, 101, 149, 175–176, 195–196, 198, 201, 203, 205, 210, 213, 254, 279, 286, 290, 296, 298, 301–302, 310–311, 316–317, 371, 406–407, 453, 455, 470

Louise-Marie de Gonzague (filha de Carlos I de Gonzague), rainha da Polônia, 287, 412, 426–427

Lucas (Antoine), padre da Missão, 219, 301, 350, 366, 422

Luís XIII, rei da França, 10, 52, 95, 110, 115–116, 128, 158, 164–165, 173, 185, 195, 214, 220–222, 230, 241, 244–248, 272, 275, 280, 287, 293–294, 310, 314, 321–322, 330, 350–355, 366, 427, 432

Luís XIV, rei da França, 79, 110, 157, 272, 290, 301, 311, 338, 353, 358, 396–397, 401, 412, 416, 450, 455, 457, 465, 475

Lutero (Martinho), teólogo alemão, pai do protestantismo, 26, 396

Luynes (Charles d'Albert, duque de), condestável, favorito de Luís XIII, 158, 293

Maignart de Bernières (ver Bernières, Charles Maignart de)

Maignelay (Claude-Marguerite de Gondi, marquesa de Maignelais, ou), irmã de Philippe-Emmanuel de Gondi, 52, 107, 155, 258, 264, 377

Malherbe (François de), poeta, 87, 91

Margarida de Valois (dita rainha Margot), primeira esposa de Henrique IV, 86–87, 98, 132

Maria de Medici (segunda esposa de Henrique IV), rainha da França, 87, 95, 115, 128, 158, 185, 195–196, 198, 285, 292–293, 427

Marillac (família), 52, 101, 196, 198

Marillac (Louis de), marechal da França, tio de Louise de Marillac, 101, 215

Marillac (Louis de), pai de Louise de Marillac, 196–197

Marillac (Michel de), ministro da Justiça, 149, 186–187, 195, 199

Marquemont (cardeal Denis de), arcebispo de Lyon, 85, 129, 130, 176

Martin (Jean), padre da Missão, 176, 422, 458

Massiot (Guillaume de), vigário-geral de Dax, 45–46

Maupas du Tour (Henri de), bispo de Puy, 473

Maure (Anne Doni d'Attichy, condessa de), prima de Louise de Marillac, 196, 199, 294

Mazarin (cardeal Jules), ministro principal, 13, 105, 230, 252, 335, 351–353, 357, 374–375, 377–378, 390, 394, 397–404, 408–411, 417–418, 432, 448–450, 452, 463, 465

Medici (Catarina de), rainha da França, 86, 105–106

Molé (Mathieu), primeiro presidente do Parlamento de Paris, mais tarde ministro da Justiça, 149, 154–155, 220–221, 225, 246, 316, 362, 375, 390, 401–402

Molière (Jean-Baptiste Poquelin, dito), poeta cômico, 249, 252

Molina (Luis de), teólogo jesuíta espanhol, 175, 391

Montaigne (Michel Eyquem de), escritor, magistrado em Bordeaux, autor dos *Ensaios*, 87, 174

Montbard (Christophe du Plessis, barão de), advogado no Parlemento de Paris, 413, 455

Montmorency (Henrique II, duque de), marechal e par da França, 214, 215, 254

Montorio (Pierre-François de), vice-legado do papa, 58, 94

Moras (Bertrande de), mãe de Vicente de Paulo, 19, 20, 22, 37, 219

Moras (família Du Morar, ou de), família materna de Vicente de Paulo, 21, 23

Nacquart (Charles), padre da Missão enviado a Madagascar, 179, 433–436

Naseau (Marguerite), primeira Filha da Caridade, 211–213, 298

Noailles (Gilles de), bispo de Dax e embaixador da França em Constantinopla, 38, 43

ÍNDICE

Olier (Jean-Jacques), autor espiritual, fundador de Saint-Sulpice, 267, 270, 276–277, 281, 291, 294, 373–374, 470

Ozanam (Frédéric), fundador da Sociedade de São Vicente de Paulo, 477

Ozenne (Charles), padre da Missão enviado à Polônia, 430–431, 449

Pallu (François), cônego de Tours, cofundador das Missões Estrangeiras de Paris, 270

Parre (Jean), frade da Missão, 344

Pascal (Blaise), cientista, filósofo e apologista, amigo e esteio de Port-Royal, 396

Paul (cavaleiro), marinheiro a serviço da Ordem de Malta e da França, enobrecido por Luís XIV em 1649 com o nome de Jean-Paul de Saumur, 81, 463–468

Paulo V (Camillo Borghese), papa, 83

Pavillon (Nicolas), bispo de Alet, 250, 267, 275, 277, 279, 382, 395

Pedro (Pedro Opeka), padre da Missão em Madagascar, Prêmio Nobel da Paz em 2013, 480–481

Pedro Fourier (São), 245, 270

Perrochel (François), bispo de Boulonha, 250, 266, 267, 270, 276

Portail (Antoine), padre da Missão, 65, 141, 155, 217–219, 281, 365–366, 404, 445, 470

Potier de Blancmesnil (Augustin), bispo de Beauvais, capelão de Ana da Áustria, 230–232, 353, 374, 390

Poulaillon (Marie Lumague, viúva de François de Pollalion), Dama da Caridade do Hôtel-Dieu de Paris, fundadora das Filhas da Providência, 287, 288, 371

Poussin (Nicolas), pintor, 11, 183

Racine (Jean), dramaturgo e poeta, 290

Rambouillet (Catherine de Vivonne, marquesa de), 52, 93, 106, 196, 294

Rambouillet (Palacete de), 11, 52, 247, 267, 334, 427

Rappiot, *marchand* de Marselha, 79, 466–467

Regnard (Mathieu, dito Renard [Raposa]), frade da Missão, 331, 334, 344, 459

Renty (Gaston-Jean-Baptiste, barão de), "fidalgo de negócios", promotor da Companhia do Santo Sacramento, 250, 270, 332–334, 363, 455

Richelieu (cardeal Armand-Jean du Plessis de), ministro principal, 11, 13, 33–34, 151, 157, 179, 184–188, 193, 196, 230, 242, 245–248, 264, 267, 271, 278, 280, 292–296, 299, 301, 303, 323, 327, 330, 350–352,

355, 358–361, 363, 366, 370, 373, 384, 386–387, 398, 401, 405–407, 424, 427, 432–444, 464–465, 469

Richer (Edmond), doutor da Sorbonne, defensor da causa galicana, 117, 181

Robineau (Louis), frade da Missão, secretário adjunto de Vicente de Paulo, 7, 14, 257, 457

Rougemont (conde de), fidalgo de Bourg en Bresse, amigo de Vicente de Paulo em Châtillon-les--Dombes, 140, 141, 234, 447

Rubens (Pierre-Paul), pintor flamengo, 11

Sablé (Madeleine de Souvré, marquesa de), letrada, 197, 294

Saint-Cyran (Jean Duvergier de Hauranne, abade de), teólogo, amigo de Jansenius, 184, 238, 247, 272, 383–392, 395

Saint-Martin (Jean de, cônego), amigo da família Depaul, 31, 32, 64–66, 80, 93–94, 133

Sault (Jean-Jacques Dusault, ou du), bispo de Dax, 42–45, 86, 96

Séguier (Madeleine Fabri, esposa do seguinte), Dama da Caridade do Hôtel-Dieu de Paris, 52, 287, 297

Séguier (Pierre), ministro da Justiça e depois chanceler de França, 52, 117, 247, 308, 322, 324, 327, 334, 374, 409

Servien (Abel, marquês de Sablé), ministro de Estado, 357, 400

Sévigné (Marie de Rabutin-Chantal, marquesa de), letrada, 197, 203, 270, 287

Sevin (Nicolas de Sevin ou), bispo de Sarlat, 379, 382

Sisgau (Christophe d'Authier de), fundador dos Padres do Santíssimo Sacramento, 278, 364, 368

Solminihac (Alain de), bispo de Cahors, beatificado em 1981 pelo papa João Paulo II, 277, 374, 378–382, 394, 396, 407, 411, 448, 470

Souillard (Jean), pároco de Clichy, 103, 220

Sourdis (François Escoubleau, cardeal de), arcebispo de Bordeaux, 167, 200, 229

Sourdis (Henri Escoubleau de), arcebispo de Bordeaux, irmão do anterior, ao qual sucede na sé episcopal e como almirante, 464–465

Talon (Françoise Doujat, esposa do seguinte), Dama da Caridade do Hôtel-Dieu de Paris, 344

Talon (Omer), procurador no Parlemento de Paris, 398

Tomás de Aquino (São), teólogo e filósofo italiano, dominicano, Doutor da Igreja, cognominado "Doutor Angélico", 51

ÍNDICE

Tremblay (François-Joseph Leclerc du, dito padre Joseph), capuchinho, diplomata, estadista, conselheiro de Richelieu, 188, 323, 353, 384, 427

Turenne (Henri de la Tour d'Auvergne, visconde de), marechal de França, 316, 335, 341, 397, 399, 409, 414–416

Urbano VIII (Maffeo Barberini), papa, 83, 222, 226, 352–353, 389

Urfé (Honoré d'), poeta e romancista, autor de L'Astrée, 87, 91, 200

Vaudémont (Marguerite de), irmã do duque Charles de Lorraine e segunda esposa de Gaston d'Orléans, 246

Ventadour (Henri de Lévis, duque de), fundador da Companhia do Santo Sacramento, 249–250, 285

Vialart de Herse (Félix de), filho da presidente de Herse, bispo de Châlons, 270, 291

Villeneuve (Marie Lhuillier d'Interville, esposa de), Dama da Caridade do Hôtel-Dieu de Paris, fundadora das Filhas da Cruz, 288–289, 371

Viole (Madeleine-Marie Deffita, viúva de Jacques Viole, conselheiro no Châtelet de Paris), tesoureira das Damas da Caridade do Hôtel-Dieu de Paris, 290–291, 456

Voiture (Vincent), poeta, 285, 357

Vouet (Simon), pintor, 247

Zamet (Sébastien), bispo de Langres, 189, 278, 384

Agradecimentos

A César o que é de César: meus agradecimentos vão antes de mais nada para os filhos e filhas de São Vicente de Paulo. Obrigada ao padre Claude Lautissier, arquivista da Congregação da Missão, por ter me recebido na Rue de Sèvres, em Paris, com benevolência e eficácia. Agradeço a ele e a seus colaboradores por colocarem à disposição dos pesquisadores, em formato digital, tantos conhecimentos úteis.

Gostaria de expressar aqui minha gratidão especial ao padre Bernard Koch, cujas generosidade e hospitalidade intelectuais não foram desmentidas em momento algum ao longo de meu trabalho de investigação, e cuja preocupação com a exatidão representou para mim uma lição viva.

Agradeço às Filhas da Caridade que me receberam em Châtillon-sur-Chalaronne, à irmã Ghislaine, que me permitiu consultar preciosos registros, à irmã Thérèse, que me introduziu com delicadeza à compreensão desse episódio central da vida de Vicente. Agradeço à irmã Anne-Marguerite, arquivista das Filhas da Caridade, que por sua vez me recebeu na Rue du Bac, também em Paris, e me orientou numa árdua pesquisa.

Agradeço ainda ao cardeal Paul Poupard, presidente emérito do Conselho Pontifício da Cultura, cujos conselhos de historiador e cuja maravilhosa biblioteca romana deram impulso ao meu trabalho no início, encaminhando-o por trilhos sólidos.

Agradeço a S. Ex³. o senhor Jean-Pierre Mazery, na época Grão-Chanceler da Ordem Soberana de Malta, cuja amizade espontânea muito apoiou em 2013 minhas pesquisas em Roma sobre os contatos entre Vicente de Paulo e a Ordem.

Por fim, agradeço a Patrick de Gmeline, que teve a gentileza de ler a primeira versão do meu manuscrito, com o olhar crítico do historiador e a exigência do amigo. Seus conselhos pertinentes permitiram-me muitos aperfeiçoamentos.

Este livro foi composto na tipologia Minion Pro
Regular, em corpo 11/16, e impresso em
papel off-white no Sistema Cameron da
Divisão Gráfica da Distribuidora Record.